Anlageberatung im Spannungsfeld
zwischen Verbraucherschutz
und Überregulierung

# Europäische Hochschulschriften

European University Studies

Publications Universitaires Européennes

| | |
|---|---|
| Reihe II | **Rechtswissenschaft** |
| Series II | Law |
| Série II | Droit |

Band/Volume **5826**

Gero Lingen

# Anlageberatung im Spannungsfeld zwischen Verbraucherschutz und Überregulierung

**Bibliografische Information der Deutschen Nationalbibliothek**
Die Deutsche Nationalbibliothek verzeichnet diese Publikation in der Deutschen
Nationalbibliografie; detaillierte bibliografische Daten sind im Internet über
http://dnb.d-nb.de abrufbar.

Zugl.: Köln, Univ., Diss., 2015

Gedruckt auf alterungsbeständigem,
säurefreiem Papier.

D 38
ISSN 0531-7312
ISBN 978-3-631-67202-0 (Print)
E-ISBN 978-3-653-06703-3 (E-Book)
DOI 10.3726/978-3-653-06703-3

© Peter Lang GmbH
Internationaler Verlag der Wissenschaften
Frankfurt am Main 2016
Alle Rechte vorbehalten.
PL Academic Research ist ein Imprint der Peter Lang GmbH.
Peter Lang – Frankfurt am Main · Bern · Bruxelles · New York · Oxford · Warszawa · Wien

Das Werk einschließlich aller seiner Teile ist urheberrechtlich geschützt.
Jede Verwertung außerhalb der engen Grenzen des Urheberrechtsgesetzes ist
ohne Zustimmung des Verlages unzulässig und strafbar.
Das gilt insbesondere für Vervielfältigungen, Übersetzungen, Mikroverfilmungen
und die Einspeicherung und Verarbeitung in elektronischen Systemen.

Diese Publikation wurde begutachtet.

www.peterlang.com

*Meiner Familie*

# Vorwort

Die vorliegende Arbeit wurde im Wintersemester 2015/16 von der Rechtswissenschaftlichen Fakultät der Universität zu Köln als Dissertation angenommen. Rechtsprechung und Literatur sind bis Oktober 2015 berücksichtigt.

An erster Stelle möchte ich mich bedanken bei meinem Doktorvater, Herrn Professor Dr. Klaus Peter Berger, der mir die Möglichkeit gegeben hat, diese Dissertation anzufertigen. Ganz besonders hervorzuheben ist, dass er jederzeit für mich erreichbar war und meine Anfragen unverzüglich beantwortete.

Großer Dank gilt auch Frau Professorin Dr. Barbara Grunewald für die freundliche Übernahme und zügige Erstellung des Zweitgutachtens.

Besonderer Dank gebührt meinen Eltern und meiner Schwester, die mich nicht nur während meiner juristischen Ausbildung stets unterstützt haben. Ohne die Anteilnahme und das Verständnis meiner Familie wäre manches nicht möglich gewesen.

Köln, im Dezember 2015                                      Gero Lingen

# Inhaltsverzeichnis

Einleitung .......................................................................................................... 21
I. Anlageberatung im Fokus der Öffentlichkeit ............................................ 21
II. Gegenstand und Ziel der Untersuchung .................................................. 22
III. Gang der Untersuchung ........................................................................... 22

§ 1 Begriffsbestimmungen ............................................................................. 25
I. Der Begriff der Anlageberatung ................................................................ 25
    1. Definition der Anlageberatung ............................................................. 25
        a) Abgrenzung von Anlageberatung und Auskunft/Information ........ 27
        b) Abgrenzung von Beratung und Aufklärung .................................... 27
        c) Abgrenzung von Anlageberatung und Anlagevermittlung ............. 27
        d) Abgrenzung von Anlageberatung und Vermögensverwaltung ....... 28
    2. Kennzeichen guter Anlageberatung ...................................................... 29
        a) Kriterien zur Qualitätsbeurteilung .................................................. 29
        aa) Der Begriff der „Qualität" ............................................................. 29
        bb) Qualitätsdimensionen zur Bestimmung der Beratungsqualität ...... 31
        cc) Bewertung ..................................................................................... 32
        b) Die Rolle des Beraters in der Anlageberatung ................................. 34
        aa) Der Berater unter dem Einfluss verschiedener Interessen ............. 34
        bb) Notwendige Kompetenzen des Beraters ....................................... 36
        c) Die Rolle des Anlegers in der Anlageberatung ................................ 36
        aa) Das Informationsmodell ............................................................... 36
        bb) Anlageberatung und Verhaltensökonomik
            (Behavioral Finance) ................................................................... 38
        cc) Die Bedeutung der Eigenverantwortung des Anlegers .................. 40
II. Der Verbraucherschutzbegriff in der Anlageberatung ............................... 41
    1. Verbraucherschutz und Anlegerschutz ................................................. 41
        a) Begriffsbestimmungen ..................................................................... 41
        b) Unterschiede und Gemeinsamkeiten .............................................. 42

|       | 2. Festlegung eines Leitbildes für die folgende Analyse ............................ 44 |
|---|---|
| III.  | Der Begriff der Überregulierung ........................................................................ 44 |
|       | 1. Begriffsbestimmung: Überregulierung .......................................................... 44 |
|       | 2. Regulierung und Überregulierung ................................................................. 45 |
|       |     a) Der Begriff der Regulierung .................................................................. 45 |
|       |     b) Grenzziehung zwischen Regulierung und Überregulierung ............. 47 |

§ 2   Die Bedeutung der Anlageberatung ........................................................... 49

I.    Aus Anlegersicht ....................................................................................................... 49
II.   Aus Sicht der Bankwirtschaft ................................................................................. 51
      1. Ökonomische Bedeutung ................................................................................ 51
      2. Ideelle Bedeutung für die Außendarstellung ................................................ 53
III.  Aus volkswirtschaftlicher Sicht ............................................................................. 54

§ 3   Die wichtigsten Rechtsgrundlagen der Anlageberatung
      im Überblick ..................................................................................................... 57

I.    Zivilrechtliche Grundlagen ..................................................................................... 57
      1. Der Beratungsvertrag als Rechtsgrundlage .................................................. 57
          a) Die Rechtsprechung des BGH .............................................................. 57
          b) Kritik im Schrifttum am (konkludenten) Beratungsvertrag ............. 58
          aa) Allgemeiner Bankvertrag ...................................................................... 58
          bb) Anlageberatung aus vorvertraglichem Schuldverhältnis ................. 58
          cc) Anlageberatung als aufsichtsrechtlich geprägte Nebenpflicht .......... 59
          dd) Stellungnahme ....................................................................................... 59
      2. Pflicht zur anleger- und objektgerechten Beratung .................................... 61
          a) Das Bond-Urteil des BGH ...................................................................... 61
          b) Anforderungen an eine anleger- und objektgerechte Beratung ....... 61
          aa) Anlegergerechte Beratung .................................................................... 61
            (1) Ermittlung des Anlagezwecks und der Risikobereitschaft ............ 62
            (2) Ermittlung der wirtschaftlichen Verhältnisse ................................. 62
            (3) Ausrichtung an der Erfahrenheit des Kunden ................................ 62

|     |     | bb) Objektgerechte Beratung ............................................................... 63 |
| --- | --- | --- |
|     |     | (1) Vollständige und korrekte Information über Umstände und Risiken ....................................................................................... 63 |
|     |     | (2) Prüfung und Empfehlung der Kapitalanlage ............................... 64 |
|     | c)  | Beratungsvertrag bei fernmündlichem Kontakt ............................... 64 |
|     | d)  | Pflicht zur Vertragsablehnung ............................................................ 65 |
|     | e)  | Vermutung aufklärungsrichtigen Verhaltens ................................... 66 |
|     | f)  | Nachberatungspflicht ........................................................................... 68 |
| II. | Aufsichtsrechtliche Grundlagen ................................................................... 69 |     |
|     | 1. Anlageberatung im WpHG ......................................................................... 69 |     |
|     | a)  | Die Kundenklassifikation nach § 31a WpHG ................................... 69 |
|     | aa) | Professionelle Kunden ......................................................................... 70 |
|     | bb) | Geeignete Gegenpartei ......................................................................... 71 |
|     | cc) | Privatkunden ......................................................................................... 71 |
|     | b)  | Explorationspflicht ............................................................................... 72 |
|     | c)  | Geeignetheitsprüfung ........................................................................... 73 |
|     | d)  | Beratungsprotokoll ............................................................................... 74 |
|     | e)  | Produktinformationsblatt ................................................................... 75 |
|     | 2. Anlageberatung im KWG ............................................................................ 76 |     |
|     | 3. Wirkung des Aufsichtsrechts auf das Zivilrecht ...................................... 77 |     |
|     | a)  | Unmittelbare zivilrechtliche Wirkung ............................................... 77 |
|     | b)  | Ausstrahlungswirkung ......................................................................... 79 |
|     | c)  | Ablehnung jeglicher zivilrechtlicher Ausstrahlung ......................... 81 |
|     | d)  | Stellungnahme ...................................................................................... 82 |
| III. | Prospekthaftung ............................................................................................. 84 |     |
|     | 1. Voraussetzungen für eine Haftung im Rahmen der Anlageberatung ................................................................................... 84 |     |
|     | a)  | Prospekthaftung im engeren und weiteren Sinn .............................. 85 |
|     | aa) | Prospekthaftung im engeren Sinn ...................................................... 85 |
|     | bb) | Prospekthaftung im weiteren Sinn ..................................................... 85 |
|     | b)  | Prospektbegriff ...................................................................................... 86 |
|     | 2. Konkrete Prospektprüfungspflichten der Anlageberater ....................... 87 |     |
| IV. | Zusammenfassung ......................................................................................... 89 |     |

| | | | |
|---|---|---|---|
| § 4 | Spezifische Aufklärungspflichten | | 91 |
| I. | Vertriebsbezogene Aufklärungspflichten | | 91 |
| | 1. Rückvergütungen („Kick-Backs") | | 91 |
| | 2. Innenprovisionen | | 94 |
| | 3. Gewinnmargen | | 96 |
| II. | Produktspezifische Aufklärungspflichten | | 98 |
| | 1. Klassische Spareinlagen | | 98 |
| | 2. Aktienanlagen | | 98 |
| | | a) Aktien aus dem regulierten Markt | 99 |
| | | b) OTC-Papiere und Penny Stocks | 99 |
| | 3. Anleihen | | 100 |
| | | a) Klassische Anleihen | 101 |
| | | b) Strukturierte Anleihen | 102 |
| | 4. Derivative und strukturierte Finanzprodukte | | 102 |
| | | a) Zertifikate | 103 |
| | | aa) Umfang der Aufklärungspflichten | 103 |
| | | bb) Aufklärungspflicht über negative Presseberichte | 105 |
| | | (1) Bestehen und Umfang einer solchen Pflicht | 105 |
| | | (2) Stellungnahme | 106 |
| | | b) Swap-Geschäfte | 107 |
| | | aa) Funktionsweise | 107 |
| | | bb) Umfang der Aufklärungspflicht | 109 |
| | | (1) Einfach-strukturierte Swaps | 109 |
| | | (2) Komplex-strukturierte Swaps | 110 |
| | | cc) Bewertung der Swap-Rechtsprechung im Schrifttum | 111 |
| | | dd) Eigene Bewertung | 112 |
| | 5. Fonds | | 113 |
| | | a) Klassische Investmentfonds | 113 |
| | | b) Immobilienfonds | 114 |
| | | aa) Geschlossene Immobilienfonds | 114 |
| | | bb) Offene Immobilienfonds | 115 |

| | | |
|---|---|---|
| III. | Festlegung eines einheitlichen Aufklärungsniveaus möglich?............116 | |
| | 1. Notwendigkeit einer vertriebsbezogenen und produktspezifischen Aufklärung.............................................117 | |
| |     a) Vertriebsbezogene Aufklärung..................................117 | |
| |     b) Produktspezifische Aufklärung.................................118 | |
| | 2. Notwendigkeit einer einzelfallbezogenen Aufklärung..................119 | |
| IV. | Anspruchsgrundlagen bei fehlerhafter Anlageberatung im Überblick...........................................................120 | |
| | 1. Haftung aus Vertrag..........................................120 | |
| | 2. Haftung aus Gesetz..........................................121 | |
| |     a) Culpa in contrahendo.....................................121 | |
| |     b) §§ 823 I, 831 BGB.......................................121 | |
| |     c) § 823 II BGB i.V.m. Schutzgesetz..........................121 | |
| |     d) § 826 BGB..............................................122 | |

## § 5 Die wichtigsten Regulierungsmaßnahmen..................125

I. Das Beratungsprotokoll...................................125
  1. Intention..........................................125
  2. Regelungsinhalt....................................126
     a) Rechtliche Umsetzung..........................126
     b) Inhaltliche Anforderungen.....................126
     aa) Bei persönlicher Anlageberatung..............126
     bb) Bei telefonischer Anlageberatung.............129
     cc) Aufbewahrungspflicht.........................130
  3. Möglichkeit eines Protokollverzichts durch den Kunden...130
     a) Rechtliche Lage...............................130
     b) Ansatz: Fakultativer Protokollverzicht........131
     c) Stellungnahme.................................132

II. Anlegerschutz- und Funktionsverbesserungsgesetz..........133
  1. Intention..........................................134
  2. Wichtige Regelungsinhalte zur Anlageberatung........134
     a) Das Produktinformationsblatt..................134

|      |     | aa) Ziel | 134 |
|------|-----|----------|-----|
|      |     | bb) Rechtliche Umsetzung | 134 |
|      |     | cc) Rechtsfolgen bei Missachtung | 137 |
|      | b)  | Einführung eines Mitarbeiter- und Beschwerderegisters | 137 |
|      |     | aa) Intention und Regelungsinhalt | 137 |
|      |     | bb) Kein Verfassungsverstoß durch Speicherung personenbezogener Daten | 139 |
|      | c)  | Verstärkte Sanktionsbefugnisse der BaFin | 140 |

III. MiFID I und FRUG ............................................................142
  1. Intention ...................................................................142
  2. Wichtige Regelungsinhalte zur Anlageberatung .......142
     a) Anlageberatung als Wertpapierdienstleistung .....142
     b) Wohlverhaltensregeln in der Anlageberatung .....143

IV. MiFID II/MiFIR ................................................................144
  1. Intention ...................................................................144
  2. Wichtige Regelungsinhalte zur Anlageberatung .......145
     a) Die wichtigsten Regelungen zur Verbesserung des Anlegerschutzes ...................................................145
     b) Schriftliche Geeignetheitserklärung ....................146
        aa) Geplante Ablösung des Beratungsprotokolls durch die schriftliche Geeignetheitserklärung ...147
        bb) Bewertung ....................................................148
     c) Streitpunkt: Möglichkeit eines Produktverbots ...152
        aa) Rechtsgrundlage und Voraussetzungen für ein Produktverbot ...........................................152
        bb) Sinnvolle Interventionsmöglichkeit oder unzulässiger Eingriff in den Geschäftsbetrieb? ...153
        cc) Stellungnahme ..............................................154

V. PRIIP-Verordnung .............................................................157
  1. Intention ...................................................................157
  2. Wichtige Regelungsinhalte zur Anlageberatung .......158
  3. Unterschiede: Basisinformationsblatt und Produktinformationsblatt ...........................................158

|  |  | a) | Inhaltliche Unterschiede | 158 |
|---|---|---|---|---|
|  |  | b) | Bewertung | 159 |

§ 6 Kritische Analyse der Regulierungsfolgen ... 161
I. Aus Sicht der Anlageberatungsanbieter ... 161
   1. Auswirkungen auf das Haftungs- und Sanktionsrisiko ... 161
      a) Analyse potenzieller Haftungs- und Sanktionsrisiken ... 161
      aa) Zivilrechtliche Haftungsrisiken ... 161
      bb) Sanktionsrisiken ... 164
      b) Stellungnahme ... 165
   2. Die Kosten der Regulierungsmaßnahmen ... 166
   3. Ungleichbehandlung zu vergleichbaren Branchen ... 168
   4. Compliance- und Risikomanagement in der Anlageberatung ... 170
      a) Der Begriff der Compliance ... 171
      b) Auswirkungen auf das Personalmanagement ... 172
      aa) Einrichtung einer unabhängigen Compliance-Funktion ... 172
      bb) Qualitätsanforderungen beim Einsatz von Anlageberatern ... 174
      cc) Nachweispflicht der Mitarbeiterkompetenzen ... 175
      dd) Verstärkter Schulungsbedarf von Mitarbeitern ... 176
      ee) Anforderungen an die Mitarbeitervergütung ... 177
      c) Auswirkungen auf die Produktkonzeption ... 179
      aa) Kein Verbot der Empfehlung von Hausprodukten ... 180
      bb) Anforderungen an Konzeption und Überwachung (product governance) ... 181
      cc) Fokussierung auf risikoarme Produkte ... 183
      d) Interne Organisationsanforderungen ... 183
      aa) Schaffung einer adäquaten digitalen Infrastruktur ... 183
      bb) Übergang zur streng formalisierten Anlageberatung ... 185
      e) Umgang mit Interessenkonflikten/Insiderwissen ... 186
      aa) Anlageberatung und Insiderwissen ... 186
      bb) Chinese Walls ... 187
   5. Zusammenfassung und Bewertung ... 189

| | | |
|---|---|---|
| II. | Aus Sicht der Geschäftsleitung | 190 |
| | 1. Bedarf einer verstärkten Corporate Governance | 190 |
| | 2. Umgang mit persönlichen Haftungsrisiken | 191 |
| | 3. Aktuelle Herausforderungen bei der Ausrichtung des Geschäftsmodells | 192 |
| | 4. Zusammenfassung und Bewertung | 194 |
| III. | Aus Sicht der Anlageberater | 195 |
| | 1. Bürokratischer und zeitlicher Mehraufwand | 195 |
| | 2. Faktische Einschränkung der Beratertätigkeit | 196 |
| | 3. Haftungs- und Sanktionsrisiken | 197 |
| | a) Wegen Nichtprotokollierung auf Wunsch des Kunden | 197 |
| | b) Wegen unterlassener Selbstschulung | 198 |
| | 4. Möglichkeit eines Einsatzverbotes durch die BaFin | 198 |
| | 5. Zusammenfassung und Bewertung | 199 |
| IV. | Aus Sicht der Kunden | 200 |
| | 1. Teilweiser Beratungsverzicht der Banken | 200 |
| | a) Durch Vermeidung des Beratungsvertrags (beratungsfreies Geschäft) | 201 |
| | aa) Das Geschäftsmodell von Direktbanken als Discountbroker | 202 |
| | bb) Aufklärungspflichten im beratungsfreien Geschäft | 203 |
| | (1) Zivilrechtliche Pflichten | 203 |
| | (2) Aufsichtsrechtliche Pflichten | 204 |
| | cc) Stellungnahme | 206 |
| | b) Durch partiellen Produktberatungsverzicht | 207 |
| | c) Durch Kundenselektion | 209 |
| | d) Durch Zentralisierung der Anlageberatung | 210 |
| | e) Analyse des Kundeninteresses: Wunsch nach Beratung oder verstärkter Eigeninitiative | 210 |
| | 2. Beratung zwischen sinnvoller Information und „information overload" | 212 |
| | a) Bei klassischer Verbraucheranlageberatung | 213 |
| | b) Bei Beratung älterer Anleger | 217 |
| | c) Fehlende Einhaltung der Dokumentationspflichten in der Praxis | 219 |

3. Abwälzung des Haftungsrisikos auf den Kunden ..................... 220
4. Geringere Produktauswahl ........................................................ 221
5. Auswirkungen auf die Beratungsqualität ................................. 222
6. Problem von „risikolosen" Anlageprodukten im Niedrigzinsumfeld .................................................................. 223
7. Zusammenfassung und Bewertung .......................................... 225

§ 7 **Positive Folgen der Regulierungsmaßnahmen** ........................... 227
I. Aus Sicht der Anlageberatungsanbieter ......................................... 227
II. Aus Sicht der Anlageberater .......................................................... 227
III. Aus Sicht der Kunden ..................................................................... 228

§ 8 **Bewertung von Existenz und Intensität des Spannungsverhältnisses** ........................................................... 229
I. Bewertung des aktuellen Regulierungsniveaus in der Anlageberatung ....................................................................... 229
II. Zusammenfassung .......................................................................... 230

§ 9 **Besondere Aspekte des Anlegerschutzes auf dem Grauen Kapitalmarkt** ..................................................................... 233
I. Der Graue Kapitalmarkt ................................................................. 233
  1. Begriffsbestimmung: Grauer Kapitalmarkt ............................. 233
  2. Typische Anlageprodukte des Grauen Kapitalmarkts ............. 234
  3. Die Bedeutung des Grauen Kapitalmarkts für Verbraucher ... 235
  4. Chancen und Risiken für Verbraucher ..................................... 236
II. Die Prokon-Insolvenz und ihre Folgen .......................................... 237
  1. Hintergründe der Prokon-Insolvenz ......................................... 237
  2. Der Graue Kapitalmarkt in der Kritik ...................................... 240
III. Bisherige und aktuelle Regulierungsmaßnahmen im Überblick ... 241
  1. Bisherige Regulierungsmaßnahmen .......................................... 241
  2. Aktuelle Regulierungsmaßnahmen ........................................... 243

|  |  |  |
|---|---|---|
|  | a) | Höhere Transparenz- und Prospektanforderungen ...... 243 |
|  | b) | Mindestlaufzeit und Kündigungsfrist ...... 244 |
|  | c) | Möglichkeit von Produktinterventionen ...... 244 |
|  | d) | Einschränkung der Werbemöglichkeiten ...... 245 |
|  | e) | Prüfung von Vermögenslage und Rechnungslegung ...... 246 |
|  | f) | Erweiterung des BaFin-Aufgabenkreises ...... 246 |
|  | 3. Zusammenfassung und Bewertung ...... 247 |  |
| IV. | Bewertung der Anlageberatung im Vergleich zum regulierten Kapitalmarkt ...... 248 |  |

## § 10 Mögliche Optimierungsansätze für eine interessengerechtere Anlageberatung ...... 251

I. Begriffsbestimmung: interessengerechtere Anlageberatung ...... 251

II. Potenzielle Optimierungsansätze ...... 252

    1. Stärkere Anpassung der Anlageberatung an den praktischen Bedarf ...... 252

        a) Bedarf einer klientelorientierteren und flexibleren Gestaltung statt strengem Formalismus ...... 252

        b) Verbesserte Kundeninformation im Internet ...... 255

        aa) Verstärkter Kundenwunsch nach Online-Information und Beratung ...... 255

        bb) Einführung von persönlicher Chat- und Videoberatung ...... 256

        cc) Standardisierte Online-/App-Beratung ...... 257

        dd) Stellungnahme ...... 258

        c) Stärkere Kundenbindung und Zufriedenheit durch Folgeangebote ...... 258

    2. Möglichkeit einer plakativen Risikoeinstufung ...... 259

        a) Einführung eines „Ampelsystems" für Anlageprodukte ...... 259

        b) Bewertung der Geeignetheit des „Ampelsystems" in der Anlageberatung ...... 260

    3. Honoraranlageberatung statt Provisionsberatung ...... 262

        a) Das Konzept der Honoraranlageberatung ...... 262

        b) Intendierte Stärkung durch das Honoraranlageberatungsgesetz ...... 262

- c) Akzeptanz und Angebot der Honoraranlageberatung bei Banken .................................................................................. 264
- d) Vorteile der Honoraranlageberatung ................................................. 265
- e) Nachteile und praktische Probleme in der Verbraucheranlageberatung .............................................................. 265
- f) Zusammenfassung und Bewertung ................................................... 267

4. Erhöhung der Transparenz in der Anlageberatung ............................. 268
   - a) Freiwillige und vollständige Schaffung von Transparenz durch die Institute .............................................................................. 268
   - b) Aufnahme des Beratungsgesprächs statt schriftlicher Dokumentation .................................................................................. 269
   - c) Verstärkte öffentliche Evaluierung und Bewertung der Kundenzufriedenheit ......................................................................... 271
   - d) Stärkung der Kundeninformation im Anschluss an die Anlageentscheidung ........................................................................... 273
   - e) Frühzeitige Entdeckung von Missständen und Verbesserungspotenzialen .................................................................. 273

5. Verbesserung des allgemeinen ökonomischen Bildungsniveaus .......... 274
   - a) Notwendigkeit frühzeitlicher ökonomischer Grundbildung ......... 275
   - b) Allgemeine Förderung ökonomischen Basiswissens in der Bevölkerung ................................................................................. 276
   - aa) Vorschlag eines „Investment-Führerscheins" ................................ 276
   - bb) Verstärktes Angebot ökonomischer Fortbildungen ..................... 277
   - c) Zusammenfassung und Bewertung .................................................. 278

Fazit ....................................................................................................................... 279

Literaturverzeichnis ............................................................................................ 285

# Einleitung

## I. Anlageberatung im Fokus der Öffentlichkeit

Die einschlägige Wirtschaftspresse berichtet schon seit Jahren in regelmäßigen Abständen über Studien zur Qualität der Anlageberatung. Nach Ausbruch der Finanzmarktkrise im Jahr 2008 nahm sich dann fast täglich auch die Tagespresse des Themas Anlageberatung an, wobei der Schwerpunkt auf der Berichterstattung über potenzielle Falschberatungen lag. Dadurch wurde auch der interessierte Laie und Bankkunde auf das Thema Anlageberatung aufmerksam. Aus finanzwirtschaftlicher Sicht kann die Insolvenz der amerikanischen Investmentbank Lehman Brothers Holdings Inc. am 15. September 2008 (Insolvenzantrag) als historisches Datum angesehen werden. Während nämlich bis dahin angenommen wurde, dass bestimmte Finanzinstitute zu groß und wichtig (systemrelevant) seien, um zahlungsunfähig zu werden („*too big to fail*"), änderte sich diese Einschätzung schlagartig und brachte das weltweite Finanzsystem in schwere Schieflage. Die Insolvenz der Investmentbank hatte dabei auch Auswirkungen auf die Anlageberatung in Deutschland, weil zahlreiche Inhaber von Zertifikaten mit Bezug zu Lehman Brothers (Emittent oder Basiswert) hohe Vermögensverluste erlitten. In der Folge gab es eine Flut von Anlegerschutzprozessen, wobei sich diese nicht auf Lehman Brothers Produkte beschränkten.[1] Im Zuge der Finanzmarktkrise kam es neben einer breiten Kritik an der Finanzmarktstruktur im Allgemeinen auch zu einer öffentlichen Debatte über die Qualität der Verbraucheranlageberatung in Deutschland. Politische Reaktionen hierauf erfolgten anschließend in Form zahlreicher europäischer und nationaler Regulierungsmaßnahmen, die als Ziel eine Verbesserung des Kundenschutzniveaus in der Anlageberatung hatten. Angesichts der vielfältigen gesetzlichen Reformen unterliegt das Dienstleistungsangebot der Anlageberatung bereits seit geraumer Zeit einem stetigen Wandel. Mit Blick auf aktuelle Regulierungsmaßnahmen (vor allem MiFID II) ist damit zu rechnen, dass dies auch zukünftig so bleiben und die Anlageberatung weiterhin im Fokus der Öffentlichkeit stehen wird.

---

1 Siehe exemplarisch zu verschiedenen Lehman Brothers Zertifikaten BGH NJW 2012, 66; BGH NJW-RR 2012, 43; BGH NJW-RR 2013, 244; BGH NZG 2013, 1226.

## II. Gegenstand und Ziel der Untersuchung

Die Dienstleistung der Anlageberatung ist sowohl für Verbraucher als auch für Beratungsinstitute von erheblicher Bedeutung. Die Relevanz einer guten Anlageberatung für Verbraucher ergibt sich zumeist bereits aus einer zwischen ihnen und dem Berater vorhandenen Informationsasymmetrie und der Tatsache, dass mit der Vermögensanlage meist weitreichende finanzielle Entscheidungen getroffen werden. Aus Sicht der Beratungsinstitute stellt die Anlageberatung ein „Massengeschäft" mit zahlreichen Chancen, aber zugleich auch (Haftungs-)Risiken dar, die insbesondere aufgrund der hohen Anzahl an täglichen Geschäften begrenzt werden müssen. Für die Anbieter hat daher vor allem die Einhaltung sämtlicher gesetzlicher Vorgaben elementare Bedeutung. Der Gesetzgeber intendiert durch verschiedene Regulierungsmaßnahmen adäquate Rahmenbedingungen zu schaffen, um ein angemessenes Verbraucherschutzniveau sicherstellen zu können, ohne zugleich die notwendige Beratung mit überflüssigen Regeln zu behindern. Es besteht insoweit immer ein gewisses Spannungsverhältnis zwischen notwendigem Verbraucherschutz einerseits und der Gefahr einer Überregulierung andererseits.

Vor diesem Hintergrund hat die vorliegende Arbeit zum Ziel, das aktuelle Verhältnis von Verbraucherschutz und Überregulierung in der Anlageberatung zu analysieren, wobei der Schwerpunkt der Untersuchung auf dem für die Verbraucheranlageberatung besonders praxisrelevanten geregelten Kapitalmarkt liegen soll. Im Anschluss an die Analyse sollen zudem potenzielle Optimierungsansätze zur Erreichung einer interessengerechten Anlageberatung in Deutschland vorgestellt und im Hinblick auf ihre Sinnhaftigkeit sowie praktische Umsetzbarkeit diskutiert werden. Wünschenswert wäre es, wenn einige der durch die Arbeit gewonnenen Erkenntnisse eine Hilfestellung im Rahmen zukünftiger gesetzlicher Reformüberlegungen leisten könnten.

## III. Gang der Untersuchung

Im folgenden Kapitel (§ 1) werden die Begriffe der „Anlageberatung" und „Überregulierung" näher bestimmt und eine Grenzziehung zwischen Regulierung und Überregulierung vorgenommen. Darüber hinaus sollen eine Abgrenzung von „Verbraucherschutz" und „Anlegerschutz" erfolgen sowie ein Leitbild für die weitere Untersuchung entwickelt werden. In Kapitel 2 (§ 2) wird die Bedeutung einer Anlageberatung aus Sicht der Anleger, der Bankwirtschaft sowie der gesamten Volkswirtschaft untersucht, bevor im dritten Kapitel (§ 3) die wichtigsten Rechtsgrundlagen der Anlageberatung überblicksartig vorgestellt werden. Es folgen in § 4 eine Bestimmung der bestehenden Aufklärungspflichten anhand einer vertriebs- und produktbezogenen Unterteilung sowie eine Diskussion, ob die Festlegung eines einheitlichen, produktunabhängigen Aufklärungsniveaus möglich und sinnvoll wäre. Das Kapitel endet mit einem Überblick über die praxisrelevanten Anspruchsgrundlagen im Falle fehlerhafter Anlageberatung. Das fünfte Kapitel (§ 5) stellt die Intentionen und Regelungsinhalte der wichtigsten Regulierungsmaßnahmen im Bereich der Anlageberatung dar. Der Schwerpunkt der Arbeit soll dann in den folgenden Kapiteln liegen. Zunächst werden in § 6 die Praxisfolgen der Regulierungsmaßnahmen kritisch analysiert, wobei die Untersuchung nach den Folgen aus Sicht der Beratungsinstitute, Geschäftsleiter, Anlageberater und Kunden untergliedert wird und damit alle am Beratungsprozess wesentlich Beteiligten erfasst. Im Anschluss an die kritische Analyse folgt in § 7 eine Bewertung sämtlicher positiver Aspekte der Regulierung aus Sicht der Beteiligten, bevor in § 8 auf der Grundlage der vorherigen Untersuchungen das Regulierungsniveau in der Anlageberatung bewertet wird. Nachfolgend soll eine komprimierte Analyse der Regulierung auf dem sogenannten Grauen Kapitalmarkt erfolgen (§ 9), da dieser Markt vor allem durch einige Insolvenzen bekannter Emittenten sowie durch eine anschließende Regulierung stark in den Fokus der Öffentlichkeit gerückt ist und für einige Verbraucher durchaus eine Rolle im Rahmen der Anlageberatung spielt. Am Schluss der Arbeit (§ 10) sollen unter Berücksichtigung der Untersuchungsergebnisse potenzielle Optimierungsansätze für eine interessengerechtere Anlageberatung dargestellt und bewertet werden.

# § 1 Begriffsbestimmungen

## I. Der Begriff der Anlageberatung

### 1. Definition der Anlageberatung

Der Begriff der Anlageberatung ist sowohl in § 1 Ia 2 Nr. 1a KWG als auch in § 2 III 1 Nr. 9 WpHG gesetzlich normiert. Demnach ist Anlageberatung eine Abgabe von persönlichen Empfehlungen an Kunden oder deren Vertreter, die sich auf Geschäfte mit bestimmten Finanzinstrumenten beziehen, sofern die Empfehlung auf eine Prüfung der persönlichen Umstände des Anlegers gestützt oder als für ihn geeignet dargestellt wird und nicht ausschließlich über Informationsverbreitungskanäle oder für die Öffentlichkeit bekannt gegeben wird. Als wichtigstes Merkmal einer Anlageberatung ist dabei das Erfordernis einer „persönlichen Empfehlung" anzusehen. Eine „Empfehlung" liegt vor, wenn dem Anleger zu einem Geschäft, welches in seinem Interesse liegt, geraten wird.[2] Der Berater teilt im Rahmen der Empfehlung dem Anleger mit, wie er selbst in der Situation des Anlegers handeln würde.[3] Zur Beurteilung, ob eine persönliche Empfehlung vorliegt oder nicht, kommt es auf die Sicht des Kunden an.[4] Grundsätzlich nicht ausreichend sind öffentliche Ratschläge in Presse, Rundfunk oder Internet, da sie sich an einen unbestimmten Personenkreis richten und folglich keine „persönliche" Empfehlung darstellen.[5] Gleiches gilt trotz gegebenenfalls persönlicher Anrede auch für Börsenbriefe, Finanzanalysen, Roadshows und erkennbare Werbung, weil die dort präsentierten Informationen erkennbar einem unbestimmten Personenkreis zugänglich gemacht werden.[6] Hingegen sollen selbst gleichlautende Empfehlungen an Kunden via Brief, E-Mail oder Telefon sowohl dem Erfordernis der „persönliche Empfehlung" als auch dem negativen

---

[2] *Kumpan*, in: Schwark/Zimmer, KMRK, § 2 WpHG Rn. 94; *Bracht*, in: Schwintowski, Bankrecht, § 18 Rn. 13.
[3] *Balzer*, ZBB 2007, 333, 335 m.w.N.
[4] *Assmann*, in: Assmann/Schneider, WpHG, § 2 Rn. 113; *Balzer*, ZBB 2007, 333, 335.
[5] Vgl. gemeinsames Merkblatt der BaFin und der Deutschen Bundesbank zum Tatbestand der Anlageberatung (Stand: Juli 2013), Ziff. 5, S. 4, abrufbar unter: www.bafin.de/SharedDocs/Downloads/DE/Merkblatt/dl_mb_110513_anlageberatung_neu.pdf?__blob=publicationFile&v=7 (zuletzt abgerufen am 23.07.2015); *Teuber*, BKR 2006, 429, 430.
[6] *Assmann*, in: Assmann/Schneider, WpHG, § 2 Rn. 116; *Balzer*, ZBB 2007, 333, 335; *Kumpan*, in: Schwark/Zimmer, KMRK, § 2 WpHG Rn. 95.

Tatbestandsmerkmal der „nicht ausschließlichen Verbreitung über Informationsverbreitungskanäle oder für die Öffentlichkeit bekannt gegeben" genügen, sofern der betreffende Adressatenkreis anhand der persönlichen Verhältnisse der einbezogenen Personen gebildet wird.[7] Weiterhin muss sich die Empfehlung auf „bestimmte" Finanzprodukte beziehen. Hierfür ist erforderlich, dass ein oder mehrere konkrete Anlagevorschläge unterbreitet werden. Hingegen genügt eine allgemeine Empfehlung für eine Anlageklasse (Aktien, Anleihen etc.), Branche oder Institut dem Bestimmtheitserfordernis nicht und stellt daher keine Anlageberatung dar.[8] Hinsichtlich des Tatbestandsmerkmals „Prüfung der persönlichen Umstände des Anlegers" gelten geringe Anforderungen. Ausreichend ist, dass der Kunde den Anlageberater in allgemeiner Form über seine finanzielle Situation unterrichtet und dieser ihm daraufhin Geschäfte mit bestimmten Finanzinstrumenten empfiehlt.[9] Darüber hinaus ist immer die weitere Tatbestandsmodalität des „als für den Anleger geeignet dargestellt" zu beachten. Diese ist bereits dann erfüllt, wenn der Kunde davon ausgehen muss, dass die Empfehlung des Beraters auf einer Berücksichtigung seiner persönlichen Umstände beruht, selbst wenn dies tatsächlich nicht der Fall ist. Folglich ist ausreichend, dass der Berater zurechenbar den Anschein setzt, bei der Abgabe seiner Empfehlung die persönlichen Umstände des Anlegers berücksichtigt zu haben.[10] Wegen starker Begriffsähnlichkeiten muss die Anlageberatung exakt von der einfachen

---

7 Vgl. gemeinsames Merkblatt der BaFin und der Deutschen Bundesbank zum Tatbestand der Anlageberatung (Stand: Juli 2013), Ziff. 5, S. 4, abrufbar unter: www.bafin.de/SharedDocs/Downloads/DE/Merkblatt/dl_mb_110513_anlageberatung_neu.pdf?__blob=publicationFile&v=7 (zuletzt abgerufen am 23.07.2015); ausführlich zum Erfordernis individueller Kommunikationsformen *Assmann*, in: Assmann/Schneider, WpHG, § 2 Rn. 117.

8 Vgl. gemeinsames Merkblatt der BaFin und der Deutschen Bundesbank zum Tatbestand der Anlageberatung (Stand: Juli 2013), Ziff. 2, S. 2, abrufbar unter: www.bafin.de/SharedDocs/Downloads/DE/Merkblatt/dl_mb_110513_anlageberatung_neu.pdf?__blob=publicationFile&v=7 (zuletzt abgerufen am 23.07.2015).

9 Vgl. gemeinsames Merkblatt der BaFin und der Deutschen Bundesbank zum Tatbestand der Anlageberatung (Stand: Juli 2013), Ziff. 4, S. 3, abrufbar unter: www.bafin.de/SharedDocs/Downloads/DE/Merkblatt/dl_mb_110513_anlageberatung_neu.pdf?__blob=publicationFile&v=7 (zuletzt abgerufen am 23.07.2015).

10 Vgl. gemeinsames Merkblatt der BaFin und der Deutschen Bundesbank zum Tatbestand der Anlageberatung (Stand: Juli 2013), Ziff. 4, S. 3, abrufbar unter: www.bafin.de/SharedDocs/Downloads/DE/Merkblatt/dl_mb_110513_anlageberatung_neu.pdf?__blob=publicationFile&v=7 (zuletzt abgerufen am 23.07.2015); *Assmann*, in: Assmann/Schneider, WpHG, § 2 Rn. 115.

Auskunft/Information, der Anlagevermittlung sowie der Vermögensverwaltung abgegrenzt werden.

*a) Abgrenzung von Anlageberatung und Auskunft/Information*

Die Anlageberatung ist von der bloßen Auskunft bzw. Information anhand des Tatbestandsmerkmals der „Empfehlung" abzugrenzen. Während es sich bei einer bloßen Information um eine zumeist neutral gehaltene Weitergabe von Tatsachen handelt, treten bei einer Anlageberatung noch Werturteile des Beraters für bestimmte Verhältnisse und Risiken hinzu.[11] Häufig wird die Weitergabe einer Information als Vorstufe zu einer folgenden Beratung anzusehen sein.[12]

*b) Abgrenzung von Beratung und Aufklärung*

Die Abgrenzung zwischen Beratung und Aufklärung ist im Hinblick auf die Pflichtenbestimmung des Beraters gegenüber seinem Kunden relevant. Teilweise werden beide Begriffe synonym verwendet.[13] Richtigerweise sollten allerdings beide Begriffe getrennt werden. Während eine Aufklärung in der Regel projektbezogen erfolgt und die bloße Weitergabe von entscheidungserheblichen Tatsachen und Informationen umfasst, geht die Beratung weiter und beinhaltet eine fachmännische Bewertung, die in einem Rat, einer Empfehlung oder einer Warnung mündet.[14] Insoweit unterscheiden sich auch die beiden Pflichteninhalte entscheidend voneinander. Im Rahmen einer Beratung müssen die Anlegerinteressen „nicht nur respektiert, sondern auch aktiv gefördert" werden.[15]

*c) Abgrenzung von Anlageberatung und Anlagevermittlung*

Die „Anlagevermittlung" ist in § 2 III Nr. 4 WpHG normiert. Eine solche setzt demnach die Vermittlung von Geschäften über die Anschaffung und die Veräußerung von Finanzinstrumenten voraus. Die Pflicht zur „Vermittlung" ist dabei

---

11 *Hannöver*, in: Schimansky/Bunte/Lwowski, Bankrechts-Hdb., § 110 Rn. 25; *Titz*, WM 1998, 2179, 2182.
12 *Titz*, WM 1998, 2179, 2182.
13 So etwa *Roth*, in: MK-BGB (4. Auflage, 2001), § 242 Rn. 260 (zusammenfassend als „Informationspflicht").
14 *Balzer*, WM 2001, 1533, 1534; *Lang*, WM 2000, 450, 451; *Nobbe*, in: Horn/Schimansky, Bankrecht 1998, 235, 236 ff.; *Richradt*, WM 2004, 653, 655.
15 Vgl. *Henssler*, Risiko als Vertragsgegenstand, S. 152, der vor allem bei Unentgeltlichkeit sehr strenge Maßstäbe an die konstituierenden Merkmale einer Beratungspflicht anlegt.

weniger weitgehend als die „Empfehlung" im Rahmen einer Anlageberatung. Insbesondere schuldet der Anlagevermittler anders als der Anlageberater keine fundierte Beratung.[16] Jedoch müssen diejenigen Umstände, die für den Anlageentschluss von Bedeutung sind, korrekt und vollständig sein.[17] Zumeist wird der Anlagevermittler Produkte für Dritte gegen eine Provisionszahlung vertreiben. Aus Sicht des Kunden wird dies häufig schon durch besonders werbende Aussagen erkennbar sein, sodass die Kundenerwartung nicht auf eine unabhängige Beratung gerichtet sein kann.[18] Die weitergehenden Pflichten des Anlageberaters hingegen sind aufgrund der Inanspruchnahme besonderen persönlichen Vertrauens des Anlegers sowie dem Wunsch nach einer auf die persönlichen Verhältnisse zugeschnittenen Beratung gerechtfertigt.[19] Ob im Einzelfall eine Anlageberatung oder Anlagevermittlung vorliegt, richtet sich demnach nicht nach etwaigen Provisionszahlungen, sondern allein nach dem äußeren Erscheinungsbild. Hierbei wird die „klassische" Tätigkeit von Bankmitarbeitern gegenüber ihren Kunden in der Regel als Anlageberatung zu qualifizieren sein.[20]

### d) Abgrenzung von Anlageberatung und Vermögensverwaltung

Eine Unterscheidung zwischen einer Anlageberatung und der Vermögensverwaltung kann insbesondere anhand des Merkmals der „Entscheidungsbefugnis" vorgenommen werden. Im Gegensatz zum Anlageberater trifft nämlich der Vermögensverwalter Dispositionen über das Vermögen des Anlegers ohne eine vorherige Rücksprache mit dem Kunden.[21] Innerhalb der Vermögensverwaltung kann, abhängig von der eigentumsrechtlichen Ausgestaltung, noch zwischen dem sogenannten Treuhandmodell und dem sogenannten Vertretermodell unterschieden werden. Während im Rahmen des Treuhandmodells dem Vermögensverwalter das Eigentum an dem zu verwaltenden Vermögen übertragen wird, wird er im Vertretermodell vom Anleger lediglich schuldrechtlich ermächtigt, Vermögensdispositionen vorzunehmen.[22] Im Rahmen einer Anlageberatung ist hingegen immer allein der Anleger berechtigt, Vermögensdispositionen vorzunehmen. Es

---

16 BGH WM 1993, 1238, 1239; *Rotter/Placzek*, Bankrecht, § 14 Rn. 3.
17 BGH WM 1989, 1923, 1924; BGH WM 1993, 1238, 1239.
18 *Rotter/Placzek*, Bankrecht, § 14 Rn. 3; *Edelmann*, in: Assmann/Schütze, Hdb. KapitalanlageR, § 4 Rn. 8.
19 BGH WM 1993, 1238, 1239.
20 *Rotter/Placzek*, Bankrecht, § 14 Rn. 3.
21 *Schäfer*, in: Assmann/Schütze, Hdb. KapitalanlageR, § 23 Rn. 7.
22 Vertiefend hierzu: *Kiethe/Hektor*, DStR 1996, 547 f.; *Balzer*, Vermögensverwaltung durch Kreditinstitute, S. 33 ff.

steht ihm daher grundsätzlich frei, auf die Anlagevorschläge seines Beraters einzugehen oder nicht.[23] Weiterhin kann eine Differenzierung der Anlageberatung zur Vermögensverwaltung auch anhand der zeitlichen Dauer der Verpflichtung vorgenommen werden. Während die Anlageberatung mit der Abgabe der Empfehlung beendet ist, trägt der Vermögensverwalter fortlaufend die Sorge für das Vermögen seines Kunden.[24]

## 2. Kennzeichen guter Anlageberatung

### a) Kriterien zur Qualitätsbeurteilung

Um die Qualität einer Anlageberatung einschätzen zu können, bedarf es gewisser Beurteilungskriterien. Allein der spätere Erfolg oder Misserfolg der Anlage – etwa gemessen am Ertrag oder Vermögensverlust – kann kein taugliches Indiz darstellen, da der Anleger, wie vorstehend erwähnt, seine finale Anlageentscheidung völlig selbstständig und gegebenenfalls entgegen aller vom Berater gegebenen Empfehlungen trifft. Zudem können sich Anlageentscheidungen durch persönliche Umstände und/oder externe Faktoren (z.B. Terroranschläge, Umweltkatastrophen) im Nachhinein (*ex post*) als falsch erweisen, obwohl die Anlageberatung aus *ex ante* Sicht nicht zu beanstanden war. Insoweit wird bereits deutlich, dass bei der Beurteilung der Beratungsqualität stets auf die „Beratungstätigkeit" und nicht den „Beratungserfolg" abzustellen ist. Auf Basis dieser Erkenntnis sollen im Folgenden zunächst der Begriff der „Qualität" definiert und anschließend geeignete Methoden zur Qualitätsmessung in der Anlageberatung dargestellt werden.

### aa) Der Begriff der „Qualität"

Der Begriff der „Qualität" ist nicht eindeutig definierbar. In der Wissenschaft finden sich verschiedene Definitionsansätze, wobei vor allem die fünf Qualitätsbegriffe von *Garvin* als besonders bedeutsam und grundlegend angesehen werden können.[25] Demnach ist zwischen dem absoluten („transcendent definition"), dem produktorientierten („product-based definition"), dem kundenorientierten („user-based definition"), dem herstellerorientierten („manufacturing-based definition") sowie dem wertorientierten Qualitätsbegriff („value-based definition")

---

23 *Balzer*, Vermögensverwaltung durch Kreditinstitute, S. 15; *Schäfer*, in: Assmann/Schütze, Hdb. KapitalanlageR, § 23 Rn. 7.
24 *Schäfer*, in: Assmann/Schütze, Hdb. KapitalanlageR, § 23 Rn. 7; *Schäfer/Lang*, in: Schäfer/Sethe/Lang, Hdb. Vermögensverwaltung, § 1 Rn. 18 f. m.w.N.
25 *Garvin*, Sloan Management Review, 26.1 (1984), 25 ff.; *Kohlert*, Anlageberatung und Qualität, S. 113.

zu unterscheiden.[26] Nach dem absoluten Qualitätsbegriff wird Qualität als nicht weiter hinterfragbare Güte eines Produktes verstanden, die nur durch Erfahrungsbildung begründet ist. Der produktorientierte Qualitätsbegriff versteht Qualität als ein Bündel von einem Produkt oder einer Leistung innewohnenden Eigenschaften, die präzise messbar und objektiv prüfbar sind.[27] Demgegenüber resultiert Qualität nach dem kundenorientierten Qualitätsbegriff aus der individuellen Wahrnehmung durch den Kunden und ist somit als Grad der Erfüllung individueller Präferenzen zu betrachten und nur subjektiv fassbar. Nach dem herstellungsorientierten Ansatz ist Qualität als Einhaltung von durch den Hersteller definierten Standards bzw. Spezifikationen zu verstehen, die entweder objektiv gesetzt oder aus den subjektiven Kundenbedürfnissen abgeleitet werden. Schließlich wird unter dem wertorientierten Qualitätsbegriff Qualität als günstig beurteiltes Preis-Leistungs- bzw. Kosten-Nutzen-Verhältnis aufgefasst.[28]

Eine pauschale Beurteilung, welcher dieser einzelnen Definitionen am zutreffendsten erscheint, ist wenig sinnvoll, da alle für sich jeweils fundierte Ansätze aufweisen, zugleich aber aufgrund bestehender Branchenunterschiede auch keine Allgemeingültigkeit beanspruchen können. Notwendig ist daher im Vorfeld von Qualitätsmessungen branchenabhängig eine oder mehrere Qualitätsdefinitionen als zweckmäßig und andere als weniger geeignet zu bewerten. Für den Bereich der provisionsfinanzierten Anlageberatung erscheint dabei vor allem der kundenorientierte Qualitätsbegriff zur Qualitätsbeurteilung besonders geeignet, da die Beratungsdienstleistung primär vom subjektiven Eindruck des Kunden und seinen Erwartungen geprägt ist. Demgegenüber kann die Anlageberatung kaum objektiv oder anhand von Kosten-Nutzen-Verhältnissen gemessen werden, da etwa hinsichtlich Letzterem schon fraglich wäre, wie überhaupt der konkrete Nutzen bestimmt werden soll. Vor diesem Hintergrund überrascht es kaum, dass für die Qualitätsmessung von (Beratungs-)Dienstleistungen wohl überwiegend der kundenorientierte Qualitätsbegriff als maßgeblich angesehen wird.[29]

---

26 Siehe v.a. die tabellarische Übersicht bei *Garvin*, Sloan Management Review, 26.1 (1984), 25, 26, in welcher bereits existente Definitionsansätze den entsprechenden fünf Qualitätsbegriffen zugeordnet werden.
27 Siehe zu den vorstehenden Definitionen *Kohlert*, Anlageberatung und Qualität, S. 113.
28 Siehe zu den vorstehenden Definitionen *Kohlert*, Anlageberatung und Qualität, S. 114.
29 Siehe etwa *Holzapfel*, Kundenorientierte Qualitätsdimensionen der Anlageberatungsdienstleistung, S. 86; *Bauer/Grether/Schlieder*, Die Messung der Servicequalität von Bankfilialen, S. 2, welche den produktorientierten Qualitätsbegriff zur Beurteilung von Dienstleistungen als wenig geeignet ansehen; hingegen eine Kombination aus

*bb) Qualitätsdimensionen zur Bestimmung der Beratungsqualität*

Um eine Beurteilung der Beratungsqualität zu ermöglichen, ist es zunächst notwendig, geeignete Qualitätsmerkmale zu definieren, anhand derer eine kundenorientierte Analyse erfolgen kann. Hierfür sollten die für die spezielle Dienstleistung als relevant anzusehenden Kriterien unter verschiedenen sogenannten Qualitätsdimensionen zusammengefasst und auf diese Weise kategorisiert werden. Die Anzahl und konkrete Ausgestaltung kann somit in Abhängigkeit von der spezifischen zu untersuchenden Dienstleistung variieren.[30] Für den Bereich der Anlageberatung werden beispielsweise fünf Qualitätsdimensionen als besonders bedeutsam angesehen, nämlich „Beratungskompetenz", „Vertrauen", „Erlebnis", „Preisgünstigkeit" und „Zeit".[31]

Dass gerade die erstgenannte Qualitätsdimension „Beratungskompetenz" aufgrund von häufig vorhandenen Informationsasymmetrien zwischen Berater und Kunden von erheblicher Bedeutung für die Beurteilung der Beratungsqualität insgesamt sein muss, ist evident. Zu beachten ist allerdings, dass sich die Dimension „Beratungskompetenz" nicht lediglich in produktspezifischem Wissen erschöpfen kann, sondern auch die Kompetenz der verständlichen Wissensvermittlung gegenüber unterschiedlichen Kunden umfassen muss. Insbesondere der letztgenannte Aspekt gewinnt mit Blick auf eine alternde Gesellschaft und der hiermit einhergehenden spezifischen Anforderungen (altersgerechte Beratung) zunehmend an Bedeutung und könnte daher auch als eine eigenständige Qualitätsdimension angesehen werden.

Innerhalb der Qualitätsdimension „Vertrauen" kann vor allem bei der klassischen Bankanlageberatung weiter zwischen dem Vertrauen des Kunden in seinen persönlichen Berater (v.a. soziale Kompetenz) und dem Vertrauen in das Beratungsinstitut (v.a. Image) differenziert werden.[32] Auch bei dieser Qualitätsdimension resultiert die besondere Relevanz bereits daraus, dass viele Kunden in der Regel mangels eigenen Wissens auf eine gute Beratung durch das Institut bzw. ihre persönlichen Berater angewiesen sind. Die Kunden lagern schließlich einen

---

Kunden- und Produktorientierung präferierend *Kohlert*, Anlageberatung und Qualität, S. 114 und 120.

30 Siehe bzgl. einer ausführlichen Darstellung verschiedener Qualitätsdimensionen in unterschiedlichen Dienstleistungsbereichen *Güthoff*, Qualität komplexer Dienstleistungen, S. 25 ff.

31 *Holzapfel*, Kundenorientierte Qualitätsdimensionen der Anlageberatungsdienstleistung, S. 92 ff.

32 *Holzapfel*, Kundenorientierte Qualitätsdimensionen der Anlageberatungsdienstleistung, S. 111 m.w.N.

wichtigen Teil (Entscheidungsvorbereitung) der von ihnen selbst zu treffenden Anlageentscheidung auf eine andere Person aus, wozu eine starke Vertrauensbasis gegeben sein muss.

Unter die dritte Qualitätsdimension „Erlebnis" sollen vor allem Aspekte wie der Grad einer intensiven persönlichen Betreuung, der Unterbreitung individueller Anlagevorschläge sowie einer eigenen aktiven Beteiligung am Beratungsgespräch fallen.[33]

Die Qualitätsdimension „Preis" spielt auch in der honorarfreien, provisionsfinanzierten Anlageberatung durchaus eine Rolle, da eine Entlohnung der Beratungsleistung beim erfolgreichen Geschäftsabschluss über Gebühren, Provisionen und Margen (= Preis) erfolgt.[34] Durch eigene Nachfrage und bestehende Offenlegungspflichten ist es den Kunden grundsätzlich möglich, bereits im Rahmen des Anlagegespräches Informationen über die anfallenden Kosten zu erhalten, gegebenenfalls einen Vergleich mit verschiedenen Anbietern anzustellen und somit auch dieses Kriterium in die (subjektive) Qualitätsbeurteilung einfließen zu lassen.

Die fünfte Qualitätsdimension „Zeit" berücksichtigt das Erfordernis, dass die Anlageberatung in einem angemessenen zeitlichen Rahmen erfolgen sollte.[35] Hierbei ist zu beachten, dass nicht nur die Dauer des eigentlichen Beratungsgespräches und der erforderlichen gesetzlichen Dokumentation (v.a. Beratungsprotokoll), sondern auch eventuelle Wartezeiten oder lange Anfahrtswege aufgrund eines kleinen Filialnetzes in die Qualitätsbeurteilung des Kunden einfließen können.[36]

*cc) Bewertung*

Die oben genannten Qualitätsdimensionen können als geeignete Parameter bei der Beurteilung der Anlageberatungsqualität angesehen werden. Allerdings sind sie keineswegs zwingend, sondern könnten durchaus durch andere ersetzt werden.

---

33 *Holzapfel*, Kundenorientierte Qualitätsdimensionen der Anlageberatungsdienstleistung, S. 131, 218.
34 *Holzapfel*, Kundenorientierte Qualitätsdimensionen der Anlageberatungsdienstleistung, S. 137 f.
35 *Holzapfel*, Kundenorientierte Qualitätsdimensionen der Anlageberatungsdienstleistung, S. 163 ff.
36 Eine Unterteilung der Zeitkomponente in Vorbereitungsdauer, Interaktionsdauer und Bestätigungsdauer vornehmend *Holzapfel*, Kundenorientierte Qualitätsdimensionen der Anlageberatungsdienstleistung, S. 167 f. m.w.N.

So sind beispielsweise auch etwas stärker personenbezogene Qualitätsdimensionen wie „Annehmlichkeit" („tangibles"), „Verlässlichkeit" („reliability"), „Aufgeschlossenheit" („responsiveness"), „Leistungskompetenz" („assurance") und „Einfühlungsvermögen" („empathy") zur Messung der Beratungsqualität von Finanzdienstleistungen geeignet.[37] Weiterhin ist zu beachten, dass weder innerhalb noch zwischen den einzelnen Qualitätsdimensionen klare Gewichtungen hinsichtlich der Gesamtbedeutung auf die Anlageberatungsqualität vorgenommen werden können, da sich bereits die Vorstellungen von einer „qualitativen" Anlageberatung zwischen einzelnen Kundengruppen deutlich unterscheiden. So werden etwa erfahrene Kunden, die bereits eine stark vorgefasste Meinung haben oder umfassende eigene Kenntnisse besitzen, an einer sehr kurzen Anlageberatung interessiert sein, während anderen eine sehr zeitintensive und ausführliche Beratung wichtig ist, sodass insoweit schon das Kriterium der zeitlichen Beratungsdauer innerhalb der Qualitätsdimension „Zeit" deutlich divergiert. Allerdings existieren teilweise auch allgemeingültige Qualitätskriterien. Man kann beispielsweise annehmen, dass wohl sämtliche Kunden ein großes Vertrauen in den Anlageberater (und ggf. auch das beratende Institut) als fundamentale Voraussetzung für eine qualitative Anlageberatung ansehen. In diesem Zusammenhang ist interessant, dass zahlreiche Anleger das persönliche Vertrauen sogar als wichtiger ansehen als die Beratungskompetenz.[38] Zusammenfassend bleibt daher festzuhalten, dass eine eindeutige Bestimmung von „Qualität" in der Anlageberatung nicht möglich ist, da bereits der Qualitätsbegriff bei Dienstleistungen stark subjektiv geprägt ist und sich kundenabhängig unterscheidet. Dennoch können Beratungsinstitute mit Hilfe von Kundenevaluierungen, die sich an vorher definierten Qualitätsdimensionen orientieren, Qualitätsmessungen durchführen und auf diese Weise potenzielle Missstände und Optimierungsansätze erkennen. Dabei werden sich allerdings auch Letztere häufig zwischen solchen Instituten, die primär erfahrene und vermögende Kunden betreuen (z.B. Privatbanken), und denen, die Anlageberatung flächendeckend und umfassend erbringen (z.B. Sparkassen, Genossenschaftsbanken), unterscheiden. Abzuwarten bleibt, ob sich derzeit als maßgeblich

---

37 Siehe hierzu *Parasuraman/Zeithaml/Berry,* Journal of Retailing, 64.1 (1988), 12, 23, welche diese Dimensionen in einem viel beachteten Ansatz zur Dienstleistungsqualitätsmessung statuieren; vgl. dazu auch *Bezold,* Zur Messung der Dienstleistungsqualität, S. 45 f.; *Güthoff,* Qualität komplexer Dienstleistungen, S. 69 ff.
38 Siehe hierzu die Untersuchungsergebnisse von *Holzapfel,* Kundenorientierte Qualitätsdimensionen der Anlageberatungsdienstleistung, S. 242 und 248.

anzusehende Qualitätskriterien zukünftig durch neue Trends, wie beispielsweise der Online-Anlageberatung, signifikant verschieben werden.[39]

## b) Die Rolle des Beraters in der Anlageberatung

### aa) Der Berater unter dem Einfluss verschiedener Interessen

Dem individuellen Anlageberater kommt im Rahmen des Anlageberatungsprozesses eine entscheidende Rolle zu, ganz unabhängig davon, ob es sich um einen institutsgebundenen oder freien Anlageberater handelt. Die Dienstleistung der Anlageberatung stellt nämlich, ähnlich wie etwa ärztliche Heilbehandlungen, ein sogenanntes Vertrauensgut dar.[40] Ein solches zeichnet sich maßgeblich durch ein in aller Regel vorhandenes Informationsgefälle (Informationsasymmetrie) zwischen Anbieter und Kunden aus. Der Kunde kann mangels entsprechender Fachkenntnis weder vor noch nach dem Kauf bzw. der Dienstleistung selbst einschätzen, welches Produkt für ihn geeignet ist. Der Anleger ist daher zwar auf die Inanspruchnahme der Beratungsleistung angewiesen, kann gleichsam aber dessen Adäquanz und Qualität nicht (vollständig) beurteilen. Der Berater steht daher unabhängig von der rechtlichen Pflicht zur kundenorientierten Beratung, die sich insbesondere in der zivilrechtlichen Pflicht zur anleger- und objektgerechten Beratung niederschlägt, bereits aufgrund des ihm entgegengebrachten Kundenvertrauens in einer besonderen Verantwortung. Diesbezüglich sollte in der Anlageberatung allerdings nochmal zwischen der Honoraranlageberatung und der provisionsfinanzierten Anlageberatung differenziert werden. So stehen nämlich im Rahmen der sogenannten Honoraranlageberatung, bei welcher der Berater zwar allein für die Inanspruchnahme der Dienstleistung erfolgsunabhängig ein Honorar erhält, allerdings anschließend keine weiteren Vertriebsprovisionen kassiert, dem entgegengebrachten Kundenvertrauen keine weiteren Eigen- oder Fremdinteressen des Beraters gegenüber. Anders sieht dies in der in Deutschland überwiegend angebotenen Provisionsberatung aus. Der Berater wird hier nicht ausschließlich im Kundeninteresse tätig, sondern steht bewusst oder unbewusst unter dem Einfluss seines eigenen Gewinninteresses bzw. dem seines Instituts. Er kann sich daher häufig in einem Spannungsfeld zwischen der Empfehlung des optimalen Produkts für seinen Kunden und sich selbst bzw. seines Arbeitgebers befinden. Zwar könnte man grundsätzlich die zivilrechtliche Pflicht zur kundenorientierten Beratung zusammen mit den bei Missachtung

---

39 Siehe zur Online-Anlageberatung § 10 II. 1. b).
40 Siehe hierzu *Hackethal/Inderst*, Messung des Kundennutzens der Anlageberatung, 2011, S. 33.

drohenden Rechtsfolgen als geeignetes Mittel ansehen, den Berater zu einer rein kundenorientierten Beratung zu bewegen. An der Tauglichkeit bestehen jedoch aus mehreren Gründen Zweifel. So werden viele Anleger bereits einzelne Mängel in der kundenorientierten Beratung nicht erkennen können (Vertrauensgut) und daher lediglich im Falle einer sehr nachteiligen Anlageverlaufsentwicklung über eine mögliche Haftung ihres Anlageberaters nachdenken. Insbesondere bei älteren Anlegern sowie aufgrund besonderer externer Umstände (z.B. kleine Ortsgemeinden) wird zusätzlich mit weiteren besonderen Hemmnissen zu rechnen sein, da nicht selten persönliche Beziehungen zwischen Anlegern und Beratern bestehen werden. Nicht zuletzt müssten für eine Haftung zunächst auch die für den Anleger bestehenden Beweis- und Prozessrisiken überwunden werden. Aus rein ökonomischer Sicht könnte sich für den Berater somit selbst bei einer vereinzelt sich realisierenden Haftungsgefahr eine nicht ausschließlich kundenorientierte Beratung gegenüber zahlreichen sonstigen Provisionsgewinnen aus nicht anlegergerechter Beratung lohnen. Weiterhin ist fraglich, ob sich Berater mit Blick auf kurzfristig realisierbare Provisionsgewinne wirklich effektiv von lediglich potenziellen und in ferner Zukunft liegenden Haftungsrisiken abschrecken lassen. In diesem Zusammenhang ist auch zu berücksichtigen, dass die Berater aufgrund von internen Vertriebsvorgaben und Konkurrenz unter hohem Druck stehen. Dies lässt sich schon aus einer Umfrage zur Erreichbarkeit von Vertriebsvorgaben erkennen. So halten 45 % der Berater die ihnen gemachten Vertriebsvorgaben für unrealistisch oder nur schwer erreichbar, 48 % halten sie für anspruchsvoll aber erreichbar und lediglich 7 % geben an, mit ihnen gut oder sehr gut zurechtzukommen.[41] Zusätzlich zu den Einwirkungen durch das Kunden- und Institutsinteresse kommt es außerdem zu einer immer stärker werdenden aufsichtsrechtlichen Beeinflussung (v.a. Mitarbeiter- und Beschwerderegister), sodass häufig bereits davon gesprochen wird, dass sich die Berater in einem „magischen Dreieck" befinden.[42] Angesichts der hinzukommenden Eigeninteressen der Berater läge es allerdings näher, bereits von einem Interessenviereck zu sprechen. Die Pflicht zur anleger- und objektgerechten Beratung kann mithin zwar eine kundenorientierte Beratung fördern, allerdings nicht gänzlich verhindern, dass die Berater auch Eigen- und Institutsinteressen verfolgen. Insgesamt sind die Rolle und das tägliche Arbeitsumfeld der Anlageberater vor dem Hintergrund der unterschiedlichen Einflüsse und konfligierenden Interessen als äußerst schwierig zu bewerten.

---

41 Siehe zur Umfrage der EBS Business School: *Tilmes/Jakob/Gutenberger*, Die Bank 9/2011, 30, 34.
42 *Tilmes/Jakob/Gutenberger*, Die Bank 9/2011, 30, 32.

### bb) Notwendige Kompetenzen des Beraters

Ein Anlageberater sollte neben soliden finanzmathematischen Kenntnissen vor allem auch über anlageproduktspezifisches Wissen verfügen. Insbesondere für Letzteres ist eine ständige Weiterbildung erforderlich, da es gerade in der jüngeren Vergangenheit eine Vielzahl von Produktinnovationen gab, die eine intensive Beschäftigung mit den jeweiligen Funktionsweisen und Risiken erforderlich machten. So wurden beispielsweise nicht nur komplexe und daher lediglich für einen begrenzten Anlegerkreis relevante Finanzinstrumente populär (z.B. Swaps/Zertifikate), sondern beispielsweise auch Indexfonds (Exchange-Traded Funds [ETF]), die gerade bei Privatanlegern sehr beliebt sind. Neben den genannten ökonomischen Kernkompetenzen müssen Berater darüber hinaus auch über sehr große didaktische Fähigkeiten verfügen, um das Beratungsgespräch an den unterschiedlichen Kenntnissen des jeweiligen Anlegers ausrichten und die entsprechenden Produkte (individuell) verständlich erklären zu können. Vor allem in solchen Instituten, die im hohem Maße auf das Privatkundengeschäft setzen (Sparkassen/Volksbanken), müssen Berater zudem auch durch ein sympathisches und engagiertes Auftreten eine breite Kundenzufriedenheit unabhängig davon erzielen, ob der investierte Anlagebetrag des Kunden im Einzelfall überhaupt für den Berater oder das Institut lukrativ ist.

### c) Die Rolle des Anlegers in der Anlageberatung

#### aa) Das Informationsmodell

Wie bereits im Verlauf der Arbeit dargestellt wurde und auch empirisch belegt ist,[43] besteht zwischen dem Verbraucher auf der Kundenseite und seinem Anlageberater üblicherweise ein Informationsgefälle (Informationsasymmetrie), was einen gewichtigen Grund für die grundsätzliche Annahme einer besonderen Kundenschutzbedürftigkeit darstellt. In der Anlageberatung soll dieser Schutz durch eine umfassende Kundeninformation (und Beratung) erreicht werden, die in der Regel im Rahmen eines (konkludent) geschlossenen Anlageberatungsvertrags erfolgt.[44] Dieses Modell wird entsprechend dem zugrundeliegenden Ansatz, „Schutz durch Information" zu erreichen, überwiegend als „Informationsmodell"

---

43 *Forsa-Studie* „Sparerkompass 2014" im Auftrag der *Bank of Scotland*, S. 10, abrufbar unter: www.bankofscotland.de/mediaObject/documents/bos/de/sparerkompass/Sparerkompass_2014/original/Sparerkompass_2014.pdf (zuletzt abgerufen am 23.07.2015).
44 Siehe hierzu ausführlich § 3 I.

bezeichnet.[45] Das Ziel dieses Modells ist es, die Position der schwächeren Partei (Anleger) durch eine umfassende Informationsgabe über den Inhalt des Rechtsgeschäftes, den Gegenstand des Vertrages und die wirtschaftlichen Konsequenzen so zu verbessern, dass sie im Anschluss hieran eine freiverantwortliche Entscheidung treffen kann.[46] Sämtliche vom Gesetzgeber normierte Verhaltenspflichten, welche zur Verbesserung des Verbraucherschutzes in der Anlageberatung beitragen sollen, lassen sich als Kehrseite/Reaktion des Informationsmodells ansehen.[47] Allein aus diesem theoretischen Ansatz folgt logischerweise noch nicht zwingend die Adäquanz und Sinnhaftigkeit dieses Modells für den Bereich der Anlageberatung. Es sind daher zunächst grundlegende Überlegungen zur Legitimität und Geeignetheit des Informationsmodells in der Anlageberatung anzustellen, bei der sowohl die Perspektiven der Anleger als auch der Anlageberater einzubeziehen sind. Teilweise wird das Modell schon allein unter dem Gesichtspunkt einer ökonomischen Effizienzanalyse befürwortet, da die Informationsproduktionskosten von Emittent, Anbieter und Produktvertreiber niedriger seien als die Informationsbeschaffungskosten der Anleger.[48] Dem ist grundsätzlich zuzustimmen, wobei das Argument angesichts moderner Informationstechnologien nicht mehr vollends zu überzeugen vermag. So existieren heutzutage beispielsweise vielfältige und häufig verständlich aufbereitete (unabhängige) Informationsmöglichkeiten zu sämtlichen Anlageprodukten im Internet. Vor diesem Hintergrund läge es sogar nahe, das Informationsmodell auch aus Anlegersicht als nachteilig und überflüssig einzustufen, sofern man zusätzlich auf die in der Praxis übliche Überwälzung der Informationskosten[49] auf die einzelnen Kunden abstellt. Richtigerweise ist aber die durch den Anlageberater geleistete „Filterfunktion" von enormer Bedeutung, da sie dem Anleger die Selektion von relevanten und weniger relevanten Informationen abnimmt und zugleich die Informationsweitergabe an der individuellen Vermögens- und Lebenssituation des Kunden ausgerichtet ist. Darüber hinaus wird auch die Eigenverantwortlichkeit und Selbstbestimmtheit (Freiheit) des Anlegers gestärkt, da es gerade nicht das Ziel des Informationsmodells ist, den Anleger etwa durch Produktverbote vor unvernünftigen Entscheidungen zu schützen, sondern ihm (bloß) eine informationsbasierte und

---

45 Siehe grundlegend zum Informationsmodell *Schön*, FS Canaris, 2007 (Bd. I), 1191, 1193 ff.; spezifisch zum Anlegerschutz v.a. *Mülbert*, ZHR 177 (2013), 160, 184 ff.
46 Vgl. *Schön*, FS Canaris, 2007 (Bd. I), 1191, 1193 f.
47 *Buck-Heeb*, ZHR 177 (2013), 310, 326.
48 *Mülbert*, ZHR 177 (2013), 160, 184.
49 Siehe allgemein zu den Informationskosten und der möglichen Überwälzung auf den Kunden *Schön*, FS Canaris, 2007 (Bd. I), 1191, 1206 m.w.N.

freiverantwortliche Entscheidung ohne sonstige Restriktionen zu eröffnen. Richtigerweise stellt zwar auch die vom Gesetzgeber angenommene grundsätzliche Informationspflicht eine Begrenzung der Freiheit dar, eine völlig selbstständige Entscheidung zu treffen, und bedarf folglich ebenfalls einer Legitimation.[50] Eine solche lässt sich aber bereits in ausreichendem Maße in der üblicherweise vorhandenen Informationsasymmetrie sowie zeitgleich häufig bedeutsamen wirtschaftlichen Tragweite der Anlageentscheidung finden. Zudem steht es Anlegern frei auf die Inanspruchnahme einer Anlageberatung zu verzichten und stattdessen beratungsfreie Geschäfte (reine Ausführungsgeschäfte) zu tätigen. Aus der Sicht der Anlageberatungsinstitute stellt das Informationsmodell ein „milderes Mittel" und somit einen geringeren Eingriff in ihre Geschäftsausübung gegenüber einem allgemeinen Produktverbot für bestimmte Kunden dar. Insgesamt erscheint daher das Informationsmodell als legitimer und geeigneter Ansatz zur Verbesserung des allgemeinen Kundenschutzniveaus, wobei zu erwarten ist, dass sich die dogmatische Debatte über geeignete Alternativansätze in der Zukunft vor allem durch neuere Erkenntnisse aus der Verhaltensforschung intensivieren wird.

*bb) Anlageberatung und Verhaltensökonomik (Behavioral Finance)*

In den letzten Jahren geriet die Anlageberatung vermehrt in den Fokus der immer stärker werdenden Disziplin der Verhaltensökonomik *(behavioral economics)*. Die entsprechenden Forschungsergebnisse werden hierbei in der Regel unter dem Begriff „behavioral finance" zusammengefasst. Vom Standpunkt der Verhaltensforschung aus wird das oben dargestellte Informationsmodell als unzureichend zur Erreichung eines Verbraucherschutzes in der Anlageberatung angesehen, da selbst gut informierte Menschen irrationale und unlogische Anlageentscheidungen treffen würden und nicht (immer) entsprechend einem „homo oeconomicus" handeln.[51] Die Gründe, die letztlich zu irrationalen Entscheidungen des Anlegers führen, können unterschiedlicher Art sein. Im Bereich der Anlageberatung werden sie häufig vor allem in der Selbstüberschätzung, einer verzerrten Urteilsbildung, der unüberlegten Neigung zu öffentlich bekannten Investments (z.B. Facebook-, Twitter-Aktien) sowie der eigenen Fehlgewichtung des Kunden von erhaltenen Informationen liegen.[52] Darüber

---

50 Zutreffend insoweit *Schön*, FS Canaris, 2007 (Bd. I), 1191, 1202.
51 *Möllers/Kernchen*, ZGR 2011, 1, 7 m.w.N.
52 Siehe ausführlich zu potenziellen Verhaltensanomalien, die zu irrationalem Handeln führen können *Fleischer*, FS Immenga, 2004, 575, 577 f. m.w.N.; zur Selbstüberschätzung *Eberius*, Regulierung der Anlageberatung und behavioral finance, S. 65 f.

hinaus zeigten empirische Untersuchungen, dass Kleinanleger bereits durch die unterschiedliche Darstellung ein und derselben Information zu unterschiedlichem Entscheidungsverhalten beeinflusst werden können (sog. Präsentationseffekte/framing effects).[53] Zweifellos stellen die durch Verhaltensforschung gewonnenen Erkenntnisse die Effektivität des Informationsmodells für den Verbraucherschutz bei der Anlageberatung teilweise in Frage. Hieraus allerdings die Notwendigkeit einer Abkehr vom Informationsmodell abzuleiten, erscheint indes verfehlt. Es sollte nämlich insbesondere berücksichtigt werden, dass das Ziel des Informationsmodells keineswegs die Sicherstellung einer rationalen Entscheidung des Anlegers ist, sondern ihm lediglich eine informationsbasierte und freiverantwortliche Entscheidung ermöglichen soll. Der Anspruch sowohl des Informationsmodells als auch aller sonstigen (Verbraucher-)Schutzmodelle kann nie auf einen absoluten und praktisch nicht erreichbaren Verbraucherschutz gerichtet sein, sondern lediglich eine Förderung des Schutzes intendieren. Dass eine solche Förderung durch das Informationsmodell nicht erzielt wird, kann anhand der Erkenntnisse aus der behavioral finance Forschung nicht in hinreichendem Maße dargelegt werden.

Abgesehen davon kann auch generell in Frage gestellt werden, ob (allumfassend) rationale Entscheidungen von Anlegern überhaupt ein erstrebenswertes Ziel von Anlegerschutzmodellen sein sollten, wenn man etwa bedenkt, dass gerade Entwicklungen auf dem Kapitalmarkt nicht immer rational erklärbar sind und daher nicht selten sogar irrationale Entscheidungen (v.a. bei Aktieninvestments) ein besonders hohes Gewinnpotenzial besitzen. Dennoch erscheint es durchaus sinnvoll, wenn bestimmte Erkenntnisse aus der behavioral finance Forschung von den Instituten stärker in den Anlageberatungsprozess einbezogen und in das System der informationsbasierten Anlageberatung integriert würden. Dies könnte dazu beitragen, dass die Qualität der Anlageberatung und damit letztlich auch das Schutzniveau der Verbraucher insgesamt erhöht werden.

Ein Wunsch zur stärkeren Einbeziehung neuerer wissenschaftlicher Erkenntnisse scheint auch von Seiten der Berater zu bestehen. So gaben diese in einer früheren Umfrage mehrheitlich (69,8 %) an, vertiefte Informationen über die behavioral finance Forschung und ihre praktische Anwendung bei Anlageentscheidungen von Privatkunden zu wünschen. Die Weiterbildung sollte hierbei vor allem durch interne Schulungen (47,4 %) erfolgen.[54] Auch aus Anlegersicht

---

53 *Brenncke*, WM 2014, 1749 m.w.N.
54 Siehe zu den Umfrageergebnissen *Karlen*, Privatkundenberatung und Behavioral Finance, S. 50.

erscheint eine stärkere Einbeziehung in die (informationsbasierte) Anlageberatung sinnvoll. So könnte vermutlich bereits ein allgemeiner Hinweis über das bestehende Verhaltensrisiko (irrationales Handeln) im Rahmen von Anlageentscheidungen helfen, eine reflektiertere Anlageentscheidung zu ermöglichen.[55] Außerdem sollten durch den Berater gesonderte Hinweise über eine mögliche Fehlgewichtung von Informationen des Kunden erfolgen, sofern hierfür konkrete Anhaltspunkte erkennbar sind. Der empirisch belegten Beeinflussung des Entscheidungsverhaltens durch die Art und Weise der Risikodarstellung wird in der Rechtsprechung des BGH bereits insoweit Rechnung getragen, als etwa die Darstellung von Risikoinformationen derart erfolgen muss, dass sie ihre warnende Wirkung behält.[56] Noch weitere (gesetzlich) präzisierte Vorgaben zur Art und Weise der Informationsdarstellung erscheinen hingegen mangels generalisierbarer Erkenntnisse aus der Verhaltensforschung derzeit (noch) nicht sinnvoll.

*cc) Die Bedeutung der Eigenverantwortung des Anlegers*
Wie bereits dargestellt wurde, kommt dem Aspekt der Eigenverantwortung des Verbrauchers bei der Anlageentscheidung eine sehr große Bedeutung zu. Aufgabe und Ziel des Anlageberaters sind ausdrücklich nicht, dem Kunden die Investitionsentscheidung abzunehmen, sondern ihn lediglich im Vorfeld ordnungsgemäß zu informieren und zu beraten.

Die so bestehende Freiheit des Anlegers, sich gänzlich irrational oder gegen die Investitionsvorschläge seines Beraters zu entscheiden, birgt zweifellos auch die Gefahr, dass der Verbraucher bewusst oder unbewusst für sich nachteilige Entscheidungen trifft und dadurch Vermögensverluste erleidet. Allerdings sollte stets im Auge behalten werden, dass den Kunden zusätzlich die Möglichkeit offen steht, anstelle einer bloßen Anlageberatung die Dienstleistung der Vermögensverwaltung in Anspruch zu nehmen und sich damit – zumindest in Bezug auf die einzelnen Anlageentscheidungen – auch dem Prinzip der (unmittelbaren) Eigenverantwortung zu entziehen.

---

55 Einen solchen allgemeinen Hinweis befürwortend auch *Eberius*, Regulierung der Anlageberatung und behavioral finance, S. 117; siehe auch *Oehler*, ZBB 2015, 208, der bzgl. der Kurzinformationen von Anlegern (Bsp. PIB) darauf hinweist, dass eine Kombination von textlichen und grafischen Risiko-Warnhinweisen auch aus verhaltensökonomischer Sicht sinnvoll sein kann.
56 BGH WM 1992, 770; BGH WM 1996, 1214; *Brenncke*, WM 2014, 1749, 1754.

## II. Der Verbraucherschutzbegriff in der Anlageberatung

### 1. Verbraucherschutz und Anlegerschutz

*a) Begriffsbestimmungen*

Die Begriffe „Verbraucherschutz" und „Anlegerschutz" besitzen eine gewisse Nähe und werden bisweilen synonym verwendet.[57]

Unter Verbraucherschutz wird die Gesamtheit der (rechtlichen) Vorschriften verstanden, die den Verbraucher vor Übervorteilung u.a. schützen sollen.[58] Der Gesetzgeber hat überall dort, wo er eine besondere Schutzbedürftigkeit des Verbrauchers annimmt (z.b. im Fernabsatzrecht), positivrechtliche Schutzbestimmungen normiert. Grundbedingung für dessen Anwendbarkeit ist stets die Beteiligung eines Verbrauchers am jeweiligen Geschäft. Als Verbraucher ist nach § 13 BGB jede natürliche Person zu verstehen, die ein Rechtsgeschäft zu Zwecken abschließt, die überwiegend weder ihrer gewerblichen noch ihrer selbständigen beruflichen Tätigkeit zugerechnet werden können. Insoweit können alle Vorschriften, die den Verbraucher in besonderer Weise schützen sollen und für ihre Anwendbarkeit explizit voraussetzen, dass ein Verbraucher als Abnehmer gegenüber einem Unternehmer (§ 14 BGB) handelt, als Teil des Verbraucherschutzes angesehen werden.[59]

Demgegenüber existiert bislang weder eine einheitliche Herleitung noch eine eindeutige (gesetzliche) Definition des Anlegerschutzes.[60] Aufgrund seiner Prägnanz überzeugend erscheint zunächst der Ansatz, welcher den (Kapital-)Anlegerschutz als Interessenschutz derjenigen Personen begreift, die sich durch Vermittlung des öffentlichen Kapitalmarktes mittelbar oder unmittelbar an Unternehmen zu Anlagezwecken beteiligen.[61] Allerdings wirkt diese Definition mit Blick auf die weit verbreiteten, strukturierten Finanzprodukte (v.a. Derivate), die

---

57 Hierzu ausführlich *Buck-Heeb*, ZHR 176 (2012), 66, 74 f. m.w.N.
58 Insoweit die Definition des Duden online: abrufbar unter www.duden.de/rechtschreibung/Verbraucherschutz (zuletzt abgerufen am 23.07.2015); siehe auch *Grunewald/Peifer*, Verbraucherschutz im Zivilrecht, A I. 1. Rn. 1, S. 1, die zutreffend darauf hinweisen, dass neben gesetzlichen auch richterrechtliche Regeln Verbraucherschutzrecht begründen können.
59 *Grunewald/Peifer*, Verbraucherschutz im Zivilrecht, A. I. 1. Rn. 4, S. 2.
60 *Buck-Heeb*, ZHR 176 (2012), 66, 69 f.; *Lischke*, in: Bultmann/Hoepner/Lischke, Anlegerschutzrecht, S. 1 (dort Rn. 1); *Seiler/Kniehase*, in: Schimansky/Bunte/Lwowski, Bankrechts-Hdb., Vor § 104 Rn. 92.
61 So definierend *Wiedemann*, BB 1975, 1591.

bisweilen keinen Bezug zu Unternehmensbeteiligungen bzw. zur Realwirtschaft mehr aufweisen, deutlich zu eng und daher überholt.

Vorzugswürdig ist es mithin, die vorstehende Definition in Teilen abzuändern. Hierbei sollte zum einen nicht mehr auf die konkrete Art der Anlage abgestellt werden und zum anderen durch den Verzicht des Merkmals „öffentlicher Kapitalmarkt" verdeutlicht werden, dass auch bilaterale Beziehungen zwischen Bank und Kunde unter den Anlegerschutz fallen können. „Anlegerschutz" ist daher der Interessenschutz derjenigen Personen, die Finanzprodukte zu Anlagezwecken erwerben.

## b) Unterschiede und Gemeinsamkeiten

Ebenso wie dem Verbraucherschutz liegt auch dem Anlegerschutz die Annahme einer erhöhten Schutzbedürftigkeit des Kunden zugrunde, die im Rahmen der Anlageberatung auf einer häufig bestehenden Informationsasymmetrie basiert. Weiterhin ist weder der Verbraucherschutz noch der Anlegerschutz auf das Zivilrecht beschränkt.[62] Dennoch folgt aus diesen bestehenden Gemeinsamkeiten nicht die Möglichkeit, den Anlegerschutz als Teil des Verbraucherschutzrechts anzusehen oder den Anlegerbegriff zugunsten des Verbraucherbegriffs aufzugeben.[63] Diesbezüglich wird teilweise angenommen, dass jedenfalls eine Gleichsetzung der Begriffe Anleger und Verbraucher bereits deshalb ausscheide, da ein Anleger keine Konsumentscheidung, sondern eine Investitionsentscheidung treffe.[64] Dieses Argument vermag allerdings für sich allein nicht zu überzeugen, da Konsumentscheidungen häufig auch Investitionsentscheidungen sind und darüber hinaus etwa im Darlehensrecht verbraucherschützende Bestimmungen existieren (§§ 491 ff. BGB), die keine Konsumentscheidung darstellen, sondern vielmehr in aller Regel in einem engen Zusammenhang zu einer Investitionsentscheidung stehen. Ein gewichtiger Unterschied zwischen Verbraucherschutz und Anlegerschutz besteht allerdings darin, dass Ziel des Verbraucherschutzes neben der Beseitigung eines bestehenden Informationsgefälles auch der Schutz vor irrationalen und unüberlegten Entscheidungen ist, was sich vor allem im

---

62 *Grunewald/Peifer*, Verbraucherschutz im Zivilrecht, A. I. 1. Rn. 1, S. 1 (bzgl. des Verbraucherschutzes); *Lischke*, in: Bultmann/Hoepner/Lischke, Anlegerschutzrecht, S. 2 (dort Rn. 6).

63 Zu beidem *Buck-Heeb*, ZHR 176 (2012), 66, 69 f. m.w.N.; siehe auch *Riesenhuber*, ZBB 2014, 134, 147 ff., welcher den Anlegerschutz als „materiellen" Verbraucherschutz ansieht, soweit er (auch) Verbraucher schützt. *Riesenhuber* spricht sich allerdings gegen eine komplette Gleichstellung aus.

64 *Mülbert*, ZHR 177 (2013), 160, 180; kritisch auch *Klingenbrunn*, WM 2015, 316, 320.

Widerrufsrecht des BGB zeigt.[65] Demgegenüber basiert der Anlegerschutz, wie bereits im Verlauf der Arbeit dargestellt wurde, maßgeblich auf dem Prinzip der Eigenverantwortung, welches auch das Eingehen von unüberlegten oder irrationalen Entscheidungen ohne nachträglichen Schutz umfasst, sofern die Anlageberatung im Übrigen ordnungsgemäß erfolgte.[66] Darüber hinaus unterscheiden sich beide Begriffen insoweit, als Anlegerschutz in personaler Hinsicht deutlich weiter ist, indem er kein Handeln für private Zwecke voraussetzt und damit prinzipiell auch gegenüber institutionellen Anlegern bestehen kann. Gleichzeitig ist der (sachliche) Anwendungsbereich des Verbraucherschutzes nicht auf den Bereich der Kapitalanlagen begrenzt und insoweit weiter als der Anlegerschutz.[67]

Es wird daher deutlich, dass jedenfalls Anlegerschutz nicht pauschal mit Verbraucherschutz gleichzusetzen ist. Sofern man aber den Begriff des Anlegerschutzes durch den Privatanlegerbegriff präzisiert und somit den persönlichen Geltungsbereich verkleinert, erscheint eine synonyme Verwendung von Verbraucherschutz und Privatanlegerschutz (als Teil des Verbraucherschutzrechts) möglich. Diesem Ansatz entsprechend wird teilweise auch eine synonyme Verwendung der Begriffe des Privatkunden und des Verbrauchers befürwortet.[68] Unterschieden werden sollte allerdings wiederum zwischen den Begriffen des „Privatanlegerschutzes" und des „Kleinanlegerschutzes". Letzterer Begriff wurde vor allem durch die Einführung des sogenannten Kleinanlegerschutzgesetzes im Jahr 2015 populär, ist allerdings irreführend, da er entsprechend des gesetzlichen Anwendungsbereiches eher einen allgemeinen volumenunabhängigen „Anlegerschutz" meint, obwohl die eigentliche Wortbedeutung im Gegensatz etwa zum Begriff des Privatanlegers großvolumige Vermögensanlagen gerade nicht erfasst. Auch in der neuen europäischen Finanzmarktrichtlinie MiFID II wird der Begriff des „Kleinanlegers" entgegen seiner Wortbedeutung gebraucht.

---

65 Den Schutz des Kunden vor unüberlegten Entscheidungen als typisch für den Verbraucherschutz herausstellend *Beck*, FS Schneider, 2011, 89, 96.

66 Siehe exemplarisch BGH NJW-RR 2004, 484, 485 („Wertpapierdienstleistungsunternehmen darf daher auch objektiv unvernünftige Aufträge hinreichend informierter Kunden ausführen"); BGH NJW 2013, 1223 (hier Einschränkung des Verbraucherschutzrechts insoweit, als ein Widerrufsrecht für im Fernabsatz erworbene Zertifikate nicht besteht); das Prinzip der Eigenverantwortung des Anlegers herausstellend *Riesenhuber*, ZBB 2014, 134, 145 f.; vgl. zum Prinzip der Eigenverantwortung auch § 1 I. 2. c) cc).

67 Ähnlich auch *Riesenhuber*, ZBB 2014, 134, 147.

68 *Kümpel*, WM 2005, 1; mit geringen Einschränkungen auch *Riesenhuber*, ZBB 2014, 134, 137.

Er dient dort als Negativabgrenzung zu „professionellen Kunden", die sich wiederrum nicht durch hohe Anlagebeträge, sondern ausreichende Erfahrungen, Kenntnisse und vorhandenen Sachverstand auszeichnen (vgl. Art. 4 I Nr. 11, Anhang II MiFID II).[69]

## 2. Festlegung eines Leitbildes für die folgende Analyse

Die vorliegende Arbeit versteht den Verbraucherschutz im Rahmen der Anlageberatung im Sinne eines Privatkundenanlegerschutzes. Mit Hilfe dieses Begriffsverständnis soll vor allem eine Abgrenzung zur für die (Bank)Wirtschaft lukrativen und sehr bedeutsamen Anlageberatung professioneller Kunden vorgenommen werden, die ausdrücklich nicht Gegenstand dieser Arbeit ist. Dennoch soll an dieser Stelle nicht unerwähnt bleiben, dass auch die Geschäftskundenberatung bzw. Beratung von professionellen Kunden in der jüngeren Vergangenheit stärker in den Fokus der Öffentlichkeit gerückt ist und zu Diskussionen über die Notwendigkeit einer stärkeren Regulierung beigetragen hat. Exemplarisch hierfür sei auf die zahlreichen gerichtlichen Verfahren hingewiesen, in denen geschädigte Kommunen ihre beratenden Banken wegen (potenzieller) Falschberatung im Zusammenhang mit Swap-Verträgen auf Schadensersatz verklagen.[70]

## III. Der Begriff der Überregulierung

### 1. Begriffsbestimmung: Überregulierung

Der Begriff der „Überregulierung" wird sowohl in der ökonomischen als auch in der juristischen Literatur auffallend häufig verwendet, ohne dass jeweils eine genaue Definition erfolgt. Selbst im Duden finden sich keine präzisen Angaben zur Wortbedeutung der „Überregulierung".[71] Der Grund hierfür ist vor allem im Fehlen eindeutiger und eigenständiger Begriffscharakteristika zu sehen. Dennoch soll nun der Versuch einer Definition erfolgen. Ausgangspunkt ist hierbei die unzweifelhafte Feststellung, dass der Begriff der „Überregulierung" negativ besetzt ist und einen Zustand beschreibt, der als Folge eines „Zu-Viel" an Regulierung eintritt. Hierbei kann allerdings nicht zwingend nur die Anzahl der

---

69 Richtlinie 2014/65/EU des Europäischen Parlaments und des Rates vom 15. Mai 2014, deutsche Version abrufbar unter: http://eur-lex.europa.eu/legal-content/DE/TXT/PDF/?uri=CELEX:32014L0065&from=DE (zuletzt abgerufen am 23.07.2015).
70 Hierzu etwa *Fullenkamp/Wille,* KommJur 2012, 1.
71 Siehe hierzu *Duden online,* abrufbar unter: www.duden.de/rechtschreibung/Ueberregulierung (zuletzt abgerufen am 23.07.2015).

Regulierungsakte entscheidend sein, sondern auch bereits die Intensität einer einzelnen Maßnahme zu einer „Überregulierung" führen. Die negative Wirkung muss sich ferner konkret in der Lebenswirklichkeit realisieren und spürbare Folgen haben, wobei diese je nach Regulierungsbereich und Branche gänzlich unterschiedlich ausfallen können. Häufig wird es als Reaktion auf die negativen Folgen zu Verhaltensanpassungen durch die Betroffenen kommen, die sowohl in einem Unterlassen vorherigen Handelns als auch in einer aktiven Verhaltensänderung liegen können. Es kann insoweit weiter zwischen den Merkmalen einer „Überregulierung" (= Eintritt negativer Regulierungsfolgen) und den Folgen einer „Überregulierung" (= Reaktion auf den Eintritt einer Überregulierung) unterschieden werden.

Es wird erkennbar, dass die Merkmale einer „Überregulierung" stets einen unmittelbaren Bezug zur Regulierung besitzen und damit eine gänzlich vom Regulierungsbegriff losgelöste Definition nicht erfolgen kann. Trotz fehlender Möglichkeit einer eindeutigen Begriffsbestimmung bietet sich nach alledem an, unter „Überregulierung" einen durch „Zu-Viel" an Regulierung eintretenden Zustand zu verstehen, der sich durch den Eintritt negativer und vom Regulierungszweck nicht gedeckter Folgen in der Lebenswirklichkeit bemerkbar macht.

## 2. Regulierung und Überregulierung

### a) Der Begriff der Regulierung

Mit stetiger Regelmäßigkeit werden in der Öffentlichkeit hinsichtlich diverser Lebensbereiche Rufe nach einer strengeren Regulierung laut und hierauf folgende Gesetzesreformen als „Regulierungsmaßnahmen" tituliert. Zuletzt galt dies insbesondere im Hinblick auf die Finanzmarktkrise für den gesamten Kapitalmarkt. Angesichts der sowohl in der Presse als auch der Fachliteratur überaus häufigen Verwendung des Begriffs der „Regulierung" könnte man daher zunächst von der Existenz einer eindeutigen Definition ausgehen. Umso erstaunlicher ist, dass auch der Begriff der Regulierung bei genauerer Betrachtung noch nicht allgemeingültig bestimmt ist.[72] Ausgangspunkt für den Versuch einer Begriffsbestimmung sollte entgegen vereinzelter Gegenansichten[73] das Erfordernis sein, dass Regulierung zwingend vom Staat ausgehen muss. Zwar ist nicht zu verkennen, dass im modernen Wirtschaftsleben auch privatwirtschaftliche Zusammenschlüsse mit autonomen Regelungs- und Verhaltensvorschriften an Bedeutung

---

72 Vgl. statt vieler *Damrau*, Selbstregulierung im Kapitalmarktrecht, S. 8 m.w.N.
73 Etwa *Scholz*, Selbst- und Fremdregulierung von Wertpapierbörsen, S. 9 f.

gewinnen. Jedoch besteht diese Freiheit nur insoweit und so lange, wie der Staat nicht regulatorisch in diese Freiheit eingreift. Daher existiert gewissermaßen ein „Regulierungsmonopol" des Staates, welches stets zumindest ein initiatives staatliches Handeln erforderlich macht. Zu Recht wird allerdings vereinzelt präzisiert, dass Regulierung gleichermaßen von allen Staatsebenen, also vom Bund, den Ländern sowie den Kommunen ausgehen könne.[74] Sowohl die Gründe als auch die eigentliche Legitimation aller staatlichen Regulierungsmaßnahmen folgen in einer sozialen Marktwirtschaft vor allem aus dem Ziel der Gewährleistung angemessener wirtschaftlicher Rahmenbedingungen. Hierzu kann es notwendig sein, in unterschiedlicher und stets abzuwägender Weise in den Markt einzugreifen, beispielsweise zur Verhinderung von Monopolen oder zur Sicherstellung von als schützenswert angesehenen (sozialen) Gründen (z.B. Verbraucherschutz, Umweltschutz). Teilweise wird „Regulierung" unter Bezugnahme auf eine im Telekommunikationsgesetz aus dem Jahr 2006 enthaltenen Legaldefinition „als Oberbegriff für verhaltensbezogene hoheitliche Maßnahmen gegenüber Wirtschaftsunternehmen verstanden, mit denen gesetzlich umschriebene Ziele erreicht werden sollen".[75] Dieser Definitionsansatz vermag jedoch bereits deshalb nicht zu überzeugen, da man hierunter etwa auch den Gegenbegriff der „Deregulierung" subsumieren könnte, sofern das gesetzlich umschriebene Ziel eine Verringerung staatlichen und die Ausdehnung privaten Handelns verfolgt. Auch ist zweifelhaft, ob das Merkmal „gegenüber Wirtschaftsunternehmen" für viele Regelungsbereiche nicht zu eng gefasst ist. Als aus heutiger Sicht überholt ist auch ein weiterer Ansatz zu qualifizieren, welcher unter „Regulierung" direkte hoheitliche Einschränkungen einzelner Wirtschaftsbereiche versteht.[76] Vielmehr erscheint es sinnvoll, dass Kernmerkmal der Regulierung, welches im Versuch einer Steuerung oder Kanalisierung wirtschaftlichen Handelns liegt, als notwendigen Bestandteil einer Begriffsbestimmung aufzunehmen, zugleich aber nicht zwingend einen eingreifenden (Legislativ-)Akt zu fordern. Anderenfalls würden mittlerweile all diejenigen sehr effektiven wirtschaftlichen Einflussnahmeinstrumente, welche mittels positiver Verhaltenssteuerung wirken (v.a. staatliche Subventionsvergaben) aus dem Begriffsbereich herausfallen. Letzteres Beispiel verdeutlicht außerdem, dass die Existenz eines Sanktionsregimes nicht zwingender Bestandteil

---

74 *Möschel*, FS Immenga, 2004, 277, 278.
75 *Schorkopf*, JZ 2008, 20, 21.
76 Siehe hierzu *Krakowski*, Regulierung in der Bundesrepublik Deutschland, S. 9 f., der unter Regulierung direkte spezifische Einschränkungen (i.S.v. Eingriffen) der Gewerbe- und Vertragsfreiheit versteht, die sich nur auf einzelne Wirtschaftsbereiche beziehen.

einer Regulierung(-smaßnahme) sein muss,[77] selbst wenn dies in der Praxis wohl regelmäßig der Fall sein wird.

Unter Berücksichtigung aller genannten Aspekte sind daher unter „Regulierung" alle vom Staat ausgehenden, mittelbar oder unmittelbar wirkenden Maßnahmen zur Wirtschaftslenkung zu verstehen.

### b) Grenzziehung zwischen Regulierung und Überregulierung

Mit Blick auf die vorstehenden Definitionsansätze wird deutlich, dass eine Abgrenzung zwischen der begriffsneutralen „Regulierung" und der negativ besetzten Überregulierung primär anhand einer Analyse des Eintritts sowie der Intensität negativer Regulierungsfolgen zu erfolgen hat. Angesichts der Fülle von Regulierungsbereichen kann allerdings weder eine spezifische Klassifizierung von eintretenden negativen Folgen vorgenommen werden, noch bestimmt werden, ob bereits der Eintritt einer oder das Zusammentreffen mehrerer negativer Einflüsse ein gesichertes Zeichen für eine Überregulierung darstellt. Folglich muss anhand des jeweiligen Einzelfalls geprüft werden, ob womöglich das Zusammentreffen zahlreicher, im Einzelnen aber wenig intensiver Folgen schon eine Überregulierung darstellt oder ob eine solche eventuell bei einer nur singulären, dafür allerdings gewichtigen Folge vorliegt. In vielen Regulierungsbereichen lässt sich feststellen, dass vor allem eine enorme Bürokratisierung und ein massiv erhöhter Organisationsaufwand infolge angestiegener (gesetzlicher) Pflichten als ein Indiz/Merkmal für eine Überregulierung klassifiziert werden und daher bei einer Zustandsanalyse im Besonderen beachtet werden sollten.[78]

Es liegt folglich nahe, dass primär ein (öffentlich) als übertrieben und unsachgemäß empfundener Verwaltungsaufwand als gewichtiges, weil weit verbreitetes Anzeichen einer Überregulierung angesehen werden kann. Darüber hinaus sind auch starke Kostenbelastungen zur Umsetzung der Regulierungsmaßnahmen im Verhältnis zum angestrebten Nutzen zu untersuchen. Angesichts der Tatsache, dass ein gewisser Bürokratie- und Kostenanstieg mit wohl jeder Regulierungsmaßnahme einhergeht und somit einer eindeutigen Abgrenzung zur Überregulierung entgegensteht, zeigt sich die Relevanz des weiteren,

---

77 A.A. etwa *Blersch*, Deregulierung und Wettbewerbsstrategie, S. 15.
78 Vgl. für den medizinischen Bereich *Clemens*, in: Laufs/Kern, Hdb. des Arztrechts, § 24 Rn. 24; für das Verwaltungsrecht *Bull*, DÖV 2006, 241, 242; für das Arbeitsrecht *Schiefer*, DB 2000, 2118; für das Kapitalmarktrecht *Möllers/Poppele*, ZGR 2013, 437, 453.

im Verlauf bereits genannten Überregulierungsmerkmals, nämlich der zumeist folgenden Verhaltensanpassung eines von der Regulierung Betroffenen.

Solange es zu einem bloßen Eintritt von Regulierungsfolgen (Bürokratisierung/Kostensteigerungen) ohne hierauf folgender erheblicher und nicht vom Regulierungszweck gedeckter Verhaltensanpassungen durch die Regulierungsadressaten kommt, ist davon auszugehen, dass die Schwelle zu einer „Überregulierung" nicht überschritten wurde. Demgegenüber kann in solchen Fällen, in denen es zu (empirisch) erkennbaren Verhaltensanpassungen der Regulierungsadressaten kommt, welche den Regulierungszwecken (massiv) zuwider laufen, von einer „Überregulierung" ausgegangen werden. Anhand dieser Grenzziehung sowie der zugrunde gelegten Begriffsbestimmungen soll im Verlauf der Arbeit eine Analyse des aktuellen Regulierungsniveaus in der Anlageberatung erfolgen.

# § 2 Die Bedeutung der Anlageberatung

Die Relevanz der Kapitalanlageberatung von Verbrauchern in Deutschland erschließt sich womöglich nicht auf den ersten Blick. Bei genauerer Betrachtung aber wird ein bedeutender Einfluss auf diverse Lebensbereiche erkennbar. Hierbei kann vor allem zwischen der Bedeutung der Anlageberatung aus Anlegersicht, aus Sicht der Bankwirtschaft sowie aus volkswirtschaftlicher Sicht differenziert werden.

## I. Aus Anlegersicht

Dass für Verbraucher die Anlageberatung jedenfalls aus subjektiver Sicht eine enorme Relevanz besitzt, lässt sich bereits aus der Ermittlung der tatsächlichen Inanspruchnahme (Akzeptanz) von Anlageberatung sowie der individuellen Einschätzung der Wichtigkeit ermitteln. Laut einer wissenschaftlichen Studie im Auftrag des Bundesministeriums für Ernährung, Landwirtschaft und Verbraucherschutz aus dem Jahr 2011 nehmen rund 75 % der Verbraucher im Vorfeld ihrer Anlageentscheidung die Dienstleistung von Anlageberatern in Anspruch.[79] Die vom Berater gegebenen Anlageempfehlungen werden von den Kunden auch mehrheitlich umgesetzt und sind somit kausal für die konkrete Anlageentscheidung.[80] Hierdurch wird deutlich, dass die Inanspruchnahme von Anlageberatung nicht lediglich zum Zwecke einer allgemeinen Informationsbeschaffung genutzt wird, sondern unmittelbaren Einfluss auf das Verbraucherinvestment hat. Auffällig ist zudem, dass zum weit überwiegenden Teil die Beratung von Bankberatern in Anspruch genommen wird (60 %), während die Beratung von unabhängigen Finanzberatern (30 %) und Versicherungsagenten (18 %) deutlich hier hinter zurückbleibt.[81] Die hohe Inanspruchnahme von Anlageberatungsdienstleistungen

---

79 *Hackethal/Inderst*, Messung des Kundennutzens der Anlageberatung, 2011, S. 78. Die hohe tatsächliche Inanspruchnahme einer Anlageberatung macht diese v.a. bei Banken und Sparkassen zu einem „Massengeschäft".
80 *Hackethal/Inderst*, Messung des Kundennutzens der Anlageberatung, 2011, S. 79.
81 *Hackethal/Inderst*, Messung des Kundennutzens der Anlageberatung, 2011, S. 78 f.; siehe hierzu auch die „Seniorenstudie 2014" der *GfK Marktforschung* im Auftrag des *Bundesverbandes deutscher Banken*, S. 23, in der 53 % der Erwerbsfähigen und 58 % der Senioren angaben, sich im Falle der Geldanlage „immer" oder „meistens" von einer Bank oder Sparkasse beraten zu lassen. Studienergebnisse abrufbar unter: https://bankenverband.de/media/files/Seniorenstudie_.pdf (zuletzt abgerufen am 14.08.2015).

lässt sich zum einen mit dem hohen Vertrauen der Kunden in ihre Anlageberater begründen,[82] wodurch zugleich auch die häufig nach der Finanzmarktkrise geäußerte Hypothese widerlegt wird, dass Kunden ihr Vertrauen in die Anlageberater verloren hätten.

Zum anderen besitzen Verbraucher häufig keine bzw. nur unzureichende eigene Kenntnisse in Finanzfragen und sind daher auf die Expertise Dritter angewiesen. Dies zeigt sich bereits daran, dass die Mehrheit der Befragten ihre eigene mangelnde Finanzbildung herausstellte.[83] Diese Ergebnisse decken sich zudem mit einer Forsa-Studie aus dem Jahr 2014, bei der lediglich 31 % der Befragten angaben, über einen guten bzw. sehr guten Informationsstand bezüglich des Themas „Finanzanlage" zu verfügen, hingegen 45 % nur über einen mittleren und 25 % über gar keinen bzw. nur geringen.[84] Auch mit Blick auf die Anlagezwecke ist die Verbraucheranlageberatung von erheblicher Relevanz, da die Vermögensanlagen später nicht lediglich zur Anschaffung von Luxusinvestitionen (z.B. Reisen), sondern vor allem auch für existenzielle Zwecke wie der privaten Altersvorsorge, der Vorsorge vor Notsituationen (Krankheit/Arbeitslosigkeit) oder der beruflichen Ausbildung eingesetzt werden sollen. Diese Rückschlüsse lassen sich aus Studien zu den Sparzielen der Deutschen ziehen.[85] Unter Berücksichtigung der häufig nicht vorhandenen eigenen Kenntnisse ist der Kunde insoweit nicht nur aus kurzfristiger Sicht, sondern vor allem auch unter dem

---

82 *Hackethal/Inderst*, Messung des Kundennutzens der Anlageberatung, 2011, S. 79.
83 *Hackethal/Inderst*, Messung des Kundennutzens der Anlageberatung, 2011, S. 78.
84 *Forsa-Studie* „Sparerkompass 2014" im Auftrag der *Bank of Scotland*, S. 10, abrufbar unter: www.bankofscotland.de/mediaObject/documents/bos/de/sparerkompass/Sparerkompass_2014/original/Sparerkompass_2014.pdf (zuletzt abgerufen am 23.07.2015).
85 *Forsa-Studie* „Sparerkompass 2014" im Auftrag der *Bank of Scotland*, S. 24, abrufbar unter: www.bankofscotland.de/mediaObject/documents/bos/de/sparerkompass/Sparerkompass_2014/original/Sparerkompass_2014.pdf (zuletzt abgerufen am 23.07.2015), bemerkenswert ist vor allem, dass jeder zweite Sparer das Ziel der privaten Altersvorsorge verfolgt; siehe auch die Umfrage des *Bundesverbandes deutscher Banken (Bankenverband)*, Sparverhalten und Geldanlage, 2011, S. 3, wonach als wichtigste Sparmotive die Altersvorsorge sowie eine Notfallvorsorge genannt wurden, Umfrage abrufbar unter: www.bankenverband.de/media/files/Umfrageergebnis_bkfavwU.pdf (zuletzt abgerufen am 15.10.2015); vgl. zur Relevanz der Alters- und Notfallvorsorge für die ältere und jüngere Generation „Seniorenstudie 2014" der *GfK Marktforschung* im Auftrag des *Bundesverbandes Deutscher Banken*, S. 13. Studienergebnisse abrufbar unter: https://bankenverband.de/media/files/Seniorenstudie_.pdf (zuletzt abgerufen am 14.08.2015).

Aspekt einer langfristigen (lebenslangen) Betrachtung seiner Vermögenslage auf eine (gute) Anlageberatung angewiesen.

## II. Aus Sicht der Bankwirtschaft

Aus Sicht der Anbieter kann die Bedeutung von Verbraucheranlageberatungen sowohl rein ökonomisch als auch unter Einbeziehung von ideellen Aspekten analysiert werden. Aufgrund der dargestellten besonderen Bedeutung der Bankanlageberatung für Verbraucher (60 % Inanspruchnahme) soll im Folgenden der Schwerpunkt der Analyse auf der Relevanz der Anlageberatung für Banken liegen.

### 1. Ökonomische Bedeutung

Bei Betrachtung der ökonomischen Bedeutung der Anlageberatung erscheint hierbei zunächst eine Differenzierung nach dem Geschäftsmodell sowie der Rechtsform einzelner Institute geboten. Typischerweise erfolgt in Deutschland die Einteilung von Banken anhand der sogenannten Drei-Säulen-Struktur, nämlich in Privatbanken, öffentlich-rechtliche Institute sowie Genossenschaftsbanken.

Während gerade die öffentlich-rechtlichen Institute (v.a. Sparkassen) seit jeher ein stark auf Verbraucherinteressen ausgerichtetes Geschäftsmodell verfolgen, war für viele Privatbanken das klassische Privatkundengeschäft vor allem im Vorfeld der Finanzmarktkrise wenig lukrativ und daher unbedeutend. Die Deutsche Bank AG erzielte etwa im Jahr 2005 rund 77 % des Vorsteuerergebnisses durch das Investmentbanking, während das allgemeine Privatkundengeschäft sich deutlich schwächer entwickelte.[86] Den im Investmentbanking im Vergleich zum Privatkundengeschäft bestehenden deutlich höheren Gewinnchancen, stehen allerdings auch höhere Risiken gegenüber, die sich vor allem im Rahmen der Finanzmarktkrise realisierten. In der Folge war daher auch bei Privatbanken ein Abrücken von der starken Fokussierung auf das Investmentbanking und eine Stärkung des Privatkundengeschäftes zu beobachten. Ein Praxisbeispiel ist hierfür die zwischenzeitliche Übernahme der Postbank durch die Deutsche Bank und die hierdurch verbundene Stärkung des (damals) lukrativen Privatkundengeschäftes.[87] Vor allem

---

86 Siehe hierzu *Manager-Magazin-Online* vom 02.02.2006: „Deutsche Bank: Abhängigkeit vom Investmentbanking steigt", abrufbar unter: www.manager-magazin.de/unternehmen/artikel/a-398592.html (zuletzt abgerufen am 24.08.2015).
87 Siehe hierzu *Spiegel Online* vom 28.04.2011: „Deutsche Bank: Privatkunden füllen Ackermanns Kassen", abrufbar unter: www.spiegel.de/wirtschaft/unternehmen/deutsche-bank-privatkunden-fuellen-ackermanns-kassen-a-759410.html (zuletzt

mit Blick auf die strengeren Liquiditäts- und Eigenkapitalvorschriften (Basel III) kann die Privatanlageberatung für die Institute bereits dann sinnvoll sein, wenn sich im Anschluss an diese nur einige der Kunden für Einlagengeschäfte entscheiden. Nach einer Studie des Beratungsinstitutes Roland Berger aus dem Jahr 2013 verfügen die europäischen Privathaushalte über insgesamt 8,5 Billionen Euro an Einlagen und bilden damit ein Drittel der gesamten Finanzanlagen.[88] Die häufig aus der Anlageberatung folgenden Spareinlagen sind daher ein für Banken nicht zu unterschätzendes Refinanzierungsmittel. So erfolgt laut der Studie die Refinanzierung etwa zur Hälfte über das Einlagengeschäft, weshalb sich auch immer mehr Institute auf dieses stabile Kerngeschäft zurückbesinnen und entsprechend organisieren müssen.[89]

Die Ermittlung konkreter Zahlenwerte über Erträge, die unmittelbar aus dem Anlageberatungsgeschäft resultieren, ist kaum möglich. Jedoch lassen sich Rückschlüsse aus den Erträgen des gesamten Privatkundengeschäfts der deutschen Banken und Sparkassen ziehen, da die Bereiche Anlageberatung und Vermögensverwaltung einen gewichtigen Teil ausmachen.[90] Nach einer Studie der Boston Consulting Group (BCG) lagen etwa im Jahr 2009 die Erträge im Privatkundengeschäft bei insgesamt 61,7 Mrd. Euro, wobei im klassischen Massengeschäft 19 Mrd. Euro erzielt wurden.[91]

Bei der ökonomischen Relevanzanalyse der Anlageberatung muss grundsätzlich beachtet werden, dass Institute gänzlich abgesehen von Provisionszahlungen

---

abgerufen am 23.07.2015); zwar kam es bei der Deutschen Bank im April 2015 zu tiefgreifenden Umstrukturierungsmaßnahmen von denen auch das Privatkundengeschäft betroffen ist, jedoch soll nach Aussage des (damaligen) Vorstandsvorsitzenden *Anshu Jain*, die Deutsche Bank auch künftig mit acht Millionen Privatkunden in Deutschland Marktführer in der Beratung bleiben, vgl. FAZ vom 27.04.2015, S. 17.

88 *Roland Berger*, Retail deposits – Prepare for a bumpy ride, S. 4, abrufbar unter: www.rolandberger.de/media/pdf/Roland_Berger_Retail_Deposits_20131031.pdf (zuletzt abgerufen am 23.07.2015); in Deutschland beträgt das angelegte Geldvermögen rund drei Billionen Euro, vgl. *Tilmes/Jakob/Gutenberger*, Die Bank 9/2011, 30.

89 *Roland Berger*, Retail deposits – Prepare for a bumpy ride, S. 6, abrufbar unter: www.rolandberger.de/media/pdf/Roland_Berger_Retail_Deposits_20131031.pdf (zuletzt abgerufen am 23.07.2015).

90 So v.a. *Seibert*, Recht der Kapitalanlageberatung, S. 3 Rn. 9.

91 Vgl. Studie der *Boston Consulting Group (BCG)*, Erträge deutscher Banken im Privatkundengeschäft nach Kundengruppen im Jahresvergleich 2009 und 2014, abrufbar unter: http://de.statista.com/statistik/daten/studie/168027/umfrage/ertraege-im-privatkundengeschaeft-deutscher-banken-nach-kundengruppen (zuletzt abgerufen am 23.07.2015).

sowie den angesprochenen möglichen Vorteilen aus Einlagengeschäften auch von weiteren Anlageentscheidungen der Verbraucher im Anschluss an die Anlageberatung profitieren können, beispielsweise im Rahmen von (später evtl. beratungsfrei getätigten) Wertpapierverkäufen (Gebühren) oder durch den Kauf von durch das Institut emittierten Zertifikaten/Fonds. So trug etwa das Wertpapiergeschäft im Zeitraum von 2005 bis 2010 zwischen 7,8 und 11,9 Mrd. Euro zum Ertrag und 2,2 bis 3,5 Mrd. Euro zum Vorsteuergewinn deutscher Banken bei und machte damit bis zu 15 % des Gesamtertrags im Privatkundengeschäft und sogar zeitweise über 25 % des gesamten Vorsteuergewinns aus.[92] Der Nettoertrag pro Privatkunde aus dem Wertpapiergeschäft lag zwischen 2007 und 2009 zwischen 80 und 117 Euro, wobei sich die Werte auf die weltweit (!) führenden Retail-Banken beziehen.[93]

Für die Beratungsinstitute wird es vor allem zukünftig immer wichtiger werden, ein möglichst vielseitiges Geschäftsmodell zu verfolgen. Dies gilt auch innerhalb des Geschäftsbereichs der Anlageberatung. Gerade Sparkassen und Volksbanken müssen mit Blick auf das womöglich noch länger andauernde niedrige Zinsniveau neben dem typischen Einlagengeschäft auch alternative Produkte anbieten, um selbst finanziell überleben zu können.[94] Mithin stellt die Anlageberatung für die Institute aus ökonomischer Sicht einen durchaus wichtigen Geschäftsbereich dar, der aber vor allem aktuell auch zahlreiche Herausforderungen mit sich bringt.

## 2. Ideelle Bedeutung für die Außendarstellung

Neben der rein ökonomischen Bedeutung hat das Angebot von Anlageberatungsdienstleistungen für die Institute auch eine ideelle Tragweite, da sie ein „Massengeschäft" darstellt und somit maßgeblich die gesamte Außendarstellung beeinflusst. Die Bedeutung einer (positiven) Außendarstellung darf dabei nicht unterschätzt werden, da sie letztlich die Grundlage für weitere Kundengeschäfte und damit auch des dauerhaften ökonomischen Erfolgs bildet.

---

92 Siehe *Hackethal/Inderst*, Messung des Kundennutzens der Anlageberatung, 2011, S. 53, die eine entsprechende Studie der Unternehmensberatung *McKinsey* aufgreifen.
93 *Boston Consulting Group (BCG)*, Netto-Ertrag pro Privatkunde aus dem Wertpapiergeschäft führender Retail-Banken von 2007 bis 2009, abrufbar unter: http://de.statista.com/statistik/daten/studie/169724/umfrage/netto-ertrag-aus-dem-wertpapiergeschaeft-der-retail-banken (zuletzt abgerufen am 23.07.2015).
94 Siehe hierzu auch *Siedenbiedel*, in: FAS vom 01.02.2015, S. 23 („Wann schließen die ersten Sparkassen?"); *Mußbler*, in: FAZ vom 07.02.2015, S. 22 (Tschüs, gute alte Sparkasse); zu den Herausforderungen aufgrund des Niedrigzinsumfeldes auch § 6 II. 3.

Welche weitreichenden Auswirkungen die Anlageberatung auf das Gesamtbild eines Institutes haben kann, wurde vor allem durch Pressefotos demonstrierender Anleger vor den Bankfilialen im Rahmen der Finanzmarktkrise sichtbar. Durch diese und die umfassende Berichterstattung bestand ganz unabhängig davon, ob die Ansprüche der Anleger berechtigt waren oder nicht, die konkrete Gefahr eines dauerhaften Imageschadens. Allein aufgrund dieses latenten Risikos wird teilweise die Anlageberatung für Banken und Sparkassen als unattraktiv angesehen.[95] Zweifellos wägen einige Institute stärker als je zuvor die Chancen und Risiken des Beratungsgeschäftes ab und ziehen sich zum Teil aus dem Geschäftsbereich zurück.[96] Zugleich verweisen andere Institute aber auch explizit auf ihre Qualität in der Anlageberatung und bauen sogar ganze Imagekampagnen hierauf auf.[97] In Zukunft ist damit zu rechnen, dass insbesondere die auf Beratung fokussierten Institute verstärkt die (vermeintliche) Qualität ihrer Anlageberatungsdienstleistungen als deutlichen Wettbewerbsvorteil gegenüber Mitbewerben herausstellen und für die Kundengewinnung nutzen werden. In diesem Zusammenhang erscheint daher auch der Aspekt einer potenziellen langfristigen Kundenbindung durch die Verbraucheranlageberatung beachtenswert. Es ist nämlich durchaus naheliegend, dass im Rahmen von Beratungsgesprächen im Anschluss an die Abwicklung oder nach Ablauf der Laufzeit potenzielle Kundeninteressen an weiteren Anlage- oder Versicherungsprodukten bzw. Darlehensgeschäften frühzeitig erkannt werden und hierdurch ein Wettbewerbsvorteil gegenüber konkurrierenden Instituten erzielt werden kann.

### III. Aus volkswirtschaftlicher Sicht

Schon mit Blick auf die bereits dargestellten typischen Anlagezwecke, bei denen vor allem die Altersvorsorge sowie die Absicherung für soziale Notsituationen im Vordergrund steht, zeigt sich die enorme volkswirtschaftliche Bedeutung einer qualitativen Anlageberatung. Nicht zuletzt aufgrund des demografischen Wandels ist es zwingend erforderlich, dass von der Bevölkerung möglichst frühzeitig eine private Altersvorsorge betrieben wird, die auf verschiedenen Anlageprodukten,

---

95 So *Buck-Heeb*, WM 2014, 385, 390.
96 Siehe hierzu auch § 6 IV. 1.
97 So etwa die Commerzbank, welche sich in der Vergangenheit als „Beraterbank" darstellte und nunmehr sowohl in der Presse als auch im Rundfunk mit einer hohen Kundenzufriedenheit und Auszeichnungen zur „besten Beratung in Deutschland" wirbt.

wie Rentenversicherungen, Einlagengeschäften oder Aktien(-sparplänen) aufgebaut sein kann.

Der Anlageberatungsbedarf hinsichtlich der Altersvorsorge ergibt sich neben dem mangelnden eigenen Wissen vieler Anleger vor allem auch durch die individuell divergierenden Anlagezeiträume sowie die erforderliche adäquate Ausrichtung am gesamtwirtschaftlichen Umfeld. So könnten etwa in Niedrigzinsphasen für Anleger zunächst eher kurzfristige Anlagezeiträume sowie eine stärkere Aktiengewichtung empfehlenswert sein, um in einem potenziell späteren Hochzinsumfeld auf eine langfristig orientierte Anlagestrategie mit Anleihen und Einlagengeschäften umzusteigen.

Unabhängig davon ist zu bedenken, dass ein funktionierendes Banken- und Finanzsystem insgesamt eine elementare Bedeutung für die gesamte Volkswirtschaft besitzt.[98] Voraussetzung für eine hinreichende Funktionsfähigkeit ist zwingend das Bestehen großen Kundenvertrauens in die Finanzinstitute. Angesichts der Tatsache, dass die Anlageberatung neben den allgemeinen Kontodienstleistungen sowie der Kreditberatung das für alle Verbraucher unmittelbar sichtbarste und bedeutsamste Angebot darstellt, ist die Relevanz einer qualitativen und interessengerechten Anlageberatung und des hieraus entstehenden Kundenvertrauens evident.

Auch darf die arbeitsmarktspezifische Bedeutung der Anlageberatung nicht unterschätzt werden. So arbeitet in Deutschland mit rund 300.000 Anlageberatern, 20.000 Vertriebsbeauftragten sowie 2.000 Compliance-Beauftragten eine beachtenswerte Anzahl an Arbeitnehmern in diesem Dienstleistungsbereich.[99]

Unter Beachtung aller erwähnten Aspekte sowie unter Berücksichtigung eines in Deutschland angelegten Geldvermögens von rund drei Billionen Euro ist es daher vollkommen zutreffend, wenn der Anlageberatung eine „entscheidende volkswirtschaftliche und wohlfahrtstheoretische Bedeutung" zugesprochen wird.[100]

---

98  So etwa auch *Seibert*, Recht der Kapitalanlageberatung, S. 9 Rn. 1.
99  Vgl. entsprechende Zahlen aus *Tilmes/Jakob/Gutenberger*, Die Bank 9/2011, 30, 32; in den deutschen Sparkassen arbeiten nach Aussage des DSGV-Präsidenten *Georg Fahrenschon* allein 130.000 Kundenberater-/innen, siehe FAZ vom 23.07.2013, S. 18; siehe auch *Frühauf*, in: FAZ online vom 27.10.2012 („Register über 300.000 Bankberater soll Kunden schützen"), wonach es bei Banken „rund 300.000 im Wertpapiergeschäft tätige Berater" gebe, abrufbar unter: www.faz.net/aktuell/finanzen/meine-finanzen/bessere-anlageberatung-register-ueber-300-000-bankberater-soll-kunden-schuetzen-11939668.html (zuletzt abgerufen am 14.10.2015).
100 So *Tilmes/Jakob/Gutenberger*, Die Bank 9/2011, 30.

# § 3 Die wichtigsten Rechtsgrundlagen der Anlageberatung im Überblick

## I. Zivilrechtliche Grundlagen

### 1. Der Beratungsvertrag als Rechtsgrundlage

Die wichtigste zivilrechtliche Rechtsgrundlage stellt in der Praxis der Anlageberatungsvertrag dar. Vor allem die dogmatische Herleitung dieser Rechtsgrundlage ist jedoch äußerst umstritten.

*a) Die Rechtsprechung des BGH*

Nach der Rechtsprechung des BGH kann der Abschluss des Beratungsvertrags sowohl ausdrücklich als auch konkludent erfolgen. Im Hinblick auf die Annahme eines konkludenten Vertragsabschlusses werden nur sehr geringe Anforderungen gestellt. Ausreichend ist bereits, dass eine Partei wegen einer möglichen Vermögensanlage an die andere herantritt und daraufhin eine Beratung stattfindet.[101] Unbeachtlich ist, ob es sich um einen Neu- oder Bestandskunden handelt und ob eine besondere Vergütung vereinbart wird.[102] Ein Vertragsabschluss wird aber verneint, wenn zuvor ein von dritter Seite beratener Anleger mit einer fest gefassten Anlageentscheidung an die Bank herantritt[103] oder der Berater dem Kunden ausdrücklich mitteilt, dass eine Beratung wegen eigener Nichtkenntnis des Anlageprodukts nicht möglich sei.[104] Weiterhin kann sich ein Anleger dann nicht auf einen Vertragsabschluss berufen, wenn er zuvor ausdrücklich erklärt hat, keine Beratung zu wünschen.[105] Sofern der Anlageberatungsvertrag unentgeltlich erfolgt, handelt es sich rechtlich um einen Auftrag, bei Entgeltlichkeit hingegen um einen Geschäftsbesorgungsvertrag mit Dienst- oder Werkvertragscharakter.[106]

---

101  BGH NJW 1987, 1815; BGH NJW 1993, 2433; BGH NJW 2008, 3700.
102  BGH NJW 1997, 1815.
103  BGH NJW 1996, 1744.
104  BGH NJW 1998, 2675, 2676.
105  BGH NJW-RR 1996, 947.
106  BGH NJW 1999, 1540, 1541; OLG Frankfurt a.M. BKR 2013, 391, 392.

*b) Kritik im Schrifttum am (konkludenten) Beratungsvertrag*

In Teilen des Schrifttums wird die Annahme eines konkludenten Beratungsvertrages kritisiert. Nicht zuletzt schon aufgrund der üblichen Unentgeltlichkeit der Beratung fehle es auf Seiten der Bank regelmäßig am erforderlichen Rechtsbindungswillen, sodass die Annahme eines Vertragsschlusses letztlich eine „reine Fiktion" sei.[107] Der Beratungsvertrag sei damit ein Konstrukt, bei dem der Berater „nicht da wo er will, sondern da wo er soll" haftet.[108] Darüber hinaus wird der Beratungsvertrag teilweise auch als ein unzulässiger Haftungsvertrag angesehen, da er allein auf Schadensersatz ausgerichtet sei.[109] Innerhalb der den konkludenten Beratungsvertrag ablehnenden Auffassung gibt es verschiedene dogmatische Alternativvorschläge zur Begründung einer Beratungspflicht gegenüber den Kunden.

*aa) Allgemeiner Bankvertrag*

Insbesondere in der älteren Literatur wird teilweise von der Existenz eines allgemeinen Bankvertrags als ein Dauerschuldverhältnis *sui generis* ausgegangen.[110] Der Bankvertrag bilde dabei einen Rahmenvertrag, welcher durch die Einigung der AGB-Banken zustande komme und die gesamten künftigen Geschäftsverbindungen zwischen Kunde und Bank beeinflusse.[111] Inhalt des Vertrages sei unter anderem die Pflicht der Bank, die Interessen ihrer Kunden zu wahren, was im Rahmen der Anlageberatung auch eine Aufklärungs- und Beratungspflicht einschließe.[112]

*bb) Anlageberatung aus vorvertraglichem Schuldverhältnis*

Weiterhin wird vorgeschlagen die Beratungspflichten aus einem vorvertraglichen Schuldverhältnis gem. §§ 241 II, 311 II BGB (c.i.c.) herzuleiten. Die Beratungspflichten der Institute resultierten unabhängig von einem möglichen Rechtsbindungswillen der Bank daraus, dass der Kunde seinem Berater besonderes Vertrauen entgegenbringe und auf sein spezifisches Fachwissen vertraue. Gerade für solche Fälle der Vertrauenshaftung sei das Rechtsinstitut der *culpa in*

---

107 *Bachmann/Roth*, in: MK-BGB, § 241 Rn. 133; *Canaris*, FS Schimansky, 1999, 43, 47 f.; *Koch*, ZBB 2014, 211, 213; *Krüger*, NJW 2013, 1845, 1846.
108 *Medicus/Petersen*, Bürgerliches Recht, § 16 Rn. 371.
109 *Horst*, Kapitalanlegerschutz, S. 188 f.; *Strauch*, JuS 1992, 897, 898.
110 *Hopt*, Bankrechtstag 1992, 1, 10; zuletzt auch *Roth*, WM 2003, 480.
111 *Hopt*, Bankrechtstag 1992, 1, 10.
112 *Hopt*, Bankrechtstag 1992, 1, 10.

*contrahendo* (c.i.c.) geschaffen.[113] Weiterhin seien auch diejenigen Sachverhalte, bei denen der Bankberater nicht über die erforderliche Vertretungsmacht verfügt, dogmatisch korrekt nur über eine Haftung aus c.i.c. zu lösen.[114]

*cc) Anlageberatung als aufsichtsrechtlich geprägte Nebenpflicht*
Teilweise wird eine Aufklärungspflicht als eine (gesetzliche) Nebenpflicht aus §§ 241 II, 311 II BGB angesehen, die ihrerseits noch durch das Bankaufsichtsrecht konkretisiert sei.[115] Die grundsätzliche Möglichkeit einer zivilrechtlichen Wirkung des europäischen Bankaufsichtsrechts wird entsprechend der Schutznormtheorie damit begründet, dass die aufsichtsrechtlichen Normen neben der Förderung der Finanzmarktstabilität zumindest auch den Schutz des Kunden verfolgten.[116] Ein Vorteil dieser Ansicht liege in der damit einhergehenden Transparenzsteigerung, die daraus resultiere, dass sich eine Vielzahl der zivilrechtlichen Aufklärungspflichten unmittelbar aus dem (geschriebenen) Gesetz ergebe.[117]

*dd) Stellungnahme*
Die Lehre vom allgemeinen Bankvertrag ist abzulehnen.

Die Annahme eines Vertrages, welcher sämtliche Beziehungen zwischen Bank und Kunden regeln soll, entspricht bei lebensnaher Betrachtung nämlich nicht dem Parteiwillen und ist daher deutlich zu weit. Zwar kann sich durch den Abschluss einzelner Verträge wie beispielsweise eines Darlehensvertrags, Kontovertrags etc. eine langfristige Geschäftsverbindung zwischen Kunde und Bank ergeben. Hierbei muss es aber den Parteien jeweils freistehen, ob sie weitere Geschäfte miteinander tätigen möchten oder nicht. Die Schaffung einer rechtlichen Zwangslage ist hingegen gerade im Bereich des nicht unerheblichen

---

113 *Brandt*, Aufklärungs- und Beratungspflichten, S. 85 f.; *Krüger*, NJW 2013, 1845, 1847.
114 *Brandt*, Aufklärungs- und Beratungspflichten, S. 86 unter Verweis auf BGH NJW-RR 1998, 1343 (Kreditvertrag).
115 *Herresthal*, ZBB 2012, 89, 95; *Koch*, in: Schwark/Zimmer, KMRK, § 31a WpHG Rn. 61; *Krüger*, NJW 2013, 1845, 1847; *Tonner/Krüger*, Bankrecht, § 25 Rn. 26.
116 *Krüger*, NJW 2013, 1845, 1847; bzgl. einer Ausstrahlung des Aufsichtsrechts auf den Beratungsvertrag *Veil*, WM 2007, 1821, 1825 f.; **a.A.** zuletzt BGH NZG 2013, 1226, 1227 f.; eine Ausstrahlung generell ablehnend *Assmann*, FS Schneider, 2011, 37, 47.
117 *Koch*, in: Schwark/Zimmer, KMRK, § 31a WpHG Rn. 61; *Krüger*, NJW 2013, 1845, 1847.

Bonitätsrisiken unterliegenden Bankgeschäfts abzulehnen.[118] Zutreffend hat daher auch der BGH den allgemeinen Bankvertrag abgelehnt.[119] Hinsichtlich der dogmatischen Kritik am (konkludenten) Beratungsvertrag ist zuzugestehen, dass sie im Kern durchaus zutreffend ist. Dennoch ist an der „Konstruktion" des (konkludenten) Beratungsvertrags festzuhalten. Hierfür spricht vor allem, dass sich der Beratungsvertrag aufgrund der tradierten Rechtsprechung im Bankgeschäft etabliert hat. Aufgrund der geringen Anforderungen an den Vertragsabschluss und der mittlerweile weitgehenden Beratungspflichten wird ein hoher Kundenschutz garantiert und gleichzeitig ein Stück Rechtssicherheit (v.a. prozessual) geschaffen. Zudem erscheint aufgrund der Tatsache, dass es im Rahmen der Anlageberatung häufig um wirtschaftlich besonders bedeutsame Entscheidungen geht und dies sowohl für die Berater- als auch Kundenseite evident ist, die Annahme eines vertraglichen Verhältnisses anstelle einer bloßen vorvertraglichen Pflicht durchaus angemessen. Zugleich bestehen sowohl für die Berater als auch die Kunden entsprechend ihres Willens Möglichkeiten, den Vertrag flexibel zu gestalten oder bewusst gänzlich auf eine Beratung zu verzichten.[120] Die Fälle, in denen der Anlageberater nicht über die erforderliche Vertretungsmacht verfügt, werden sich in der Praxis auf sehr wenige Sachverhalte beschränken, sodass dies kein gewichtiges Argument gegen den Beratungsvertrag darstellt. Weiterhin lassen sich selbst derartige Fälle unter Zugrundelegung des Beratungsvertrags sachgerecht lösen.[121] Die Alternativvorschläge zum (konkludenten) Beratungsvertrag, die ein vergleichbares Kundenschutzniveau über ein vorvertragliches Schuldverhältnis erreichen wollen, erscheinen zudem nicht weniger konstruiert. Zwar wird man auf Grundlage eines Schuldverhältnis nach §§ 241 II, 311 II BGB umfassende Aufklärungspflichten begründen können, große Zweifel bestehen aber hinsichtlich einer (umfassenden) Beratungspflicht.[122] Letztere ist nämlich deutlich weitgehender und damit „ein Mehr" zur bloßen Aufklärung.[123] Selbst

---

118  So auch *Schwab*, in: NK-BGB, § 675 Rn. 108; einen allgemeinen Bankvertrag als „überflüssige Fiktion" ansehend *Berger*, in: Erman, BGB, § 675 Rn. 30.
119  BGH NJW 2002, 3695.
120  So auch *Horn*, WM 1999, 1, 4, bzgl. der Möglichkeit eines Beratungsverzichts.
121  Vgl. BGH NJW-RR 1998, 1343, 1344 (bzgl. Kreditvertrag); **a.A.** *Brandt*, Aufklärungs- und Beratungspflichten, S. 86.
122  Vgl. *Clouth*, Rechtsfragen der Finanz-Derivate, S. 173; *Veldhoff*, Haftung von Kreditinstituten, S. 103; *Richradt*, WM 2004, 653, 654; ähnlich auch *Buck-Heeb*, BKR 2010, 1, 4 f.; *dies.* WM 2012, 625, 630.
123  Siehe zur Abgrenzung § 1 I. 1. b).

einzelne Befürworter[124] der vorvertraglichen Lösung scheinen das Problem des unterschiedlichen Pflichtenumfangs zu erkennen, dass nämlich (lediglich) „ein Großteil" der aus dem Beratungsvertrag abgeleiteten Pflichten auch auf Grundlage der vorvertraglichen Informationspflichten begründet werden können. Nicht zuletzt auch mit Blick auf die besondere Relevanz der Beratung für den Anleger spricht vieles dafür, die spezifischen Pflichten in einem gesonderten vertraglichen Verhältnis zu statuieren und von einer sehr extensiven vorvertraglichen Haftung Abstand zu nehmen. Nach alledem erscheint ein Abrücken vom (konkludenten) Beratungsvertrag nicht geboten. Gleichwohl ist zu beachten, dass in Einzelfällen eine mögliche Haftung aus einem vorvertraglichem Schuldverhältnis im Rahmen der Anlageberatung durchaus bedeutsam sein kann. So können beispielsweise solche Fälle erfasst werden, in denen (ausnahmsweise) kein Beratungsvertrag abgeschlossen wurde und dem Kunden damit zumindest keine (beratungs-)vertraglichen Ansprüche zustehen.[125]

## 2. Pflicht zur anleger- und objektgerechten Beratung

### a) Das Bond-Urteil des BGH

Eine der bedeutsamsten Entscheidungen des BGH im Bereich der Anlageberatung stellt das sogenannte Bond-Urteil dar.[126] Die in diesem Urteil entwickelten Grundsätze der anleger- und objektgerechten Beratung bilden seitdem die Grundlage für die praktische Ausgestaltung der Anlageberatung und fungierten als Orientierungsrahmen für einige gesetzliche Normierungen in den §§ 31 ff. WpHG.

### b) Anforderungen an eine anleger- und objektgerechte Beratung

### aa) Anlegergerechte Beratung

Die Bank bzw. das Anlageberatungsinstitut hat „bei der Anlageberatung den – gegebenenfalls zu erfragenden – Wissensstand des Kunden über Anlagegeschäfte der vorgesehenen Art und dessen Risikobereitschaft zu berücksichtigen" (= anlegergerechte Beratung).[127] Mittlerweile haben sich verschiedenen Prüfkriterien

---

124 *Koch*, ZBB 2014, 211, 213, der allerdings in der Folge nicht näher auf die Problematik eingeht.
125 BGH WM 1997, 811; *Edelmann*, in: Assmann/Schütze, Hdb. KapitalanlageR, § 3 Rn. 87.
126 BGH NJW 1993, 2433.
127 BGH NJW 1993, 2433.

entwickelt, die an den genannten Anforderungen einer anlegergerechten Beratung ausgerichtet sind.

(1) Ermittlung des Anlagezwecks und der Risikobereitschaft

Zunächst ist der Anlagezweck des Kunden zu ermitteln. Hierbei ist insbesondere zu prüfen, welche Anlagelaufzeit und welches Risiko der Kunde wünscht. Besonders bedeutsam ist die Ermittlung regelmäßig bei Verbraucheranlageberatungsgesprächen im Hinblick auf eine intendierte Altersvorsorge. Eine Vermögensanlage zur Altersvorsorge muss möglichst „risikolos" erfolgen. Sofern eine sehr risikoreiche Anlage empfohlen wird, kann in aller Regel davon ausgegangen werden, dass keine anlegergerechte Beratung vorliegt.[128]

(2) Ermittlung der wirtschaftlichen Verhältnisse

Der Anlageberater muss die wirtschaftlichen Verhältnisse des Kunden ermitteln und die Anlageempfehlung entsprechend ausrichten. Nicht anlegergerecht ist beispielsweise die Empfehlung einer GbR-Beteiligung an einen Kunden mit geringem Einkommen und Vermögen, da ein plötzlicher Geldbedarf des Kunden aufgrund fehlender Fungibilität (Handelbarkeit) der GbR-Beteiligung nicht zu decken wäre.[129]

(3) Ausrichtung an der Erfahrenheit des Kunden

Besondere Relevanz hat die Ermittlung der Erfahrenheit des Kunden und die hieran ausgerichtete Beratung. Es ist dabei stets auf die Erfahrenheit bezogen auf das konkrete Anlageprodukt abzustellen. Eine genaue Einschätzung wird den Beratern allerdings in der Praxis häufig schwer fallen, sodass ihnen ein gewisser Beurteilungsspielraum einzuräumen ist. Mit Blick auf potenzielle Haftungsrisiken ist aus ihrer Sicht dennoch in jedem Fall eine konservative Beurteilung der Erfahrenheit ratsam. Als Kriterien können entsprechend § 6 II Nr. 2 WpDVerOV Art, Umfang, Häufigkeit und zeitlicher Abstand der vom Kunden bisher getätigten Geschäfte herangezogen werden. Eine pauschale Unterstellung der notwendigen Erfahrenheit des Kunden aufgrund seiner beruflichen Qualifikation (z.B. Volkswirt/Wirtschaftsprüfer) ist hingegen nicht zulässig.[130] Grundsätzlich keine

---

128 BGH NJW-RR 2000, 1497, 1499; siehe zum Problem „risikoloser Anlageprodukte" im Niedrigzinsumfeld auch § 6 IV. 6.
129 OLG Brandenburg NJW 2012, 2449, 2450.
130 BGH NJW-RR 1997, 176; BGH NJW-RR 2004, 203, 205; BGH NJW 2004, 3628, 3629; BGH NJW 2011, 1949, 1951.

Aufklärungsbedürftigkeit besteht gegenüber solchen Kunden, die über ausreichende Kenntnisse und Erfahrungen mit den beabsichtigten Anlagegeschäften verfügen oder sich, nicht ersichtlich unglaubwürdig, als erfahren gerieren und eine Aufklärung nicht wünschen.[131] Im Falle einer bestehenden Aufklärungsbedürftigkeit intensivieren sich allerdings die Beratungsanforderungen je unerfahrener der Kunde bzw. je komplizierter das entsprechende Produkt ist.[132] Unzulässig ist, dass der Berater Rückschlüsse von vorhandenen Fachkenntnissen des Kunden auf dessen konkrete Risikobereitschaft zieht. Folglich ist der Berater stets unabhängig von eventuellen Vorkenntnissen des Kunden verpflichtet, die genauen Anlageziele des Kunden zu ermitteln und eine hierfür adäquate Empfehlung auszusprechen.[133]

*bb) Objektgerechte Beratung*

Die Beratung muss zudem objektgerecht sein. Dies setzt zum einen voraus, dass die Bank bzw. das Anlageberatungsinstitut die Kapitalanlage zunächst kritisch prüft und die finale Empfehlung den im Rahmen der anlegergerechten Beratung ermittelten Kriterien Rechnung trägt.[134] Zum anderen besteht für den jeweiligen Berater entsprechend der aufsichtsrechtlichen Pflicht aus § 31 III WpHG auch zivilrechtlich die Pflicht, seinen Kunden über alle Umstände und Risiken, welche für seine Anlageentscheidung bedeutsam sind, vollständig und korrekt aufzuklären.[135]

(1) Vollständige und korrekte Information über Umstände und Risiken

Die Risikoaufklärung muss sich dabei sowohl auf allgemeine Risiken (Konjunkturlage, Kapitalmarktschwankungen) als auch auf spezifische Risiken des Anlageobjektes erstrecken.[136] Hierfür ist erforderlich, dass sich der Berater aus der renommierten Wirtschaftspresse über potenziell relevante Neuigkeiten in Bezug auf das Anlageprodukt informiert.[137] Diesbezüglich sollte allerdings richtigerweise nicht bereits bei Übersehen singulärer kritischer Berichte und Stimmen

---

131 BGH NJW-RR 1996, 947, 948; BGH NJW-RR 1997, 176, 177; BGH NJW-RR 2004, 203, 205; BGH NJW 2004, 3628, 3269.
132 *Heusel*, JuS 2013, 109, 110.
133 BGH NJW 2011, 1949, 1951.
134 BGH NJW 1993, 2433.
135 BGH NJW 2011, 1949, 1950; BGH NJW 2012, 2873, 2874.
136 BGH NJW 1993, 2433; BGH NJW 2006, 2041.
137 BGH NJW 2008, 3700, 3702 (konkret: *Börsen-Zeitung, Handelsblatt, FAZ* und die mittlerweile eingestellte *Financial Times Deutschland*).

von einer Pflichtwidrigkeit des Beraters ausgegangen werden. Dies gilt umso mehr, wenn sie aus kleineren, weniger seriösen Quellen stammen.[138] An das Erfordernis der „Vollständigkeit" einer Information sind hingegen strenge Maßstäbe anzulegen. Der Berater darf daher beispielsweise keine ihm bekannten negativen Tatsachen gegenüber dem Kunden verschweigen.[139]

(2) Prüfung und Empfehlung der Kapitalanlage

Der Anlageberater muss das Anlageprodukt vor der Empfehlung prüfen. Die Prüfung hat dabei mit kritischem Sachverstand zu erfolgen, sodass eine bloße Plausibilitätsprüfung nicht ausreicht.[140] Verglichen mit den sehr hohen Anforderungen an die Risikoaufklärung und Produktprüfung sind die Anforderungen an die finale Empfehlung des Beraters ein wenig abgeschwächt. Während nämlich die Aufklärung über alle Umstände und Risiken richtig und vollständig zu erfolgen hat, muss die Bewertung und Empfehlung eines Anlageobjektes aus *ex ante* Sicht lediglich vertretbar sein. Hierdurch wird auch deutlich, dass der Kunde letztlich das Risiko dafür tragen soll, dass sich eine getätigte Geldanlage *ex post* als falsch erweist.[141]

## c) *Beratungsvertrag bei fernmündlichem Kontakt*

In der Praxis wird es häufig vorkommen, dass ein Anlageberater und sein Kunde lediglich telefonisch in Kontakt treten und es an jeglichem persönlichen Kontakt fehlt. Insoweit stellt sich die Frage, wann ein Beratungsvertrag mit der Pflicht zur anleger- und objektgerechten Beratung bei einem fernmündlichen Kontakt zustande kommt. Ausreichend für einen Vertragsabschluss soll bereits sein, dass ein Kunde telefonisch an seinen Anlageberater herantritt und dieser ihm eine Empfehlung gibt, ohne dass zuvor ein persönlicher Kontakt zwischen beiden erforderlich ist.[142] Dieser Auffassung ist zuzustimmen. Es erscheint nämlich zutreffend, keine unterschiedlichen Anforderungen an den Vertragsabschluss bei persönlichem oder rein telefonischem Kontakt aufzustellen, da die tatsächlichen Beratungssituationen in beiden Fällen vergleichbar sind. Insbesondere können

---

138 Zutreffend insoweit BGH NJW 2008, 3700, 3702; siehe auch § 4 II. 4. a) bb).
139 *Nobbe*, in: Horn/Schimansky, Bankrecht 1998, 235, 245.
140 BGH NJW 2008, 3700, 3701; BGH NJW 2012, 380, 381.
141 BGH NJW-RR 1987, 936; BGH NJW 2006, 2041; BGH NJW 2012, 66, 68; BGH NJW 2012, 2873, 2874; *Nobbe*, in: Horn/Schimansky, Bankrecht 1998, 235, 248.
142 OLG Frankfurt a.M., Urteil vom 10.02.2014 - U 216/12 (Filmfonds); LG Itzehoe WM 2014, 1745, 1746.

in beiden Fällen ausführliche Erläuterungen über die Anlageziele und die Situation des Kunden erfolgen und auch unmittelbare Nachfragen des Kunden an seinen Berater gestellt werden. Rechtlich lässt sich eine Gleichbehandlung beider Fälle zudem auf § 147 I 2 BGB stützen, der einen telefonisch gemachten Antrag einem unter Anwesenden gleichstellt. Zu beachten ist aber, dass bei einer telefonischen Beratung das Risiko einer nicht anleger- und objektgerechten Beratung im Vergleich zu einer Beratung im persönlichen Gespräch erhöht sein kann. So wird auch in der Rechtsprechung darauf hingewiesen, dass eine telefonische Beratung bzgl. komplexer Finanzprodukte ohne zusätzliches schriftliches Informationsmaterial kaum objektgerecht erfolgen könne.[143] Weiterhin können einem gerichtlichen Verfahren wegen potenzieller Falschberatung Aussagen von Zeugen, die über einen Telefonlautsprecher das Beratungsgespräch mitverfolgt haben, aufgrund einer sonstigen Verletzung des allgemeinen Persönlichkeitsrechts des Gesprächspartners aus Art. 2 I i.V.m. Art. 1 I GG als Beweismittel nicht verwertet werden. Dies gilt jedenfalls für die Fälle, in denen der Gesprächspartner nicht zuvor über die Lautschaltung der Telefonanlage unterrichtet worden ist.[144] Eine mögliche Rechtfertigung eines derartigen Eingriffes ergibt sich auch nicht aus der erforderlichen Interessenabwägung zwischen dem allgemeinen Persönlichkeitsrecht des Gesprächspartners einerseits und dem Interesse an der Verwertbarkeit der Zeugenaussage für die jeweilige Prozesspartei andererseits, da das Interesse an der Verschaffung eines Beweismittels hinter dem Schutz des Persönlichkeitsrechts zurücksteht.[145]

*d) Pflicht zur Vertragsablehnung*

Besonders praxisrelevant ist die Frage, ob den Berater bei objektiv unvernünftigen Anlageentscheidungen seines Kunden eine Pflicht zur Vertragsablehnung trifft. Dies ist unzweifelhaft in den Fällen zu verneinen, in denen der Anleger die Risiken des Geschäftes vollends durchschaut und sich dennoch für die Anlage entscheidet. Dem Anleger steht es nach dem Prinzip der Eigenverantwortlichkeit nämlich grundsätzlich frei, auch unvernünftige Entscheidungen zu treffen. Daher ergibt sich selbst dann keine Sittenwidrigkeit des Anlagegeschäftes nach § 138 BGB, wenn der Berater positiv von der Unvernunft des Geschäftes überzeugt ist.[146] Auch aus der aufsichtsrechtlichen Interessenwahrnehmungspflicht

---

143 OLG Frankfurt a.M. WM 2010, 613, 616 (konkret: Twin-Win-Zertifikat).
144 OLG Frankfurt a.M. WM 2011, 1893, 1894.
145 OLG Frankfurt a.M. WM 2011, 1983, 1984.
146 So auch BGH NJW 2002, 62, 63; *Buck-Heeb*, WM 2014, 385, 393.

des § 31 I Nr. 1 WpHG kann sich keine Ablehnungspflicht ergeben.[147] Es ist nämlich nicht Aufgabe des Aufsichtsrechts, vollinformierte und bewusst handelnde Kunden entgegen ihrem Willen in den Entscheidungsmöglichkeiten zu beschränken. Deutlich problematischer ist allerdings die Frage, ob ausnahmsweise eine Ablehnungspflicht des Geschäftes bestehen soll, wenn der Kunde die Risiken erkennbar nicht durchschaut. In seinen bisherigen Entscheidungen hat der BGH sich nur in Bezug auf einen informierten Kunden geäußert und die Frage insoweit offen gelassen.[148] Richtigerweise wird man in diesen Fällen allerdings (lediglich) eine (nochmalige) intensivere Risikoaufklärung durch die Berater verlangen müssen. Dieser Ansatz steht im Einklang mit dem Grundsatz der anleger- und objektgerechten Beratung, die am jeweiligen Einzelfall und an den persönlichen Kompetenzen des Kunden ausgerichtet ist und eine intensivere Aufklärung bei evidentem Unverständnis verlangt.

Sofern der Berater ausschließlich völlig ungeeignete Produkte empfiehlt, liegt ein Verstoß gegen die Pflicht zur anleger- und objektgerechten Beratung und damit eine Fehlberatung vor. Diese Konstellationen lassen sich insoweit haftungsrechtlich lösen. In den Fällen, in denen der Kunde jedoch trotz einer erneuten, intensiven Beratung und einer folgenden adäquaten Empfehlung des Beraters bei seiner unvernünftigen Entscheidung bleibt, kann selbst, wenn der Kunde die Risiken nicht vollends durchschaut hat, ebenfalls keine Ablehnungspflicht bestehen.[149] Ähnlich wie es bei finanziell nicht minder weitreichenden Kaufverträgen nicht Aufgabe des Verkäufers ist, den Kunden „vor sich selbst und seiner Dummheit" zu schützen, kann Selbiges im Rahmen der Anlageberatung nicht Aufgabe eines Beraters sein, der zuvor sämtlichen Aufklärungs- und Beratungspflichten nachgekommen ist.

*e) Vermutung aufklärungsrichtigen Verhaltens*

Um im Falle eines Verstoßes gegen die anleger- und objektgerechte Beratung einen möglichen Schadensersatzanspruch des Anlegers zu begründen, muss nachgewiesen werden, dass die Pflichtverletzung kausal für den eingetretenen (Vermögens-)Schaden war. Nach den allgemeinen Grundsätzen wäre hierfür der Anspruchssteller, mithin der Anleger, beweispflichtig. Jedoch gibt es im Rahmen der Anlageberatung von diesem Grundsatz eine relevante Ausnahme durch die sogenannte Vermutung aufklärungsrichtigen Verhaltens. Nach jener

---

147 BGH NJW-RR 2004, 484, 485.
148 BGH NJW 1998, 2675, 2676; BGH NJW 2002, 62, 63; BGH NJW-RR 2004, 484, 485.
149 So im Ergebnis wohl auch *Brandt*, Aufklärungs- und Beratungspflichten, S. 103.

ist der Berater dafür beweispflichtig, dass der „Anleger die Anlage auch im Falle ordnungsgemäßer Aufklärung erworben hätte, weil er den richtigen Rat oder Hinweis nicht befolgt hätte".[150] Insoweit kommt es zu einer Beweislastumkehr zugunsten des Anlegers. Die erforderliche Schadensbegründung ist ferner nicht erst in einem möglichen Wertverlust, sondern bereits im Erwerb der Anlage selbst zu sehen.[151] Die Anforderungen an die Vermutung aufklärungsrichtigen Verhaltens sind von der Rechtsprechung im Laufe der Zeit zugunsten des Anlegers herabgesetzt worden. Noch in der früheren und an der Arzthaftung angelehnten Rechtsprechung war Voraussetzung für das Eingreifen der Vermutung, dass nur eine explizite Möglichkeit aufklärungsrichtigen Verhaltens bestand und der Anleger sich so bei vollständiger, richtiger Beratung nicht in einem Entscheidungskonflikt befand.[152] Von dieser Voraussetzung ist der BGH in einem Urteil vom 08.12.2012 jedoch abgerückt und lässt nunmehr für das Eingreifen der Vermutung aufklärungsrichtigen Verhaltens bereits ausreichen, dass ein Beratungsfehler feststeht.[153] Begründet wird die Rechtsprechungsänderung insbesondere damit, dass der Anleger gerade im Falle mehrerer Handlungsalternativen auf eine vollständige, korrekte Beratung angewiesen sei und der pflichtwidrig handelnde Berater nicht von einem Entscheidungskonflikt des Anlegers profitieren dürfe.[154]

Eine Widerlegung der Vermutung aufklärungsrichtigen Verhaltens durch den Berater ist möglich. Hierfür muss substantiiert dargelegt und gegebenenfalls unter Beweis gestellt werden, dass der Anleger die Anlageentscheidung auch im Falle ordnungsgemäßer Aufklärung getroffen hätte.[155] Hierfür können sowohl Aspekte zum bisherigen als auch zum nachträglichen Anlageverhalten des Kunden vorgetragen werden. Richtigerweise soll ein starkes Indiz dafür sein, dass ein Anleger die Anlage auch ohne die Pflichtverletzung abgeschlossen hätte, dass er in der Vergangenheit bereits ähnliche Geschäfte abgeschlossen hat, bei denen er Kenntnis von Sachverhalten hatte, über die im Rahmen der jetzt streitigen Anlageberatung nicht aufgeklärt wurde.[156] Angesichts der sehr geringen

---

150 BGH NJW 2002, 2703, 2704; BGH NJW 2009, 2298, 2300; BGH NJW 2011, 3227, 3229; BGH NJW 2012, 2427, 2429.
151 BGH NJW 2009, 2298, 2300.
152 BGH NJW 1994, 512, 514.
153 BGH NJW 2012, 2427, 2430.
154 BGH NJW 2012, 2427, 2430 unter Bezugnahme auf *Canaris*, FS Hadding, 2004, 3, 23.
155 BGH NJW 2012, 2427; *Bracht*, in: Schwintowski, Bankrecht, § 18 Rn. 59.
156 In diese Richtung wohl BGH NJW 2012, 2427, 2432 (jedenfalls bzgl. einer Aufklärung über Provisionen/Rückvergütungen); *Bausch/Kohlmann*, BKR 2012, 410,

Anforderungen an die Vermutung aufklärungsrichtigen Verhaltens erscheint es geboten, auch an deren Widerlegung nicht allzu strenge Voraussetzungen anzulegen. Insgesamt sind die Vermutung aufklärungsrichtigen Verhaltens sowie die nunmehr herabgesetzten Anforderungen ausdrücklich zu begrüßen, da sie für falschberatene Anleger eine bedeutsame Beweiserleichterung darstellen, die dazu beitragen kann, potenzielle Hemmschwellen zur Führung eines (berechtigten) gerichtlichen Prozesses herabzusetzen. Gleichzeitig muss aber auch der bestehenden Gefahr einer „Überhaftung" entgegengetreten werden. Als adäquates Korrektiv erscheint hierfür ausreichend, wie bereits erwähnt, auch die Maßstäbe an eine Vermutungswiderlegung nicht zu hoch anzusetzen. Nicht zuletzt die Annahme von Indizwirkungen aus früherem Verhalten scheint dabei geeignet, möglichst einzelfallgerechte Lösungen zu erzielen.

*f) Nachberatungspflicht*

Der Grundsatz, dass grundsätzlich der Kunde das Risiko dafür tragen soll, dass sich eine Anlageentscheidung nachträglich als falsch herausstellt, wirkt sich auch auf die zeitliche Dauer der Beratungspflichten aus. Die Pflichten aus dem Beratungsvertrag enden grundsätzlich mit Erteilung der Anlageempfehlung. Es bestehen somit keine Nachberatungs- oder Überwachungspflichten.[157] Solche können jedoch individualvertraglich vereinbart werden, was in der Praxis bisweilen sowohl von der Kunden- als auch der Beraterseite zwecks Kundenzufriedenheit und Kundenbindung gewollt sein kann. Weiterhin muss mit Blick auf die geringen Anforderungen an den Abschluss eines Beratungsvertrages im Einzelfall immer geprüft werden, ob eventuell ein neuer Vertrag zwischen Kunde und Bank abgeschlossen wurde. Ein solcher Neuabschluss kann nach Ansicht des BGH bereits dann anzunehmen sein, wenn der Anleger sich nach getroffener Anlageentscheidung bei seiner Bank erkundigt, wie er sich angesichts fallender Börsenkurse verhalten solle.[158] Diesem Grundsatz entsprechend wird man einen neuen Vertragsschluss daher auch dann annehmen müssen, wenn sich der Kunde nach dem Erwerb von Wertpapieren bei seinem Berater erkundigt, ob ein möglicher Verkauf sinnvoll sei und der Berater daraufhin eine Halteempfehlung

---

412; kritisch LG Berlin ZIP 2009, 2288 (hinsichtlich Aufklärungspflicht über eine Rückvergütung).
157 BGH NJW 2006, 2041; OLG Koblenz BKR 2007, 428, 429; *Beule*, in: Assies/Beule/Heise/Strube, Hdb. FA Bank- und Kapitalmarktrecht, Kap. 7 Rn. 319.
158 BGH GWR 2013, 521.

ausspricht.[159] Weiterhin muss stets genau zwischen einer Anlageberatung und einer Vermögensverwaltung abgegrenzt werden, da bei letzterer anders als im Fall der Anlageberatung Nachberatungspflichten bestehen.[160]

## II. Aufsichtsrechtliche Grundlagen

Auch in den aufsichtsrechtlichen Bestimmungen des WpHG und KWG gibt es relevante Rechtsgrundlagen für den Bereich der Anlageberatung. Im Folgenden werden diese zunächst überblicksartig dargestellt, bevor auf die besonders umstrittene Frage eingegangen wird, inwieweit die aufsichtsrechtlichen Normen auch auf das Zivilrecht ausstrahlen.

### 1. Anlageberatung im WpHG

*a) Die Kundenklassifikation nach § 31a WpHG*

§ 31a I WpHG definiert zunächst allgemein den „Kundenbegriff" des WpHG und zeigt damit zugleich auf, wer als Kunde einer Anlageberatung in Betracht kommt. Nach dem Wortlaut sind „Kunden" im Sinne des WpHG alle „natürlichen oder juristischen Personen", für die Wertpapierdienstleistungsunternehmen Wertpapierdienstleistungen oder Wertpapiernebendienstleistungen erbringen oder anbahnen. Zu beachten ist jedoch, dass der Begriff der „juristischen Person" aus der Richtlinie über Märkte für Finanzinstrumente (MiFID) übernommen wurde und daher nach überwiegender Ansicht nicht entsprechend dem deutschen Begriffsverständnis interpretiert werden darf. Vielmehr seien unter den Begriff der „juristischen Person" auch alle rechtsfähigen Personengesellschaften z.B. OHG, KG, PartGG und GbR zu fassen, ohne dass auf die dahinterstehenden natürlichen Personen abgestellt werden müsse.[161] Eine solch weite Auslegung scheint in Anbetracht der europäischen Richtlinie gerechtfertigt, wobei dennoch eine klarere gesetzliche Formulierung durchaus wünschenswert gewesen wäre. Weiterhin wird in § 31a WpHG eine Kundenklassifikation vorgenommen, indem zwischen professionellen Kunden (§ 31a II WpHG), geeigneten Gegenparteien (§ 31a IV WpHG) und Privatkunden (§ 31a III WpHG) differenziert wird.

---

159 Zutreffend *v. Buttlar*, in: Fandrich/Karper, MAH Bank- und Kapitalmarktrecht, § 7 Rn. 155.
160 Siehe zur Abgrenzung beider Dienstleistungen § 1 I. 1. d).
161 *Fuchs*, in: Fuchs, WpHG, § 31a Rn. 15; *Koch*, in: Schwark/Zimmer, KMRK, § 31a WpHG Rn. 4; *Koller*, in: Assmann/Schneider, WpHG, § 31a Rn. 4; kritisch hingegen *Ekkenga*, in: MK-HGB, Band V (2. Auflage), Effektengeschäft, Rn. 123.

Diese Unterscheidung ist insbesondere bedeutsam für die Frage, welche weiteren aufsichtsrechtlichen Normen Anwendung finden. Ausgangspunkt für die Differenzierung ist dabei der Grundsatz, dass Privatkunden in der Regel schutzwürdiger sind als professionelle Anleger. Dem folgend sollen Privatkunden auch einen umfangreicheren aufsichtsrechtlichen Schutz erfahren als professionellen Anleger. Bemerkbar werden die Unterschiede zwischen Privatkunden und professionellen Kunden vor allem im Rahmen der Geeignet- und Angemessenheitsprüfung gem. § 31 IV, V WpHG sowie durch explizite Schutzeinschränkungen für professionelle Kunden wie beispielsweise durch § 31 IX WpHG.[162]

*aa) Professionelle Kunden*

Um als professioneller Kunde eingestuft zu werden, müssen bestimmte gesetzliche Kriterien erfüllt werden. Innerhalb der Gruppe professioneller Kunden wird weiter zwischen sog. „geborenen" professionellen Kunden und sog. „gekorenen" professionellen Kunden unterschieden.[163] „Geborene" professionelle Kunden sind dabei jene, die bereits explizit durch das Gesetz als professionell eingestuft werden. Hierbei ist zu beachten, dass zwar bereits in § 31a II 1 WpHG Merkmale eines professionellen Kunden bestimmt werden, indem hierunter solche Kunden fallen sollen, bei denen das Wertpapierdienstleistungsunternehmen davon ausgehen kann, dass sie über ausreichende Erfahrungen, Kenntnisse und Sachverstand verfügen, um ihre Anlageentscheidung zu treffen und die damit verbundenen Risiken angemessen beurteilen zu können. Allerdings reichen diese Tatbestandsmerkmale allein nicht aus, um als „geborener professioneller Kunde" zu gelten. Vielmehr werden erst im darauffolgenden § 31a II 2 WpHG abschließend qua Gesetz die konkreten Personen, Institutionen und Unternehmensgruppen aufgezählt, die stets professionelle Kunden i.S.d. § 31a II 1 WpHG sind.[164] Unter die „geborenen" professionellen Kunden fallen demnach unter anderem Finanzinstitute (Nr. 1b), Versicherungsunternehmen (Nr. 1c) sowie nationale und regionale Regierungen (Nr. 3).

Für Privatkunden steht gem. § 31a VII 1 Var. 1 WpHG die Möglichkeit offen, sich auf Antrag zum professionellen Kunden heraufstufen zu lassen und damit ein sog. „gekorener professionelle Kunde" zu sein. Ebenso kann eine solche

---

162 *Fuchs*, in: Fuchs, WpHG, § 31a Rn. 46a; *Bracht*, in: Schwintowski, Bankrecht, § 18 Rn. 19.
163 Vgl. zur Unterscheidung *Seyfried*, WM 2006, 1375, 1376.
164 *Fuchs*, in: Fuchs, WpHG, § 31a Rn. 19; *Koller*, in: Assmann/Schneider, WpHG, § 31a Rn. 5.

Heraufstufung auch durch das Wertpapierdienstleistungsunternehmen selbst erfolgen (§ 31a VII 1 Var. 2). Ein Anspruch auf eine Heraufstufung besteht allerdings nicht.[165] Vielmehr ist aufgrund des mit der Einstufung als professioneller Kunde einhergehenden Schutzverlustes gemäß § 31a VII 2, 3 WpHG eine Änderung des Kundenstatus nur nach einer vorausgegangenen Bewertung durch das Wertpapierdienstleistungsunternehmen im Hinblick auf die bereits oben genannten Kriterien des § 31a II 1 WpHG möglich. Weiterhin setzt nach § 31 VII WpHG eine Einstufungsänderung vom Privatkunden zum professionellen Kunden voraus, dass mindestens zwei der in § 31 VII 3 WpHG genannten Kriterien erfüllt sind. Die Wirkung einer möglichen Heraufstufung wirkt nur relativ. Folglich kann der Kundenstatus im Verhältnis zu verschiedenen Wertpapierdienstleistungsunternehmen durchaus unterschiedlich ausfallen.[166]

*bb) Geeignete Gegenpartei*

Als sogenannte geeignete Gegenpartei werden gem. § 31a IV WpHG besonders qualifizierte professionelle Kunden eingestuft. Mit der Qualifizierung als geeignete Gegenpartei ist derzeit noch, wie beispielsweise § 31b WpHG zeigt, eine weitere deutliche Reduzierung des aufsichtsrechtlichen Schutzniveaus verbunden.[167] Dies ist auch der Grund dafür, dass zur Einordnung als geeignete Gegenpartei je nach Status des professionellen Kunden eventuell zunächst die Zustimmung des Kunden eingeholt werden muss (vgl. § 31a IV 2 WpHG). Im Zuge der Reformen durch die MiFID II soll aber das Schutzniveau auch für geeignete Gegenparteien wieder angehoben werden. So muss zukünftig auch gegenüber solchen Kunden ehrlich, redlich und professionell gehandelt sowie in redlicher, eindeutiger und nicht irreführender Art kommuniziert werden.[168]

*cc) Privatkunden*

Innerhalb der Privatkunden kann man zwischen „geborenen Privatkunden" und solchen unterscheiden, die zum Privatkunden herabgestuft wurden. Geborene Privatkunden sind die Kunden, die weder professionelle Kunden noch geeignete Gegenpartei (Unterfall professioneller Kunden [s.o.]) sind, vgl. § 31a III WpHG. Nach § 31a V WpHG kann das Wertpapierdienstleistungsunternehmen einseitig

---

165 BT-Drs. 16/4028, S. 66 („Die Entscheidung über die Einstufung obliegt dem Wertpapierdienstleistungsunternehmen"); *Fuchs*, in: Fuchs, WpHG, § 31a Rn. 33.
166 *Fuchs*, in: Fuchs, WpHG, § 31a Rn. 40.
167 *Koller*, in: Assmann/Schneider, WpHG, § 31a Rn. 12.
168 *Buck-Heeb*, ZBB 2014, 221, 224 f.

geeignete Gegenparteien oder professionelle Kunden als Privatkunden einstufen. Zudem besteht gemäß § 31a VI 1 WpHG die Möglichkeit, dass ein professioneller Kunde mit dem Wertpapierdienstleistungsunternehmen schriftlich eine Herabstufung zum Privatkunden vereinbart.

*b) Explorationspflicht*

Die Anlageberater sind gemäß § 31 IV WpHG auch aufsichtsrechtlich zur Prüfung verpflichtet, welche Anlageprodukte für ihre Kunden geeignet sind. Eine Pflicht zur Anlageberatung besteht hingegen nicht, sondern kann sich nur aus einer vertraglichen Beziehung ergeben.[169] Die Prüfung der Geeignetheit erfolgt gewissermaßen in zwei Stufen, nämlich zum einen durch die Explorationspflicht und zum anderen durch die eigentliche Geeignetheitsprüfung (sog. suitability test).[170] Im Rahmen der Explorationspflicht müssen die Berater zunächst die für die spätere Auswahl der Produkte relevanten Kundeninformationen einholen. Wie § 31 IV 1 WpHG festlegt, gehören hierzu vor allem Informationen über die Anlageziele, die bisherigen Kenntnisse und Erfahrungen sowie die finanziellen Verhältnisse des Kunden. Die Pflichten überschneiden sich insoweit mit den zivilrechtlichen Pflichten zur anleger- und objektgerechten Beratung. An dieser Stelle wird daher auf die diesbezüglichen Ausführungen verwiesen. Nach § 31 VI WpHG darf sich der Berater auf die Richtigkeit der ihm mitgeteilten Informationen verlassen. Eine Nachforschungspflicht besteht daher grundsätzlich nicht, es sei denn, das Wertpapierdienstleistungsunternehmen hat gem. § 31 VI a.E. WpHG positive Kenntnis oder grob fahrlässige Unkenntnis von der Unvollständigkeit oder Unrichtigkeit der Kundenangaben. Angesichts potenzieller Beweisprobleme hinsichtlich einer grob fahrlässigen Unkenntnis ist den Beratern in jedem Fall zu einer Plausibilitätsprüfung und anschließenden Dokumentation zu raten.[171] Im Einzelfall kann die Einholung der Kundeninformationen entbehrlich sein, nämlich dann, wenn sie nach § 31 IV 1 WpHG nicht „erforderlich" ist, um ein geeignetes Finanzinstrument oder eine geeignete Wertpapierdienstleistung zu empfehlen. Die Erforderlichkeit kann beispielsweise dann fehlen, wenn bereits alle notwendigen Informationen aus früheren

---

169 *Mülbert*, WM 2007, 1149, 1155; *Rothenhöfer*, in: Schwark/Zimmer, KMRK, § 31 WpHG Rn. 268.
170 So auch *Bracht*, in: Schwintowski, Bankrecht, § 18 Rn. 21 f. (wobei dort in fehlerhafter Schreibweise von „suitibility test" gesprochen wird).
171 Eine Plausibilitätsprüfung empfehlend bereits *Schrödermeier*, WM 1995, 2053, 2059.

Anlageberatungen vorliegen und diese noch aktuell sind.[172] Darüber hinaus werden durch § 31 IX WpHG in einem explizit gesetzlich geregelten Fall fehlender Erforderlichkeit der Explorationspflicht auch die geringeren Schutzpflichten gegenüber professionellen Kunden deutlich. Das Wertpapierdienstleistungsunternehmen darf demnach grundsätzlich davon ausgehen, dass professionelle Kunden über die notwendigen Kenntnisse, Erfahrungen sowie Risikotragfähigkeit verfügen, sodass im Rahmen der Explorationspflicht lediglich die Anlageziele und die Risikobereitschaft zu ermitteln sind.[173] Zu beachten ist jedoch, dass in allen Fällen, in denen eine Explorationspflicht besteht, die notwendigen Kundeninformationen aber nicht erlangt werden konnten, gem. § 31 IV 3 WpHG auch keine Anlageempfehlung ausgesprochen werden darf. Eine gesetzliche Vorgabe bezüglich der Form der Informationseinholung existiert nicht.[174] Mit Blick auf das „Massengeschäft" der Anlageberatung sowie aus Effizienzgründen empfiehlt sich aber eine schriftliche Fixierung der Kundenangaben auf hinreichend ausdifferenzierten Fragbögen.[175] Weiterhin besteht aufsichtsrechtlich keine Pflicht zur Unterzeichnung der eingeholten Informationen durch den Kunden. Gleichwohl ist den Beratern schon allein aus Beweiszwecken immer zur Unterschrifteinholung zu raten, vor allem dann, wenn der Kunde einzelne Angaben verweigert hat.[176]

*c) Geeignetheitsprüfung*

Auf Grundlage der gesammelten Kundeninformationen muss der Anlageberater prüfen, ob die von ihm ins Auge gefassten Anlageprodukte konkret für den Anleger geeignet sind. Diese der Explorationspflicht nachfolgende und der finalen Empfehlung vorausgehende Phase wird auch als Geeignetheitsprüfung oder suitability test bezeichnet.[177] Die Geeignetheitsprüfung des Produktes ist gem.

---

172 Ausführlich zur „Erforderlichkeit" *Fuchs*, in: Fuchs, WpHG, § 31 Rn. 198 ff.; *Koller*, in: Assmann/Schneider, WpHG, § 31 Rn. 142 m.w.N.
173 *Koller*, in: Assmann/Schneider, WpHG, § 31 Rn. 144 (Anlageziele und Risikobereitschaft sind immer zu ermitteln).
174 *Koller*, in: Assmann/Schneider, WpHG, § 31 Rn. 146; *Rothenhöfer*, in: Schwark/ Zimmer, KMRK, § 31 WpHG Rn. 235.
175 *Fuchs*, in: Fuchs, WpHG, § 31 Rn. 192 f.; *Koller*, in: Assmann/Schneider, WpHG, § 31 Rn. 146; *Bracht*, in: Schwintowski, Bankrecht, § 18 Rn. 21.
176 *Fuchs*, in: Fuchs, WpHG, § 31 Rn. 215.
177 *Rothenhöfer*, in: Schwark/Zimmer, KMRK, § 31 WpHG Rn. 266; *Bracht*, in: Schwintowski, Bankrecht, § 18 Rn. 22 (Letzterer spricht jedoch in fehlerhafter Schreibweise von „suitibility test").

§ 31 IV 2 WpHG danach vorzunehmen, ob die intendierte Anlageempfehlung den Anlagezielen des Kunden entspricht, die Anlagerisiken für den Kunden finanziell tragbar sind und er die Risiken unter Berücksichtigung seiner Kenntnisse und Erfahrungen verstehen kann. Bei professionellen Kunden hat mit Blick auf § 31 IX WpHG hingegen nur eine Geeignetheitsprüfung im Hinblick auf die Anlageziele und die Risikobereitschaft zu erfolgen.[178] Die im Anschluss an die Geeignetheitsprüfung gegebene Empfehlung des Beraters muss auf angemessener Informationsbasis beruhen und aus *ex ante* Sicht vertretbar sein.[179] Richtigerweise kann eine Beschränkung des beratenden Wertpapierdienstleistungsunternehmens auf hauseigene Produkte durchaus mit dem Geeignetheitsgebot vereinbar sein, sofern die grundsätzlichen gesetzlichen Anforderungen erfüllt sind.[180]

*d) Beratungsprotokoll*

Eine der bedeutendsten gesetzlichen Reformen im Bereich der Anlageberatung war die Verpflichtung zur Erstellung eines Beratungsprotokolls gegenüber Privatkunden. Die Dokumentationspflicht wurde durch das Gesetz zur Neuregelung der Rechtsverhältnisse bei Schuldverschreibungen aus Gesamtemissionen und zur verbesserten Durchsetzbarkeit von Ansprüchen von Anlegern aus Falschberatung eingeführt und am 01.01.2010 in Kraft gesetzt. Gesetzlich normiert ist die Pflicht in § 34 IIa, IIb WpHG. Da die Protokollierungspflicht nur gegenüber Privatkunden besteht, kommt der Kundenklassifikation nach § 31a WpHG besondere Bedeutung zu.[181] Ob eine „Anlageberatung" i.S.d. § 34 IIa, IIb WpHG vorliegt, bestimmt sich nach der aufsichtsrechtlichen Definition gem. § 2 III Nr. 9 WpHG.[182] Die inhaltlichen Anforderungen an das Beratungsprotokoll werden durch § 14 VI WpDVerOV konkretisiert. Danach muss das Protokoll vor allem vollständige Angaben über den Anlass der Beratung, die Beratungsdauer, die Kundeninformationen, die der Beratung zugrundeliegenden Finanzinstrumente und Wertpapierdienstleistungen, die vom Kunden geäußerten Wünsche sowie die vom Berater gegebenen Empfehlungen und Empfehlungsgründe enthalten. Die

---

178 *Koller*, in: Assmann/Schneider, WpHG, § 31 Rn. 144.
179 BGH NJW 2011, 1949, 1950; *Koller*, in: Assmann/Schneider, WpHG, § 31 Rn. 156.
180 So ebenfalls *Rothenhöfer*, in: Schwark/Zimmer, KMRK, § 31 WpHG Rn. 273; aufgrund der Parallelen zur anleger- und objektgerechten Beratung wird auf die diesbezüglichen Ausführungen in § 3 I. 2. verwiesen.
181 Siehe ausführlich zur Kundenklassifikation § 3 II. 1. a).
182 Siehe BT-Drs. 16/12814, S. 27.

Protokollierungspflicht besteht unabhängig davon, ob es tatsächlich später zu einem Anlagegeschäft kommt.[183] Die Aufbewahrungsfrist für die Protokolle beträgt gem. § 34 III 1 WpHG mindestens fünf Jahre.[184]

*e) Produktinformationsblatt*

Nach § 31 IIIa WpHG ist dem Kunden im Falle einer Anlageberatung rechtzeitig vor Abschluss des Geschäftes ein kurzes und leicht verständliches Informationsblatt über jedes Finanzinstrument zur Verfügung zu stellen, auf das sich eine Kaufempfehlung bezieht. Die Pflicht zur Aushändigung eines solchen Produktinformationsblattes (PIB) besteht aber nur gegenüber Privatkunden, während professionellen Kunden gem. § 31 IX 2 WpHG kein PIB zur Verfügung gestellt werden muss. Voraussetzung für die Informationspflicht mittels PIB ist, dass eine Anlageberatung zwischen Berater und Privatkunden stattgefunden hat. Das PIB kann bereits vor der Empfehlung des Beraters dem Kunden zur Verfügung gestellt werden, wobei dies aber nicht zwingend ist.[185] Allerdings muss der Kunde das PIB nach § 31 IIIa WpHG zwingend vor Abschluss des Geschäftes erhalten, wobei gemäß § 5a II 2 WpDVerOV auch eine Übermittlung als elektronisches Dokument möglich ist. Umfang, Inhalt und Aufbau der Produktinformationsblätter werden durch § 5a WpDVerOV näher konkretisiert. Demnach darf das Produktinformationsblatt bei nicht komplexen Finanzinstrumenten nicht mehr als zwei DIN-A4-Seiten, bei allen übrigen Finanzinstrumenten nicht mehr als drei DIN-A4-Seiten umfassen. Inhaltlich muss es gem. § 5a I 2 WpDVerOV die wesentlichen Informationen über das jeweilige Finanzinstrument in übersichtlicher und leicht verständlicher Weise enthalten, sodass der Kunde insbesondere die Art des Finanzinstruments, seine Funktionsweise, die damit verbundenen Risiken, die Aussichten für die Kapitalrückzahlung und Erträge unter verschiedenen Marktbedingungen und die mit der Anlage verbundenen Kosten einschätzen sowie mit den Merkmalen anderer Finanzinstrumente bestmöglich vergleichen kann.[186]

---

183 So ausdrücklich *Böhm*, BKR 2009, 221, 223 f.; *Leuering/Zetzsche*, NJW 2009, 2856, 2861; *Maier*, VuR 2011, 3.
184 Siehe bzgl. einer umfassenden Zusammenfassung der Protokollierungspflichten und der Behandlung einzelner Streitfragen auch § 5 I.
185 *Koller*, in: Assmann/Schneider, WpHG, § 31 Rn. 124.
186 Siehe zur gesetzgeberischen Intention sowie den Anforderungen an die Produktinformationsblätter § 5 II. 2. a).

## 2. Anlageberatung im KWG

Auch im Kreditwesengesetz (KWG) gibt es einige für die Anlageberatung relevante aufsichtsrechtliche Vorschriften. Nach § 32 I 1 KWG benötigt derjenige, der im Inland gewerbsmäßig oder in einem Umfang, der einen in kaufmännischer Weise eingerichteten Geschäftsbetrieb erfordert, Bankgeschäfte betreibt oder Finanzdienstleistungen erbringen will, eine schriftliche Erlaubnis der Bundesanstalt für Finanzdienstleistungsaufsicht (BaFin). Unter den Begriff der „Finanzdienstleistungen" fällt dabei gem. § 1 Ia 2 Nr. 1a KWG auch die Anlageberatung.[187] Die Erlaubnispflicht entsteht, sobald mit der Tätigkeit neu begonnen wird oder bei einer zuvor geringfügigen Ausübung ein entsprechender Umfang erreicht bzw. die Tätigkeit gewerbsmäßig ausgeübt wird.[188] Das Tatbestandsmerkmal der „Gewerbsmäßigkeit" setzt dabei voraus, dass der Geschäftsbetrieb auf eine gewisse Dauer angelegt ist und mit Gewinnerzielungsabsicht gehandelt wird. Es ist aber unerheblich, ob tatsächlich ein Gewinn erzielt wird.[189]

Die Erbringung einer Anlageberatung ohne die erforderliche Erlaubnis ist gem. § 54 I Nr. 2 KWG strafbar und wird bei vorsätzlicher Begehung mit Freiheitsstrafe bis zu fünf Jahren oder mit Geldstrafe und bei fahrlässiger Begehung gem. § 54 I Nr. 2, II KWG mir einer Freiheitsstrafe bis zu drei Jahren oder mit Geldstrafe bestraft. Es ist aber zu beachten, dass die Vorschriften des KWG bei Anlageberatungsdienstleistungen nicht ausnahmslos zur Anwendung kommen, sondern gem. § 2 KWG einige bedeutsame Ausnahmen bestehen. So finden etwa auf Finanzanlagevermittler gem. § 2 VI 1 Nr. 8 KWG nicht die Vorschriften des KWG, sondern der Gewerbeordnung (§ 34f I GewO) i.V.m. der Finanzanlagenvermittlungsverordnung Anwendung.[190] Eine Verknüpfung zwischen den aufsichtsrechtlichen Vorschriften des KWG und WpHG erfolgt in der Weise, dass Institute, die eine Anlageberatung im Sinne des KWG durchführen, zugleich auch eine Wertpapierdienstleistung im Sinne des WpHG in Form der (inhaltsgleichen) Anlageberatung gem. § 2 III 1 Nr. 9 WpHG anbieten.[191] Eine Unterscheidung der aufsichtsrechtlichen Normen ist aber anhand der

---

187 Siehe zum Begriff der Anlageberatung § 1 I. 1.
188 *Fischer*, in: Boos/Fischer/Schulte-Mattler, KWG, § 32 Rn. 6.
189 Vgl. gemeinsames Merkblatt der *BaFin* und der *Deutschen Bundesbank* zur Anlageberatung (Stand: Juli 2013), Ziff. 6, S. 4, abrufbar unter www.bafin.de/SharedDocs/Downloads/DE/Merkblatt/dl_mb_110513_anlageberatung_neu.pdf?__blob=publicationFile&v=7 (zuletzt abgerufen am 23.07.2015); Teuber, BKR 2006, 429, 430.
190 *Weisner/Friedrichsen/Heimberg*, DStR 2012, 1034.
191 *Kirchhartz*, in: Claussen, Bank- und Börsenrecht, § 3 Rn. 60.

Regelungsintention und des Regelungsinhaltes möglich. Während anhand der Vorschriften des KWG zunächst festzustellen ist, *ob* für die Anlageberatungsdienstleistung überhaupt eine Erlaubnis der BaFin erforderlich ist, wird, sofern dies der Fall ist, durch die Vorschriften des WpHG präzisiert, *wie* die Anlageberatung aufsichtsrechtskonform zu erbringen ist.[192]

## 3. Wirkung des Aufsichtsrechts auf das Zivilrecht

Mit Blick auf die zahlreichen und detaillierten Vorschriften im WpHG zur Anlageberatung stellt sich die Frage, ob ihr Wirkungskreis auf das Aufsichtsrecht beschränkt bleibt oder sie auch zivilrechtlich wirken. Grundsätzlich denkbar ist eine Beeinflussung sowohl im Hinblick auf eine bestehende vertragliche Beziehung zwischen Kunde und Anlageberatungsinstitut als auch auf mögliche gesetzliche Schuldverhältnisse. Als mögliche gesetzliche Schuldverhältnisse kommen dabei vor allem eine vorvertragliche Haftung aus *culpa in contrahendo* (bei Nichtvorliegen eines Anlageberatungsvertrages) und aus einer deliktischen Haftungsbeziehung aufgrund von § 823 II BGB in Betracht, wobei erforderlich wäre, dass die aufsichtsrechtlichen Vorschriften der §§ 31 ff. WpHG Schutzgesetzcharakter besitzen. Die Frage nach dem „ob" und der möglichen Reichweite einer zivilrechtlichen Wirkung der entsprechenden WpHG-Vorschriften ist seit langem umstritten. Die verschiedenen Auffassungen reichen dabei von einer unmittelbar bindenden Wirkung über eine gewisse Ausstrahlungswirkung bis hin zur Ablehnung jeglicher zivilrechtlicher Wirkung.

### a) Unmittelbare zivilrechtliche Wirkung

Teilweise wird vertreten, dass den aufsichtsrechtlichen Normen auch unmittelbare zivilrechtliche Geltung zukomme.[193] Innerhalb dieser Auffassung kann dabei eine weitere Differenzierung anhand der dogmatischen Begründungsansätze vorgenommen werden. So werden teilweise die entsprechenden Vorschriften als sogenannte Doppelnormen eingestuft, die in gleichem Maße sowohl öffentliches Recht als auch Zivilrecht seien.[194] Einer solchen Doppelwirkung solle auch nicht entgegenstehen, dass die Vorschriften der §§ 31 ff. WpHG explizit im öffentlichen Recht normiert sind. Der (deutsche) Gesetzgeber habe die

---

192 *Kirchhartz*, in: Claussen, Bank- und Börsenrecht, § 3 Rn. 60 (dort Fn. 200).
193 Etwa *Lang*, ZBB, 2004, 289, 294; *Veil*, WM 2007, 1821, 1825 f.; *Weichert/Wenninger*, WM 2007, 627, 635 (für § 31 IV, V WpHG).
194 *Lang*, ZBB 2004, 289, 294; in diese Richtung auch *Möllers*, in: KK-WpHG, § 31 Rn. 15, 24 f.

Dispositionsmöglichkeit zur Einordnung einer Norm in eine Teilrechtsordnung und dabei zugleich aber auch die Möglichkeit, die Wirkungen der Norm sowohl auf das Zivilrecht als auch das öffentliche Recht zu erstrecken und ihr insoweit einen Doppelcharakter zukommen zu lassen.[195] Zudem wird singulär auf andere europäische Rechtsordnungen verwiesen, in denen auch mehrheitlich eine zivilrechtliche Wirkung angenommen werde.[196] In ähnlicher Weise begründen andere Autoren eine zivilrechtliche Wirkung unter Bezugnahme auf europarechtliche Einflüsse und der bestehenden Intention der Erreichung einer Maximalharmonisierung.[197] Die Annahme einer rein öffentlich-rechtlichen Wirkung verkenne die Möglichkeit das „funktionsidentische Regelungen" sowohl öffentlich-rechtlich als auch zivilrechtlich ausgestaltet sein können und stehe damit dem europäischen Vereinheitlichungsbestreben der Rechtsordnungen über das Zivilrecht entgegen.[198] Noch weitergehend ist die von *Einsele* vertretene Ansicht, dass die Normen trotz ihrer aufsichtsrechtlichen Verortung als rein privatrechtlich zu qualifizieren seien, da die normierten Pflichten an private Wertpapierdienstleistungsunternehmen gerichtet und von diesen wiederum gegenüber ihren privaten Kunden zu erfüllen seien.[199] Der Frage, ob die aufsichtsrechtlichen Normen jeweils Schutzgesetzcharakter im Sinne des § 823 II BGB besitzen, messen einige Vertreter dieser Auffassung angesichts der von ihnen angenommenen unmittelbar vertraglichen Geltung eine eher untergeordneter praktische Bedeutung bei.[200] Insgesamt kommen die Autoren im Hinblick auf diese Frage allerdings zu unterschiedlichen Ergebnissen. Während einige den für eine Schutzgesetzqualifikation erforderlichen (teilweisen) Individualschutz annehmen und einen Schutzgesetzcharakter bejahen,[201] verneinen andere trotz Individualschutzes eine Schutzgesetzeigenschaft unter Verweis auf die rein vertragliche Natur.[202]

---

195 *Lang*, ZBB 2004, 289, 294 m.w.N.
196 *Möllers*, in: KK-WpHG, § 31 Rn. 23 unter Verweis auf *Tison*, FS Hopt, 2010, 2621, 2632 und 2638.
197 *Herresthal*, ZBB 2009, 348, 352; *Mülbert*, ZHR 172 (2008), 170, 183 ff.; ders., WM 2007, 1149, 1156 f. (es werden zugleich aber auch weitergehende zivilrechtliche Regeln ausgeschlossen).
198 *Herresthal*, ZBB 2009, 348, 352; *Koch*, ZBB 2014, 211, 214 (Letzterer jedoch kritisch in Bezug auf die aktuelle Rechtslage und die Annahme eines Beratungsvertrags).
199 *Einsele*, JZ 2008, 477, 482 f. (zu § 31 WpHG).
200 So etwa *Möllers*, in: KK-WpHG, § 31 Rn. 16.
201 *Einsele*, JZ 2008, 477, 482 (zu § 31 WpHG mit dem Hinweis, dass die Schutzgesetzqualität für jede Norm gesondert festgestellt werden müsse); *Veil*, WM 2007, 1821, 1826.
202 *Lang*, ZBB 2004, 289, 295; *Möllers*, in: KK-WpHG, § 31 Rn. 16.

*b) Ausstrahlungswirkung*

Nach teilweiser Rechtsprechung[203] und einer starken Literaturansicht sollen die aufsichtsrechtlichen Vorschriften des WpHG zumindest auch auf das Zivilrecht ausstrahlen.[204] Die Normen seien zwar eindeutig dem öffentlichen Recht zuzuordnen, was aber eine gewisse Ausstrahlung auf den zivilrechtlichen Anlageberatungsvertrag nicht grundsätzlich ausschließe. Vielmehr komme es zu einer Konkretisierung bestehender zivilrechtlicher Pflichten durch das Aufsichtsrecht.[205] Im Rahmen eines (konkludenten) Anlageberatungsvertrags könne der jeweilige Kunde schon allein mit Blick auf § 242 BGB erwarten, dass sein Wertpapierdienstleistungsunternehmen die Pflichten der §§ 31 ff. WpHG beachte.[206] Andere begründen dogmatisch eine Ausstrahlung mit Blick auf den Regelungszweck der aufsichtsrechtlichen Vorschriften. Es sei zumindest teilweise auch ein Anleger- und Individualschutz intendiert, was dafür spreche, die Normwirkungen der aufsichtsrechtlichen Vorschriften auch auf das Zivilrecht zu erstrecken.[207] In neuerer Rechtsprechung betont der BGH auch weiterhin die grundsätzliche Trennung zwischen den rein öffentlich-rechtlichen Vorschriften der §§ 31 ff. WpHG und dem Zivilrecht und stellt explizit heraus, dass die aufsichtsrechtlichen Verhaltens-, Organisations- und Transparenzpflichten auf das zivilrechtliche Schuldverhältnis zwischen Wertpapierdienstleistungsunternehmen und Kunde grundsätzlich nicht einwirken.[208] Gleichwohl bejaht der BGH in der gleichen Entscheidung eine Ausstrahlungswirkung von § 31d WpHG auf

---

203 BGH NJW 2000, 359, 361; BGH NJW 2007, 1876, 1878; BGH NJW 2008, 1734, 1735; BGH NJW 2014, 2947, 2949 f. (Bestehen eines „nahezu flächendeckenden aufsichtsrechtlichen Transparenzgebots", Beachtung der „tragenden Grundprinzipien des Aufsichtsrechts"); OLG Stuttgart ZIP 2012, 1798, 1799.

204 *Fuchs*, in: Fuchs, WpHG, Vor §§ 31–37a Rn. 60; *Beule*, in: Assies/Beule/Heise/Strube, Hdb. FA Bank- und Kapitalmarktrecht, Kap. 7 Rn. 148; *Horn*, ZBB, 1997, 139, 149 f.; *Kirchhartz*, in: Claussen, Bank- und Börsenrecht, § 3 Rn. 61; *Koch*, in: Schwark/Zimmer, KMRK, § 31a WpHG Rn. 61; *Koller*, in: Assmann/Schneider, WpHG, Vor § 31 Rn. 3; *Nobbe/Zahrte*, in: MK-HGB, Band VI, Anlageberatung, Rn. 62; *Podewils/Reisich*, NJW 2009, 116, 118 ff.; *Rothenhöfer*, in: Beiträge für Hopt, 2008, 55, 70 ff.; *Bracht*, in: Schwintowski, Bankrecht, § 18 Rn. 10.

205 *Balzer*, ZBB 1997, 260, 262; *Horn*, ZBB 1997, 139, 149 f.; *Lang*, WM 2000, 450, 455; *Siol*, FS Schimansky, 1999, 781, 785.

206 *Nobbe/Zahrte*, in: MK-HGB, Band VI, Anlageberatung, Rn. 62.

207 So *Wieneke*, Discount-Broking, S. 93, der u.a. auch auf *Gaßner/Escher*, WM 1997, 93, 94 verweist, welche ebenfalls eine Ausstrahlung mit dem Anlegerschutz als Gesetzeszweck des WpHG begründen.

208 BGH NJW 2014, 2947, 2950.

das Zivilrecht und statuiert eine Aufklärungspflicht über versteckte Innenprovisionen ab dem 01.08.2014.[209] Der Gesetzgeber habe den provisionsbasierten Vertrieb von Anlageprodukten mittlerweile einem nahezu flächendeckenden aufsichtsrechtlichen Transparenzgebot unterworfen, sodass die aufsichtsrechtliche Vorschrift (§ 31d WpHG) nunmehr auch bei der Bestimmung des Inhalts des Beratungsvertrags zu berücksichtigen sei, weil der Anleger für die Bank erkennbar (auf Grundlage von §§ 133, 157 BGB) eine entsprechende Aufklärung im Rahmen des Beratungsvertrags erwarten könne.[210] Ferner wird betont, dass der Anleger zwar nicht darauf vertrauen könne, dass sich die beratende Bank im gesamten Umfang ihrer öffentlich-rechtlichen Pflichten ohne Weiteres auch im individuellen Schuldverhältnis (i.d.R. der Beratungsvertrag) gegenüber dem jeweiligen Anleger verpflichten wolle. Allerdings könne der Kunde voraussetzen, dass die beratende Bank die „tragenden Grundprinzipien des Aufsichtsrechts" beachte".[211] Unklar bleibt nach dieser Entscheidung jedoch, welche weiteren öffentlich-rechtlichen Verhaltenspflichten konkret als „tragende Grundprinzipien des Aufsichtsrechts" anzusehen sind, sodass abzuwarten sein wird, ob sich durch die zukünftige Rechtsprechung das vom BGH statuierte „Regel-Ausnahme-Prinzip" immer stärker hin zu einer Einwirkung aufsichtsrechtlicher Pflichten auf das zivilrechtliche Verhältnis verschiebt.

Unabhängig davon und von den unterschiedlichen dogmatischen Ansätzen innerhalb der Auffassung kann derzeit allerdings festgehalten werden, dass prinzipiell an einer (strikten) Trennung der beiden Rechtsordnungen des Zivil- und Öffentlichen Rechts festgehalten wird. Folglich kann auch weiterhin sowohl eine Verletzung zivilrechtlicher Pflichten bei aufsichtsrechtlich normgemäßem Verhalten als auch ein aufsichtsrechtlicher Verstoß bei zivilrechtlich pflichtgemäßem Handeln vorliegen.[212] Hinsichtlich einer Einordnung der §§ 31 ff. WpHG als Schutzgesetz im Sinne des § 823 II BGB werden innerhalb der Auffassung unterschiedliche Ansätze vertreten. Zum Teil wird den aufsichtsrechtlichen Normen eine individualschützende Wirkung zugesprochen und auf die Intention der Erreichung eines umfassenden Anlegerschutzes verwiesen, was insgesamt

---

209 BGH NJW 2014, 2947.
210 BGH NJW 2014, 2947, 2950; kritisch hierzu *Heun-Rehn/Lang/Ruf*, NJW 2014, 2909, 2911 ff.
211 BGH NJW 2014, 1947, 2950.
212 *Bracht*, in: Schwintowski, Bankrecht, § 18 Rn. 10 m.w.N.

für eine Schutzgesetzqualifikation spreche.[213] Demgegenüber verneinen andere die Schutzgesetzeinordnung und eine eigenständige schadensersatzrechtliche Bedeutung vor allem unter Hinweis auf den öffentlich-rechtlichen Charakter der Normen.[214]

*c) Ablehnung jeglicher zivilrechtlicher Ausstrahlung*

Teilweise wird sowohl in der Rechtsprechung als auch in der Literatur aufgrund der öffentlich-rechtlichen Rechtsnatur der Normen jegliche zivilrechtliche Wirkung der §§ 31 ff. WpHG abgelehnt.[215] Nach dieser Auffassung müssen die beiden Rechtskreise des Zivilrechts und des öffentlichen Rechts strikt voneinander getrennt werden. Begründet wird die rein öffentlich-rechtliche Normwirkung vor allem mit Blick auf den Willen des deutschen Gesetzgebers. Dieser habe sich im Hinblick auf die europarechtlichen Vorgaben gerade nicht für eine zivilrechtliche, sondern für eine aufsichtsrechtliche Umsetzung im WpHG entschieden, was zur Folge habe, dass es sich bei den Verhaltens- und Transparenzpflichten der §§ 31 ff. WpHG auch nur um (rein) aufsichtsrechtliche Bestimmungen handele, die lediglich öffentlich-rechtliche Pflichten der Wertpapierdienstleistungsunternehmen und deren Aufsicht durch staatliche Behörden, nicht jedoch unmittelbare Rechte und Pflichten zwischen Wertpapierdienstleistungsunternehmen und deren Kunden zum Gegenstand haben.[216] Auch eine bloße Ausstrahlung des Aufsichtsrechts auf die zivilrechtlichen Pflichten müsse schon allein aus verfassungsrechtlichen Gründen abgelehnt werden, da anderenfalls die Aufsichtsbehörden - jedenfalls mittelbar - neben den Zivilgerichten als weitere Institution die zivilrechtlichen Pflichten konkretisieren würden und damit ein Verstoß gegen das

---

213 *Fuchs*, in: Fuchs, WpHG, Vor §§ 31-37a Rn. 82 (jedoch für jede Norm differenzierend); *Kumpan/Hellgardt*, DB 2006, 1714, 1715; *Schäfer*, in: Assmann/Schütze, Hdb. KapitalanlageR (3. Auflage), § 23 Rn. 53.
214 *Nobbe/Zahrte*, in: MK-HGB, Band VI, Anlageberatung, Rn. 399 ff. (der Rspr. des BGH zustimmend); i.E. auch *Schäfer*, WM 2007, 1872, 1874 ff., der in den §§ 31 ff. WpHG allerdings eine bloße Wiederholung der zivilrechtlichen Pflichten sieht.
215 BGH NZG 2013, 1226, 1227 f.; diese Rechtsprechung wurde allerdings mittlerweile durch BGH NJW 2014, 2947, 2950 eingeschränkt, da ab dem 01.08.2014 eine zivilrechtliche Aufklärungspflicht durch eine Ausstrahlung von § 31d WpHG auf das Zivilrecht angenommen wird [s.o.]; *Assmann*, FS Schneider, 2011, 37, 43 ff.
216 So etwa BGH NZG 2013, 1226, 1228 m.w.N. sowie unter ausdrücklichem Hinweis auf die Gesetzesbegründungen: BT-Drs. 16/4028, S. 53; BT-Drs. 16/4028, S. 65 und BT-Drs. 16/4899, S. 12.

Prinzip der Gewaltenteilung vorliegen würde.[217] Ein etwaiger Verstoß gegen aufsichtsrechtliche Vorschriften begründe daher weder eine (vor-)vertragliche noch eine deliktische Schadensersatzhaftung.[218]

*d) Stellungnahme*

Die Auffassung, welche eine unmittelbare zivilrechtliche Wirkung der WpHG Vorschriften annimmt, ist abzulehnen. Sie missachtet die vom Gesetzgeber bewusst getroffene Entscheidung, die europarechtlichen Vorgaben in den §§ 31 ff. WpHG und damit im deutschen Aufsichtsrecht umzusetzen. Gegen eine Qualifizierung als Doppelnormen spricht unabhängig von generellen Zweifeln an einer solchen Konstruktion folglich bereits, dass der deutsche Gesetzgeber sich eben explizit für öffentlich-rechtliche Normierungen entschieden hat und dies auch deutlich herausstellt.[219] Auch der teilweise Verweis auf andere europäische Rechtsordnungen und die dortigen zivilrechtlichen Umsetzungen geht bereits deshalb fehl, da es gerade Ausdruck verbliebener nationaler Souveränität ist, die konkrete innerstaatliche Umsetzung der europarechtlichen Vorgaben selber zu bestimmen. Ebenfalls abzulehnen ist die oben dargestellte Ansicht *Einseles*, dass es sich bei § 31 WpHG um Privatrecht handele. Zwar ist es durchaus zutreffend, dass es vereinzelt im Zivilrecht oder auch im öffentlichen Recht jeweils Normen des anderen Rechtsgebietes geben kann. Als Beispiel sei an dieser Stelle der zivilrechtliche Herausgabeanspruch des Beratungsprotokolls nach § 34 IIb WpHG genannt. Jedoch handelt es sich dabei stets um eng begrenzte Ausnahmen, die unter ausdrücklichem Hinweis des Gesetzgebers auf diese Besonderheit erlassen wurden.[220]

Auch die weitere Argumentation ist wenig überzeugend, da zwar üblicherweise auf der Berater- und Kundenseite ein „Privater" stehen wird, dies jedoch keinesfalls zwingend ist. So kann selbst auf der Beraterseite etwa mit einer Sparkasse eine Körperschaft des öffentlichen Rechts stehen (siehe z.B. § 32 SpkG NRW).

---

217 *Assmann*, FS Schneider, 2011, 37, 47.
218 BGH NZG 2013, 1226, 1227 (zu § 31d WpHG).
219 Vgl. etwa BT-Drs. 16/4028, S. 53 („einheitliches System aufsichtsrechtlicher Regelungen"); BT-Drs. 16/4028, S. 75 (zu § 34 I WpHG: „Aufzeichnungen dienen ausschließlich dazu, es der Bundesanstalt zu ermöglichen, die Einhaltung [...] der Pflichten zu prüfen"); BT-Drs. 16/4899, S. 12 („Wertpapierhandelsgesetz normiert ausschließlich aufsichtsrechtlich sanktionierte Pflichten der Wertpapierdienstleistungsunternehmen"); ebenfalls mit konkreten Gesetzesbegründungen argumentierend BGH NZG 2013, 1226, 1228.
220 Siehe bzgl. des genannten § 34 IIb WpHG: BT-Drs. 16/12814, S. 28.

Darüber hinaus wird auch auf das „falsche" Rechtsverhältnis abgestellt. Richtigerweise ist unter Berücksichtigung der hauptsächlich tangierten öffentlich-rechtlichen Belange, wie der Funktionsfähigkeit der Kapitalmärkte, dem Vertrauen der Kunden in die Funktionsfähigkeit der Kapitalmärkte sowie der allgemein großen volkswirtschaftlichen Bedeutung der Anlageberatung (v.a. Altersvorsorge) auf das Verhältnis zwischen dem Wertpapierdienstleistungsunternehmen und der BaFin abzustellen, sodass man selbst unter Zugrundelegung der herrschenden modifizierten Subjektstheorie zur Annahme einer öffentlich-rechtlichen Rechtsnatur der §§ 31 ff. WpHG gelangt.[221]

Trotz des damit grundsätzlichen öffentlich-rechtlichen Charakters der §§ 31 ff. WpHG kann aber auch nicht geleugnet werden, dass einzelnen Vorschriften allein schon wegen ihres Regelungsinhalts auch eine teilweise anlegerschützende Funktion zukommt, was sich beispielsweise deutlich in § 31 IV WpHG und den bestehenden Parallelen zur anleger- und objektgerechten Beratung zeigt. Insoweit spricht vieles dafür, auch bezogen auf die übrigen Regelungen der §§ 31 ff. WpHG zumindest die Möglichkeit einer zivilrechtlichen Ausstrahlung anzunehmen, ohne aber gleich die öffentlich-rechtliche Rechtsnatur in Frage zu stellen. Vor allem mit Blick auf die Pflicht zur anleger- und objektgerechten Beratung und der sich hieraus ergebenden vielfach strengeren oder überschneidenden Pflichten scheint es geboten, vorrangig an einer zivilrechtlichen Beurteilung festzuhalten. Lediglich bei danach verbleibenden Unklarheiten über die Beurteilung des zivilrechtlichen Pflichtenumfangs kann auf die geschriebenen aufsichtsrechtlichen Bestimmungen als eine Art „Auslegungshilfe" zurückgegriffen werden.[222] Eine solche Ansicht trägt einerseits der grundsätzlichen Trennung von Zivil- und Öffentlichem Recht Rechnung, ohne andererseits die durchaus bestehenden Überschneidungen zwischen den Regelungen gänzlich zu ignorieren.

Eine deliktische Schutzgesetzqualität der §§ 31 ff. WpHG ist abzulehnen. Zwar erscheint dies auf den ersten Blick und unter einer ausschließlichen Zugrundelegung der Schutznormtheorie inkonsequent, sofern man den Normen zumindest einen gewissen Individualschutz zuspricht. Jedoch ist mit dem BGH[223] für

---

221  Vgl. zu den öffentlich-rechtlichen Belangen von § 31 WpHG, BT-Drs. 12/7918, S. 97 („Festlegung von Verhaltensregeln [...] ist von großer Bedeutung für das Vertrauen der Anleger in das ordnungsmäßige Funktionieren der Wertpapiermärkte"); *Benicke*, Wertpapiervermögensverwaltung, S. 459 f.
222  Ebenfalls überzeugend nur eine Auslegungshilfe annehmend *Ellenberger*, FS Nobbe, 2009, 523, 535 ff.; *Bracht*, in: Schwintowski, Bankrecht, § 18 Rn. 11.
223  Zuletzt BGH NZG 2013, 1226, 1228 (ausdrücklich zu den §§ 31 ff. WpHG); zuvor bereits BGH NJW 1976, 1740 f.; BGH NJW 1994, 1801, 1803.

die Qualifikation eines Schutzgesetzes nicht allein auf die Schutznormtheorie, sondern auch auf die Einordnung in die Gesamtsystematik des zivilrechtlichen Haftungssystems abzustellen, da anderenfalls eine Ausuferung der deliktischen Schadensersatzhaftung drohen würde, weil man der weit überwiegenden Mehrheit der öffentlich-rechtlichen Normen einen irgendwie gearteten Individualschutz zusprechen kann.

Unter Berücksichtigung dieser Überlegung und der Feststellung, dass es in der Sache um einen reinen Vermögensschutz geht, der jedoch im deliktischen Haftungssystem gerade nur über § 826 BGB und unter den dortigen strengeren Haftungsvoraussetzungen (z.B. keine Haftung für bloße Fahrlässigkeit) erfasst werden soll, erscheint eine Aushebelung dieses tradierten und abgestimmten Haftungssystems im Wege der Anerkennung einer Schutzgesetzqualität verfehlt.[224]

## III. Prospekthaftung

### 1. Voraussetzungen für eine Haftung im Rahmen der Anlageberatung

Bei einem prospektgestützten Vertrieb von Kapitalanlagen stellt sich die Frage, welche Prüfungspflichten die Anlageberater im Hinblick auf die inhaltliche Richtigkeit des Prospektes trifft und unter welchen Voraussetzungen mögliche Prospekthaftungsansprüche der Anleger in Betracht kommen.

Grundsätzlich muss zwischen den gesetzlich ausdrücklich geregelten und vorrangig zu prüfenden Prospektvorschriften und der bürgerlich-rechtlichen Prospekthaftung unterschieden werden. Die speziellen Prospekthaftungsansprüche (§§ 21 ff. WpPG, §§ 20 ff. VermAnG, § 306 KAGB) sind im Rahmen einer möglichen Haftung wegen fehlerhafter Anlageberatung jedoch regelmäßig nicht von Relevanz, da sie sich gegen die unmittelbar Prospektverantwortlichen richten, wozu das Anlageberatungsinstitut in der Regel nicht zählen wird. Als mögliche Haftungsgrundlage kommt somit die von der Rechtsprechung entwickelte bürgerlich-rechtliche Prospekthaftung als Unterfall der Vertrauenshaftung in Betracht, wobei hier wiederum zwischen der sogenannten Prospekthaftung im engeren und weiteren Sinn unterschieden werden muss.[225]

---

224 Ebenso BGH NJW 2008, 1734, 1736; *Nobbe/Zahrte*, in: MK-HGB, Band VI, Anlageberatung, Rn. 400; allgemein zur Problematik bereits auch *Larenz/Canaris*, Schuldrecht BT, Band II/2, § 77 II, S. 436 f. (wobei insbesondere auf die Haftung i.R.d. § 823 BGB bereits für Fahrlässigkeit verwiesen wird).

225 Vgl. zur Unterscheidung der Prospekthaftung im engeren und weiteren Sinn BGH NJW 1982, 1514, 1515; *Leuering/Rubner*, NJW-Spezial 2013, 143; ausführlich zur

*a) Prospekthaftung im engeren und weiteren Sinn*

*aa) Prospekthaftung im engeren Sinn*

Bei der Prospekthaftung im engeren Sinne resultiert der Haftungsgrund nicht aus einem gegenüber einem bestimmten Verhandlungspartner entgegengebrachten persönlichen Vertrauen, sondern aus einem typisierten Vertrauen des Anlegers auf die Richtigkeit und Vollständigkeit der von den Prospektverantwortlichen gemachten Angaben.[226] Der Anspruch richtet sich daher gegen die unmittelbar Prospektverantwortlichen, wozu vor allem der Herausgeber des Prospekts zählt sowie die für dessen Herstellung Verantwortlichen, insbesondere die das Management bildenden Initiatoren, Gestalter und Gründer der Gesellschaft, ebenso die Personen, die hinter der Gesellschaft stehen und neben der Geschäftsleitung besonderen Einfluss ausüben und Mitverantwortung tragen.[227] Eine Haftung des beratenden Institutes (z.B. Bank) im Rahmen der Prospekthaftung im engeren Sinn kommt daher in der Regel nicht in Betracht. Insbesondere reicht die Übernahme banktypischer Aufgaben, wie etwa die Entgegennahme von Anlagegeldern auf einem speziellen Konto, nicht für die Annahme der erforderlichen Gesamtverantwortung aus.[228]

Nach der Rechtsprechung des BGH besteht eine Prospekthaftung der Bank bzw. des Anlageberatungsinstituts jedoch dann, wenn sie als Treuhandkommanditistin an einem Immobilienfonds beteiligt ist und Mitherausgeberin des Prospektes ist.[229] Als prominentes Beispiel eines fehlerhaften Wertpapierprospekts allgemein sei an dieser Stelle auf die Entscheidung des BGH zum Prospekt der Deutschen Telekom AG verwiesen, in der anders als von der Vorinstanz eine teilweise Unrichtigkeit angenommen wurde.[230]

*bb) Prospekthaftung im weiteren Sinn*

Praktisch bedeutsamer ist im Bereich der Anlageberatung die Prospekthaftung im weiteren Sinn, bei welcher der Haftungsgrund die Inanspruchnahme besonderen persönlichen Vertrauens darstellt. Eine Prospekthaftung des Anlageberaters

---

Prospekthaftung *Siol*, in: Schimansky/Bunte/Lwowski, Bankrechts-Hdb., § 45 Rn. 26 ff.

226 BGH NJW 1982, 1514, 1515; *Siol*, in: Schimansky/Bunte/Lwowski, Bankrechts-Hdb., § 45 Rn. 32.
227 BGH NJW 1995, 1025; BGH NJW 2001, 360, 363; BGH NJW 2010, 1279 f.
228 *Siol*, in: Schimansky/Bunte/Lwowski, Bankrechts-Hdb., § 45 Rn. 34.
229 BGH WM 1985, 533; BGH NJW-RR 1992, 879, 883; BGH NJW 2004, 1376, 1379.
230 BGH NZG 2015, 20; **a.A.** zuvor OLG Frankfurt a.M. NZG 2012, 747.

kommt beispielsweise in Betracht, wenn er im Rahmen des Beratungsgespräches einen Anlageprospekt verwendet und sich diesen inhaltlich zu eigen macht, um die Beratungspflicht gegenüber seinem Kunden zu erfüllen.[231]

Im Einzelfall muss genau analysiert werden, ob die Überlassung des Prospektes an den Anleger schon in Erfüllung vertraglicher Pflichten oder noch im Vorfeld erfolgte. Sofern nämlich dem Kunden ein Prospekt außerhalb bestehender Pflichten lediglich zur Information überlassen wurde, soll trotz bestehender Prospektmängel keine Beraterhaftung in Betracht kommen.[232]

Letzterer Ansicht ist zuzustimmen, da der Haftungsgrund der Prospekthaftung im weiteren Sinne die Inanspruchnahme besonderen persönlichen Vertrauens durch eine Verwendung des Prospektes „bei Erfüllung eigener Beratungspflichten" voraussetzt. An Letzterem fehlt es aber gerade bei einer „bloßen Informationsgabe" des Anlageberaters an den Anleger. Allerdings wird man angesichts der geringen Anforderungen, welche die Rechtsprechung an die Begründung eines Beratungsvertrages stellt, in der Praxis häufig schon von bestehenden Beratungspflichten im Rahmen eines (konkludent) abgeschlossenen Beratungsvertrages ausgehen können.

*b) Prospektbegriff*

Voraussetzung für eine mögliche Prospekthaftung (im weiteren Sinne) ist das Vorliegen eines „Prospektes". Das Bestehen dieser Haftungsvoraussetzung ist angesichts fehlender gesetzlich normierter Abgrenzungs- und Definitionsmerkmale häufig schwierig zu ermitteln. Unter Zugrundelegung der bisherigen Rechtsprechung wird unter einem „Prospekt" im Sinne der zivilrechtlichen Prospekthaftung überwiegend eine marktbezogene schriftliche Erklärung verstanden, die für die Beurteilung der angebotenen Anlage erhebliche Angaben enthält oder zumindest den Eindruck eines solchen Inhalts erweckt.[233]

Ausdrücklich keinen Prospekt stellen nach der Rechtsprechung bloße Werbebroschüren dar, weil bei diesen der werbliche und weniger der informative Charakter im Vordergrund stehe.[234] Mit Blick auf die nunmehr normierte Pflicht zur Aushändigung von Produktinformationsblättern gem. § 31 IIIa WpHG stellt

---

231 BGH NJW 1979, 1449, 1450 (für Anlagevermittler); ausdrücklich so auch OLG Karlsruhe WM 1999, 1059, 1063.
232 So jedenfalls *Siol*, in: Schimansky/Bunte/Lwowski, Bankrechts-Hdb., § 45 Rn. 43.
233 *Schlee/Maywald*, BKR 2012, 320, 323 m.w.N.
234 Zuletzt BGH NJW 2013, 2343, 2344 (Lehman Brothers Anleihen); zuvor bereits BGH NJW 1990, 389, 390.

sich die Frage, ob diese einen Prospekt im Sinne der bürgerlich-rechtlichen Prospekthaftung darstellen. Zum Teil wird darauf hingewiesen, dass die Produktinformationsblätter alle aus der Rechtsprechung hergeleiteten oben genannten Voraussetzungen erfüllten und zugleich auch ausdrücklich keinen werbenden Charakter besäßen, was grundsätzlich eine Qualifizierung als Prospekt ermögliche.[235] Überzeugender erscheint allerdings die Gegenansicht, die anführt, dass Produktinformationsblätter aufgrund der gesetzlich vorgeschriebenen Umfangsbegrenzung[236] lediglich eine verkürzte und damit keine von der Rechtsprechung geforderte „umfassend informierende Beschreibung der Anlage" enthalten, sodass sie jedenfalls für sich separat, keine Prospekthaftung auslösen können.[237] Darüber hinaus spricht der Wortlaut des § 31 IIIa 2 WpHG, wonach „die Angaben in den Informationsblättern mit den Angaben des Prospekts vereinbar sein müssen", dafür, dass zwischen dem Produktinformationsblatt einerseits und einem „Prospekt" sowie einer möglichen Prospekthaftung andererseits zu trennen ist.[238]

## 2. Konkrete Prospektprüfungspflichten der Anlageberater

Im Hinblick auf den Umfang der Prospektprüfungspflicht muss zwischen einem Anlagevermittler und einem Anlageberater unterschieden werden. Ein Anlagevermittler ist grundsätzlich nur verpflichtet den Prospekt wenigstens einer Plausibilitätsprüfung zu unterziehen und zu analysieren, ob der Prospekt ein in sich schlüssiges Gesamtbild über das Anlageobjekt gibt (innere Plausibilität) und ob die enthaltenen Informationen, soweit diese mit zumutbarem Aufwand überprüfbar sind, vollständig und richtig sind.[239] Die Prüfungspflicht eines Anlageberaters geht hingegen über eine derartige Plausibilitätsprüfung hinaus. Es wird nämlich zusätzlich eine Prüfung des Prospektes mit banküblichem kritischen Sachverstand verlangt.[240] Was dabei konkret eine Prüfung mit „kritischem Sachverstand"

---

235 *Schlee/Maywald*, BKR 2012, 320, 323 f.
236 Je nach Komplexität darf ein PIB nicht mehr als zwei bzw. drei DIN-A4-Seiten umfassen, vgl. § 31 IIIa 1 WpHG i.V.m. § 5a I WpDVerOV.
237 *Müchler*, WM 2012, 974, 980 unter Verweis auf BGH WM 2012, 19, 21 (dort Rn. 21); zuvor bereits BGH AG 2004, 543, wonach ad-hoc Mitteilungen nicht die Voraussetzung einer „umfassend informierenden Beschreibung" erfüllen.
238 So überzeugend *Assmann*, in: Assmann/Schütze, Hdb. KapitalanlageR, § 5 Rn. 37.
239 BGH NJW-RR 2000, 998 (bzgl. Anlagevermittler).
240 BGH NJW 2008, 3700, 3701; BGH NJW-RR 2011, 329; BGH NJW 2012, 380, 381; BGH NJW-RR 2013, 371; OLG München BKR 2013, 37, 43.

umfassen muss, kann angesichts des unbestimmten Rechtsbegriffs bisweilen schwierig zu ermitteln sein.

Jedoch hat die Rechtsprechung einige Punkte explizit benannt, welche die bestehende Prüfungspflicht der Anlageberater näher konkretisieren. Als besonders bedeutsam kann hierbei die Auswertung der renommierten Wirtschaftspresse sowie die Einbeziehung der dabei gewonnenen Erkenntnisse in die Anlageempfehlung angesehen werden.[241] Im Rahmen dessen muss insbesondere auf etwaige Informationen über Seriosität und Bonität der für das Projekt besonders relevanten Personen („Schlüsselpersonen") oder Umstände geachtet werden.[242] Darüber hinaus müssen vereinzelt Nachforschungen angestellt werden, ob eine gegebenenfalls im Prospekt angegebene Investitionsplanung insgesamt plausibel erscheint.[243] Grundsätzlich kann ein Anlageberater zudem im Einzelfall verpflichtet sein, über Gesetzesänderungen aufzuklären, sofern diese für die von ihm empfohlene Kapitalanlage erhebliche Auswirkungen haben können.[244] Er ist allerdings, anders als die Anlagegesellschaft selbst, nicht ohne besondere Anhaltspunkte dazu verpflichtet, infolge einer Gesetzesänderung auftretender schwieriger und ungeklärter Rechtsfragen nachzugehen, die er regelmäßig nur unter Inanspruchnahme sachkundiger Hilfe abklären könnte.[245]

Nach der bisherigen Rechtsprechung ist daher unter dem Erfordernis einer Prüfung mit „banküblichem kritischen Sachverstand" vor allem eine sorgfältige ökonomische und tagesaktuelle Analyse zu verstehen, die zwar einerseits spürbar über das Maß der Plausibilitätsprüfung eines Anlagevermittlers hinausgeht, zugleich aber insbesondere hinsichtlich der rechtlichen Prüfungsintensität deutlich hinter dem Pflichtenumfang des Emittenten zurückbleibt. Sofern der Anlageberater im Rahmen seiner Prüfung mögliche Fehler oder Widersprüche im Verkaufsprospekt erkennt, ist er verpflichtet, seinen Kunden hierauf hinzuweisen und im Falle von unstimmigen Prospektangaben entsprechende Nachforschung über die tatsächliche Sachlage anzustellen.[246] Eine Befreiung von der

---

241 BGH NJW-RR 2009, 687, 688; BGH NJW-RR 2010, 349; BGH NJW 2012, 380, 381; ausführlich hierzu *Eiben/Boesenberg*, NJW 2013, 1398, 1399 f.
242 BGH NJW-RR 2011, 329 (Erlösversicherung); *Eiben/Boesenberg*, NJW 2013, 1398, 1400.
243 BGH NJW-RR 2013, 371 (eine Pflichtverletzung wurde im konkreten Fall jedoch verneint).
244 Siehe hierzu BGH NJW 2012, 380, 381.
245 BGH NJW 2012, 380, 381.
246 OLG München BKR 2013, 37, 43.

Prüfungspflicht ist für den Berater grundsätzlich dann möglich, wenn er seinen Kunden über die unterlassene Prüfung unterrichtet.[247]

## IV. Zusammenfassung

Die wichtigste Rechtsgrundlage im Bereich der Anlageberatung bleibt der zivilrechtliche, häufig konkludent zustande kommende Beratungsvertrag. Zwar ist die bestehende dogmatische Kritik an dieser Konstruktion in Teilen durchaus berechtigt, jedoch hat sich der Beratungsvertrag in der Praxis bewährt und garantiert ein hohes Anlegerschutzniveau.

Darüber hinaus sind die bestehenden Alternativvorschläge ebenfalls nicht widerspruchsfrei oder gewähren keinen vergleichbaren Anlegerschutz. Folglich ist der Pflichtenumfang im Rahmen der Anlageberatung primär am zivilrechtlichen Beratungsvertrag und der hieraus bestehenden Pflicht zur anleger- und objektgerechten[248] Beratung zu messen. Mit Hilfe dieser flexiblen Konstruktion kann eine stetige Anpassung der Beratungspflichten an den praktischen Bedarf erreicht werden. Auffällig ist diesbezüglich auch, dass die verschärften europarechtlichen und im WpHG umgesetzten Vorgaben sich in weiten Teilen mit den schon seit geraumer Zeit bestehenden zivilrechtlichen Beratungspflichten überschneiden oder sogar dahinter zurückbleiben, was als starkes Indiz für ein hohes Anlegerschutzniveau infolge des Beratungsvertrages und der kontinuierlich angepassten Beratungspflichten in Deutschland gewertet werden kann.

Zwar gibt es mittlerweile durch die zahlreichen aufsichtsrechtlichen Bestimmungen auch einen beachtlichen geschriebenen Pflichtenkatalog für den Bereich der Anlageberatung, jedoch können die im Aufsichtsrecht normierten Pflichten als öffentlich-rechtliche Vorschriften richtigerweise nur im Wege einer subsidiären Auslegungshilfe Einfluss auf die zivilrechtlichen Pflichten haben.

---

247 BGH NJW-RR 2011, 329; BGH NJW-RR 2013, 371, 372.
248 Siehe auch OLG Dresden NZG 2015, 832, wo ausdrücklich klargestellt wird, dass auch auf der Grundlage des Finanzmarktrichtlinienumsetzungsgesetzes (FRUG) eine objektgerechte Beratung weiterhin erforderlich ist.

# § 4 Spezifische Aufklärungspflichten

Wie bereits dargestellt wurde, richten sich die Aufklärungspflichten insbesondere nach dem Grundsatz der anleger- und objektgerechten Beratung. Diese grobe Einordnung wird allerdings durch diverse spezifische Aufklärungspflichten weiter konkretisiert. Die spezifischen Aufklärungspflichten können dabei ihrerseits in vertriebsbezogene und produktspezifische Aufklärungspflichten unterteilt werden und lassen sich vor allem in einer notwendigen Offenlegung von möglichen Interessenkonflikten des Beraters sowie speziellen Produktrisiken begründen. Der Pflichtenumfang wird primär durch die Rechtsprechung konkretisiert und unterliegt einem ständigen Wandel.

In der folgenden Darstellung sollen zunächst die derzeit bestehenden vertriebs- und produktspezifischen Aufklärungspflichten dargestellt sowie wichtige Rechtsprechungsänderungen erläutert werden, bevor anschließend auf die Frage der Notwendigkeit einer solch starken Differenzierung innerhalb der Aufklärungspflichten eingegangen wird.

## I. Vertriebsbezogene Aufklärungspflichten

### 1. Rückvergütungen („Kick-Backs")

Eine in der Praxis sehr beliebte und daher in der Vergangenheit stark im Fokus der Rechtsprechung stehende Variante der Provisionszahlung stellen Rückvergütungen (sog. „Kick-Backs") von Seiten Dritter (z.B. Emittent oder Fondgesellschaft) an das Anlageberatungsinstitut dar. Voraussetzung für diese Art der Provisionszahlung ist das Bestehen eines Drei-Personen-Verhältnisses zwischen dem Kunden, seinem Vertragspartner und dem anlageberatenden Institut.

In der Rechtsprechung hatte bislang die Abgrenzung von Rückvergütungen und Innenprovisionen besondere Relevanz für das Bestehen bzw. Nichtbestehen einer Aufklärungspflicht. So nahm der BGH die Definition der Rückvergütung primär in Abgrenzung zur Innenprovision vor. Rückvergütungen seien demzufolge „regelmäßig umsatzabhängige Provisionen, die im Gegensatz zu Innenprovisionen nicht aus dem Anlagevermögen, sondern aus offen ausgewiesenen Provisionen wie zum Beispiel Ausgabeaufschlägen und Verwaltungsvergütungen gezahlt werden, so dass beim Anleger zwar keine Fehlvorstellung über die Werthaltigkeit der Anlage entstehen kann, deren Rückfluss an die beratende Bank aber nicht offenbart wird, sondern hinter dem Rücken des Anlegers erfolgt, so dass der

Anleger das besondere Interesse der beratenden Bank an der Empfehlung gerade dieser Anlage nicht erkennen kann".[249]

Über die Art und die Höhe solch (verdeckter) Rückvergütungen müsse der Kunde stets aufgeklärt werden, um eigenständig einschätzen zu können, inwieweit ein Interessenkonflikt für den Berater besteht und er dem Kunden das spezifische Produkt eventuell nur deshalb empfiehlt, weil er auch selbst daran verdient.[250] Aufgrund der bei Rückvergütungen latent bestehenden Gefahr eines Interessenkonfliktes sei die konkrete Höhe der Vergütung für das Bestehen der Aufklärungspflicht unerheblich.[251] An die konkrete Art der Aufklärung werden allerdings weniger strenge Anforderungen gestellt. Ausreichend für eine ordnungsgemäße Aufklärung kann daher beispielsweise auch die rechtzeitige Übergabe eines Anlageprospektes sein, wobei sich aus diesem nicht nur ergeben muss, dass überhaupt eine Vertriebsprovision an das anlageberatende Institut fließen soll, sondern auch in welcher Höhe dies der Fall ist.[252]

In der Rechtsprechung wurde bislang im Rahmen der Offenlegungspflicht weiter zwischen angestellten Anlageberatern und freien Anlageberatern differenziert.[253] Freie Anlageberater müssen demnach, anders als institutsgebundene Anlageberater, nicht ungefragt über nicht ausgewiesene Vertriebsprovisionen Auskunft geben. Begründet wird dies damit, dass der Kunde bei einem freien und auch nicht gegen Honorar tätigen Anlageberater damit rechnen müsse, dass dieser seine Leistung nicht unentgeltlich erbringe. Es liege vielmehr auf der Hand, dass er von der kapitalsuchenden Anlagegesellschaft eine Provision erhalte.[254] Eine unaufgeforderte Offenlegungspflicht über erhaltene Vertriebsprovisionen auch für den freien Anlageberater wird erst dann angenommen, wenn die Provision insgesamt mehr als 15 % des gesamten Anlagebetrags ausmacht. Der Anleger müsse nämlich mit einer solch ungewöhnlich hohen Provision, die sich auf die Werthaltigkeit

---

249 BGH ZIP 2009, 2380, 2383; BGH NJW 2011, 3227, 3228; BGH NJW 2012, 2873, 2876; BGH NJW 2014, 2947, 2948.
250 BGH NJW 2007, 1876, 1878.
251 BGH NJW 2009, 1416, 1417 („Gefährdungssituation für den Kunden").
252 BGH NJW 2011, 3227, 3228.
253 Zur Differenzierung v.a. BGH NJW-RR 2010, 1064, 1065 f.; BGH NJW-RR 2011, 913, 914 ff.; BGH NJW 2011, 3227, 3228 f.; siehe auch BVerfG NJW 2012, 443 f., wonach verfassungsrechtliche Bedenken gegen die vorgenommene Differenzierung nicht bestehen.
254 BGH NJW-RR 2010, 1064, 1065 f.; BGH NJW-RR 2011, 913, 915; BGH NJW-RR 2012, 372 f.; BGH NJW 2011, 3227, 3228 f.; **a.A.** OLG Düsseldorf, Teilurteil vom 18.11.2010 - 6 U 36/10 („unzulässige Privilegierung").

und die Rentabilität der Anlage auswirken kann, bei Anlagen, die im Prospekt regelmäßig als werthaltig und rentabel herausgestellt werden, nicht rechnen.[255] Die Grundsätze zu den freien Anlageberatern sind nach der Rechtsprechung des BGH auch auf rechtlich selbstständige Anlageberatungsunternehmen anzuwenden, sodass eine als GmbH organisierte selbstständige Tochtergesellschaft der Sparkasse, die fast ausschließlich Anlageberatung anbietet, grundsätzlich nicht verpflichtet ist, ungefragt über Rückvergütungen aufzuklären.[256]

Nunmehr hat der Gesetzgeber jedoch durch das Gesetz zur Novellierung des Finanzanlagenvermittler- und Vermögensanlagenrechts eine Gleichstellung der Offenlegungspflichten zwischen gebundenen Anlageberatern und freien Anlagevermittlern/Beratern auf den Weg gebracht. Durch § 17 FinVermV besteht insoweit auch für freie Anlagevermittler/Berater ein grundsätzliches Zuwendungsverbot (Parallelnorm zu § 31d WpHG), welches nur unter den ausdrücklich normierten Voraussetzungen des § 17 I, II FinVermV durchbrochen werden kann. Es bleibt daher abzuwarten, inwieweit sich vor diesem Hintergrund auch die zivilrechtliche Rückvergütungsrechtsprechung ändern wird.[257]

Die potenzielle Gleichstellung zwischen freien Vermittlern/Beratern und institutsabhängigen Anlageberatern wird teilweise sehr begrüßt, da nicht ersichtlich sei, warum etwa Bankkunden ein höheres Schutzniveau genießen sollten, als die Kunden eines freien Anlagevermittlers.[258] Diese Argumentation ist jedoch wenig überzeugend. Man mag zwar eine qua Gesetz eingeführte Gleichbehandlung aufgrund der mit ihr verbundenen Transparenzsteigerung gutheißen können, sollte hierbei aber nicht verkennen, dass es sich um eine rein politische Entscheidung handelt. Eine vermeintlich nicht zu rechtfertigende Ungleichbehandlung des Kunden sollte hingegen nicht als zwingender Auslöser für eine derartige gesetzliche Regelung angeführt werden, da eine solche in der Praxis nicht bestand. Ein Grund für die Annahme einer geringeren Schutzwürdigkeit der Kunden von freien Anlageberatern liegt vielmehr in der evidenten Erkennbarkeit der Provisionsabhängigkeit und kann daher durchaus eine Ungleichbehandlung zwischen

---

255 BGH NJW-RR 2011, 913, 915; BGH NJW-RR 2012, 372 f.
256 Grundsätzlich hierzu BGH NJW 2012, 2952 (sofern jedenfalls keine Vergütung vom Kunden gezahlt wird); nachfolgend auch BGH BKR 2013, 288; einschränkender zuvor OLG München BKR 2011, 215, 217 (Aufklärungspflicht annehmend, wenn die Gesellschaft die der Bank bekannten Kundendaten und Vermögensverhältnisse zum Zwecke der Einfädelung von Beratungsgesprächen nutzt und an das im bankvertraglichen Verhältnis gewachsene Vertrauen des Kunden anknüpft).
257 *Glückert*, in: Landmann/Rohmer, GewO, § 17 FinVermV Rn. 2.
258 *Nobbe/Zahrte*, in: MK-HGB, Band VI, Anlageberatung, Rn. 184.

freien und institutsgebundenen Beratern rechtfertigen. So kann ein Kunde institutsangehöriger Anlageberater nämlich berechtigterweise davon ausgehen, dass sein Berater aufgrund des Anstellungsverhältnisses noch über weitere Einnahmequellen verfügt (z.b. bei Banken aus dem Kreditgeschäft) und daher nicht in gleichem Maße von Provisionszahlungen abhängig ist wie ein freier Vermittler/Berater, dessen Kerntätigkeit gerade die Anlagevermittlung/Beratung darstellt. Entgegen der Argumentation der Rechtsprechung[259] kann es hierbei auch nicht allein darauf ankommen, ob zwischen dem einzelnen Kunden und seinem institutsbezogenem Berater in der Regel noch weitere kostenpflichtige Verträge bestehen. Ausreichend für die Annahme einer geringeren Schutzbedürftigkeit von institutsgebundenen Anlageberatern kann vielmehr bereits die bloße Möglichkeit weiterer Einnahmequellen des Instituts und damit letztlich auch des Beraters aus Verträgen mit Dritten sein.

## 2. Innenprovisionen

Von den oben genannten Rückvergütungen werden Innenprovisionen unterschieden. Unter Innenprovisionen versteht der BGH nicht ausgewiesene Vertriebsprovisionen, die aus dem Anlagevermögen gezahlt werden.[260] Bislang musste über solche Innenprovisionen grundsätzlich nicht aufgeklärt werden. Die Nichtaufklärungsbedürftigkeit folgte in Abgrenzung zur Rückvergütung daraus, dass durch Innenprovisionen beim Anleger zwar durchaus eine Fehlvorstellung über die Werthaltigkeit der Anlage hervorgerufen werden kann, nicht hingegen über einen möglichen Interessenkonflikt des Beraters.[261] Die Nichtaufklärungsbedürftigkeit über Innenprovisionen galt aber auch bislang nicht absolut. Vielmehr musste der Anleger dann aufgeklärt werden, wenn die Innenprovisionen 15 % der Anlagesumme überstiegen.[262] Diese bisherige Rechtsprechung wurde mittlerweile ausdrücklich aufgegeben. Nunmehr sind nach einer Entscheidung des für bankabhängige Anlageberater zuständigen XI. Zivilsenates des BGH (*obiter dictum*) die beratenden Banken bei Anlageberatungsverträgen ab dem 01.08.2014 dazu verpflichtet, ihre Kunden über den Empfang versteckter Innenprovisionen

---

259 BGH NJW-RR 2010, 1064, 1065; BGH NJW 2011, 3227, 3228 f.
260 BGH NJW 2011, 3227, 3228; BGH NJW 2011, 3231, 3232; BGH NJW 2012, 2427, 2428; BGH NJW 2014, 2947, 2948; vgl. zur Schwierigkeit einer genauen Abgrenzung zur Rückvergütung *Heun-Rehn/Lang/Ruf*, NJW 2014, 2909 f.
261 *Bracht*, in: Schwintowski, Bankrecht, § 18 Rn. 78.
262 BGH NJW 2004, 1732, 1734 f.; BGH BKR 2008, 199, 200.

von Seiten Dritter unabhängig von der konkreten Höhe aufzuklären.[263] Gestützt wird die Aufklärungspflicht für versteckte Innenprovisionen auf ein mittlerweile nahezu flächendeckendes „aufsichtsrechtliches Transparenzgebot" (§ 31d WpHG) aus dem folge, dass der Anleger nicht mehr mit nicht offengelegten Zuwendungen eines Dritten an die Bank rechnen müsse.[264] Fraglich ist derzeit noch, ob der für freie Anlageberater und gewerbliche Finanzanlagevermittler zuständige III. Zivilsenat des BGH der geänderten Rechtsprechung folgen wird und die Aufklärungspflicht auch auf freie Anlageberater erstreckt. Hiervon ist allerdings insbesondere mit Blick auf § 17 FinVermV, der Parallelvorschrift zu § 31d WpHG, auszugehen (Wortlaut: „Zuwendungen/Provisionen").

Zweifellos hat der BGH durch seine jüngste Entscheidung für den Bereich der Provisionsaufklärung ein Stück Rechtsklarheit geschaffen, da sich bislang im Einzelfall die Unterscheidung zwischen Innenprovision und Rückvergütung durchaus schwierig gestaltete. Zudem waren auch die Einzelheiten zur Aufklärungsbedürftigkeit über Innenprovisionen zwischen den Instanzen und Senaten sowie der Literatur sehr umstritten, was das Gericht selbst durch die Annahme eines unvermeidbaren Rechtsirrtums der beratenden Banken bis zum 01.08.2014 einräumt.[265] Die Entscheidung wirkt aber vor allem mit Blick auf die dogmatische Begründung der nunmehr geltenden Aufklärungspflicht stark ergebnisorientiert, da in der vorangegangenen Rechtsprechung des BGH keinerlei Anhaltspunkte für die Annahme oder Entstehung eines flächendeckenden aufsichtsrechtlichen Transparenzgebots zu finden sind, welches nun aber mit erstaunlicher Klarheit angenommen wurde. Auch die Argumentation innerhalb der Entscheidung erscheint wenig stringent. So wird nämlich einerseits vom Gericht die fehlende Wirkung des Aufsichtsrechts auf das Zivilrecht herausgestellt und hierbei ausdrücklich betont, dass dieser Grundsatz auch nicht durch zahlreiche Gesetzesänderungen tangiert werde.[266] Andererseits wird dann aber dennoch unter Bezugnahme und Beschreibung „mehrere Gesetzesnovellen" des deutschen Gesetzgebers das Bestehen eines „flächendeckenden aufsichtsrechtlichen Transparenzgebotes" und somit eine Abweichung vom vorher betonten Grundsatz angenommen, ohne dass allerdings weitere, umfassende Begründungen hierfür

---

263 BGH NJW 2014, 2947 (im konkreten Fall wurde die Frage der Aufklärungsbedürftigkeit offengelassen, da die Bank sich wegen der zuvor unklaren Rechtslage auf einen unvermeidbaren Rechtsirrtum berufen könne).
264 BGH NJW 2014, 2947, 2950.
265 BGH NJW 2014, 2947, 2948 f.
266 BGH NJW 2014, 2947, 2950 (dort Rn. 35).

erfolgen.[267] Angesichts der unklaren Entscheidungsbegründung ist zu erwarten, dass es vielen Anlageberatungsinstituten schwer fallen wird einzuschätzen, welche weiteren aufsichtsrechtlichen Pflichten zu den „tragenden Grundprinzipien des Aufsichtsrechts" zählen und damit auch auf das zivilrechtliche Verhältnis zum Kunden ausstrahlen.

Insoweit ist aus Sicht der Berater in jedem Fall eine Beachtung sämtlicher bestehender aufsichtsrechtlicher Pflichten im Rahmen des zivilrechtlichen Verhältnisses angezeigt. Unabhängig davon verbleiben allerdings einige Zweifel, ob es wirklich interessengerecht ist bei einer honorarfrei angebotenen Anlageberatung eine Aufklärungspflicht unabhängig von der Höhe der Innenprovision anzunehmen.[268]

## 3. Gewinnmargen

Über Gewinnmargen muss der Kunde nach der Rechtsprechung des BGH nicht gesondert aufgeklärt werden, da es für den Kunden offensichtlich sei, dass das Beratungsinstitut eigene Gewinninteressen verfolge.[269] Dies gelte nicht nur für Kommissionsgeschäfte, sondern auch für Eigengeschäfte im Sinne des § 2 III 2 WpHG, bei denen die Bank fremde Anlageprodukte aus eigenem Bestand zu einem über dem Einkaufspreis liegenden Preis veräußert.[270] Teilweise wird die Annahme einer Nichtaufklärungsbedürftigkeit über Gewinnmargen kritisiert.[271] Insbesondere sei eine Ungleichbehandlung zwischen nichtaufklärungsbedürftigen Gewinnmargen und aufklärungsbedürftigen Rückvergütungen nicht plausibel, da beide Arten für den Kunden nicht erkennbar seien, aber großen Einfluss auf das Eigeninteresse des Beraters hätten und so zu einem Interessenkonflikt führen könnten.[272] Auf den ersten Blick erscheint dieser Einwand berechtigt. Allerdings lassen sich bei

---

267 BGH NJW 2014, 2947, 2949 f.; siehe auch *Freitag*, ZBB 2014, 357, 360, der ebenfalls zwar nicht das Ergebnis, wohl aber die dogmatische Begründung der Entscheidung kritisiert.
268 Siehe zu dieser Frage § 4 III. 1. a).
269 BGH NJW 2011, 1949, 1953; BGH NJW 2012, 66, 69 f.; BGH ZIP 2013, 2001 f.; siehe zur zuvor teilweise a.A. in der unterinstanzlichen Rechtsprechung etwa LG Hamburg BB 2009, 1828, 1830 f.; LG Hamburg ZIP 2009, 1948, 1949 f.; LG Heidelberg WM 2010, 505, 509 f. (Lehman Brothers Zertifikate).
270 BGH NJW 2012, 66, 70; siehe auch BVerfG NJW 2013, 2957, 2958, wonach keine verfassungsrechtlichen Bedenken bestehen.
271 *Maier*, VuR 2009, 369, 371; *Buck-Heeb*, WM 2012, 625, 634 (Letztere kritisch bzgl. Eigengeschäften).
272 *Maier*, VuR 2009, 369, 371.

genauerer Betrachtung gewichtige Unterschiede zwischen Rückvergütungen einerseits und Gewinnmargen andererseits finden, die eine unterschiedliche Behandlung rechtfertigen. So ist bei Rückvergütungen stets eine weitere Zahlung und damit eine aktive Handlung erforderlich, die zudem verdeckt erfolgt. Überzeugend werden die hinter dem Rücken des Kunden fließenden Rückvergütungen daher teilweise auch mit einer Art „Schmiergeldzahlung" verglichen,[273] was sie grundlegend von Gewinnmargen unterscheidet.

Zu bedenken ist weiterhin, dass der Erhalt einer Rückvergütung immer einen positiven Zahlungsstrom an das Institut voraussetzt. Demgegenüber ist es durchaus vorstellbar, dass es zu Verkäufen von Produkten an Kunden kommen kann, die zuvor vom Institut viel teurer erworben worden sind (z.B. vor einem Börsencrash/ Kurssturz). Auch in solchen Fällen könnte daher durchaus ein gewisses Eigeninteresse am Verkauf der Produkte mit (geringem) Verlust existieren, insbesondere dann, wenn das Institut von weiter fallenden Kursen ausgeht. Konsequenterweise müsste man daher auch eine Aufklärungspflicht über negative Gewinnmargen fordern, was jedoch zu Recht niemand ernsthaft diskutiert. Zudem sollte trotz der grundsätzlich anerkennenswerten Kundenschutzbemühungen im Auge behalten werden, dass es bei der honorarfreien Anlageberatung für den Kunden klar erkennbar ist, dass der Berater zugleich auch Produktverkäufer ist und insofern – wie jeder andere Warenverkäufer auch – eigene Gewinninteressen verfolgt.[274] Weiterhin ist zu beachten, dass es dem Kunden frei steht, auch eigenständig nach der Gewinnspanne des Beraters zu fragen,[275] bzw. den objektiven Wert vergleichbarer Anlageprodukte selber zu recherchieren (z.B. im Internet) und gegebenenfalls einen günstigeren Kauf bei einem konkurrierenden Institut zu tätigen.

Nach alledem erscheinen die teilweisen Forderungen nach einer weiteren Ausdehnung der Aufklärungspflichten auch auf Gewinnmargen verfehlt. Es bleibt daher insbesondere vor dem Hintergrund der Rechtsprechungsänderung im Bereich der Innenprovisionen zu hoffen, dass der BGH auch künftig an der Nichtaufklärungsbedürftigkeit über Gewinnmargen festhalten wird.

---

273 So *Sethe*, FS Nobbe, 2009, 769, 772, unter Hinweis auf die häufige Bezeichnung einer Rückvergütung als „Kick-Back", welche aus dem englischen Sprachgebrauch entstammt und „Schmiergeld" bedeutet. Korrekte englische Schreibweise: „kickback".
274 So explizit auch OLG Celle ZIP 2009, 2091, 2093; OLG Düsseldorf WM 2009, 1410, 1412; *Jooß*, WM 2011, 1260, 1263; *Spindler*, WM 2009, 1821, 1824 ff.
275 So auch für Provisionen eines freien Anlageberaters BGH NJW-RR 2010, 1064, 1065.

## II. Produktspezifische Aufklärungspflichten

### 1. Klassische Spareinlagen

Die beliebtesten Anlageformen der Deutschen sind klassische Sparbücher sowie Termin- bzw. Tagesgeldanlagen.[276] Aufgrund des im Vergleich zu anderen Finanzprodukten geringen Verlustrisikos sind die Anforderungen an die Kundenaufklärung gering. Ausreichend soll bereits sein, dass der Berater die Funktionalität in Form der Verzinsung und Laufzeit sowie der Kündigungsmodalitäten beschreibt und außerdem bei einem Sparbuch auf die Besonderheiten des qualifizierten Legitimationspapiers hinweist.[277] Darüber hinaus ist zu berücksichtigen, dass der Hauptgrund für die Wahl derartiger konservativer Anlageprodukte durch den Kunden in aller Regel die gewünschte Nominalsicherheit der Anlage sein wird. Insoweit liegt auch dann keine anleger- und objektgerechte Beratung vor, wenn dem auf Nominalsicherheit bedachten Kunden eine hauseigene Einlage empfohlen wird, die nur der gesetzliche Mindestdeckung nach dem Einlagensicherungs- und Anlegerentschädigungsgesetz und nicht zusätzlich dem Einlagensicherungsfonds des Bundesverbandes Deutscher Banken e.V. unterliegt.[278]

### 2. Aktienanlagen

Bei Aktienanlagen können die Anforderungen an eine pflichtgemäße Aufklärung je nach Aktientyp stark divergieren. Ein Unsicherheitsfaktor, der allen Aktieninvestments innewohnt, ist die ungewisse zukünftige Börsenpreisentwicklung. Nach Ansicht des BGH sei allerdings allgemein bekannt, dass die zukünftige Börsenentwicklung von zahlreichen Faktoren beeinflusst werde und daher selbst für Experten nicht sicher voraussehbar sei, sodass auf diese Selbstverständlichkeit nicht ausdrücklich hingewiesen werden müsse.[279] Weiterhin bestehe ausgehend von diesem Grundsatz auch dann keine Pflicht auf unterschiedliche Einschätzungen zur zukünftigen Kursentwicklung hinzuweisen, wenn ernstzunehmende Stimmen vor einem Kurseinbruch warnten. Diese Ansicht stelle

---

276 Vgl. etwa die repräsentative Umfrage von *TNS Infratest* im Auftrag von *Goldman Sachs Asset Management* aus dem Jahr 2014, wonach mit 72,9 % das Sparbuch sowie Tages- oder Festgeldkonten die beliebtesten Anlageformen der Deutschen sind. Die diesbezügliche Pressemitteilung ist abrufbar unter: www.goldmansachs.com/worldwide/germany/pressemitteilungen-und-kommentare/current/docs/gsam-umfrage-pressemitteilung.pdf (zuletzt abgerufen am 28.09.2015).
277 *Nobbe/Zahrte*, in: MK-HGB, Band VI, Anlageberatung, Rn. 266.
278 BGH NJW 2009, 3429, 3433.
279 BGH NJW 2006, 2041, 2042.

insoweit auch ausdrücklich keinen Verstoß gegen die sonst geltende Unterrichtungspflicht über kritische Stimmen in der Wirtschaftspresse dar.[280] Weiterhin wird in der Rechtsprechung betont, dass selbst in Börsengeschäften vollkommen unerfahrenen Personen bekannt sei, dass man an der Börse beim Erwerb von Aktien ein hohes Risiko eingehe und durchaus Verluste erleiden könne, sodass über dieses Risiko nicht explizit aufgeklärt werden müsse.[281] Eine explizite Aufklärungspflicht des Beraters bestehe jedoch bei Aktien nicht börsennotierter Unternehmen, da eine jederzeitige Handelbarkeit hier nicht gewähreistet sei.[282]

*a) Aktien aus dem regulierten Markt*

Hinsichtlich der im regulierten Markt notierten Aktien bestehen grundsätzlich keine spezifischen Aufklärungspflichten. Insbesondere ist das Bonitätsrisiko deutlich geringer als im Freiverkehr. Gleiches gilt in der Regel auch für die Volatilitätsschwankungen der Aktien im regulierten Markt (v.a. im Prime Standard). Dennoch kann es auch hier Aktien geben, die (je nach Marktlage) zu einer besonders risikoreichen Branche zählen. In diesen Fällen soll aufgrund der dann gegebenen überdurchschnittlichen Volatilitätsrisiken eine Aufklärungspflicht bestehen.[283]

*b) OTC-Papiere und Penny Stocks*

Besonders risikoreich kann ein Investment in äußerst preisgünstige Aktien, sogenannte Penny Stocks sein, welche zumeist nur außerbörslich im OTC-Handel („over-the-counter") gehandelt werden. Die genauen Definitionsmerkmale eines „Penny Stocks" sind allerdings umstritten. Während hierunter häufig nur Aktien verstanden werden, die unter einer Einheit der jeweiligen Landeswährung liegen, werden teilweise, vor allem im amerikanischen Sprachgebrauch, auch

---

280   BGH NJW 2006, 2041, 2042; siehe zur Aufklärungspflicht über negative Presseberichte auch § 4 II. 4. a) bb).
281   OLG Saarbrücken BKR 2007, 424, 425; siehe auch OLG München ZIP 1994, 125 (keine Hinweispflicht bzgl. eines Kurseinbruchsrisikos bei beginnender Kuwait-Krise gegenüber einem nicht gänzlich unerfahrenen Anleger).
282   OLG Oldenburg NJW-RR 2003, 179, 180; LG Hamburg NJW-RR 1999, 556, 557; LG Berlin NJOZ 2004, 2283, 2285 (bzgl. vorbörslicher Aktien); zur Hinweispflicht auf eine mangels Börsennotierung stark eingeschränkte Fungibilität von Aktien auch BGH AG 2015, 122.
283   *Nobbe/Zahrte*, in: MK-HGB, Band VI, Anlageberatung, Rn. 225.

Aktien als Penny Stocks bezeichnet, deren Kaufpreis unterhalb von fünf US-Dollar liegt.[284]

Die Gefahren bei Penny Stocks resultieren vor allem aus der zumeist starken Volatilität, dem erhöhten Bonitätsrisiko, einer eingeschränkten Handelbarkeit sowie der erhöhten Anfälligkeit für Marktmanipulationen. Die Rechtsprechung stützt die Aufklärungspflicht primär auf die beiden zuletzt genannten Aspekte und verbindet sie insoweit miteinander, als Penny Stocks häufig nur über einen einzigen bzw. wenige Broker vertrieben würden und so eine Aufrechterhaltung des (außerbörslichen) Handels nicht gewährleistet sei, was zu einer „Marktenge" führe, welche die Anfälligkeit für Marktmanipulationen durch Broker und Inhaber größerer Aktienpapiere erhöhe.[285] Zwar sei diese Rechtsprechung nicht unmittelbar auf Aktien übertragbar, die über das amerikanische NASDAQ-Computersystem gehandelt werden, dennoch müsse auch diesbezüglich auf die spezifischen Gefahren hingewiesen werden, welche sich aus einer möglicherweise eingeschränkten Handelbarkeit, der erhöhten Gefahr von Marktmanipulationen sowie der großen Differenz zwischen An- und Verkaufskursen (Spread) ergeben.[286] Eine mündliche Aufklärung über die Risiken reicht nicht aus. Vielmehr hat vor allem mit Blick auf die schwierigen wirtschaftlichen Zusammenhänge eine schriftliche Aufklärung zu erfolgen.[287] Für solche Aktien von Unternehmen, bei denen noch keine Börsennotierung vorliegt, muss mangels funktionierenden (Sekundär-)markts zudem auf die „faktische Unverkäuflichkeit" hingewiesen werden.[288]

## 3. Anleihen

Neben Aktien stellen insbesondere Anleihen bei Privatanlegern ein beliebtes und daher weit verbreitetes Anlageprodukt dar. Aufgrund der enormen Bedeutung wird in der Praxis mittlerweile eine Vielzahl von Anleihevarianten angeboten. Die konkreten Anforderungen an die persönliche Beratung orientieren sich

---

284 Letzterem folgend BGH NJW 2002, 1868, 1869, unter Verweis auf die umfangreichen und mit weiteren Nachweisen versehenden Ausführungen von *Joswig*, DB 1995, 2253, 2254 f.
285 BGH NJW 1991, 1108, 1109, mit zusätzlichem Hinweis auf die Besonderheiten der Kursentwicklung/Preisbildung im OTC-Handel; in der Folge bestätigt durch BGH NJW 1991, 1947; siehe auch BGH NJW 2002, 1868, 1869; OLG Frankfurt a.M. WM 1996, 253, 254.
286 BGH NJW 2002, 1868, 1869.
287 BGH NJW 2002, 1868, 1869; OLG Frankfurt a.M. WM 1996, 253, 254.
288 Hierzu zuletzt BGH AG 2015, 122.

auch hier stets an der Pflicht zur anleger- und objektgerechten Beratung und können daher zwischen einzelnen Anlegern divergieren.

*a) Klassische Anleihen*

Vor allem in Phasen niedriger Marktzinsen stellen Anleihen neben klassischen Darlehensfinanzierungen für Emittenten ein beliebtes Finanzierungsinstrument dar. Aus Anlegersicht sollte allerdings stets berücksichtigt werden, dass sich auch eine Vielzahl finanzschwacher Unternehmen, denen häufig aufgrund schwacher Bonität eine anderweitige Fremdkapitalbeschaffung (z.B. durch Kreditaufnahme) verwehrt ist, über Anleihemissionen finanzieren. Gerade vor diesem Hintergrund ist primär das Bonitätsrisiko als herausragend wichtiger Umstand bei Fremdkapitalprodukten wie Anleihen anzusehen. Die besondere Bedeutung einer guten Bonität des Schuldners zeigt sich zudem darin, dass auch die potenziellen Zins- und Kursrisiken der Anleihe unmittelbar mit ihr in Verbindung stehen. Folgerichtig ist auch nach Ansicht des BGH über alle genannten Risiken, einschließlich des Kursrisikos aufzuklären, da das Risiko der Anleihe in der möglichen Insolvenz des Emittenten liege und eine solche nicht nur den Ausfall von Zinszahlungen, sondern auch den Verfall des Verkehrswertes der Anlage zur Folge habe.[289]

Sofern ein Anleger eine sichere Anlage wünscht, soll der Berater zudem verpflichtet sein, seinen Kunden über das Fehlen eines externen Ratings zu informieren und ihn derart über die wesentlichen wirtschaftlichen Faktoren aufzuklären, dass dieser anschließend eigenständig beurteilen kann, ob die Anleihe seinen Vorstellungen nach einer sicheren Anlage entspricht.[290] Weiterhin besteht unabhängig davon, ob die Anleihe sonst hervorragend bewertet ist, eine Aufklärungspflicht über potenzielle Verlustrisiken aus Wechselkursschwankungen, sofern es sich um eine Fremdwährungsanleihe handelt.[291]

---

[289] BGH NJW 1993, 2433, 2434 (insoweit „Verfall des Verkehrswerts" als „Kursrisiko"); siehe auch *Nobbe/Zahrte*, in: MK-HGB, Band VI, Anlageberatung, Rn. 229, die zudem das Liquiditätsrisiko nennen.
[290] OLG Nürnberg WM 1998, 378, 379 f. (Fokker-Anleihe); **a.A.** OLG Schleswig WM 1996, 1487, 1488 (begründet mit der bis zum Jahre 1990 fehlenden Bedeutung des Anleiheratings).
[291] BGH NJW 1996, 1744, 1745 (AUD-DM).

## b) Strukturierte Anleihen

Neben klassischen festverzinslichen Anleihen wurden vor allem in jüngerer Vergangenheit auch eine Vielzahl von anleiheähnlichen Anlageprodukten entwickelt. Besonders bedeutsam war hierbei die Klasse der sog. Corporate Bond Linked Debt (Cobold/Colibri-Anleihe). Hierbei handelt es sich um ein strukturiertes/synthetisches Finanzprodukt in Form einer Anleihe mit integriertem Kreditderivat. Vereinfacht ausgedrückt wird dabei auf die Zahlungsfähigkeit eines Korbes von Unternehmen gewettet, die ihrerseits Anleihen emittiert haben. Der Anleger bekommt hierbei den Nominalwert seiner Anleihe am Ende der Laufzeit nur zurückerstattet, sofern bei keinem der zugrundeliegenden Unternehmen ein sogenanntes „Kreditereignis" eintritt.[292] Nach Ansicht des OLG Karlsruhe bestehe bei einer solchen Anleihe ein spezifischer Aufklärungsbedarf, da sie eine ganze Reihe besonderer Eigenschaften und Risiken besitze, die sie sowohl von normalen festverzinslichen Anleihen als auch von anderen üblichen Wertpapieren unterscheide.[293] Die gesonderten Aufklärungspflichten resultierten daraus, dass derartige Anleihen eine komplexe wirtschaftliche und rechtliche Struktur aufweisen, die Anleihebedingungen erhebliche wirtschaftliche Gestaltungsspielräume enthielten, welche mit Interessenkonflikten und Nachteilen für den Anleger verbunden sein können, sowie den erhöhten Ausfallrisiken, die nicht mit denen einer normalen festverzinslichen Anleihe einer größeren deutschen Bank vergleichbar seien.[294]

Vor dem Hintergrund der besonderen Komplexität sowie der erhöhten Ausfallrisiken ist dieser Rechtsprechung im Grundsatz zuzustimmen, wenngleich auch hier weiterhin einzelfallabhängig die vorhandenen Vorkenntnisse der Anleger berücksichtigt werden sollten (v.a. besondere finanzwirtschaftliche Kenntnisse).

## 4. Derivative und strukturierte Finanzprodukte

In der jüngeren Vergangenheit standen vor allem die Aufklärungspflichten bezüglich derivativer und strukturierter Finanzinstrumente im öffentlichen Fokus, da sie Gegenstand zahlreicher Anlegerschutzprozesse waren. Kennzeichen solcher Produkte ist, dass sich ihr wirtschaftlicher Wert von (mindestens) einem Basiswert (*underlying*) ableitet (von lateinisch *derivare*; siehe auch die Legaldefinition

---

292 Siehe zur Beschreibung der Funktionsweise OLG Karlsruhe BKR 2014, 205 („Cobold-Anleihe").
293 OLG Karlsruhe BKR 2014, 205, 207.
294 OLG Karlsruhe BKR 2014, 205, 207 ff.

der Derivate in § 2 II WpHG). Die bekanntesten Finanzinstrumente innerhalb dieser Gruppe stellen Zertifikate und Swap-Geschäfte dar.

*a) Zertifikate*

Zertifikate, die sich ihrerseits in verschiedene Varianten unterteilen lassen, sind rechtlich als Inhaberschuldverschreibungen gem. § 793 BGB anzusehen. Sie zählen zur Gruppe der strukturierten Finanzprodukte, da sie den Anspruch des Inhabers gegen den Emittenten auf Zahlung eines Geldbetrags verbriefen, dessen Höhe aber vom Stand eines zu Grunde gelegten Basiswertes (*underlying*) abhängig machen.[295] Teilweise werden Zertifikate unter Hinweis auf den spekulativen Charakter, ihre Komplexität sowie das erhöhte Risiko als für Privatanleger völlig ungeeignet angesehen und eine Vertriebsbeschränkung bis hin zu einem generellen Verkaufsverbot gefordert.[296] Eine derartige pauschale Kritik erscheint allerdings unzutreffend, da nicht hinreichend zwischen den zahlreichen, und sich sowohl im Risiko als auch der Komplexität grundlegend unterscheidenden Arten von Zertifikaten differenziert wird. So sind für Privatanleger durchaus auch eine Vielzahl leicht verständlicher Zertifikate erhältlich, die sich im Risiko beispielsweise kaum von Aktien unterscheiden (z.B. Varianten von Aktienanleihen).

*aa) Umfang der Aufklärungspflichten*

Der Anleger muss allgemein über die Funktionsweise des Zertifikates sowie vor allem über die Abhängigkeit der konkreten Rückzahlung vom Basiswert aufgeklärt werden, sodass der spekulative Charakter der Anlage deutlich wird.[297] Neben der Abhängigkeit von der Entwicklung des entsprechenden Basiswertes (*underlying*) besteht bei Zertifikaten, ebenso wie auch bei Anleihen, ein allgemeines Emittentenrisiko. Es war insoweit fraglich, ob der Kunde auch hierüber explizit aufgeklärt werden muss. Der BGH bejahte dies in einigen Urteilen zu Lehman Brothers Zertifikaten und betonte, dass eine Aufklärung über das Emittentenrisiko bereits deshalb zu einer vollständigen Risikodarstellung gehöre, weil es selbst bei positiver Entwicklung des Basiswertes während der gesamten Laufzeit bestehe, da kein vom Emittenten getrenntes Sondervermögen gebildet werde. Der Anleger trage folglich nicht nur das Marktrisiko in Bezug auf den zu

---

295 BGH NJW 2004, 2967; BGH NJW 2012, 66, 68; BGH NJW-RR 2012, 43, 44.
296 *Van Randenborgh*, ZRP 2010, 76.
297 BGH NJW 2012, 66, 72; BGH NJW-RR 2012, 43, 48; *Nobbe/Zahrte*, in: MK-HGB, Band VI, Anlageberatung, Rn. 249.

Grunde gelegten Basiswert, sondern darüber hinaus auch das Bonitätsrisiko des Emittenten.[298] Selbst wenn dem durchschnittlichen Anleger allgemein bewusst sei, dass Unternehmen – auch Banken – zahlungsunfähig werden können, so bedeute dies nicht zugleich, dass er sich auch darüber bewusst sei, dieses Risiko mangels Bildung eines Sondervermögens mit Erwerb eines Zertifikats in Bezug auf die jeweilige Emittentin und Garantiegeberin zu übernehmen. Folglich müsse der Anleger darüber informiert werden, dass er im Falle der Zahlungsunfähigkeit der Emittentin bzw. Garantiegeberin das angelegte Kapital vollständig verliert.[299] Sofern allerdings über das Emittentenrisiko aufgeklärt wurde, sei ein zusätzlicher Hinweis dahingehend obsolet, dass die Zertifikate nicht dem deutschen Einlagensicherungssystem unterliegen, weil ein diesbezügliches Vertrauen beim Anleger nicht entstehen könne, wenn er auf das Risiko eines Totalverlustes hingewiesen wurde.[300] Dies gelte ausdrücklich auch für den Fall, dass zuvor ein der Einlagensicherung unterfallendes Vermögen in Zertifikate umgeschichtet werde.[301] Zu beachten ist allerdings, dass die Informationspflicht über das allgemeine Emittentenrisiko vom Anlageberater grundsätzlich auch durch die rechtzeitige Übergabe allgemein gehaltener schriftlicher Informationsmaterialien erfüllt werden kann, ohne dass es eines ausdrücklichen Hinweises auf bestimmte Seiten der schriftlichen Information oder der Lektüreempfehlung bedarf.[302] Eine einmal gegebene schriftliche Information kann zudem eine zusätzliche mündliche Aufklärung bei nachfolgenden Anlagegeschäften entbehrlich machen.[303] Strittig war ferner, ob Anlageberater ihre Kunden auch über veränderte (Bonitäts-)Ratings der Emittenten aufklären müssen. Diese Frage ist vor allem deshalb von hoher praktischer Relevanz, da trotz erstaunlicher Fehlbewertungen im Vorfeld der Finanzkrise sowie anschließender politischer Versuche, ihren Einfluss zu verringern, Bonitätsbewertungen durch Ratingagenturen noch immer eine erhebliche ökonomische Tragweite besitzen. Letztere zeigt sich häufig in einer dramatischen Verschlechterung der finanziellen Lage des Emittenten im Anschluss an eine Bonitätsherabstufung (sog. *downgrade/downrating*). Das OLG Hamburg bejaht eine entsprechende Aufklärungspflicht

---

298 BGH NJW 2012, 66, 68; BGH NJW-RR 2012, 43, 44 f.
299 BGH NJW 2012, 66, 68; BGH NJW-RR 2012, 43, 45.
300 BGH NJW 2012, 66, 69; BGH NJW-RR 2012, 43, 45 f.; OLG Hamburg BKR 2010, 250, 253 f.; OLG Bamberg BKR 2010, 283, 287; **a.A.** wohl *Maier*, VuR 2009, 369, 370.
301 BGH NJW-RR 2012, 43, 46; **a.A.** LG Heidelberg WM 2010, 505, 508; *Bömcke/Weck*, VuR 2009, 53, 56.
302 BGH WM 2015, 1055, 1057 m.w.N.
303 BGH WM 2015, 1055, 1057 f.

und zwar unabhängig von der Frage, ob aufgrund einer dann immer noch guten Bewertung, das Zertifikat auch weiterhin zum Kauf empfohlen werden kann.[304] Dieser Ansicht ist zuzustimmen, sofern es sich wie in dem konkret entschiedenen Fall um einen Positionsausbau bzw. generellen Neukauf von Zertifikaten handelt. Hingegen kann richtigerweise ein nachträglicher Hinweis im Anschluss an einen bereits getätigten Kauf nicht geschuldet sein, da im Rahmen der Anlageberatung gerade keine nachträglichen Beratungspflichten bestehen.[305] Sofern eine Bank selbst Zertifikate emittiert, diese allerdings über andere Banken im Eigen- oder Kommissionsgeschäft an Anleger vertrieben werden, kommt zwischen der emittierenden Bank und den Anlegern kein unmittelbarer Vertrag mit entsprechenden Beratungspflichten zustande.[306] Allerdings können in diesen Fällen Ansprüche der Anleger aus den jeweiligen Beratungsverträgen mit den vertreibenden Banken bestehen.[307]

*bb) Aufklärungspflicht über negative Presseberichte*
Eine für alle Anlageprodukte relevante Thematik, welche aber vor allem im Zusammenhang mit dem Kauf von Lehman Brothers Zertifikaten diskutiert wurde, ist die nach dem Bestehen und dem Umfang einer Aufklärungspflicht über negative Presseberichte im Zusammenhang mit dem empfohlenen Anlageprodukt.

(1) Bestehen und Umfang einer solchen Pflicht
Nach der Rechtsprechung ist der Anlageberater verpflichtet, die aktuelle einschlägige und renommierte Wirtschaftspresse auszuwerten und den Anleger über gehäuft negative Artikel im Handelsblatt, der FAZ, der Börsenzeitung sowie der mittlerweile eingestellten Financial Times Deutschland zu unterrichten.[308] Jedoch sei es nicht ausreichend für eine potenzielle Haftung, dass der Kunde lediglich über reine Meinungsäußerungen und Spekulationen nicht aufgeklärt wurde. Erforderlich sei vielmehr, dass in den Presseartikeln aufklärungspflichtige Umstände mitgeteilt würden, was dann anzunehmen sei, wenn es sich nicht

---

304 OLG Hamburg, Urteil vom 27.06.2011 - 6 U 110/10, zusammengefasst in VuR 2011, 387; zustimmend *Tonner/Krüger*, Bankrecht, § 25 Rn. 53.
305 Siehe hierzu auch § 3 I. 2. f).
306 OLG Frankfurt AG 2015, 674.
307 OLG Frankfurt AG 2015, 674, 676 (v.a. wegen Verwendung eines unrichtigen Prospekts).
308 BGH NJW 1993, 2433, 2434 (Bond-Urteil); BGH NJW 2008, 3700, 3702; BGH NJW-RR 2009, 687, 688; OLG Hamburg, Urteil vom 29.08.2012 - 11 U 188/10 (Lehman Brothers Zertifikat).

um lediglich vereinzelte Pressestimmen handele, sondern um eine Berichterstattung, die sich in der Wirtschaftspresse durchgesetzt habe.[309] Teilweise wird vertreten, dass sich die Auswertungspflicht auch auf weitere, teilweise sogar regionale Informationsquellen erstrecken müsse.[310] Der BGH betont allerdings ausdrücklich, dass vom Anlageberater jedenfalls nicht verlangt werden könne, jede negative Berichterstattung in Brancheninformationsdiensten zu kennen, da eine derartige Verpflichtung sämtliche Informationsdienste uneingeschränkt zur Kenntnis zu nehmen und den Anleger unabhängig von der Berechtigung der geäußerten Kritik auf die Existenz solcher Berichte hinzuweisen, zu einer uferlosen, kaum erfüllbaren Ausweitung der Pflichten von Anlageberatern und einer damit einhergehenden weitgehenden Verlagerung des Anlegerrisikos auf den Berater führen würde.[311] Lediglich, wenn der Berater positive Kenntnis von derartigen Veröffentlichungen erlange, sei er verpflichtet, diese bei der Prüfung des Anlageobjektes zu berücksichtigen und zwar unabhängig davon, ob die entsprechende Informationsquelle von ihm üblicherweise ausgewertet werde oder nicht. Allerdings führe auch hier eine vereinzelt gebliebene Publikation, deren Meinung sich in der Fachöffentlichkeit (noch) nicht durchgesetzt hat, nicht zwingend zu einer Hinweispflicht.[312]

(2) Stellungnahme

Der eher restriktiven Ansicht des BGH ist zuzustimmen. Aufgrund der mittlerweile unüberschaubaren Anzahl von klassischen und digitalen Informationsquellen muss auch mit Blick auf die große zeitliche Inanspruchnahme der Informationsbeschaffung sowie aus Gründen der Rechtssicherheit für die Berater eine Beschränkung auf die renommierten und etablierten Informationsmedien vorgenommen werden. Anderenfalls wäre auch bereits eine klare Abgrenzung, bei welcher Informationsquelle man noch eine Auswertung vom Berater verlangen kann, kaum sinnvoll vorzunehmen. Die Beschränkung auf die stets aktuellen und ausführlichen Publikationen des Handelsblatts, der FAZ sowie der Börsenzeitung erscheint jedenfalls ausreichend um eine (auch) tagesaktuelle Beratung zu gewährleisten. Zwar wird teilweise die vorgenommene Beschränkung auf die

---

309 BGH NJW 2008, 3700, 3702 f.; BGH NJW-RR 2009, 687, 688 f.; OLG Hamburg, Urteil vom 29.08.2012 - 11 U 188/10 (mit konkreten Aufzählungen relevanter Presseartikel zur finanziellen Lage von Lehman Brothers).
310 Etwa OLG Stuttgart BKR 2003, 386; früher auch *Hopt*, in: Baumbach/Hopt, HGB (33. Auflage, 2008), § 347 Rn. 27; *Rotter*, BB 2008, 2648 f.
311 BGH NJW 2008, 3700, 3702.
312 BGH NJW 2008, 3700, 3702.

genannten Presseerzeugnisse dahingehend kritisiert, dass sämtliche Artikel im Handelsblatt, der FAZ sowie der Börsenzeitung nicht zwingend unabhängig seien.[313] Diese Einschätzung mag zwar grundsätzlich zutreffen, jedoch gilt gleiches, wie auch von Seiten der Kritiker selbst eingeräumt wird,[314] für sämtliche Informationsquellen, sodass dies im Ergebnis auch vor dem Hintergrund häufig völlig ungeprüfter Internetquellen jedenfalls nicht für eine Ausweitung spricht. Darüber hinaus kann wohl kaum geleugnet werden, dass sich vor allem die oben genannten Zeitungen in der Vergangenheit durch eine sehr seriöse und qualitativ hochwertige Wirtschaftsberichterstattung hervorgetan haben. Schließlich greift auch der vereinzelte geäußerte Hinweis nicht durch, dass solche Berater, die sich um eine flächendeckende Auswertung der Medien bemühen, infolge ihrer größeren Kenntnis und daraus folgenden Hinweispflicht gegenüber anderen Beratern benachteiligt seien.[315] Es steht nämlich allen Beratern grundsätzlich frei, ob sie über die verpflichtende Lektüre der renommierten Wirtschaftspresse hinaus noch freiwillig weitere Quellen auswerten wollen und damit freiverantwortlich eine weitere potenzielle Beratungspflicht begründen möchten oder nicht. Eine nicht gerechtfertigte Ungleichbehandlung kann sich vor dem Hintergrund dieser Freiwilligkeit jedenfalls nicht ergeben. Darüber hinaus sollte auch bedacht werden, dass in der Praxis eine aufgrund eines Mehrwissens möglichweise weitergehende Beratungspflicht wohl häufig auch durch eine größere Kundenzufriedenheit und Kundenbindung ausgeglichen wird.

*b) Swap-Geschäfte*

Vor allem weil in der jüngeren Vergangenheit neben Privatkunden auch zahlreiche Kommunen sogenannte Swap-Geschäfte (kurz: Swaps) abgeschlossen haben und im Anschluss hieran große Verluste erlitten, standen auch diese Anlageinstrumente zuletzt stark im Fokus der Öffentlichkeit.

*aa) Funktionsweise*

Bei einem Swap-Geschäft handelt es sich nicht um ein klar definiertes Anlageprodukt, sondern um die Beschreibung einer Anlageform, welche in diversen

---

313 *Rotter*, BB 2008, 2648, 2649; kritisch im Hinblick auf eine unabhängige Berichterstattung insgesamt auch *Edelmann*, BKR 2003, 438, 441 f., der jedoch vor allem auf die häufig fehlende Unabhängigkeit von Branchen- und Informationsdiensten verweist.
314 *Rotter*, BB 2008, 2648, 2649.
315 So aber *Rotter/Placzek*, Bankrecht, § 14 Rn. 22; ähnlich auch *Rotter*, BB 2008, 2648, 2649.

Ausgestaltungen angeboten wird. Allen Swaps gemein ist jedoch, dass es sich um außerbörsliche Finanztermingeschäfte handelt.[316] Trotz der unbegrenzten Ausgestaltungsmöglichkeiten werden Swaps häufig in Zins-, Währungs-, Wertpapier-, Warenpreis- und sonstige Swaps kategorisiert.[317] Aus der englischen Wortbedeutung (*to swap* = *(aus)tauschen*) lässt sich das für alle Swaps wesentliche Kennzeichnungsmerkmal eines Austauschgeschäfts herleiten. Im Rahmen eines Swaps kommt es stets zu einem (bilateralen) Austausch von periodischen Zahlungsströmen, die sich auf verschiedene Basiswerte beziehen können.[318] Besonders verbreitet sind Zinsswaps, bei denen die Parteien jeweils den Austausch von Geldbeträgen in derselben Währung und mit unterschiedlichen Zinsgestaltungen vereinbaren.[319] Intendiert ist hierbei üblicherweise der jeweilige Tausch von variablen zu festen Zinssätzen. Der Abschluss eines solchen Zinsswaps basiert in der Regel auf bei den jeweiligen Vertragspartnern bestehenden fixen Zahlungsverpflichtungen. Eine typische Konstellation wäre beispielsweise, dass eine Partei einen Festzinskredit aufgenommen hat, sich aber nachträglich aufgrund geänderter Finanzierungsinteressen lieber zu variablen Konditionen refinanzieren möchte und seine Gegenpartei nunmehr anstelle eines variablen Kredits lieber einen Kredit zu Festsatzkonditionen hätte, da sie mit steigenden Zinsen rechnet.[320] Im Rahmen des Swaps werden dann zu den zuvor festgelegten Zeitpunkten entsprechende Zahlungen an den jeweils anderen Vertragspartner geleistet, die der Höhe dessen Zinsverbindlichkeit entsprechen. Bei Swaps, an denen einseitig Banken beteiligt sind, besteht deren Interesse häufig am Erhalt von Zahlungen, die dann zur Tilgung von bestehenden Verbindlichkeiten gegenüber Einlegern (Zinszahlungen) eingesetzt werden.[321] Die genaue Ausgestaltung von Zinsswaps sowie Swaps im Allgemeinen divergiert sehr stark und reicht von einfach bis hochkomplex strukturierten Vertragsgestaltungen. Auf die einzelnen Varianten soll im Folgenden nicht näher eingegangen werden, sondern eine Darstellung von bestehenden Aufklärungspflichten anhand einer Klassifizierung zwischen einfach und komplex strukturierten Swaps erfolgen.

---

316 *Jahn*, in: Schimansky/Bunte/Lwowski, Bankrechts-Hdb., § 114 Rn. 2.
317 Diese Kategorisierung vornehmend *Jahn*, in: Schimansky/Bunte/Lwowski, Bankrechts-Hdb., § 114 Rn. 2 (mit nachfolgenden Detailbeschreibungen).
318 *Müller*, in: Saenger/Aderhold/Lenkaitis/Speckmann, Handels- und Gesellschaftsrecht, § 16 Rn. 123; *Köhler*, in: Schwintowski, Bankrecht, § 21 Rn. 45.
319 *Erne*, in: Claussen, Bank- und Börsenrecht, § 5 Rn. 101.
320 *Erne*, in: Claussen, Bank- und Börsenrecht, § 5 Rn. 102 (mit anschaulichem Beispiel).
321 *Jahn*, in: Schimansky/Bunte/Lwowski, Bankrechts-Hdb., § 114 Rn. 3.

*bb) Umfang der Aufklärungspflicht*

Inhalt und Umfang der Aufklärungspflichten im Rahmen eines (Zinssatz)Swaps orientieren sich an der Person des Kunden, insbesondere an dessen Erfahrungshintergrund, dem Anlegerprofil sowie am konkreten Anlageobjekt und somit insgesamt an der bestehenden Pflicht zur anleger- und objektgerechten Beratung.[322] Neben den allgemeinen Umständen wie dem Wissensstand sowie der Risikobereitschaft ist für den Umfang der Aufklärungspflicht vor allem auch relevant, ob es sich um einen einfach strukturierten oder hochkomplex strukturierten Swap handelt.[323]

(1) Einfach-strukturierte Swaps

Ein einfach-strukturierter Zinsswap, der einem in solchen Geschäften erfahrenen Kunden über die gesamte Laufzeit eine feste und zugleich der Bank eine variable Zinslast (3-Monats-Euribor) auferlegt, ist grundsätzlich als anlegergerecht einzustufen.[324] Das Verlustrisiko bei Swap-Geschäften dieser Art ist beschränkt auf die Differenz zwischen dem vereinbarten Festzins und den (theoretisch möglichen) Null Prozentsatz des variablen Zinses. Demzufolge liege auch keine Aufklärungspflichtverletzung des Beraters vor, wenn ein Hinweis auf ein unbegrenztes Verlustrisiko nicht erfolgt sei, da ein solches Risiko gerade nicht bestehe.[325] Letzteres wird man unabhängig vom jeweiligen Vertragspartner annehmen können. Demgegenüber wird man allerdings, je nach der konkreten Geschäftserfahrenheit des Kunden, einen Hinweis auf ein einseitig bestehendes Kündigungsrecht der Bank verlangen müssen und zwar unabhängig davon, ob sich ein solches aus dem Vertragstext selbst durch hervorgehobene Überschrift ergibt. Das OLG München verneinte zwar eine solche Pflicht, stellte dabei aber explizit auf die konkreten Umstände des Einzelfalls ab, da sich im zu entscheidenden Fall auf beiden Seiten erfahrene Kaufleute gegenüberstanden und so entsprechend der Grundsätze über das kaufmännische Bestätigungsschreiben ein Vertrag mit dem schriftlich niedergelegten Inhalt – einschließlich des Kündigungsrechts – zustande kam.[326]

---

322 BGH NJW 2011, 1949, 1950 ff.; OLG München WM 2014, 1581, 1582.
323 OLG München WM 2014, 1581, 1852.
324 OLG München WM 2014, 1581, 1582 (Die Klägerin war ein mittelständisches Unternehmen, welches durch eine in Swap-Geschäften erfahrene Diplomkauffrau vertreten wurde).
325 OLG München WM 2014, 1581, 1583.
326 OLG München WM 2014, 1581, 1583.

(2) Komplex-strukturierte Swaps

Ein klassisches Beispiel für einen komplexen und zugleich sehr verbreiteten Swap stellt der sog. CMS Spread Ladder Swap dar. Bei diesem „wetten" der jeweilige Kunde mit der (Deutschen) Bank auf die Entwicklung des Zinsabstands zwischen kurzfristigen und langfristigen Refinanzierungszinssätzen (10- und 2-Jahres Euribor) bezogen auf einen (fiktiven) Nominalbetrag und eine zuvor festgelegte Laufzeit. Sofern sich der Zinsabstand während der Laufzeit vergrößert, erzielt der Kunde einen Gewinn, während im Falle einer Verringerung des Abstands die Bank profitiert. Ein besonders großes Verlustrisiko des Kunden besteht jedoch für den atypischen Fall einer sog. inversen Zinsstruktur, bei welcher der langfristige Zinssatz unter den kurzfristigen fällt.

Der BGH bezeichnet solche Swaps als „hoch komplex strukturiertes Finanzprodukt" und stellt folglich entsprechend hohe Anforderungen an die Beratungspflichten der beratenden Bank.[327] So könne beispielsweise nicht allein aufgrund der Tatsache, dass die Kundin Diplom-Volkswirtin sei, erwartet werden, dass sie die Struktur von Swap-Verträgen und deren mathematische Formeln angesichts der in den Präsentationsunterlagen verwendeten Beispielsrechnungen verstehe, zumal ihre Tätigkeit als Prokuristin eines mittelständischen Unternehmens für Waschraumhygiene den Besitz entsprechender Kenntnisse nicht nahe lege.[328] Der jeweilige Anlageberater ist verpflichtet, vor allem eine sehr umfassende Ermittlung der Risikobereitschaft seines jeweiligen Kunden vorzunehmen. Nicht ausreichend sei hierbei etwa, dass Produktrisiken anhand von Berechnungsbeispielen geschildert und auf ein „theoretisch unbegrenztes" Verlustrisiko hingewiesen werde, da bei einem derart komplex strukturierten Finanzprodukt nicht ohne Weiteres davon ausgegangen werden könne, dass der das Geschäft abschließende Kunde auch bereit sei, hohe Risiken zu tragen.[329] Auch aus eventuell zuvor abgeschlossenen Swap-Verträgen könne man keine Rückschlüsse auf die Risikobereitschaft ziehen, sofern die entsprechenden Verträge keine vergleichbare Risikostruktur aufweisen. Anders als bei einfach-strukturierten Swaps sei das Verlustrisiko nämlich nicht begrenzt. Demnach müsse der Berater seinem Kunden in nicht verharmlosender Weise deutlich machen, dass das für ihn nach oben nicht begrenzte Verlustrisiko nicht nur theoretisch sei, sondern abhängig von der Entwicklung des Zinsabstands vielmehr real und ruinös sein könne.[330]

---

327  BGH NJW 2011, 1949, 1952.
328  BGH NJW 2011, 1949, 1951.
329  BGH NJW 2011, 1949, 1951.
330  BGH NJW 2011, 1949, 1952.

Weiterhin bestehe eine gesonderte Aufklärungspflicht insoweit, als das Chance-Risikoverhältnis bei CMS Spread Ladder Swap unausgewogen sei, da auf Seiten des Kunden ein Totalverlustrisiko drohe, das Ausfallrisiko der Bank hingegen begrenzt sei.[331] Ferner müsse die Bank über den von ihr einstrukturierten, anfänglich negativen Marktwert sowie einen weiteren schwerwiegenden Interessenkonflikt gegenüber ihrem Kunden aufklären, welcher sich daraus ergebe, dass der Gewinn der Bank zugleich der spiegelbildliche Verlust des Kunden sei.[332] Die besondere Aufklärungsbedürftigkeit resultiert mithin daraus, dass die Bank in solchen Fällen – anders als bei sonstigen Anlageempfehlungen – nicht lediglich Berater, sondern zugleich auch Gegenpartei des Kunden ist.

### cc) *Bewertung der Swap-Rechtsprechung im Schrifttum*

Teilweise wird die dargestellte Swap-Rechtsprechung des BGH als unzulässige Rechtsfortbildung kritisiert.[333] Die gerichtlich statuierten strengen Beratungsanforderungen weiteten die (vertraglichen) Beratungspflichten zu stark aus und führten zu einem faktischen Verbot solcher Geschäfte, was als ein nicht zu rechtfertigendes Übergreifen in die Legislative zu werten sei.[334] Andere wiederum erkennen ebenfalls eine mit der Rechtsprechung einhergehende (wohl) faktische Verbotswirkung, begrüßen zugleich aber ausdrücklich die Lösung des BGH.[335] So sei es richtig, dass entsprechend der sehr hohen Produktrisiken, die sich vor

---

331 BGH NJW 2011, 1949, 1952.
332 BGH NJW 2011, 1949, 1952 f.; präzisierend in der Folge BGH NJW 2015, 2248, 2251 f., wonach eine Aufklärungspflicht über einen anfänglichen negativen Marktwert nur in Zwei-Personen-Verhältnissen und bei fehlenden konnexen Grundgeschäften (zur Absicherung von Zins- oder Währungsrisiken) bestehen soll; hingegen keine Aufklärungspflicht über einen anfänglichen negativen Marktwert bei einem Cross-Currency-Swap annehmend BGH NJW 2015, 1095, 1097 f., da die beratende Bank nicht zugleich Vertragspartnerin des CCS-Vertrages war und es insoweit an einem schwerwiegenden Interessenkonflikt mangele; ebenfalls keine derartige Aufklärungspflicht bei einfach-strukturierten Swaps annehmend OLG München WM 2014, 1581, 1583; OLG Köln BKR 2012, 203, 205 f.; nachfolgend auch LG Köln BB 2012, 1053, 1054.
333 *Herresthal*, ZIP 2013, 1049.
334 *Herresthal*, ZIP 2013, 1049, 1057; kritisch auch *Grundmann*, WM 2012, 1745, 1747 („*ex post* wirkende Produktverbote bei Instrumenten, die *ex ante* für den Kunden gar nicht transparent darzulegen sind").
335 *Spindler*, NJW 2011, 1920; *Wiechers*, WM 2012, 477, 480; die Frage des Bestehens eines faktischen Produktverbotes offen lassend *Buck-Heeb*, WM 2014, 385, 387.

allem im bestehenden Totalverlustrisiko zeigten, zugleich auch die Anforderungen an die Beratung ansteigen.[336]

*dd) Eigene Bewertung*

Es ist zunächst festzuhalten, dass (CMS Spread Ladder) Swaps hochkomplexe und zugleich sehr risikobehaftete Anlageprodukte sind, die zudem schon allein aufgrund ihres Zwecks bei der Beratung von Verbrauchern wohl nur in den seltensten Fällen überhaupt eine Relevanz haben werden. Für den verbleibenden eng begrenzten Kundenkreis, bei dem ein solches Produkt als adäquate Empfehlung grundsätzlich in Betracht käme (z.B. zur Absicherung [*hedging*] von Depot- oder Zinsänderungsrisiken), wird man angesichts der sehr strengen Beratungsanforderungen, welche schon gegenüber einer in solchen Geschäften erfahrenen Kundin und zugleich gut ausgebildeten Diplom-Volkswirtin angelegt werden, in der Tat von einem von der Rechtsprechung statuierten (faktischen) Produktverbot sprechen können. Man mag dieses Ergebnis zwar auf den ersten Blick schon vor dem Hintergrund der zulasten des Kunden ausgestalteten Risikostruktur als sinnvoll erachten und die Sinnhaftigkeit solcher Produkte für Verbraucher generell anzweifeln, allerdings ist bei genauerer Betrachtung die Rechtsprechung des BGH auch in Bezug auf die Verbraucheranlageberatung kritisch zu bewerten. So sind nämlich durchaus einige, wenn auch wenige Fälle denkbar, in denen ein hochkomplexer Swap Vertrag auch für (vermögende, risikoreiche) Anleger sinnvoll und gewünscht sein kann. Diesen wird zukünftig aber wohl ausnahmslos ein solches Produkt nicht mehr angeboten werden, selbst wenn der Kunde über die notwendigen Kenntnisse verfügen würde, da der BGH die Aufklärungsmaßstäbe in einigen Punkten erheblich überdehnt hat. Insbesondere die Feststellung, dass „selbst wenn die Bank Risiken des Produkts anhand von Berechnungsbeispielen schildere und auf ein theoretisch unbegrenztes Verlustrisiko hinweise, (sie) bei einem so hoch komplex strukturierten Finanzprodukt nicht ohne Weiteres davon ausgehen könne, dass ein Kunde, der das Geschäft abschließt, auch bereit ist, hohe Risiken zu tragen",[337] erscheint konstruiert und wenig überzeugend. Gleiches gilt auch hinsichtlich der vom Gericht angenommenen hohen Schutzbedürftigkeit der Kundin trotz ihrer grundsätzlichen Erfahrenheit in solchen Geschäften und ihrer einschlägigen beruflichen Bildung.

---

336 *Wiechers*, WM 2012, 477, 480.
337 BGH NJW 2011, 1949, 1951.

Derart strenge Anforderungen laufen auf einen „Schutz des Kunden vor sich selbst hinaus", welcher jedenfalls bei erfahrenen Kunden nicht legitim ist. Durch die aufgestellten strengen Anforderungen und das hieraus folgende faktische Verbot solcher Geschäfte wurde der Kreis der Schutzbedürftigen überdehnt und dabei zugleich nicht nur in den Geschäftsbereich der Banken, sondern (auf lange Sicht) auch in die Entscheidungsfreiheit einzelner Kunden eingegriffen. Ausdrücklich zu begrüßen ist allerdings, dass die Rechtsprechung bislang sehr konsequent zwischen hochkomplexen und einfach-strukturierten Swaps unterscheidet und damit das selbst statuierte faktische Produktverbot nicht noch auf weitere Produktbereiche (einfach-strukturierte Swaps) ausweitet.[338] Darüber hinaus ist auch in der jüngeren Rechtsprechung zu komplexeren Swaps durchaus eine Tendenz zu einer eher restriktiveren Annahme von Aufklärungspflichten und eine stärkere Ausrichtung der Anlageberatung am Einzelfall und den individuellen Kenntnissen des Kunden erkennbar.[339]

## 5. Fonds

Ein von Beratern gegenüber Verbrauchern häufig empfohlenes Anlageprodukt stellen Fonds dar. Einerseits sind Fonds nämlich gerade für solche Kunden attraktiv, die ein Direktinvestment in Aktien mangels fehlender Risikostreuung meiden, und andererseits bieten sie auch den Instituten deutlich höhere Ertragschancen im Vergleich zur Empfehlung von Einzelaktien. Hinsichtlich der Anforderungen an die Aufklärungspflichten kann vor allem zwischen Investmentfonds und Immobilienfonds unterschieden werden.

### a) Klassische Investmentfonds

Der Stellenwert klassischer Investmentfonds ist in der Anlageberatung seit langer Zeit sehr hoch, wobei zuletzt vor allem die Nachfrage nach passiv verwalteten, günstigen Indexfonds (*Exchange Traded Funds [ETF]*) sprunghaft angestiegen ist und den Investmentfondsmarkt revolutionierte. Auch für die Aufklärungspflichten ist die Unterscheidung zwischen aktiv und passiv gemanagten Fonds von Bedeutung. So ist neben dem allgemein bestehenden Kursschwankungsrisiko[340] bei aktiv gemanagten Fonds zusätzlich über die Zusammensetzung des Fondsvermögens, die Anlagestrategie sowie das Fondsmanagement

---

338 Die vom BGH vorgenommene Abgrenzung betonend auch *Buck-Heeb*, WM 2014, 385, 387.
339 BGH NJW 2015, 1095 (Cross-Currency-Swap).
340 AG Frankfurt a.M. NJW-RR 1996, 110 (Rentenfonds).

aufzuklären.[341] Sofern der Berater dem Kunden einen Aktienfonds empfiehlt, muss er darauf hinweisen, dass das Aktienkursrisiko auch auf den Fonds durchschlägt und zu massiven Verlusten führen kann, sodass die Bezeichnung eines Aktienfonds als „Investmentfonds" aufgrund der Risikoverschleierung zu unterlassen ist.[342] Hinsichtlich einer Beratung von ETFs wird man entsprechend zu den bei Aktienfonds bestehenden Aufklärungspflichten zumindest eine Aufklärung über den konkreten abgebildeten Index (Benchmark) sowie das Aktienkursrisiko verlangen müssen. Auf ein Emittentenrisiko muss bei Indexfonds – ebenso wie bei Investmentfonds – hingegen nicht hingewiesen werden, da beide Anlageprodukte Sondervermögen sind und damit im Fall einer Insolvenz nicht zur Insolvenzmasse des Emittenten gehören.

*b) Immobilienfonds*

Innerhalb der Produktklasse der Immobilienfonds ist auch hinsichtlich der Aufklärungspflichten eine Unterscheidung zwischen Geschlossenen und Offenen Immobilienfonds vorzunehmen.

*aa) Geschlossene Immobilienfonds*

Bei Geschlossenen Immobilienfonds wird der vom Kunden angestrebte Gewinn ganz maßgeblich von den Erträgen (Mieterträgen) des Anlageobjektes bestimmt, sodass der Anleger häufig vor dem Investment eine ungefähre Einschätzung hierüber wünscht. Der Anlageberater ist grundsätzlich zu einer solchen Aufklärung verpflichtet, wobei nicht schon allein deshalb ein Beratungsfehler anzunehmen ist, wenn sich die Einschätzung *ex post* als falsch erweist.[343] Bei Beteiligungen an Geschlossenen Immobilienfonds ist der Kunde auf die mangels Sekundärmarkt bestehende eingeschränkte Veräußerbarkeit (Fungibilität) hinzuweisen, da die fehlende Möglichkeit die Beteiligung zu verkaufen einen Umstand darstellt, der für einen durchschnittlichen Anleger im Hinblick auf seine Anlageentscheidung

---

341 LG München BKR 2004, 242 (lediglich Leitsatz abgedruckt); *Nobbe*, in: Horn/Schimansky, Bankrecht 1998, 235, 257; *Schäfer/Müller*, Haftung für fehlerhafte Wertpapierdienstleistungen, Rn. 172 mit Verweis auf Nr. 3.2.3 der RL des BAWe zu §§ 31, 32 WpHG (das BAWe ist mittlerweile in die BaFin integriert worden); zuletzt *Nobbe/Zahrte*, in: MK-HGB, Band VI, Anlageberatung, Rn. 256.
342 BGH NZG 2008, 117, 118.
343 BGH NJW-RR 2010, 115, 116 f.; BGH NJW 2010, 2506, 2507 (letztere Entscheidung bzgl. einer Haftung des Prospektherausgebers).

von erheblicher Bedeutung ist.[344] Dies gelte ausdrücklich auch dann, wenn zunächst eine langfristige Anlage geplant sei (z.b. zur Altersvorsorge), weil auch in diesen Fällen ein vorzeitiges Bedürfnis entstehen könne, die festgelegten Vermögenswerte liquide zu machen, beispielsweise wegen Arbeitslosigkeit, Kurzarbeit, krankheitsbedingtem Verlust der Erwerbsfähigkeit oder auch nur einer Änderung der Anlageziele. Folglich seien die Bedingungen, zu denen ein Anleger auch auf langfristig festgelegtes Geld vorzeitig zurückgreifen kann, ein wesentliches Element der Investitionsentscheidung, über das stets aufzuklären sei.[345]

*bb) Offene Immobilienfonds*

Bei Offenen Immobilienfonds muss der Anleger über die Fondsimmobilien, die Vermietung samt Mieterträgen, das Mietausfallrisiko, Kurs- und Renditeschwankungen sowie den bisherigen Fondsverlauf informiert werden.[346] Ein bedeutender Unterschied von Offenen gegenüber Geschlossenen Immobilienfonds ist die bessere Handelbarkeit. Diese resultiert zum einen aus dem grundsätzlich geltenden sog. Open-End-Prinzip, nach welchem der Anleger das (jederzeitige) Recht hat, seinen Anteil zum Rücknahmepreis an die Kapitalverwaltungsgesellschaft zurückzugeben (vgl. § 98 I KAGB) sowie zum anderen aus einem bestehenden Sekundärmarkt.[347] Unter bestimmten, engen Voraussetzungen kann das Recht der jederzeitigen Rückgabemöglichkeit jedoch ausgesetzt und damit die Fungibilität deutlich eingeschränkt werden.[348] Fraglich war deshalb, ob der Anlageberater seinen Kunden auf dieses Risiko hinweisen muss. Teilweise wurde dies verneint, da es sich nur um ein rein theoretisches und daher fernliegendes Risiko handele und zudem für den Anleger die Möglichkeit bestanden habe, seine Anteile (mit Verlust) an der Börse zu veräußern.[349] Nach Ansicht des BGH ist hingegen über die Möglichkeit einer Aussetzung der Rücknahme stets aufzuklären, da eine solche eine Durchbrechung eines für Offene Immobilienfonds kennzeichnenden Strukturprinzips darstelle und somit auch gänzlich unerheblich sei, ob es sich bloß um ein fernliegendes Risiko handele.[350] Aufgrund der Möglichkeit, die Rücknahme der Anteile auszusetzen, bestehe für den Anleger ein während der

---

344 BGH NJW-RR 2007, 621, 622.
345 BGH NJW-RR 2007, 621, 622.
346 *Nobbe/Zahrte*, in: MK-HGB, Band VI, Anlageberatung, Rn. 257.
347 *Schultheiß*, VuR 2014, 300.
348 Zu den Voraussetzungen einer Aussetzung *Schultheiß*, VuR 2014, 300, 301.
349 OLG Dresden WM 2013, 363, 365 f. (mit ausführlicher Analyse der bisherigen Rechtsprechung).
350 BGH NJW 2014, 2945, 2945 f.; in der Folge auch OLG Dresden NZG 2015, 832.

gesamten Investitionsphase bestehendes Liquiditätsrisiko, über das er vor seiner Anlageentscheidung informiert werden müsse. Hieran ändere auch eine bestehende Möglichkeit nichts, die Anteile an der Börse zu veräußern, da die Preise dort durch spekulative Elemente beeinflusst würden und insoweit keinen gleichwertigen Ersatz für die gesetzlich geregelte Möglichkeit darstellten, die Anteile zu einem vorab festgelegten Rücknahmepreis an die Kapitalanlagegesellschaft zurückzugeben.[351] Der Ansicht des BGH ist zuzustimmen, da die Rückgabemöglichkeit ein wesentliches Merkmal Offener Immobilienfonds darstellt, sodass die Kunden über ein solches Fehlen zwingend aufgeklärt werden müssen.

Insgesamt können (breit gestreute) Offene Immobilienfonds mit Blick auf ihre Funktionsweise und die üblicherweise bestehenden Risiken von den Anlageberatern in aller Regel als relativ sicher bzw. risikoarm, nicht hingegen als absolut sicher oder risikolos bezeichnet werden.[352]

### III. Festlegung eines einheitlichen Aufklärungsniveaus möglich?

Mit Blick auf die beachtliche Vielzahl sowie die teilweise umstrittenen Fragen bezüglich des Bestehens und des Umfangs der dargestellten vertriebsbezogenen und produktspezifischen Aufklärungspflichten ist es sowohl für die Berater und Kunden als auch für die im Prozessfall zuständigen Gerichte oftmals schwierig festzustellen, welche konkreten Aufklärungspflichten bestanden haben und ob eine Verletzung dieser anzunehmen ist. In den häufig durch mehrere Instanzen gehenden Gerichtsverfahren kommt es zu komplexen und umfangreichen Beweisfragen aufgrund der konkreten Umstände des Einzelfalls. Es stellt sich daher die Frage, ob nicht anstelle der sehr spezifischen und individuell divergierenden Aufklärungspflichten ein einheitliches Aufklärungsniveau für alle Anlageprodukte und Verbraucher entwickelt werden könnte. Eine derartige Standardisierung könnte sowohl für die Kunden als auch die Berater eine erhebliche Vereinfachung darstellen.

---

351 BGH NJW 2014, 2945, 2946.
352 OLG Dresden WM 2013, 363, 364 („risikoarm"); LG Nürnberg-Fürth, Urteil vom 02.02.2012 - 10 O 5471/11.

## 1. Notwendigkeit einer vertriebsbezogenen und produktspezifischen Aufklärung

*a) Vertriebsbezogene Aufklärung*

In Bezug auf die vertriebsbezogenen Aufklärungspflichten wurde durch die Einführung von § 31d WpHG sowie die Rechtsprechungsänderung des BGH zur Offenlegungspflicht von Innenprovisionen[353] der Grundstein für eine stärkere Vereinheitlichung gelegt. Wie bereits dargestellt wurde, ist die Entscheidung des BGH dogmatisch angreifbar, sorgt aber in einem Bereich für Rechtssicherheit, der in der Vergangenheit häufig aufgrund von Abgrenzungsschwierigkeiten zwischen Rückvergütungen und Innenprovisionen sehr umstritten war. Sowohl Rückvergütungen als auch Innenprovisionen betreffen mit den von ihnen ausgehenden (Interessenkonflikts-)Gefahren einen sensiblen Bereich der für alle Anleger von Relevanz ist. Insoweit ist die nunmehr bezüglich beider Provisionsformen unabhängig von ihrer Höhe bestehende Aufklärungspflicht aus Anlegersicht zweckdienlich und sinnvoll. Aus Sicht der zumeist „kostenlos" beratenden Anlageberater stellt die Offenlegungspflicht hingegen einen gewichtigen Einschnitt dar, wobei vor allem die Tatsache, dass die Aufklärungspflicht bei Innenprovisionen nunmehr unabhängig von der Höhe besteht, zunächst Zweifel an der Verhältnismäßigkeit aufkommen lässt.[354] Andererseits sollte aber berücksichtigt werden, dass die Offenlegungspflicht jedenfalls für gebundene Berater flächendeckend besteht und auch angesichts der „kostenlosen" Beratung die Erwartungshaltung des Kunden nicht auf eine vollständig provisionsfreie Beratung gerichtet sein kann. Insoweit ist auch bereits mangels Alternativen (mit Ausnahme der Honorarberatung) nicht davon auszugehen, dass Kunden bei marginalen Unterschieden in der Höhe der Innenprovisionen bei sonstiger Zufriedenheit ihr Beratungsinstitut wechseln werden. Zudem könnten aufgrund der mit der Offenlegung verbundenen Transparenzsteigerung solche Kundenbewegungen evaluiert und das Beratungs- und Produktangebot entsprechend angepasst werden. Insoweit sind die mit der Offenlegungspflicht einhergehenden Eingriffe in die Geschäftstätigkeit der Anlageberatungsinstitute hinnehmbar. Gerade für sehr beratungsorientierte Institute bietet die Offenlegungspflicht mit der hierdurch einhergehenden Kenntnis der üblichen Vergütungsstruktur von Mitkonkurrenten zudem die Chance, ihren Kunden die Qualität und den Umfang ihrer Dienstleistungen stärker zu erläutern und auf diese Weise eine stärkere Kundenbindung zu erreichen.

---

353 BGH NJW 2014, 2947.
354 Siehe hierzu § 4 I. 2.

Nach alledem ist die mittlerweile statuierte Angleichung der Offenlegungspflichten über Rückvergütungen und Innenprovisionen aus Kunden- und Beratersicht als sinnvolle Vereinheitlichung anzusehen. Eine noch weitergehende Verpflichtung der Berater, auch über Gewinnmargen ungefragt aufklären zu müssen, würde hingegen wohl die Grenze zur Unangemessenheit überschreiten. Es sollte nämlich auch der Erkennbarkeit des eigenen Gewinninteresses des Beraters/Beratungsinstituts insoweit Rechnung getragen werden, als dass die für den Kunden evidente Produktverkäufereigenschaft nicht gänzlich unberücksichtigt bleibt. So wie eine Aufklärungspflicht über Gewinnmargen für Produktverkäufer auch in anderen Branchen nicht ernsthaft diskutiert wird, sollte eine solche auch im Bereich der provisionsfinanzierten Anlageberatung unterbleiben. Mithin stellt die durch die Normierung von § 31d WpHG und der hierzu entsprechenden Rechtsprechung eingeleitete Angleichung der vertriebsbezogenen Aufklärungspflichten einerseits eine sinnvolle Standardisierung, andererseits aber zugleich auch die Grenze einer angemessenen vertriebsbezogenen Kundenaufklärung dar.

### b) Produktspezifische Aufklärung

Bei genauerer Betrachtung der produktspezifischen Aufklärungspflichten wird deutlich, dass abgesehen von den Unterschieden zwischen den einzelnen Anlageformen auch bereits innerhalb einzelner Anlageklassen je nach konkreter Produktausgestaltung zum Teil erhebliche Unterschiede bei den Produktrisiken und damit auch hinsichtlich des notwendigen Aufklärungsumfangs bestehen. Dies gilt nicht lediglich für Produkte wie Swaps, welche in der Verbraucheranlageberatung weniger relevant sind, sondern beispielsweise auch für Aktien und Zertifikate.

Um ein zu geringes Kundenschutzniveau zu verhindern, wäre eine Standardisierung in der Weise denkbar, dass sich der Aufklärungsumfang stets an den jeweils höchsten Produktrisiken orientieren muss. Ein solches Vorgehen erscheint jedoch bei genauerer Betrachtung selbst aus der Kundensicht nicht sinnvoll. Es bestünde nämlich ähnlich wie bei medizinischen Beipackzetteln die Gefahr, dass einige Anleger bei objektiv wenig risikoreichen Anlageprodukten aufgrund der umfangreichen Risikoaufklärung vom Kauf eines für sie adäquaten Produktes abgehalten würden, während andere wiederum, aufgrund einer inflationären Maximalrisikoaufklärung die tatsächlichen Produktrisiken unterschätzen könnten. Zudem wäre es in einem potenziellen gerichtlichen Verfahren für die Anlageberater möglich, sich auf die stets erfolgte vollumfängliche Aufklärung zurückzuziehen, obwohl eventuell der hierdurch erreichte Warneffekt beim Kunden tatsächlich nicht eingetreten ist. Eine derartige Angleichung der

Aufklärungspflichten könnte daher letztlich auch prozessuale Nachteile für die Kunden haben. Im Ergebnis kann eine sinnvolle Vereinheitlichung der Aufklärungspflichten bezogen auf die produktspezifischen Aufklärungspflichten wohl nicht erfolgen. Es ist daher sinnvoll an der zwar bisweilen schwierigen, zugleich aber notwendigen spezifischen Aufklärung nach jeweiliger Produktklasse und (!) Produktausgestaltung festzuhalten.

## 2. Notwendigkeit einer einzelfallbezogenen Aufklärung

Auch eine vom Einzelfall losgelöste, stärker standardisierte Aufklärung stößt auf Bedenken. So muss vor allem beachtet werden, dass es abstrakt „den Verbraucher als Kunden" nicht gibt,[355] sondern sich die Menschen von Person zu Person erheblich unterscheiden. Hierbei sind für den Bereich der Anlageberatung vor allem Unterschiede bei der Beherrschung der deutschen Sprache, dem allgemeinen und dem finanzbezogenen Bildungsniveau von Bedeutung. Eine Angleichung der Aufklärungspflichten würde es notwendig machen, die jeweiligen Individuen zu einer homogenen Gruppe zu vereinen, was angesichts der bestehenden Unterschiede bereits problematisch erscheint.[356] Zugleich wäre eine Standardisierung der Aufklärungspflichten aus Anlegersicht nur dann legitim, wenn sich hierdurch das individuelle Schutzniveau nicht verringern würde. Dieser Anspruch ließe sich aber selbst durch eine extrem umfangreiche Kundenaufklärung nicht erreichen, da es auch dann noch einzelne Kunden gäbe, welche die mitgeteilten Produktrisiken nicht auf Anhieb, sondern erst durch Nachfrage und weitere persönliche Hinweise bzw. vertiefte Erklärungen verstehen. Lediglich eine flächendeckende und sehr umfassende Risikoaufklärung lässt folglich noch nicht zwingend auch auf eine individuell anleger- und objektgerechte Beratung schließen.

Es wird insoweit deutlich, dass es für eine umfassende kundenorientierte Anlageberatung unumgänglich ist, alle Umstände des Einzelfalls zu berücksichtigen und die Beratung hieran anzupassen. Ein weiterer Vorteil einer individuell ausgerichteten, wenig standardisierten Beratung liegt zudem darin, dass auch die

---

355 Vgl. auch *Buck-Heeb*, ZHR 176 (2013), 66, 92 m.w.N., die betont, dass es „den" Anleger nicht gebe und diese Erkenntnis in gewissem Widerspruch zu den vorgenommenen Typisierungen im Anleger- und Verbraucherrecht stehe.
356 Siehe zur Problematik einer Kategorisierung auch *Buck-Heeb*, ZHR 177 (2013), 310, 339 („Manche Privatkunden benötigen daher weniger, andere mehr Informationen als der sog. Durchschnitt").

Beratung von erfahrenen Verbrauchern (worunter z.B. auch ein sein Privatvermögen anlegender Sparkassendirektor fällt) nicht durch eine zeitintensive und überflüssige Risikoaufklärung verkompliziert und damit letztlich auch dem Prinzip der Eigenverantwortung Rechnung getragen wird.

## IV. Anspruchsgrundlagen bei fehlerhafter Anlageberatung im Überblick

### 1. Haftung aus Vertrag

Die wichtigste Anspruchsgrundlage für Schadensersatz im Falle fehlerhafter Anlageberatung ist die vertragliche Haftung des Anlageberatungsinstituts aus § 280 I BGB i.V.m. dem (konkludent) abgeschlossenen Beratungsvertrag. Dogmatisch handelt es sich um einen Schadensersatzanspruch neben der Leistung, da der Schaden mit der auf der Anlageberatung basierenden Anlageentscheidung entsteht und nicht mehr durch eine Nacherfüllung in Form einer fehlerfreien Anlageberatung beseitigt werden kann.[357] Der Anspruch richtet sich in der Regel gegen das jeweilige Beratungsinstitut (v.a. Banken) und nicht gegen den Berater persönlich, da letzterer als Erfüllungsgehilfe gem. § 278 BGB tätig wird. Neben der spezifischen Vermutung aufklärungsrichtigen Verhaltens liegt der Vorteil eines vertraglichen Anspruchs für den Anleger in der Verschuldensvermutung des § 280 I 2 BGB. Im Übrigen gelten jedoch auch in Anlegerschutzprozessen die allgemeinen prozessualen Grundsätze. Folglich hat der den Schadensersatz geltend machende Anleger die Darlegungs- und Beweislast für das Vorliegen der anspruchsbegründenden Voraussetzungen.[358] Die beklagte Bank muss daraufhin die vom Anleger behauptete Fehlberatung substantiiert bestreiten und darlegen, wie im Einzelfall beraten und aufgeklärt wurde.[359] In der Folge obliegt dem Anleger wiederum der Nachweis, dass die Gegendarstellung nicht zutrifft.[360] Anspruchssteller des Schadensersatzanspruchs ist üblicherweise der geschädigte Anleger. Im Einzelfall können aber auch Dritte in den Schutzbereich des Beratungsvertrages einbezogen sein, wenn deutlich wird, dass der Inhalt des Beratungsgesprächs die Grundlage einer Anlageentscheidung eines Dritten sein soll

---

357 *Bracht*, in: Schwintowski, Bankrecht, § 18 Rn. 43.
358 BGH NJW 2000, 3558, 3559; BGH NJW 2006, 1429, 1430.
359 *Kirchhartz*, in: Claussen, Bank- und Börsenrecht, § 3 Rn. 92.
360 BGH NJW 2006, 1429, 1430 m.w.N.

und der Bankberater sein Einverständnis hierzu durch entsprechendes Verhalten zum Ausdruck gebracht hat.[361]

## 2. Haftung aus Gesetz

*a) Culpa in contrahendo*

Aufgrund der sehr geringen Anforderungen, welche die Rechtsprechung an das Zustandekommen eines Beratungsvertrags stellt, kommt eine vorvertragliche Haftung aus §§ 280, 241 II, 311 II BGB nur in den Fällen in Betracht, in denen ausnahmsweise kein (konkludenter) Beratungsvertrag zwischen Kunde und Beratungsinstitut zustande gekommen ist. In solchen Fällen sind Ansprüche des Kunden nicht nur gegenüber dem Beratungsinstitut als in Aussicht genommenen Vertragspartner, sondern grundsätzlich auch gegenüber einem Vertreter oder Beauftragten persönlich denkbar, sofern diese ein besonderes persönliches Vertrauen in Anspruch genommen haben, welches über das „normale" Verhandlungsvertrauen hinausgeht.[362]

*b) §§ 823 I, 831 BGB*

Neben vertraglichen Ansprüchen können im Falle einer Falschberatung vor allem deliktische Schadensersatzansprüche bestehen. Eine Haftung aus § 823 I BGB bzw. § 831 BGB scheidet hierbei jedoch aus, da es dem Anleger um den Ersatz eines (reinen) Vermögensschadens geht und das Vermögen als solches von § 823 I BGB nicht geschützt wird.

*c) § 823 II BGB i.V.m. Schutzgesetz*

Eine deliktische Haftung wäre hingegen über § 823 II BGB i.V.m. den §§ 31 ff. WpHG denkbar, sofern man den Schutzgesetzcharakter der §§ 31 ff. WpHG bejaht. Nach der vom BGH und hier vertretenen Ansicht ist Letzteres hingegen zu verneinen.[363] Hingegen kommt potenziell eine Haftung des Anlageberaters aus § 823 II BGB i.V.m. § 263 StGB (Betrug) in Betracht, da § 263 StGB

---

361 OLG München BKR 2010, 385, 387.
362 Siehe hierzu OLG Braunschweig ZIP 1993, 1457, 1458, wobei im konkreten Fall eine persönliche Haftung des Anlageberaters abgelehnt wurde.
363 Siehe zum Streitstand § 3 II. 3.

anerkanntermaßen ein Schutzgesetz im Sinne des § 823 II BGB darstellt.[364] Die Anlageentscheidung des Kunden muss hierfür auf einer Täuschungshandlung des Beraters beruhen, der wiederum sowohl vorsätzlich als auch mit Bereicherungsabsicht handeln muss. Die gesamten tatbestandlichen Voraussetzungen des § 263 StGB werden zumeist nur schwer nachweisbar sein, sodass die Anspruchsgrundlage nur geringe praktische Relevanz besitzt.[365] Für einen deliktischen Schadensersatzanspruch aus § 823 II BGB i.V.m. § 266 StGB (Untreue) müsste die erforderliche Vermögensbetreuungspflicht bejaht werden. Das reine Bestehen eines Anlageberatungsvertrags reicht hierzu jedoch wohl nicht aus, da der Anlageberater, anders als der dispositionsbefugte Vermögensverwalter, nicht selbstständig auf das Vermögen des Anlegers einwirken kann.[366] Im Einzelfall ist bei Verlusten aus Börsenspekulationsgeschäften ein Schadensersatzanspruch des Anlegers aus § 823 II BGB i.V.m. § 26 BörsG denkbar. Voraussetzung hierfür ist zunächst, dass § 26 BörsG ein Schutzgesetz i.S.d. § 823 II BGB darstellt. Diese Frage ist gerichtlich noch nicht entschieden, wird aber von der herrschenden Ansicht in der Literatur bejaht.[367] Allerdings ist zu beachten, dass aufgrund des Tatbestandsmerkmals einer „Ausnutzung der Unerfahrenheit in Börsenspekulationsgeschäften" der Kreis potenzieller Gläubiger von vornherein begrenzt ist und ein potenzieller Anspruch aufgrund einer gleichzeitigen Verletzung der Pflicht zur anleger- und objektgerechten Beratung in der Regel keine besondere Relevanz mehr haben wird.[368]

*d) § 826 BGB*

Es verbleibt daher lediglich eine (seltene) potenzielle Haftung wegen vorsätzlicher sittenwidriger Schädigung aus § 826 BGB. Die Haftungsvoraussetzungen

---

364 Siehe etwa BGH NJW 1972, 36; BGH NJW 1993, 2992; BGH NJW-RR 2005, 751; BGH NJW-RR 2011, 1661.
365 Siehe ausführlich zu den tatbestandlichen Voraussetzungen und den Fragen praktischer Relevanz *Stackmann,* NJW 2013, 1985.
366 BGH NJW 1991, 2574 (zum Erfordernis der Dispositionsbefugnis); *Zieschang,* in: Park, Kapitalmarktstrafrecht, § 266 StGB Rn. 45 m.w.N.
367 *Nobbe/Zahrte,* in: MK-HGB, Band VI, Anlageberatung, Rn. 403; *Schwark,* in: Schwark/Zimmer, KMRK, § 26 BörsG Rn. 8; *Uhl,* in: Heidel, Aktienrecht und Kapitalmarktrecht, § 26 BörsG Rn. 2; bzgl. der Vorgängernorm (§ 89 BörsG) bejahend auch OLG Düsseldorf ZIP 1989, 220, 224 (in der Folge offen gelassen durch BGH ZIP 1989, 1448, 1449).
368 Zum begrenzten Gläubigerkreis *Nobbe/Zahrte,* in: MK-HGB, Band VI, Anlageberatung, Rn. 404.

sind insbesondere aufgrund des erforderlichen Handlungs- und (sittenwidrigen) Schädigungsvorsatzes streng. Nach der Rechtsprechung ist der Tatbestand aber beispielsweise dann erfüllt, wenn der Berater seinen Kunden über die Art und das Risiko der Anlage täuscht, indem er entgegen der vorherigen Vereinbarung das Geld nicht in einen gemischten Aktienfonds, sondern in eine (nicht börsennotierte) Einzelaktie investiert.[369]

---

[369] BGH NJW 2008, 1734, 1737.

## § 5 Die wichtigsten Regulierungsmaßnahmen

### I. Das Beratungsprotokoll

Eine der wichtigsten und sowohl für die Verbraucher als auch die Anlageberatungsinstitute unmittelbar spürbare Regulierungsmaßnahme war die Einführung einer Pflicht zur Erstellung eines Beratungsprotokolls. Eingeführt wurde diese am 01.01.2010 durch das Gesetz zur Neuregelung der Rechtsverhältnisse bei Schuldverschreibungen aus Gesamtemissionen und zur verbesserten Durchsetzbarkeit von Ansprüchen von Anlegern aus Falschberatung.

### 1. Intention

Ein wesentliches gesetzgeberisches Ziel bei der Einführung der Protokollierungspflicht war die (aufsichtsrechtliche) Erhöhung der Transparenz in der Anlageberatung. Einige Institute hatten nämlich bereits vor der Einführung der gesetzlichen Protokollierungspflicht freiwillig ein Kurzprotokoll über die Anlageberatung erstellt, jedoch beschränkte sich dieses zumeist nur auf eine oberflächliche Beschreibung der gewählten Risikoklasse, der Feststellung, ob eine Beratung stattgefunden hat sowie einen Vermerk über den Erwerb des Finanzprodukts (sog. WpHG-Bogen).[370] Anhand der insoweit enthaltenen Kerninformationen war jedoch lediglich eine ungefähre Einschätzung darüber möglich, ob das erworbene Produkt adäquat in Bezug auf die individuelle Risikoklasse des Anlegers war. Die Dienstleistung der Anlageberatung zeichnet sich jedoch maßgeblich durch den umfangreichen kommunikativen Austausch zwischen Berater und Kunden im Hinblick auf die individuelle Auswahl eines adäquaten Anlageproduktes aus.

In der Gesetzesbegründung wird daher auch ausdrücklich darauf hingewiesen, dass das Ziel der Dokumentationspflicht der Erhalt ausführlicher Informationen über den genauen Hergang sowie die abschließenden Empfehlungen des eigentlichen Beratungsgesprächs sei. Hierdurch sei beispielsweise ein mögliches Übertreiben der Renditechancen oder das Verschweigen von Risiken durch den Berater mit dem Ziel des Verkaufs eines im Vergleich zur Risikoklasse riskanteren Produkts (nachträglich) erkennbar.[371] Neben der Steigerung

---

370 BT-Drs. 16/12814, S. 27; *Kirchhartz*, in: Claussen, Bank- und Börsenrecht, § 3 Rn. 87.
371 BT-Drs. 16/12814, S. 27.

der aufsichtsrechtlichen Kontrollmöglichkeiten war jedoch auch ausdrücklich eine Beeinflussung des direkten Verhältnisses zwischen Anlageberatungsinstitut und Kunde intendiert. So wird ausdrücklich darauf verwiesen, dass die Dokumentation in Form des Beratungsprotokolls als ein (gewichtiges) Beweismittel in einem potenziellen gerichtlichen Verfahren zwischen Anleger und Bank dienen könne.[372] Zwar wird auch in der Gesetzesbegründung durch die offene Formulierung „im Streitfall kann das Protokoll als Beweismittel dienen" deutlich,[373] dass das angefertigte Protokoll als Beweismittel grundsätzlich sowohl für das Institut als auch den Anleger hilfreich sein kann. Gleichwohl ist unter Beachtung des historischen Kontextes (vorherige Finanzmarktkrise) sowie aus der Gesamtschau der übrigen Gesetzesbegründung klar erkennbar, dass hiermit insbesondere eine prozessuale Stärkung der Kundenposition bei der Durchsetzung von Ansprüchen wegen Falschberatung erzielt werden sollte.

## 2. Regelungsinhalt

*a) Rechtliche Umsetzung*

Die Protokollierungspflicht wurde in § 34 IIa, IIb WpHG normiert. Durch die aufsichtsrechtliche Statuierung der Dokumentationspflicht wird zugleich auch die primäre Intention des Gesetzes erkennbar, welche in der Stärkung der Überwachung des gesamten Anlageberatungsprozesses durch die BaFin und in der hiermit einhergehenden Transparenzsteigerung liegt. Die Pflicht besteht ausdrücklich nur gegenüber Privatkunden und nicht gegenüber professionellen Kunden im Sinne des § 31a II WpHG.

*b) Inhaltliche Anforderungen*

Im Hinblick auf die inhaltlichen Anforderungen, die an die Art und Weise der Protokollanfertigung gestellt werden, kann zwischen der persönlichen Anlageberatung und der telefonischen Anlageberatung differenziert werden.

*aa) Bei persönlicher Anlageberatung*

Nach § 34 IIa 1 WpHG muss ein Wertpapierdienstleistungsunternehmen (i.S.d. § 2 IV WpHG) über jede Anlageberatung bei einem Privatkunden (§ 31a III, V,

---

372 BT-Drs. 16/12814, S. 27.
373 BT-Drs. 16/12814, S. 27; deutlich einseitiger zugunsten der Anleger hingegen die Stellungnahme des Bundesrates, vgl. BT-Drs. 16/12814, S. 33 f. (zu § 14 VI WpDVerOV).

VII WpHG) ein schriftliches Protokoll anfertigen. Durch diese ausdrücklich im WpHG geregelte Klarstellung wird einerseits der lediglich auf Privatkunden begrenzte Anwendungsbereich festgelegt sowie andererseits normiert, dass eine Tonaufnahme als „Protokoll" nicht ausreichen soll. Hinsichtlich der weiteren inhaltlichen Anforderungen der Protokollierung sind die Vorgaben aus § 14 VI WpDVerOV relevant, welche den Pflichtenkatalog deutlich konkretisieren. Das Protokoll, welches sich auch aus verschiedenen Teilprotokollen zusammensetzen kann,[374] muss demnach insbesondere vollständige Angaben über den Anlass der Beratung, die Beratungsdauer, die Kundeninformationen, die der Beratung zugrundeliegenden Finanzinstrumente bzw. Wertpapierdienstleistungen, die vom Kunden geäußerten Wünsche sowie die vom Berater gegebenen Empfehlungen und Empfehlungsgründe enthalten. Trotz der detaillierten Inhaltsangaben sind bestimmte Anforderungen im Hinblick auf die praktische Durchführbarkeit auslegungsbedürftig. So kommt es beispielsweise in der Praxis häufig vor, dass zwischen Kunde und Berater an unterschiedlichen Tagen verschiedene Beratungsgespräche stattfinden. In solchen Fällen erscheint es im Hinblick auf die Dokumentationspflicht über die Beratungsdauer ausreichend, nur eine ungefähre Angabe zu fordern, wobei die konkrete Ausgestaltung dem Berater überlassen werden sollte.[375] Darüber hinaus ist allerdings auch nicht eindeutig geklärt, wie detailliert die Angaben über den Ablauf des Beratungsgesprächs und der hierbei eingeholten Informationen im Protokoll zu erfolgen haben. Interessant ist, dass die insoweit ungenauen gesetzlichen Vorgaben auch von Bundesrat erkannt und eine stärkere inhaltliche Konkretisierung verlangt wurde.[376] Hierzu kam es jedoch letztlich nicht, was sich bereits in der Gegenäußerung der Bundesregierung abzeichnete, in welcher sich diese kritisch zum Konkretisierungswunsch äußerte und betonte, dass man bewusst keine zu detaillierten Anforderungen an die Ausgestaltung des Protokolls treffen wolle, um eine Standardisierung der Protokollierung zu verhindern und so eine individuelle Beratung des Anlegers zu fördern.[377] Zwar ist dieser flexible Ansatz grundsätzlich

---

374 *Koller*, in: Assmann/Schneider, WpHG, § 34 Rn. 15; jedoch ist die Zusammensetzung aus Teilprotokollen keine zwingende Voraussetzung, vgl. *Koller*, FS Schneider, 2011, 651, 662.

375 Sinnvoll erscheint entweder eine ungefähre Angabe über die jeweilige Dauer der Einzelgespräche: siehe *Koller*, FS Schneider, 2011, 651, 662 oder die Angabe eines ungefähren Zeitfensters: siehe *Seyfried*, in: Kümpel/Wittig, Bank- und Kapitalmarktrecht, Rn. 3.271.

376 Siehe BT-Drs. 16/12814, S. 33 f.

377 BT-Drs. 16/12814, S. 36 f.

begrüßenswert, dennoch sorgte er gerade in der Zeit nach der Einführung der Dokumentationspflicht, in der sich noch keine praktischen Umsetzungsmaßstäbe etabliert hatten, für nicht unerhebliche Rechtsunsicherheit. Mit Blick auf die Tatsache, dass ein nicht richtig oder nicht vollständig angefertigtes Protokoll als Ordnungswidrigkeit gem. § 39 II Nr. 19a WpHG qualifiziert wird, ist diese anfangs bewusst in Kauf genommene Unsicherheit daher durchaus kritikwürdig. Hinsichtlich der in § 14 VI 1 Nr. 3 WpDVerOV normierten Anforderung, dass im Protokoll auch vollständige Angaben über die Finanzinstrumente und Wertpapierdienstleistungen gemacht werden müssen, die Gegenstand der Beratung waren, ist ebenfalls bereits aus Praktikabilitätsgründen eine einschränkende Auslegung angezeigt. So ist bei Wertpapierkäufen als ausreichend anzusehen, dass im Protokoll lediglich ein Verweis/Hinweis auf einen etwaig zugrunde gelegten Wertpapierprospekt erfolgt, da anderenfalls das Protokoll unnötig überladen würde.[378] Sofern klar erkennbar ist, welche Produktinformationsunterlagen dem Gespräch zugrunde gelegt wurden, kann sich auch aus Transparenzgesichtspunkten nichts anderes ergeben, da ausführliche inhaltliche Wiederholungen zum einen keinen informativen Mehrwert hätten und sie zum anderen neben dem erheblichen Mehraufwand für den Berater auch zur Unübersichtlichkeit des Protokolls führen würden. Im „digitalen Zeitalter" ist zudem davon auszugehen, dass im Falle einer potenziell späteren gerichtlichen Auseinandersetzung zwischen Anleger und Institut auch die entsprechende Prospektfassung noch reproduzierbar sein wird, sodass auch dies nicht für eine umfassende und detaillierte Produktbeschreibung im Beratungsprotokoll spricht. Aus Sicht des Beraters ist weiterhin zu beachten, dass die Protokollierungspflicht unabhängig davon besteht, ob es tatsächlich später zu einem Anlagegeschäft kommt.[379] Darüber hinaus ist der Berater gem. § 34 IIa 2 Hs. 1 WpHG dazu verpflichtet das Beratungsprotokoll zu unterzeichnen. Ob diese Unterschrift der Form des § 126 BGB genügen muss, ist umstritten.[380] Es erscheint aus Praxissicht sinnvoll, stets die Formvorschriften des § 126 bzw. § 126a BGB einzuhalten. Dennoch ist

---

378 Zutreffend insoweit *Beule*, in: Assies/Beule/Heise/Strube, Hdb. FA Bank- und Kapitalmarktrecht, Kap. 7 Rn. 358; *Seyfried*, in: Kümpel/Wittig, Bank- und Kapitalmarktrecht, Rn. 3.272.
379 So ausdrücklich *Böhm*, BKR 2009, 221, 223 f.; *Leuering/Zetzsche*, NJW 2009, 2856, 2861; *Maier*, VuR 2011, 3.
380 Dafür *Fett*, in: Schwark/Zimmer, KMRK, § 34 WpHG Rn. 7; *Koller*, in: Assmann/Schneider, WpHG, § 34 Rn. 25; *ders*, FS Schneider, 2011, 651, 661; *Leuering/Zetzsche*, NJW 2009, 2856, 2859; dagegen *Möllers*, in: KK-WpHG, § 34 Rn. 86; *Pfeifer*, BKR 2009, 485, 488.

eine solche Auslegung mangels fehlender Verweisung auf das BGB nicht zwingend geboten, da die aufsichtsrechtlichen Vorschriften des WpHG nicht notwendigerweise die Anwendung zivilrechtlicher Vorschriften voraussetzen.[381] Nach Abschluss der Anlageberatung oder jedenfalls vor dem auf der Anlageberatung beruhenden Geschäftsabschluss ist dem Kunden unverzüglich in Papierform oder auf einem dauerhaften Datenträger das Protokoll zur Verfügung zu stellen (§ 34 IIa 2 WpHG). Hierbei ist vor allem zu beachten, dass die Pflicht der Zurverfügungstellung auch auf einen Kundenwunsch hin nicht dispositiv ist.[382]

*bb) Bei telefonischer Anlageberatung*

Gerade vielbeschäftigte Anleger werden häufig keine persönliche, sondern eine telefonische Anlageberatung in Anspruch nehmen. Auch in diesen Fällen ist, wie aus § 34 IIa 3 WpHG hervorgeht, ein Beratungsprotokoll anzufertigen und dem Kunden unverzüglich nach Abschluss der Anlageberatung zuzusenden. Bereits aus dem vorgenannten Satz wird deutlich, dass die Anlageentscheidung grundsätzlich dem Protokollerhalt zeitlich vorausgehen kann. Jedoch stellt § 34 IIa 4 WpHG klar, dass dies nur auf ausdrücklichen Kundenwunsch und der zusätzlichen Einräumung eines einwöchigen Rücktrittsrechts für den Fall der Unrichtigkeit oder Unvollständigkeit des Protokolls möglich ist. Insoweit wird auf die im Vergleich zum persönlichen Kontakt geringere Kontrollmöglichkeit reagiert.

Für die Institute birgt die telefonische Beratung einige Gefahren, welche stets mit dem potenziellen Nutzen abzuwägen sind. Insbesondere aufgrund der Tatsache, dass nach § 34 IIa 6 WpHG im Zweifel das Beratungsinstitut die Richtigkeit und Vollständigkeit des Protokolls beweisen muss, sind die Anforderungen an die Protokollerstellung nochmals im Vergleich zur persönlichen Anlageberatung erhöht. Darüber hinaus ist nicht genau festgelegt, ab wann eine Unvollständigkeit des Protokolls anzunehmen ist. Dies ist im Hinblick auf die für das Wertpapierdienstleistungsunternehmen bestehende Beweislast problematisch. Trotz der zeitlich eng begrenzen Rücktrittsfrist besteht vor allem bei sehr volatilen Wertpapieren durchaus die Gefahr, dass einige Anleger im Fall eines negativen Kursverlaufs versuchen, sich nachträglich durch Ausübung des Rücktrittsrechts wegen (vermeintlicher) Fehlerhaftigkeit des Protokolls vom Geschäft zu lösen. Dieser Gefahr wird auch nicht wirksam durch mögliche Wertersatzansprüche des Institutes gegen den Kunden im Rahmen des Rückgewährschuldverhältnisses

---

381 Überzeugend insoweit auch *Pfeifer*, BKR 2009, 485, 488.
382 *Koller*, in: Assmann/Schneider, WpHG, § 34 Rn. 29.

begegnet. Mögliche erlittene Kursverluste führen nämlich nicht zu einer „Verschlechterung" des Anlageproduktes im Sinne des § 346 II 1 Nr. 3 BGB, sodass folglich kein Wertersatz vom Anleger zu leisten ist.[383] Aufgrund dessen erscheint es geboten, strenge Maßstäbe an die Unrichtigkeit des Protokolls anzulegen und insbesondere nicht bloße Schreibfehler oder kleinere Ungenauigkeiten bei den Kundenangaben ausreichen zu lassen.

*cc) Aufbewahrungspflicht*

Das angefertigte Beratungsprotokoll muss gem. § 34 III 1 WpHG mindestens fünf Jahre ab der Erstellung aufbewahrt werden. Die Aufbewahrungspflicht besteht dabei sowohl für ein Protokoll, welches nach einem persönlichen Beratungsgespräch angefertigt wurde, als auch für solche aus einer rein telefonischen Anlageberatung. Zwar erscheint die Aufbewahrungspflicht beim Institut auf den ersten Blick problematisch. Jedoch muss beachtet werden, dass zum einen der Kunde aufgrund des zivilrechtlichen Herausgabeanspruchs aus § 34 IIb WpHG selbst die Möglichkeit hat, sich eine Ausfertigung des Protokolls ausstellen zu lassen und diese aufzubewahren, um sie in einem möglichen späteren gerichtlichen Verfahren einzubringen. Zum anderen stellt die Protokollierungspflicht für die Institute im „Massengeschäft" der Anlageberatung bereits für sich allein einen enormen Verwaltungsaufwand dar, sodass zumindest die Einräumung einer derartigen Möglichkeit der Unterlagenvernichtung sinnvoll ist.

## 3. Möglichkeit eines Protokollverzichts durch den Kunden

Die gesetzliche Pflicht zur Erstellung der Beratungsprotokolle führt nicht nur für die Beratungsinstitute zu einem erheblichen administrativen und zeitlichen Aufwand, sondern kann gerade auch für erfahrene und/oder regelmäßige Anleger sehr zeitintensiv und lästig sein. Vor diesem Hintergrund stellt sich die grundlegende Frage, ob nicht eine Ausnahme der Protokollierungspflicht in Betracht kommen soll, wenn der Kunde dies ausdrücklich wünscht.

*a) Rechtliche Lage*

Die Protokollierungspflicht des § 34 IIa WpHG stellt, anders als der Anspruch auf Aushändigung einer Ausfertigung des Protokolls nach § 34 IIb WpHG, eine

---

[383] Gaier, in: MK-BGB, § 346 Rn. 17; Möllers, in: KK-WpHG, § 34 Rn. 154; *Leuering/ Zetzsche*, NJW 2009, 2856, 2860 (zu § 346 II 1 Nr. 2 BGB); **a.A.** Hager, in: NK-BGB, § 346 Rn. 22.

aufsichtsrechtliche Pflicht dar. Dieses Faktum soll nach herrschender Ansicht einer Verzichtsmöglichkeit selbst dann entgegenstehen, wenn der Kunde einen Verzicht ausdrücklich verlange.[384]

### b) Ansatz: Fakultativer Protokollverzicht

Mit Blick auf die derzeitige Rechtslage und die Tatsache, dass die Erstellung des Protokolls für die Anlageberater mit sehr großem Aufwand verbunden und zugleich auch von einigen Anlegern unerwünscht ist, stellt sich die Frage der Sinnhaftigkeit einer Einführung eines fakultativen Protokollverzichts. In der Praxis wird ein solcher laut einer Studie im Auftrag des Bundesministeriums der Justiz und für Verbraucherschutz auch im Geldanlagebereich von rund 21 % der Verbraucher gewünscht[385] sowie von Seiten der Bankwirtschaft intensiv angeregt.[386] Nach den entsprechenden Vorschlägen solle ein Verzicht beispielsweise dann in Betracht kommen, wenn der Kunde regelmäßig identische Anlageprodukte erwirbt oder es nur um geringe Anlagesummen von unter 5.000 Euro als Einmalanlage oder 10.000 Euro im Jahr gehe.[387] Andere regen wiederum eine Verzichtsmöglichkeit bei mehrmaliger Inanspruchnahme von Beratungsdokumentationen im Jahr (Schwellenwerte von sechs bzw. zehn Dokumentationen) und unter Einräumung einer jederzeitigen Widerrufsmöglichkeit an.[388] Demgegenüber verweisen

---

384  Siehe etwa *Seyfried*, in: Kümpel/Wittig, Bank- und Kapitalmarktrecht, Rn. 3.259; *Schäfer*, in: Heidel, Aktienrecht und Kapitalmarktrecht, § 34 WpHG Rn. 10; *Leuering/Zetzsche*, NJW 2009, 2856, 2858; hingegen den aufsichtsrechtlichen Charakter nicht als absoluten Hinderungsgrund für eine Verzichtsmöglichkeit ansehend *Lang/Kühne*, WM 2009, 1301, 1306.

385  Vgl. Studie des *ITA Instituts für Transparenz* im Auftrag des *BMJV*: „Evaluierung der Beratungsdokumentation im Geldanlage- und Versicherungsbereich", S. 159 und 318, Version vom 18.02.2014, abrufbar unter: www.bmjv.de/SharedDocs/Downloads/DE/pdfs/20140625_Beratungsprotokolle_Studie.pdf?__blob=publicationFile (zuletzt abgerufen am 23.07.2015).

386  Etwa *Joachim Wuermeling* (Verbandspräsident der Sparda-Banken), vgl. *Stoltenberg*, in: Börsen-Zeitung vom 03.06.2014, S. 3 sowie *Andreas Krautscheid* (Mitglied der BdB-Hauptgeschäftsführung), vgl. Börsen-Zeitung, vom 18./19.06.2014, S. 4.

387  Vgl. *Stoltenberg* in: Börsen-Zeitung vom 03.06.2014, S. 3.

388  Vgl. Studie des *ITA Instituts für Transparenz* im Auftrag des *BMJV*: „Evaluierung der Beratungsdokumentation im Geldanlage- und Versicherungsbereich", S. 224, Version vom 18.02.2014, abrufbar unter: www.bmjv.de/SharedDocs/Downloads/DE/pdfs/20140625_Beratungsprotokolle_Studie.pdf?__blob=publicationFile (zuletzt abgerufen am 23.07.2015).

vor allem Verbraucherschützer auf die gesetzlich bestehende Protokollierungspflicht und lehnen den Vorschlag eines Protokollverzichts generell ab.[389]

## c) Stellungnahme

Es erscheint auch mit Blick auf die beiderseitigen Parteiinteressen von (einzelnen) Kunden und Beratungsinstituten nicht sinnvoll an einer ausnahmslosen Dokumentationspflicht festzuhalten. Zwar kann im Falle der Einräumung einer Verzichtsmöglichkeit für die entsprechenden Beratungsgespräche nicht mehr der gesetzgeberischen Intention[390] nachgekommen werden, anhand der Überprüfbarkeit des Beratungsgesprächsverlaufs die Berater zu überwachen und so die Transparenz in der Anlageberatung insgesamt zu erhöhen. Dieser Umstand ist aber dann hinnehmbar, wenn der Kunde ausdrücklich einen Protokollverzicht wünscht und beide Parteien in der Anlageberatung erfahren sind, sodass keine ausgeprägte Informationsasymmetrie mit dem erhöhten Risiko einer (flächendeckenden) Falschberatung besteht. Daher sind grundsätzliche Überlegungen zur Einführung eines fakultativen Protokollverzichts angezeigt. Gleichsam sollten auch hierbei potenziell einhergehende Risiken beachtet und daher strenge Voraussetzungen an eine Verzichtsmöglichkeit statuiert werden. Vor allem die bisweilen vorgeschlagene Verzichtsmöglichkeit allein aufgrund eines geringen Anlagevolumens ist aus mehreren Gründen problematisch. So sind es überwiegend gerade Kleinanleger, die nur sehr selten eine Anlageberatung in Anspruch nehmen bzw. sich mit der Thematik auseinandersetzen müssen und daher wohl häufig nur über ein geringes Wissen verfügen. In derartigen Fällen sind die Informationsasymmetrie zwischen Kunde und Berater besonders ausgeprägt sowie das Gewinnpotenzial für den Berater/Institut nur sehr gering, sodass eine besonders hohe Gefahr einer Fehlberatung besteht. Zudem handelt es sich bei der Beratung von Anlegern mit geringem Anlagevolumen um ein klassisches „Massengeschäft", sodass eine Dokumentation gerade mögliche systemische und daher folgenschwere Falschberatungen aufdecken könnte und somit durchaus sinnvoll ist.

Folglich erscheint eine Verzichtsmöglichkeit nur im Anschluss an einen ausdrücklichen Hinweis auf die grundsätzlich bestehende Protokollierungspflicht und der Überschreitung eines angemessenen Schwellenwertes (ab der zweiten Beratung/Jahr) sinnvoll. Ein höherer Schwellenwert ist hingegen nicht sinnvoll,

---

389 Vgl. etwa *Dorothea Mohn* (Leiterin des Teams Finanzen des Verbraucherzentrale Bundesverbandes), in: Börsen-Zeitung vom 04.06.2014, S. 2.
390 BT-Drs. 16/12814, S. 27.

da anderenfalls der Kreis der für einen fakultativen Beratungsverzicht überhaupt in Betracht kommenden Kunden zu gering wäre. Es ist zwar grundsätzlich zu berücksichtigen, dass sich allein durch die Einführung einer gesetzlichen Verzichtsmöglichkeit auch das Risiko einer „faktischen Zwangsausübung" durch den Berater zur Abgabe einer Verzichtserklärung erhöht. Einer solchen unerwünschten Entwicklung könnte allerdings wiederum wirksam mit einer Androhung der Wiedereinführung einer absoluten Protokollierungspflicht begegnet werden. Nach alledem wäre aufgrund der derzeitigen unnötigen Verkomplizierung zahlreicher Beratungsgespräche die (versuchsweise) Einführung eines fakultativen Protokollverzichts ausdrücklich zu begrüßen.

Zwar gibt es derzeit Pläne der Bundesregierung die Beratungsprotokolle i.S.d. § 34 IIa WpHG durch unionsweit eingeführte schriftliche Geeignetheitserklärungen abzulösen. Aus heutiger Sicht wird aber auch die intendierte Reform die Grundsatzfrage nach der Einräumung einer Verzichtsmöglichkeit im Rahmen der Beratungsdokumentation nicht klären. Diese Einschätzung ergibt sich zum einen daraus, dass eine Verzichtsmöglichkeit weder in der den Reformplänen zugrundeliegenden EU-Richtlinie noch im nationalen Gesetzentwurf enthalten ist. Zum anderen sind die vorgesehenen Geeignetheitserklärungen sowohl inhaltlich als auch hinsichtlich des zu erwartenden Umfangs mit den aktuellen Beratungsprotokollen vergleichbar und stellen lediglich eine etwas andere Form der Dokumentation dar.[391]

Vor diesem Hintergrund bleibt es bei der Beurteilung, wonach die Einräumung einer fakultativen Verzichtsmöglichkeit im Rahmen der Beratungsdokumentation wünschenswert ist.

## II. Anlegerschutz- und Funktionsverbesserungsgesetz

Zu weiteren einschneidenden Reformen im Bereich der Anlageberatung kam es im Zuge des sog. Anlegerschutz- und Funktionsverbesserungsgesetzes (AnsFuG), welches am 08.04.2011 in Kraft getreten ist. Bei diesem Gesetz handelt es sich um eine rein nationale Gesetzgebung.[392]

---

391 Siehe ausführlich zur geplanten Geeignetheitserklärung und den Unterschieden zum derzeitigen Beratungsprotokoll unter § 5 IV. 2. b).
392 *Möllers*, in: KK-WpHG, § 31 Rn. 299.

## 1. Intention

Wie sich bereits aus der Bezeichnung ergibt, war das primäre Ziel des Gesetzes die generelle Verbesserung des Anlegerschutzes und eine hierdurch mögliche Rückgewinnung von im Rahmen der Finanzmarktkrise verloren gegangenen Vertrauens in die Funktionsfähigkeit des Kapitalmarkts sowie ein faires, kundenorientiertes Finanzdienstleistungsangebot.[393] Vor allem aufgrund des in der Öffentlichkeit verfestigten Eindrucks, dass Anlageberatungsinstitute primär ihre eigenen und nicht die Kundeninteressen verfolgten, sei es erforderlich, den Grundsatz der anlegergerechten Beratung zu stärken.[394]

## 2. Wichtige Regelungsinhalte zur Anlageberatung

Die genannten gesetzgeberischen Ziele sollen für den Geschäftsbereich der Anlageberatung insbesondere durch die Einführung eines Produktinformationsblatts, die Einführung eines Mitarbeiter- und Beschwerderegisters sowie verstärkte Sanktionsbefugnisse der BaFin erreicht werden.

### a) Das Produktinformationsblatt

#### aa) Ziel

Ebenso wie das Beratungsprotokoll stellt auch die Einführung eines Produktinformationsblatts gem. § 31 IIIa WpHG eine für den Kunden unmittelbar spürbare Reform dar. Die Pflicht ein Produktinformationsblatt (PIB) auszuhändigen, besteht seit dem 01.07.2011 und nur gegenüber Privatkunden (vgl. § 31 IX 2 WpHG). Ziel der Einführung der Informationsblätter ist vor allem, dass Kunden durch die prägnante und gut aufbereitete Informationsgabe ein hinreichendes Verständnis des jeweiligen Anlageprodukts erlangen und zugleich die Möglichkeit haben, verschiedene Produkte untereinander zu vergleichen.[395]

#### bb) Rechtliche Umsetzung

Dem Kunden muss gem. § 31 IIIa WpHG rechtzeitig vor Abschluss eines Geschäfts über Finanzinstrumente ein kurzes und leicht verständliches Informationsblatt über jedes Finanzinstrument zur Verfügung gestellt werden, auf das sich eine Kaufempfehlung bezieht. Dabei dürfen die in den Informationsblättern enthaltenen Angaben weder unrichtig noch irreführend sein und müssen mit

---

393 BT-Drs. 17/3628, S. 1.
394 BT-Drs. 17/3628, S. 1.
395 BT-Drs. 17/3628, S. 21.

den Angaben des Prospekts vereinbar sein. Durch die Aushändigung des Produktinformationsblatts sollte die nach § 31 III WpHG gesetzlich bestehende Pflicht zur Information des Anlegers, um ihm eine eigenverantwortliche Anlageentscheidung zu ermöglichen, näher konkretisiert werden.[396] Aufgrund der Formulierung „im Falle einer Anlageberatung" sind bloße Anlagevermittler aus dem Anwendungsbereich der Vorschrift ausgeschlossen. Ähnlich wie bei der Pflicht zur Erstellung eines Anlageberatungsprotokolls werden die Anforderungen an die Ausgestaltung durch § 5a WpDVerOV konkretisiert. Darüber hinaus ist für die Praxis vor allem ein Rundschreiben der BaFin aus dem Jahr 2013 von großer Bedeutung, da hierin zum einen Auslegungshinweise und zum anderen praktische Beispiele für die Beachtung einzelner Tatbestandsmerkmale enthalten sind.[397] Die besondere Bedeutung der Kompaktheit der Informationsgabe an den Kunden wird unmittelbar durch § 5a I 1 WpDVerOV deutlich, wonach das zur Verfügung gestellte Informationsblatt bei nicht komplexen Finanzinstrumenten (§ 7 WpDVerOV) nicht mehr als zwei DIN-A4-Seiten, bei allen übrigen Finanzinstrumenten nicht mehr als drei DIN-A4-Seiten umfassen darf. Das Ziel, dem Kunden durch die Informationsblätter eine bessere Vergleichbarkeit zwischen einzelnen Finanzprodukten zu ermöglichen, soll vor allem dadurch erreicht werden, dass die PIB die „wesentlichen Informationen in leicht verständlicher Form" enthalten müssen (§ 5a I 2 WpDVerOV). Der Kunde soll zum Zwecke der Vergleichsmöglichkeit daher die wesentlichen Informationen über die Art des Finanzinstruments, seine Funktionsweise, die damit verbundenen Risiken, die Aussichten für die Kapitalrückzahlung und Erträge unter verschiedenen Marktbedingungen und die mit der Anlage verbundenen Kosten erhalten. Nicht eindeutig definiert ist allerdings, was unter dem Merkmal „in leicht verständlicher Form" zu verstehen ist. Richtigerweise wird hierdurch zumindest die Verwendung komplizierter Fachbegriffe ausgeschlossen. Weiterhin sollten nicht bekannte Abkürzungen erläutert und komplexe Satzstrukturen vermieden werden.[398]

---

396 BT-Drs. 17/3628, S. 21; kritisch hierzu allerdings *Koller*, in: Assmann/Schneider, WpHG, § 31 Rn. 122, der eine Zuordnung zu § 31 IV WpHG präferiert.
397 Siehe Rundschreiben der BaFin 4/2013 (WA) – Auslegung gesetzlicher Anforderungen an die Erstellung von Informationsblättern gemäß § 31 Abs. 3a WpHG/§ 5a WpDVerOV, abrufbar unter: www.bafin.de/SharedDocs/Veroeffentlichungen/DE/Rundschreiben/rs_1304_produktinformationsblaetter_wa.html (zuletzt abgerufen am 23.07.2015).
398 Siehe Rundschreiben der BaFin 4/2013 (WA) – Auslegung gesetzlicher Anforderungen an die Erstellung von Informationsblättern gemäß § 31 Abs. 3a WpHG/§ 5a WpDVerOV, abrufbar unter: www.bafin.de/SharedDocs/Veroeffentlichungen/DE/

Allerdings erscheint die Auffassung, welche annimmt, dass der Inhalt von einem Durchschnittsanleger auf das erste, nicht aber flüchtige Lesen hin verstanden werden muss,[399] angesichts teilweise sehr komplexer Finanzprodukte deutlich zu streng. Das Merkmal „Zur-Verfügung-Stellen" gem. § 31 IIIa 1 WpHG wird in der Praxis regelmäßig durch eine persönliche Aushändigung erfüllt werden. Jedoch ist auch ein Versand des PIB grundsätzlich möglich, wobei dann der Geschäftsabschluss nicht unmittelbar im Anschluss an die Beratung erfolgen kann, da der Kunde den Inhalt des PIB „rechtzeitig vor dem Abschluss" und damit in Ruhe erfassen muss.[400] Weiterhin kann gem. § 5a II WpDVerOV das Informationsblatt auch als elektronisches Dokument zur Verfügung gestellt werden, wobei ausweislich der Gesetzesbegründung bereits die Angabe der exakten Webadresse genügen soll.[401] Grundsätzlich kann es in der Beratungspraxis vorkommen, dass der Anlageberater seinem Kunden im Gespräch auch eine Verkaufsempfehlung für ein Produkt ausspricht. Diesbezüglich ist zu beachten, dass der Anwendungsbereich der Vorschrift lediglich Kaufempfehlungen (i.S.v. Erwerbsempfehlung) und keine Empfehlungen hinsichtlich der Veräußerung von Finanzinstrumenten erfasst.[402] Grundsätzlich sollte das Wertpapierdienstleistungsunternehmen, welches die Anlageberatung durchführt, auch das Produktinformationsblatt erstellen, wobei allerdings auch die Erstellung durch den Emittenten oder einen sonstigen Dritten möglich ist.[403] In letzterem Fall wird jedoch zumindest eine Schlüssigkeitsprüfung des PIB durch den Berater als erforderlich angesehen.[404]

Insgesamt wird deutlich, dass die gesetzlichen Anforderungen an den Inhalt und Umfang der PIB sehr streng sind, um das Ziel einer effektiven und komprimierten Anlegerinformation zu erreichen. Aufgrund gewisser Parallelen werden die PIB häufig auch als „Beipackzettel" bezeichnet.[405] Dieser Vergleich hinkt allerdings stark angesichts der immer länger werdenden und sehr klein bedruckten

---

Rundschreiben/rs_1304_produktinformationsblaetter_wa.html (zuletzt abgerufen am 23.07.2015).
399 *Koller*, in: Assmann/Schneider, WpHG, § 31 Rn. 126.
400 *Schäfer*, in: Heidel, Aktienrecht und Kapitalmarktrecht, § 31 WpHG Rn. 73 f.
401 BT-Drs. 17/3628, S. 21.
402 *Podewils*, ZBB 2011, 169, 173, der zudem auf die sprachliche Ungenauigkeit von § 31 IIIa 1 WpHG hinweist, da unter „Kaufempfehlung" keine solche im Sinne eines Sach- oder Rechtskaufs, sondern eine „Erwerbsempfehlung" zu verstehen sei.
403 *Schlee/Maywald*, BKR 2012, 320, 321.
404 *Bracht*, in: Schwintowski, Bankrecht, § 18 Rn. 28; *Müchler*, WM 2012, 974, 982.
405 Exemplarisch *Schäfer*, in: Heidel, Aktienrecht und Kapitalmarktrecht, § 31 WpHG Rn. 64; *Buck-Heeb*, ZHR 177 (2013), 310, 314; *Müller-Christmann*, DB 2011, 749, 750; *Podewils*, ZBB 2011, 169.

Arzneimittelpackungsbeilagen im Vergleich zu den gesetzlich auf maximal drei Seiten beschränkten PIB und ist daher unzutreffend.

*cc) Rechtsfolgen bei Missachtung*

Ausweislich der Gesetzesbegründung soll eine Missachtung der Vorschriften zum PIB zivilrechtliche Ansprüche aus § 823 II BGB i.V.m. § 31 IIIa WpHG auslösen können, weil § 31 IIIa WpHG den hierfür erforderlichen Schutzgesetzcharakter besitze.[406] Grundsätzlich ist eine solche Missachtung sowohl in Form einer Verletzung der an die Informationsblätter gestellten Mindestanforderungen, aber auch in einer gänzlichen Unterlassung der „Zurverfügungstellung" denkbar. Jedoch wird neben allgemeinen Zweifeln am Schutzgesetzcharakter gerade vor dem Hintergrund der restriktiven Rechtsprechung des BGH bezüglich der Schutzgesetzeigenschaft von WpHG-Normen wohl berechtigterweise angezweifelt, ob in der Praxis eine Verletzung zwingend einen Schadensersatzanspruch des Kunden aus § 823 II BGB i.V.m. § 31 IIIa WpHG begründen können wird.[407] Unzweifelhaft stellt allerdings ein vorsätzlicher oder leichtfertiger Verstoß gegen § 31 IIIa WpHG gemäß § 39 II Nr. 15a WpHG eine Ordnungswidrigkeit dar, die entsprechend § 39 IV a.E. WpHG mit einer Geldbuße bis zu 50.000 Euro geahndet werden kann.

*b) Einführung eines Mitarbeiter- und Beschwerderegisters*

*aa) Intention und Regelungsinhalt*

Eine die Anlageberater und Institute unmittelbar tangierende Reform war die Einführung eines Mitarbeiter- und Beschwerderegisters. Nunmehr sind in einem von der BaFin zentral geführten Register alle rund 300.000 von der Regelung betroffenen Mitarbeiter der Banken und Sparkassen registriert.[408] Die hierfür erforderliche gesetzliche Rechtsgrundlage stellt § 34d V WpHG dar. Durch das Register soll vor allem die Effektivität der Aufsicht gestärkt werden, da alle an der Anlageberatung beteiligten Personen erfasst und überwacht werden können. Konkret erfasst die Registrierung nicht nur die Anlageberater, sondern auch die Vertriebsverantwortlichen und Compliance-Beauftragten, weil alle genannten

---

406 BT-Drs. 17/3628, S. 21.
407 Einen Schutzgesetzcharakter ablehnend *Müchler*, WM 2012, 974, 792; *Müller-Christmann*, DB 2011, 749, 751; *Podewils*, ZBB 2011, 169, 174; *Preuße/Schmidt*, BKR 2011, 265, 270 f.; **a.A.** *Schäfer*, in: Heidel, Aktienrecht und Kapitalmarktrecht, § 31 WpHG Rn. 82; *Günther*, GWR 2013, 55; siehe allgemein zur Problematik bereits § 3 II. 3.
408 *Günther*, BKR 2013, 9.

Gruppen unmittelbar für die Einhaltung der gesetzlichen Regeln zur ordnungsgemäßen Anlageberatung verantwortlich sind.[409] Der genaue Inhalt, den die BaFin im Mitarbeiterregister speichern darf, wird näher durch eine Verordnung (WpHGMaAnzV) festgelegt. Grundsätzlich normiert § 34d I 2 WpHG, dass der BaFin der konkrete Mitarbeiter sowie ein für diesen gegebenenfalls zuständiger Vertriebsbeauftragter angezeigt werden müssen, bevor eine Betrauung mit der Anlageberatung erfolgt. Nach § 8 I WpHGMaAnzV muss hierfür die konkrete Tätigkeit des Mitarbeiters, dessen persönliche Daten (Name, Geburtstag/-ort) und der konkrete Tag des Tätigkeitsbeginns für das Wertpapierdienstleistungsunternehmen angegeben werden (sog. Erstanzeige). Im Anschluss daran erhält jeder Mitarbeiter eine alphanumerische Kennnummer, die nach § 9 II Nr. 1 WpHGMaAnzV neben weiteren Angaben über das Wertpapierdienstleistungsunternehmen ebenfalls gespeichert werden darf. Die Verantwortung für die Vollständigkeit, Richtigkeit und Aktualität der Angaben liegt gem. § 10 WpHGMaAnzV beim Wertpapierdienstleistungsunternehmen.

Allein aufgrund der Registrierung der Mitarbeiter kann eine effektivere Aufsicht der Anlageberatung jedoch nicht gewährleistet werden, sodass die Regulierungsmaßnahme immer in Verbindung mit dem kumulativ bestehenden Beschwerderegister gesehen werden muss. So haben unzufriedene Privatkunden grundsätzlich die Möglichkeit sich über sämtliche Tätigkeiten und Personen, die im Rahmen ihrer Anlageberatung tätig wurden, zu beschweren. Für Beschwerden, die sich gegen die Anlageberater richten, sind die Wertpapierdienstleistungsunternehmen neben der in § 33 I 2 Nr. 4 WpHG normierten Dokumentationspflicht auch gem. § 34d I 4 WpHG zu einer Anzeige gegenüber der BaFin verpflichtet. Die Beschränkung auf Beschwerden von Privatkunden bezüglich ihrer Anlageberater ergibt sich aus der Systematik der Vorschrift des § 34d I WpHG, da § 34d I 4 WpHG von der Tätigkeit „des Mitarbeiters" spricht und insoweit Bezug auf den in § 34d I 1 WpHG angesprochenen Anlageberater nimmt.[410] Die Anzeige der Beschwerde bei der BaFin muss gem. § 8 IV 4 WpHGMaAnzV das Beschwerdedatum, den Namen des Mitarbeiters, aufgrund dessen Tätigkeit die Beschwerde erhoben worden ist, dessen eindeutige alphanumerische Kennnummer sowie ggfs. die Zweigstelle, Niederlassung oder sonstige Organisationseinheit, welcher der betreffende Mitarbeiter zugeordnet ist, enthalten. Problematisch erscheint die Frage, ab wann man überhaupt eine meldepflichtige „Beschwerde" im Sinne

---

409 BT-Drs. 17/3628, S. 17.
410 *Möllers*, in: KK-WpHG, § 34d Rn. 58; auch die BaFin geht nur von einer Anzeigepflicht bei Beschwerden gegen Anlageberater aus, vgl. BaFin Journal 08/2012, S. 11.

des WpHG annehmen kann. In der Praxis sind nämlich unterschiedliche Formen und Intensitäten von Beschwerden am Anlageberater vorstellbar, die etwa von leichten Unmutsäußerungen bis hinzu schriftlich fixierten deutlichen Kritiken reichen können. Die Intention des Gesetzes, mögliche Missstände im Bereich der Anlageberatung frühzeitig zu entdecken und diesen entgegenwirken zu können, spricht im Grundsatz für ein weites Begriffsverständnis. Zu Recht wird zwar das (potenzielle) Problem gesehen, dass es durch die Annahme einer sehr weitgehenden Meldepflicht schnell zu einer ineffektiven Inflationsflut kommen kann.[411] Gleichwohl erscheint es auch hinsichtlich der zu treffenden Abwägungsentscheidung gerade aus der Sicht der Beratungspraxis vorzugswürdig, von einem weiten Begriffsverständnis auszugehen, da wohl auch die BaFin im Zweifelsfall die Irrelevanz einiger Beschwerden erkennen wird, zugleich aber die Entscheidungsverantwortung hinsichtlich der Bedeutung der Beschwerde vom Institut auf die BaFin ausgelagert wird. Die Rechtsgrundlage zur Speicherung von Beschwerden im Register ergibt sich aus § 34d V WpHG.

*bb) Kein Verfassungsverstoß durch Speicherung personenbezogener Daten*

Das Verwaltungsgericht Frankfurt a.M. hat in seinem Urteil vom 02.07.2014 bestätigt, dass die Speicherung personenbezogener Daten von Bankanlageberatern im Mitarbeiter- und Beschwerderegister auf der Grundlage von § 34d V WpHG verfassungsgemäß ist.[412] Die Kläger, welche als Anlageberater bzw. Vertriebsbeauftrage bei unterschiedlichen Sparkassen arbeiten, beriefen sich zum einen auf die formelle Verfassungswidrigkeit von § 34d V WpHG und sahen sich zum anderen aufgrund der Speicherung in ihren Grundrechten aus Art. 2 I i.V.m. Art. 1 I GG (informationelle Selbstbestimmung) sowie Art. 12 I GG (Berufsfreiheit) verletzt und verlangten deshalb die Löschung aus dem Mitarbeiter- und Beschwerderegister. Hinsichtlich der vorgebrachten formellen verfassungsrechtlichen Bedenken stellte das Gericht zunächst fest, dass sich zwar grundsätzlich die Einzelheiten der Datenspeicherung nicht unmittelbar aus § 34d V WpHG, sondern erst aus § 9 II i.V.m. § 8 WpHGMaAnzV ergeben. Dies sei jedoch ausreichend, da der Gesetzgeber ausdrücklich das Bundesministerium der Finanzen dazu ermächtigt habe, die genauen Anforderungen an den Inhalt, die Art, die Sprache, den Umfang und die Form der Anzeigen nach § 34d I, II, III WpHG sowie den Inhalt der Datenbanken nach § 34d V WpHG und die Dauer der Speicherung der Einträge

---

411 *Renz/Sartowski,* CCZ 2012, 67, 70.
412 VG Frankfurt a.M. ZD 2015, 46.

einschließlich des jeweiligen Verfahrens zu regeln.[413] Ein Verstoß gegen das Wesentlichkeitsverbot liege deshalb nicht vor. Gleiches gelte auch für einen etwaigen Grundrechtsverstoß. Die Anforderungen an einen Eingriff in den Schutzbereich des Grundrechts auf informationelle Selbstbestimmung seien sehr streng. Angesichts der klaren gesetzlichen Vorgaben und des hinreichend definierten Anlasses der Speicherung im Mitarbeiter- und Beschwerderegister sei ein solcher bereits zweifelhaft. Jedenfalls aber sei ein potenzieller Eingriff in den Schutzbereich aufgrund seiner geringen Intensität verfassungsrechtlich gerechtfertigt, da anders als in Fällen der sog. „Vorratsdatenspeicherung" nicht personenbezogene Daten anonym und unvorhergesehen („in Blaue hinein") erfasst, sondern von vornherein erkennbar sei, dass und welche Daten auf der Grundlage von § 34d V WpHG gespeichert werden.[414] Auch die Gefahr der Erstellung eines Mitarbeiter- oder Persönlichkeitsprofils sei aufgrund der überschaubaren Informationen nicht gegeben und die Speicherung insgesamt auch aufgrund der legitimen Speicherzwecke gerechtfertigt, nämlich unter anderem wegen der Disziplinierung der Anlageberatungsinstitute sowie der Erhöhung der Transparenz im Hinblick auf den Einfluss von Vertriebsvorgaben in der Anlageberatung.[415] Ein Verstoß gegen Art. 12 I GG scheide daher ebenfalls aus. Auch liege eine Verletzung des Gleichbehandlungsgrundsatzes nicht dadurch vor, dass private Finanzanlagenvermittler nicht in der Datenbank erfasst würden, da sich die Aufsicht der BaFin grundsätzlich aufgrund einer Bereichsausnahme im KWG nicht auf private Finanzanlagenvermittler erstrecke. Der Grund hierfür liege darin, dass die Tätigkeit der privaten Finanzanlagenvermittler auf die stärker standardisierte Vermittlung von Investmentanteilen beschränkt sei, welche der Gesetzgeber als weniger risikoreich einschätzt. Die Übertragung der Bereichsausnahme auf § 34d WpHG sei daher nicht zu beanstanden, sodass insgesamt keine verfassungsrechtlich relevante Ungleichbehandlung vorliege.[416]

### c) Verstärkte Sanktionsbefugnisse der BaFin

Im Rahmen des AnsFuG wurden der BaFin auch verstärkte Sanktionsbefugnisse bei Verstößen gegen bestimmte Pflichten der Beratungsinstitute oder Anlageberater eingeräumt. So darf etwa nach § 34d I 1 WpHG ein Wertpapierdienstleistungsunternehmen einen Mitarbeiter nur dann mit der Anlageberatung

---

413 VG Frankfurt a.M. ZD 2015, 46, 47.
414 VG Frankfurt a.M. ZD 2015, 46, 47.
415 VG Frankfurt a.M. ZD 2015, 46, 48.
416 VG Frankfurt a.M. ZD 2015, 46, 48.

betrauen, wenn dieser sachkundig ist und über die erforderliche Zuverlässigkeit verfügt. Sofern der BaFin Tatsachen vorliegen, aus denen sich ergibt, dass ein Mitarbeiter nicht oder nicht mehr die erforderlichen Qualifikationsanforderungen als Anlageberater aufweist, kann sie nach § 34d IV 1 Nr. 1 WpHG die weitere Tätigkeit des Mitarbeiters untersagen. Ebenso ist es ihr möglich, gem. § 34d IV 1 Nr. 2 WpHG das Institut oder den einzelnen Mitarbeiter zu verwarnen oder auf bis zu zwei Jahre begrenzte zeitliche Tätigkeitsverbote für den Bereich der Anlageberatung auszusprechen, sofern der Berater gegen die ihm obliegenden Wohlverhaltenspflichten der §§ 31 ff. WpHG verstößt. Mangels gesetzlicher Regelung ist ungeklärt, wann ein hinreichend schwerer Pflichtverstoß für ein Tätigkeitsverbot anzunehmen ist. Mit Blick auf die Tatsache, dass ein wenn auch nur auf den Bereich der Anlageberatung beschränktes Tätigkeitsverbot einen sehr starken Eingriff darstellt, kann richtigerweise nicht bereits jeder leichte Verstoß ausreichend sein. Überzeugend ist es daher insoweit für das Tätigkeitsverbot einen „eklatanten Pflichtverstoß des Mitarbeiters" zu verlangen.[417] Als konkrete Beispiele werden hierfür in der Gesetzesbegründung zum einen das sog. „churning" genannt, bei welchem mehrmals (unvorteilhafte) Geschäfte nur deshalb empfohlen werden, um Gebühren oder Zuwendungen anfallen zu lassen, sowie zum anderen solche Fälle, in denen Kunden aus für sie sinnvollen Investments „herausberaten" werden, um ihnen völlig unangemessene, ungewünschte anzubieten.[418] Hinsichtlich der Tätigkeit von Vertriebsbeauftragten kann ein Tätigkeitsverbot aufgrund einer Ausübung enormen Verkaufsdrucks auf die Anlageberater in Betracht kommen, weil hierdurch die Kundeninteressen automatisch in den Hintergrund treten.[419] Zusätzlich zu diesen klassischen Sanktionsmechanismen kann die BaFin gem. § 34d IV 2 WpHG auch unanfechtbar gewordene Anordnungen auf ihrer Internetseite bekannt machen, sofern die Veröffentlichung nicht geeignet ist, den berechtigten Interessen des Unternehmens zu schaden. Die Veröffentlichung muss jedoch gem. § 34d IV 3 WpHG ohne Nennung des Namens des betroffenen Mitarbeiters erfolgen. Dieser öffentlichkeitswirksame Sanktionsansatz, welcher auch in anderen Teilbereichen immer populärer wird und bisweilen auch als *„naming and shaming"* bezeichnet wird,[420] soll vor allem abschreckende Wirkung haben. Ein Verstoß gegen § 34d WpHG

---

417 BT-Drs. 17/3628, S. 23 (u.a. „bei Missachtung elementarer Pflichten"); *Müller-Christmann*, DB 2011, 749, 753; *Voß*, BB 2010, 3099, 3101.
418 BT-Drs. 17/3628, S. 23.
419 BT-Drs. 17/3628, S. 23.
420 Das Sanktionsregime des *„naming and shaming"* ist beispielsweise auch in der neuen EU-Marktmissbrauchsverordnung (MAR) verankert.

stellt zudem eine Ordnungswidrigkeit gem. § 39 II Nr. 22, 23 WpHG dar. Hierbei kann der Einsatz solcher Mitarbeiter in der Anlageberatung, die nicht den gesetzlichen Anforderungen entsprechen, gem. § 39 IV i.V.m. § 39 II Nr. 22 WpHG mit einem Bußgeld von bis zu 200.000 Euro und eine Nichtanzeige der Mitarbeiter bei der BaFin gem. § 39 IV a.E. WpHG mit einem Bußgeld von bis zu 50.000 Euro geahndet werden.

### III. MiFID I und FRUG

#### 1. Intention

Ein sehr umfangreiches europäisches Maßnahmenpaket für den Bereich der Anlageberatung enthielt die erste europäische Richtlinie über Märkte für Finanzinstrumente (MiFID I). Die hierin enthaltenen Vorgaben setzte der deutsche Gesetzgeber durch das weitgehend am 01.11.2007 in Kraft getretene Finanzmarktrichtlinie-Umsetzungsgesetz (FRUG) in nationales Recht um. Die MiFID I sollte zur Harmonisierung der europäischen Kapitalmärke beitragen. Durch sie wurde die aus dem Jahr 1993 stammende Wertpapierdienstleistungsrichtlinie (Richtlinie 93/22/EWG) abgelöst, welche nicht mehr den wirtschaftlichen Rahmenbedingungen entsprach.[421] Ziel der MiFID I waren unter anderem die Stärkung des (europäischen) Anlegerschutzes durch die Festlegung von Zulassungsbestimmungen, die individuellere Ausrichtung des Anlegerschutzes anhand einer Kundenkategorisierung sowie eine Anpassung der Schutzmaßnahmen an die diversen und häufig neuartigen Anlageprodukte und Risiken.[422] Gleichzeitig sollte sichergestellt werden, dass auch Anleger von der Internationalisierung und dem hiermit einhergehenden Wettbewerb auf dem Kapitalmarkt profitieren und Zugang zu günstigen Handelsmöglichkeiten erhalten.[423]

#### 2. Wichtige Regelungsinhalte zur Anlageberatung

*a) Anlageberatung als Wertpapierdienstleistung*

Im Rahmen der nationalen Umsetzung der MiFID I durch das FRUG wurde die Anlageberatung zu einer Wertpapierdienstleistung gemäß § 2 III 1 Nr. 9 WpHG

---

421 Ausführlich zu den Gründen für eine gänzlich neue Richtlinie: Vorschlag der Kommission vom 19.11.2002, KOM (200) 625, S. 3 f.; *Fleischer*, BKR 2006, 389 f.
422 Vorschlag der Kommission vom 19.11.2002, KOM (2002) 625, S. 3, 19, 20, 25.
423 Vorschlag der Kommission vom 19.11.2002, KOM (2002) 625, S. 3, 10.

hochgestuft.[424] Vor der gesetzlichen Reform war die Anlageberatung gem. § 2 IIIa Nr. 3 WpHG a.F. („Beratung bei der Anlage in Finanzinstrumenten") noch eine bloße Wertpapiernebendienstleistung und – anders als heute – nicht legaldefiniert. Mit der Qualifikation als Wertpapierdienstleistung geht einher, dass die §§ 31 ff. WpHG auch auf Unternehmen anwendbar sind, die ausschließlich Anlageberatung betreiben.[425] Ebenfalls parallel zur Aufwertung der Anlageberatung zur Wertpapierdienstleistung im WpHG erfolgte zudem im bankaufsichtsrechtlichen KWG eine Hochstufung von der bloßen Nebendienstleistung zu einer Finanzdienstleistung (§ 1 Ia Nr. 1a KWG).[426] Seitdem ist zur Erbringung einer Anlageberatung gem. § 32 I KWG eine Erlaubnis erforderlich, wodurch der deutsche Gesetzgeber dem Ziel der MiFID I Rechnung trägt, die Zulassung zur Anlageberatung strenger zu regeln. Konkrete Erlaubnisversagungsgründe sind nummerisch in § 33 KWG aufgeführt und beinhalten unter anderem Bestimmungen zum Anfangskapital sowie persönliche und organisatorische Vorgaben.

*b) Wohlverhaltensregeln in der Anlageberatung*

Das Richtlinienziel, eine bessere anleger- und produktbezogene Beratung zu erreichen, wurde durch die Normierung der Wohlverhaltens- und Transparenzregeln in den §§ 31 ff. WpHG umgesetzt. Im Wege der Kundenklassifizierung gem. § 31a WpHG erfolgt eine Ausrichtung der Beratungsintensität anhand einer angenommenen unterschiedlichen Schutzbedürftigkeit zwischen Privat- und Professionellen Kunden. Die intendierte stärkere Orientierung der Beratung an sämtlichen (neu) verfügbaren Finanzprodukten macht eine starke produktbezogene Risikoaufklärung erforderlich, die neben der verpflichtenden Einholung von Kundenangaben vor allem durch die Explorationspflicht und Geeignetheitsprüfung (§ 31 IV WpHG) erfolgen soll.[427] Vor allem durch die gesetzliche Aufwertung der Anlageberatung sowie der Statuierung eines einheitlichen aufsichtsrechtlichen Pflichtenregimes wurde durch das FRUG auf nationaler Ebene der Grundstein für später folgende Regulierungsmaßnahmen, wie beispielsweise dem Beratungsprotokoll und dem Produktinformationsblatt, gelegt.

---

424  *Assmann*, in: Assmann/Schneider, WpHG, § 2 Rn. 111; *Baum*, in: KK-WpHG, § 2 Rn. 185.
425  *Assmann*, in: Assmann/Schneider, WpHG, § 2 Rn. 111; *Holzborn/Israel*, NJW 2008, 791, 792.
426  *Baum*, in: KK-WpHG, § 2 Rn. 185.
427  Siehe zu den jeweiligen inhaltlichen Anforderungen unter § 3 II.

## IV. MiFID II/MiFIR

Anfang Juli 2014 trat eine Neufassung der europäischen Finanzmarktrichtlinie in Kraft,[428] die entsprechend auch als MiFID II bezeichnet wird. Die Umsetzung durch die Mitgliedstaaten muss bis zum 03. Juli 2016 erfolgen und die Regelungsinhalte ab Anfang 2017 angewendet werden.[429] Parallel wurde außerdem eine unmittelbar geltende Finanzmarktverordnung (MiFIR) erlassen, welche ab Anfang 2017 gilt.[430] Neben Bestimmungen zum Anlegerschutz in der Anlageberatung sehen die neuen Maßnahmenpakete auch handelsbezogene Regulierungen, etwa im Bereich des Hochfrequenzhandels, vor.

### 1. Intention

Nach der Richtlinienbegründung sei es angesichts der steigenden Anzahl von Anlegern sowie dem umfangreichen Angebot an zugleich immer komplexer werdenden Finanzinstrumenten erforderlich, für eine gewisse Harmonisierung im Bereich der Anlageberatung zu sorgen, um den Anlegern in der gesamten Union ein hohes Schutzniveau zu bieten. Das Erfordernis einer Stärkung des Anlegerschutzes folge hierbei jedoch nicht allein aus der steigenden Komplexität, sondern auch aus der Bedeutung der Anlageberatung für die Kunden insgesamt.[431]

---

428 Richtlinie 2014/65/EU des Europäischen Parlaments und des Rates vom 15. Mai 2014, deutsche Version abrufbar unter: http://eur-lex.europa.eu/legal-content/DE/TXT/PDF/?uri=CELEX:32014L0065&from=DE (zuletzt abgerufen am 23.07.2015).
429 Siehe zur geplanten nationalen Umsetzung den Referentenentwurf des Bundesfinanzministeriums für ein Gesetz zur Novellierung von Finanzmarktvorschriften aufgrund europäischer Rechtsakte (Finanzmarktnovellierungsgesetz), abrufbar unter: www.bundesfinanzministerium.de/Content/DE/Downloads/Gesetze/2015-10-19-novellierung-finanzmarktvorschriften-aufgrund-europaeischer-rechtsakte.pdf?__blob=publicationFile&v=2 (zuletzt abgerufen am 21.10.2015).
430 Verordnung (EU) Nr. 600/2014 des Europäischen Parlaments und des Rates vom 15. Mai 2014, deutsche Version abrufbar unter: http://eur-lex.europa.eu/legal-content/DE/TXT/PDF/?uri=CELEX:32014R0600&from=DE (zuletzt abgerufen am 23.07.2015).
431 Siehe zu den genannten Richtlinienintentionen v.a. Erwägungsgrund 70 der Richtlinie 2014/65/EU.

## 2. Wichtige Regelungsinhalte zur Anlageberatung

*a) Die wichtigsten Regelungen zur Verbesserung des Anlegerschutzes*

Die Stärkung des Anlegerschutzes soll nach der Neufassung der Richtlinie vor allem im Wege einer weiteren Transparenzsteigerung erfolgen. Konkret sind Aufklärungspflichten über die Kosten der Anlageberatung, das in die Beratung einbezogene Angebot sowie zur Frage, ob die Beratung unabhängig erfolgt ist, vorgesehen. Weiterhin soll der Anleger darüber informiert werden, ob eine nachträgliche fortlaufende Eignungskontrolle des Anlageproduktes erfolgt und welche konkreten Gründe zur Empfehlung des Finanzinstrumentes geführt haben.[432]

Auffällig ist, dass in der neuen Richtlinie Regelungen zu allen Stadien der Anlageberatung, von der Produktkonzeption, über die Betriebsorganisation, das konkrete Angebot der Anlageberatung, die Modalitäten beim Beratungsgespräch bis hin zu einer nachträglichen Überwachung enthalten sind. Gerade der Bereich der Produktkonzeption rückt dabei erstmals intensiv in den Fokus der Regulierung. So müssen Wertpapierfirmen, die eigene Produkte konzipieren, gem. Art. 24 II MiFID II dafür sorgen, dass ihre Finanzinstrumente so ausgestaltet sind, dass sie den Bedürfnissen eines bestimmten Zielmarkts von Endkunden innerhalb der jeweiligen Kundengattung entsprechen, dass die Strategie für den Vertrieb der Finanzinstrumente mit dem bestimmten Zielmarkt vereinbar ist und sichergestellt ist, dass die Finanzinstrumente nur angeboten oder empfohlen werden, wenn dies im Interesse des Kunden liegt. Die Betriebsorganisation innerhalb der Anlageberatungsinstitute muss so ausgestaltet sein, dass Interessenkonflikte zum Nachteil des Kunden vermieden werden. Insbesondere müssen gem. Art. 24 X MiFID II die Mitarbeitervergütungs- und Bewertungssysteme so ausgestaltet sein, dass sie keinen Anreiz dafür bieten, Kleinanlegern ein bestimmtes Produkt zu empfehlen. Im Rahmen des Beratungsgesprächs ist vor allem die durch Art. 16 VII MiFID II neu eingeführte Aufzeichnungspflicht zu beachten, welche die Wertpapierdienstleistungsunternehmen dazu verpflichtet, die telefonische und elektronische Kommunikation aufzuzeichnen und zu archivieren, wenn sie Bezug auf die beim Handel für eigene Rechnung getätigten Geschäfte und die Erbringung von Kundendienstleistungen (Annahme, Übermittlung und Ausführung von Kundenaufträgen) hat. Nach einem aktuellen Entwurf des Bundesfinanzministeriums ist eine Speicherung der telefonischen Gespräche von bis zu sieben Jahren vorgesehen.[433]

---

432 Siehe Erwägungsgrund 72 der Richtlinie 2014/65/EU.
433 Siehe Referentenentwurf des Bundesfinanzministeriums für ein Gesetz zur Novellierung von Finanzmarktvorschriften aufgrund europäischer Rechtsakte (Finanzmarktnovellierungsgesetz), S. 76, abrufbar unter: www.bundesfinanzministerium.de/

Der Kunde ist zudem darüber aufzuklären, ob das Institut ihm eine regelmäßige Beurteilung über die Eignung des Finanzinstrumentes im Anschluss an den Anlageberatungsvertrag anbietet, vgl. Art. 24 IV a) iii) MiFID II. Das Ziel größtmöglicher Kostentransparenz soll entsprechend Art. 24 IV c) MiFID II durch eine umfassende Information des Kunden über sämtliche Kosten und Nebenkosten in Bezug auf die Wertpapierdienstleistungen als auch Nebendienstleistungen, einschließlich gegebenenfalls der Beratungskosten, der Kosten des dem Kunden empfohlenen oder an ihn vermarkteten Finanzinstruments und der diesbezüglichen Zahlungsmöglichkeiten erreicht werden. Dem Kunden ist auf Wunsch eine Aufstellung nach einzelnen Posten zur Verfügung zu stellen.[434] Als erfolgsversprechend für eine generelle Erhöhung des Kundenschutzes in der Anlageberatung scheint die (provisions-)unabhängige (Honorar-)Anlageberatung angesehen zu werden. Um das Vertrauen der Anleger in diese zu stärken und damit dauerhaft eine echte Alternative zur weit verbreiteten provisionsbasierten Anlageberatung zu schaffen, enthält Art. 24 VII b) MiFID II ein ausdrückliches Verbot, Zuwendungen für unabhängige Anlageberatung oder Portfolioverwaltung anzunehmen, wobei selbst nicht-monetäre Zuwendungen erfasst sind, sofern diese nicht nur unerheblich sind. Darüber hinaus hat die unabhängige Anlageberatung grundsätzlich auch auf der Grundlage einer breiten, sowohl nach Emittent als auch Produktklasse diversifizierten Auswahl von auf dem Markt angebotenen Finanzinstrumenten zu erfolgen (Art. 24 VII a) MiFID II).

### b) Schriftliche Geeignetheitserklärung

Nach Art. 25 VI 3 MiFID II muss der Kunde von seiner anlageberatenden Wertpapierfirma vor der Durchführung des Geschäfts eine Geeignetheitserklärung erhalten. Die Erklärung muss auf einem dauerhaften Datenträger enthalten sein und die erbrachte Beratung nennen sowie erläutern, wie die Beratung auf die Präferenzen, Ziele und sonstigen Merkmale des Kleinanlegers abgestimmt wurde. Unter den Begriff des Kleinanlegers fallen sämtliche Kunden, die keine professionellen Kunden sind (Art. 4 I Nr. 11 MiFID II). Der Anwendungsbereich dieser neuen Regelung zur Anlageberatungsdokumentation ist mithin vor allem für die klassische Verbraucheranlageberatung eröffnet.

---

Content/DE/Downloads/Gesetze/2015-10-19-novellierung-finanzmarktvorschriften-aufgrund-europaeischer-rechtsakte.pdf?__blob=publicationFile&v=2 (zuletzt abgerufen am 21.10.2015).
434 *Buck-Heeb*, ZBB 2014, 221, 228.

In der neuen EU-Richtlinie ist keine Regelung enthalten, welche die Möglichkeit eines Verzichts auf die Erstellung der Geeignetheitserklärung eröffnet.

aa) *Geplante Ablösung des Beratungsprotokolls durch die schriftliche Geeignetheitserklärung*

Mitte Oktober 2015 wurde öffentlich bekannt, dass in Deutschland die Abschaffung der Beratungsprotokolle i.S.d. § 34 IIa WpHG ab Januar 2017 geplant sei.[435] An die Stelle der bisherigen Protokollierungspflicht soll in Zukunft die Geeignetheitserklärung aus der MiFID II treten. Die entsprechenden Berichte beziehen sich auf einen Referentenentwurf des Bundesfinanzministeriums für ein Finanzmarktnovellierungsgesetz.[436] In diesem wird die geplante Abschaffung des nationalen Beratungsprotokolls damit begründet, dass es aufgrund der „nunmehr europaweit harmonisierten Aufzeichnungs- und Protokollierungspflichten" nicht mehr erforderlich sei und entfallen könne.[437] Nach der vorgesehenen Neuregelung, welche die MiFID II Vorgaben umsetzt, sind Wertpapierdienstleistungsunternehmen dafür verantwortlich, eine Geeignetheitsprüfung durchzuführen und dem Kunden anschließend hierüber eine schriftliche Erklärung zur Verfügung zu stellen. Die Geeignetheitserklärung muss vor Durchführung des Geschäfts die erbrachte Beratung nennen sowie erläutern, wie sie auf die Präferenzen, Anlageziele und die sonstigen Merkmale des Kunden abgestimmt wurde.[438] Erfolge ein Geschäftsabschluss im Falle der Anlageberatung im Wege von Fernkommunikationsmitteln und erlaube das Kommunikationsmittel keine

---

435 Siehe FAZ vom 21.10.2015, S. 15; Rheinische-Post vom 21.10.2015, S. B1.
436 Referentenentwurf des Bundesfinanzministeriums für ein Gesetz zur Novellierung von Finanzmarktvorschriften aufgrund europäischer Rechtsakte (Finanzmarktnovellierungsgesetz), abrufbar unter: www.bundesfinanzministerium.de/Content/DE/Downloads/Gesetze/2015-10-19-novellierung-finanzmarktvorschriften-aufgrund-europaeischer-rechtsakte.pdf?__blob=publicationFile&v=2 (zuletzt abgerufen am 21.10.2015).
437 Referentenentwurf des Bundesfinanzministeriums für ein Gesetz zur Novellierung von Finanzmarktvorschriften aufgrund europäischer Rechtsakte (Finanzmarktnovellierungsgesetz), S. 219, abrufbar unter: www.bundesfinanzministerium.de/Content/DE/Downloads/Gesetze/2015-10-19-novellierung-finanzmarktvorschriften-aufgrund-europaeischer-rechtsakte.pdf?__blob=publicationFile&v=2 (zuletzt abgerufen am 21.10.2015).
438 Es wird insoweit der Wortlaut aus der MiFID II übernommen, vgl. Referentenentwurf des Bundesfinanzministeriums für ein Gesetz zur Novellierung von Finanzmarktvorschriften aufgrund europäischer Rechtsakte (Finanzmarktnovellierungsgesetz), S. 56, zur zwingenden „Schriftlichkeit" der Erklärung, S. 219, abrufbar unter:

Übermittlung, so sei unter bestimmten Voraussetzungen auch eine Übermittlung der Erklärung nach Geschäftsausführung zulässig. Letzteres entspricht weitgehend den derzeitigen Modalitäten bei der zur Verfügungstellung eines Beratungsprotokolls (vgl. § 34 IIa 3 WpHG).[439] Weiterhin sei die Geeignetheitserklärung sowohl dann zur Verfügung zu stellen, wenn sich die Empfehlung auf einen Kauf oder Verkauf richtet, als auch bei (bloßen) Halteempfehlungen.[440] Der Inhalt der europäischen Richtlinie wurde in den Referentenentwurf fast wortgleich übernommen. Eine Angleichung an das bestehende Regime des WpHG erfolgte allerdings insoweit, als die in der MiFID II verwandten Begriffe „Wertpapierfirma" und „Kleinanleger" durch die des „Wertpapierdienstleistungsunternehmens" und des „(Privat-)Kunden" ersetzt wurden.[441]

*bb) Bewertung*

Aus heutiger Sicht ist wahrscheinlich, dass die geplante Ablösung der Beratungsprotokolle durch die Einführung einer Pflicht zur Anfertigung einer schriftlichen Geeignetheitserklärung nur wenige praktische Veränderungen hervorrufen wird.

Bereits im Hinblick auf die Ausgestaltung der Dokumentation sind keine signifikanten Unterschiede zur bisherigen Protokollierung zu erwarten. Zu dieser Einschätzung gelangt man bei einer näheren Betrachtung der inhaltlichen Anforderungen an die Geeignetheitserklärung im Sinne des Art. 25 VI 3 MiFID II, die unmittelbar auch in den Referentenentwurf übernommen wurden. Demnach

---

    www.bundesfinanzministerium.de/Content/DE/Downloads/Gesetze/2015-10-19-novellierung-finanzmarktvorschriften-aufgrund-europaeischer-rechtsakte.pdf?__blob=publicationFile&v=2 (zuletzt abgerufen am 21.10.2015).

439  Allerdings ist im Referentenentwurf das derzeit bestehende besondere Rücktrittsrecht bei einer telefonischen Anlageberatung gem. § 34 IIa 4 WpHG nicht mehr vorgesehen.

440  Referentenentwurf des Bundesfinanzministeriums für ein Gesetz zur Novellierung von Finanzmarktvorschriften aufgrund europäischer Rechtsakte (Finanzmarktnovellierungsgesetz), S. 219, abrufbar unter: www.bundesfinanzministerium.de/Content/DE/Downloads/Gesetze/2015-10-19-novellierung-finanzmarktvorschriften-aufgrund-europaeischer-rechtsakte.pdf?__blob=publicationFile&v=2 (zuletzt abgerufen am 21.10.2015).

441  Siehe hierzu den konkreten Normentwurf im Referentenentwurf des Bundesfinanzministeriums für ein Gesetz zur Novellierung von Finanzmarktvorschriften aufgrund europäischer Rechtsakte (Finanzmarktnovellierungsgesetz), S. 56, abrufbar unter: www.bundesfinanzministerium.de/Content/DE/Downloads/Gesetze/2015-10-19-novellierung-finanzmarktvorschriften-aufgrund-europaeischer-rechtsakte.pdf?__blob=publicationFile&v=2 (zuletzt abgerufen am 21.10.2015).

muss die schriftliche Geeignetheitserklärung sowohl „die erbrachte Beratung nennen als auch erläutern, wie die Beratung auf die Präferenzen, Ziele und sonstigen Merkmale des Kunden abgestimmt wurde". Die Geeignetheitserklärung enthält somit neben Ausführungen zur eigentlichen Beratung auch kunden- und anlagezweckbezogene Informationen und unterscheidet sich hierdurch in weiten Teilen nicht von der bisherigen Protokollierung nach § 34 IIa WpHG i.V.m. § 14 VI WpDVerOV.

Teilweise wird vermutet, dass es zukünftig zu einer leichten Verschiebung des Dokumentationsschwerpunktes vom tatsächlich Besprochenen hin zu einer schriftlichen Begründung der Geeignetheit der Anlageempfehlung kommen könnte.[442] Diese Einschätzung mag in Teilen zutreffen, wobei nach der MiFID II und dem vorliegenden Gesetzentwurf weiterhin auch die „erbrachte Beratung" benannt werden muss, sodass davon auszugehen ist, dass Angaben zum Ablauf der eigentlichen Beratung nicht völlig obsolet werden. Außerdem ist zu berücksichtigen, dass bislang das tatsächliche Beratungsgespräch zwischen Kunde und Berater wesentlich durch die Ermittlung des Anlagezwecks, der persönlichen Situation des Kunden und der Auswahl und Erklärung geeigneter Produkte geprägt wurde. Gerade diese Gesprächsinhalte werden – jedenfalls mittelbar – auch Niederschlag in der zukünftigen Dokumentation finden, da sie bedeutenden Einfluss auf die Geeignetheit der Empfehlung haben, über die schwerpunktmäßig eine Dokumentation angefertigt werden soll.

Überdies legt die Begründung des Referentenentwurfs nahe, dass der komplette Inhalt der bisherigen nationalen Beratungsprotokolle zukünftig in der neuen Geeignetheitserklärung aufgehen soll. Es wird nämlich explizit erwähnt, dass die „Pflicht zur Erstellung der Geeignetheitserklärung an die Stelle des bisherigen Beratungsprotokolls" i.S.d. § 34 IIa WpHG treten soll, welches aufgrund der europaweit harmonisierten Aufzeichnungs- und Protokollierungspflichten nicht mehr erforderlich sei.[443] Konkrete Hinweise auf einen geringeren

---

442 *Caspari*, Zu den Herausforderungen der revidierten MiFID, in: BaFin Jahresbericht 2014, S. 197, abrufbar unter: www.bafin.de/SharedDocs/Downloads/DE/Jahresbericht/dl_jb_2014.pdf?__blob=publicationFile&v=8 (zuletzt abgerufen am 21.10.2015).

443 Referentenentwurf des Bundesfinanzministeriums für ein Gesetz zur Novellierung von Finanzmarktvorschriften aufgrund europäischer Rechtsakte (Finanzmarktnovellierungsgesetz), S. 219, abrufbar unter: www.bundesfinanzministerium.de/Content/DE/Downloads/Gesetze/2015-10-19-novellierung-finanzmarktvorschriften-aufgrund-europaeischer-rechtsakte.pdf?__blob=publicationFile&v=2 (zuletzt abgerufen am 21.10.2015).

Dokumentationsstandard durch die zukünftige Geeignetheitserklärung oder auf eine intendierte Reduzierung des Dokumentationsaufwandes finden sich im Referentenentwurf nicht, sodass allenfalls von geringen inhaltlichen Unterschieden auszugehen ist.

Zu einer Veränderung im Vergleich zur bisherigen Rechtslage kommt es allerdings in den Fällen, in denen der Kunde im Anschluss an die Beratung weder eine Kauf-, Verkaufs-, noch eine Halteentscheidung trifft, da eine Geeignetheitserklärung hier nicht in Betracht kommt. In der Praxis wird somit für eine überschaubare Zahl von Beratungsgesprächen die Dokumentationspflicht wegfallen.[444] Hierdurch wird es aber nicht zu einer signifikanten Aufwandserleichterung kommen, da die Berater während eines jeden Gespräches schon vorsorglich – für eine möglicherweise erforderliche Geeignetheitserklärung – eigene Aufzeichnungen parallel zur tatsächlichen Beratung machen müssen. Neben den beschriebenen inhaltlichen Übereinstimmungen besteht eine weitere in Bezug auf die derzeitige Rechtslage darin, dass weder die EU-Richtlinie noch der Referentenentwurf eine Verzichtsmöglichkeit auf die Dokumentation vorsehen.

Mithin ist aus derzeitiger Sicht weder eine allgemeine Verkürzung der Anfertigungsdauer noch ein Rückgang der Dokumentationsanzahl wahrscheinlich.

Interessant ist außerdem, dass selbst eine rein wirtschaftliche Kostenbetrachtung (Erfüllungsaufwand) die bestehende Ähnlichkeit zwischen dem derzeitigen Beratungsprotokoll und der geplanten Geeignetheitserklärung verdeutlicht. So ergibt sich aus dem Referentenentwurf des Bundesfinanzministeriums, dass durch den Wegfall des Beratungsprotokolls mit einer Kostenerleichterung von ca. 51 Mio. Euro zu rechnen sei, allerdings hierfür Kosten in vergleichbarer Höhe durch die neue Pflicht zur Erstellung einer schriftlichen Geeignetheitserklärung entstünden.[445]

Mit Blick auf die beschriebenen Parallelen zwischen der derzeitigen Protokollpflicht und den in der Richtlinie enthaltenen Dokumentationsanforderungen ist wenig überraschend, dass schon vor Bekanntwerden der aktuellen Reformpläne, auf einen nur geringen nationalen Anpassungsbedarf hingewiesen

---

444 Siehe zur umfassenden Pflicht der Erstellung von Beratungsprotokollen § 5 I. 2. b) aa).
445 Siehe Referentenentwurf des Bundesfinanzministeriums für ein Gesetz zur Novellierung von Finanzmarktvorschriften aufgrund europäischer Rechtsakte (Finanzmarktnovellierungsgesetz), S. 176, 177, 178, 187 abrufbar unter: www.bundesfinanzministerium.de/Content/DE/Downloads/Gesetze/2015-10-19-novellierung-finanzmarktvorschriften-aufgrund-europaeischer-rechtsakte.pdf?__blob=publicationFile&v=2 (zuletzt abgerufen am 21.10.2015).

wurde.[446] Durch die MiFID II werde europaweit die Erstellung „eines Anlageberatungsprotokolls oder eines anderen Nachweises der konkreten Geeignetheit des empfohlenen Finanzinstruments" eingeführt.[447]

Auch die BaFin scheint kaum von praktischen Veränderungen auszugehen, da bereits mitgeteilt wurde, dass die in der MiFID II vorgesehene Geeignetheitserklärung inhaltlich weitgehend mit der nationalen Pflicht zur Erstellung eines Beratungsprotokolls übereinstimme und teilweise sogar darüber hinausgehe, insbesondere bei den Ausführungen zur Geeignetheit der Empfehlung.[448] Die Umsetzung der europäischen Vorgaben könne als Fortentwicklung der derzeitigen Protokollierung angesehen werden.[449]

Aus den bisherigen öffentlichen Reaktionen nach Bekanntwerden des Gesetzentwurfs ist zu entnehmen, dass auch in der Beratungspraxis – sowohl von Seiten der Anbieter als auch der Verbraucherschützer – keine bedeutsamen Neuerungen erwartet werden.[450]

Nach alledem ist aus heutiger Sicht die geplante Einführung einer schriftlichen Geeignetheitserklärung kein „Weniger" gegenüber der aktuellen Protokollierungspflicht, sodass die zu erwartenden praktischen Konsequenzen als gering anzusehen sind. Gleichsam bleibt abzuwarten, ob sich im Rahmen des anstehenden Gesetzesverfahren sowie den zu erwartenden Stellungnahmen (v.a. BaFin)

---

446 *Buck-Heeb*, ZBB 2014, 221, 227.
447 *Loff/Hahne*, WM 2012, 1512, 1519.
448 *Michel (BaFin)*, Anlageberatung: Das Beratungsprotokoll in der Aufsichtspraxis, vom 01.09.2014, abrufbar unter: www.bafin.de/SharedDocs/Veroeffentlichungen/DE/Fachartikel/2014/fa_bj_1409_anlageberatung.html?nn=3803924#doc5502646bodyText5 (zuletzt abgerufen am 21.10.2015); siehe auch *Buck-Heeb*, ZBB 2014, 221, 227, die mit Blick auf die EU-Richtlinie eher von nochmals dezidierteren Pflichten bzgl. der Empfehlungsgründe ausgeht.
449 *Caspari (zuvor bei der BaFin)*, Zu den Herausforderungen der revidierten MiFID, in: BaFin Jahresbericht 2014, S. 197, abrufbar unter: www.bafin.de/SharedDocs/Downloads/DE/Jahresbericht/dl_jb_2014.pdf?__blob=publicationFile&v=8 (zuletzt abgerufen am 21.10.2015).
450 Siehe hierzu die Aussage von *Dorothea Mohn* vom Verbraucherzentrale Bundesverband bei *Seibel*, in: Die Welt online vom 20.10.2015 *(„die Geeignetheitsprüfung muss letztendlich all das berücksichtigen, was heute im Kern auch in den Protokollen auftauchen muss")*, abrufbar unter: www.welt.de/finanzen/article147854941/Warum-Ihr-Bankberater-Ihre-Anrufe-speichert.html (zuletzt abgerufen am 23.10.2015); siehe exemplarisch zur Reaktion der Anbieterseite die Aussagen von *Herbert Jütten* vom Bundesverband deutscher Banken sowie die Einschätzungen von Seiten des Deutschen Sparkassen- und Giroverbandes (DSGV) in: FAZ vom 21.10.2015, S. 15.

eine eher weite oder enge Auslegung zur vorgesehenen Geeignetheitserklärung durchsetzen wird. Aus derzeitiger Sicht scheint die in der Presse zu lesende Einschätzung zutreffend, wonach im Falle einer Ablösung der nationalen Protokollierungspflicht durch die schriftliche Geeignetheitserklärung das „Kind lediglich einen anderen Namen" bekommt.[451]

### c) Streitpunkt: Möglichkeit eines Produktverbots

#### aa) Rechtsgrundlage und Voraussetzungen für ein Produktverbot

Ein weiterer sehr umstrittener Regelungsinhalt ist die neu eingeführte Möglichkeit eines Produktverbotes. In den Art. 39 ff. MiFIR finden sich zunächst allgemeine Vorschriften über die Überwachung des Produktvertriebes durch die Europäische Wertpapieraufsichtsbehörde (ESMA), die Bankenaufsicht (EBA) sowie die nationalen Aufsichtsbehörden (BaFin). Nach Art. 42 MiFIR kann die zuständige nationale Aufsichtsbehörde eine Beschränkung oder ein Verbot für die Vermarktung, den Vertrieb oder den Verkauf von Finanzinstrumenten verhängen, wenn sie sich begründetermaßen vergewissert hat, dass das Finanzinstrument oder eine entsprechende Tätigkeit (z.B. Beratungspraxis) erhebliche Bedenken für den Anlegerschutz aufwirft oder (!) eine Gefahr für das ordnungsgemäße Funktionieren und die Integrität der Finanz- oder Warenmärkte oder in mindestens einem Mitgliedstaat für die Stabilität des gesamten Finanzsystems oder eines Teils davon darstellt. Möglich sein soll bei Vorliegen der oben genannten Voraussetzungen aber auch ein vorsorgliches Produktverbot (Art. 42 II a.E. MiFIR). Die Kompetenz zur Verhängung eines Produktverbotes besitzen sowohl die ESMA, die EBA als auch die nationalen Aufsichtsbehörden. Jedoch können ESMA und EBA im Gegensatz zu den nationalen Aufsichtsbehörden jeweils nur auf drei Monate begrenzte Verbote aussprechen (vgl. Art. 40 VI, 41 VI MiFIR). Die Produktbeschränkung muss stets verhältnismäßig sein und darf erst nach vorheriger Anhörung ergehen. Auffällig ist im Rahmen der Verhältnismäßigkeitserwägungen, dass die Belange des

---

[451] So die Einschätzung vom *Deutschen Sparkassen und Giroverband (DSGV)* in: FAZ vom 21.10.2015, S. 15; Wirtschaftswoche online vom 20.10.2015, abrufbar unter: www.wiwo.de/finanzen/geldanlage/geldanlage-aus-fuer-das-beratungsprotokoll/12474478-all.html (zuletzt abgerufen am 21.10.2015); siehe auch die Einschätzung von *Seibel*, in: Die Welt online vom 20.10.2015, *(„Das bedeutet allerdings nicht, dass damit die Protokollpflicht grundsätzlich entfällt. Das deutsche Protokoll wird in Verbindung mit der Geeignetheitsprüfung durch ein europaweit einheitliches Protokoll ersetzt")*, abrufbar unter: www.welt.de/finanzen/article147854941/Warum-Ihr-Bankberater-Ihre-Anrufe-speichert.html (zuletzt abgerufen am 23.10.2015).

Adressaten der Maßnahmen – anders als etwa im Verfassungsrecht – wohl keine (gewichtige) Rolle spielen.[452] So wird nach Art. 40 III MiFIR lediglich verlangt, dass die von der ESMA ergriffene Maßnahme keine negativen Auswirkungen auf die Effizienz der Finanzmärkte oder auf die Anleger haben darf, die in keinem Verhältnis zu den Vorteilen der Maßnahme stehen. Die sich leicht hiervon unterscheidenden Verhältnismäßigkeitskriterien bei Maßnahmen der nationalen Behörden (Art. 42 II c) MiFIR) sehen hingegen zumindest eine (teilweise) Berücksichtigung der Interessen der „Marktteilnehmer" vor, wobei auch hier angesichts des weiten Wortlautes jedenfalls eine gewichtige Berücksichtigung der Interessen der Produkthersteller und Verkäufer zweifelhaft erscheint.[453]

*bb) Sinnvolle Interventionsmöglichkeit oder unzulässiger Eingriff in den Geschäftsbetrieb?*

Die zukünftige Möglichkeit der Verhängung von Produktbeschränkungen und Produktverboten wird bereits im Vorfeld kontrovers diskutiert. Für ein Produktverbot spreche, dass diverse Finanzprodukte derart komplex seien, dass durch reine Informationsweitergabe ein ausreichender Anlegerschutz nicht hergestellt werden könne und entsprechende Produkte gerade für Verbraucher häufig völlig ungeeignet seien.[454] Gegen den auch in der MiFIR enthaltenen Versuch, Anlegerschutz durch Produktverbote zu erreichen, wird hingegen vorgebracht, dass schon die Kriterien und anzulegenden Maßstäbe, welche zur Verhängung eines solchen Verbots berechtigten, zu unscharf seien.[455] Beispielsweise sei bereits nicht eindeutig geregelt, wie überhaupt der für die Ermächtigungsgrundlagen der MiFIR zentrale Begriff des „Anlegerschutzes" (vgl. etwa Art. 42 II a) i) MiFIR) auszulegen sei.[456] Ein weiterer gewichtiger Nachteil von Produktverboten sei außerdem, dass sie im Vergleich zu anderen Regulierungsmaßnahmen zu statisch seien und so innovationshindernd wirken könnten, indem sie etwa die Entwicklung und den Vertrieb auch solcher Produkte erschweren, die individuell auf die Bedürfnisse des

---

452 *Cahn/Müchler*, BKR 2013, 45, 48 (zum damaligen MiFIR-Entwurf).
453 Eine Einbeziehung von Adressateninteressen in die Interessenabwägung annehmend allerdings *Cahn/Müchler*, BKR 2013, 45, 48 (zum damaligen MiFIR-Entwurf).
454 *Klingenbrunn*, WM 2015, 316, 321 (Verbot bei komplexen Produkten rechtfertigbar); *Koch*, BKR 2012, 485, 492 f. (bereits früher unter bestimmten Voraussetzungen ein „paternalistisches Verbot" für komplexe, riskante Produkte befürwortend).
455 *Grigoleit*, ZHR 177 (2013), 264, 302 f. und 306.
456 *Langenbucher*, ZHR 177 (2013), 679, 699 f.

einzelnen Anlegers zugeschnitten seien.[457] Darüber hinaus drohe bei der Verhängung von Produktverboten eine Abwanderung in nicht regulierte Märke.[458]

*cc) Stellungnahme*

Grundsätzlich sollte bei der Beurteilung der durch die MiFIR eingefügten Produktvertriebsbeschränkungen und Verbote zunächst festgehalten werden, dass entsprechende Maßnahmen auch schon nach der bislang geltenden Rechtslage in Deutschland umgesetzt werden können. So sieht § 4 I 2 WpHG zunächst grundsätzlich vor, dass die BaFin im Rahmen der ihr zugewiesenen Aufgaben Missständen entgegenzuwirken hat (!), welche die ordnungsgemäße Durchführung des Handels mit Finanzinstrumenten oder von Wertpapierdienstleistungen bzw. Wertpapiernebendienstleistungen beeinträchtigen oder erhebliche Nachteile für den Finanzmarkt bewirken können. Hierbei kann (!) sie gem. § 4 I 3 WpHG Anordnungen treffen, die geeignet und erforderlich sind, diese Missstände zu beseitigen oder zu verhindern.[459] Dass es sich hierbei auch nicht nur um eine völlig theoretische und praktisch nicht relevante Ermächtigungsnorm handelt, zeigt sich zudem daran, dass auf der Grundlage von § 4 I WpHG in der Vergangenheit bereits ungedeckte Leerverkäufe verboten wurden.[460] Vor dem Hintergrund der bereits bestehenden Möglichkeit zur Verhängung von Produktverboten überrascht es daher schon, dass vor allem dieser Teilbereich der MiFID II/MiFIR-Umsetzung derart intensiv diskutiert wird. Die von den Kritikern vorgebrachten Argumente sind dennoch in Teilen durchaus berechtigt. Insbesondere das Problem, dass es in den in der MiFIR enthaltenen Ermächtigungsgrundlagen an trennscharfen und eindeutigen Beurteilungskriterien mangelt und stattdessen auf unbestimmte Rechtsbegriffe wie „erheblich Bedenken für den Anlegerschutz" oder „Gefahr für das ordnungsgemäße Funktionieren

---

457 *Langenbucher*, ZHR 177 (2013), 679, 701 m.w.N.; kritisch diesbezüglich auch *Klingenbrunn*, WM 2015, 316, 321; siehe auch das working-paper von *Schaeken Willemaers*, Product Intervention for the Protection of Retail Investors: A European Perspective, S. 21 („Product intervention could stifle innovation and slow down product development"), download des papers unter: http://papers.ssrn.com/sol3/papers.cfm?abstract_id=1989817 (zuletzt abgerufen am 07.08.2015).
458 *Langenbucher*, ZHR 177 (2013), 679, 701 m.w.N.
459 *Cahn/Müchler*, BKR 2013, 45, 46.
460 Siehe die Begründung der BaFin Allgemeinverfügung vom 21.09.2008, abrufbar unter: www.bafin.de/SharedDocs/Aufsichtsrecht/DE/Verfuegung/vf_080921_leerverk_ausn.html (zuletzt abgerufen am 23.07.2015); *Petow*, in: Heidel, Aktienrecht und Kapitalmarktrecht, § 4 WpHG Rn. 5; *Cahn/Müchler*, BKR 2013, 45, 46.

und die Integrität der Finanz- oder Warenmärkte" (Art. 42 II a) MiFIR) zurückgegriffen wird, ist vor allem bei derart eingreifenden, den Adressaten belastenden Ermächtigungsgrundlagen problematisch. Jedoch ist selbst im nationalen Verfassungsrecht anerkannt, dass die Verwendung unbestimmter Rechtsbegriffe grundsätzlich zum Zwecke notwendiger flexiblerer Gestaltung zulässig sein kann, da der Gesetzgeber schon angesichts der Komplexität der zu erfassenden Vorgänge oft nicht in der Lage ist, alle Einzelfragen zu behandeln. Verbleibende Auslegungsprobleme sind durch die Behörden und Gerichte mit Hilfe der anerkannten Auslegungsmethoden zu beantworten.[461] Ob Letzteres trotz vorhandener Normkonkretisierungen innerhalb der MiFID II/MiFIR und unter Rückgriff auf frühere Regelungen (z.B. MiFID I) vollends gelingen mag, erscheint ungewiss. Gleichwohl bestehen im Ergebnis keine tiefgreifenden Bedenken an der hinreichenden Bestimmtheit der Befugnisnormen. Dies ergibt sich zum einen daraus, dass aufgrund der unüberschaubaren Vielzahl von Produkten und sich ständig verändernden Marktlagen und Rahmenbedingungen schon praktisch keine präziseren Eingriffsvoraussetzungen durch den Gesetzgeber formuliert werden können, ein solches Mittel zugleich aber zur Erreichung unzweifelhaft legitimer Ziele (Anlegerschutz, Funktionalität der Märkte) nicht von vorne herein als „ultima ratio" ausgeschlossen sein sollte. Zudem sind einige der zu berücksichtigenden Kriterien (Komplexität, Leverage-Effekt, Volumen/Nominalwert etc.) jedenfalls auch in der MiFIR (z.B. Art. 42 VII) explizit genannt. Man wird hinsichtlich der für ein Verbot zu berücksichtigenden Kriterien einwenden können, dass ein hoch komplexes Finanzprodukt nicht zwingend hochriskant sein muss und daher keine Gefahr für eine breite Masse von Anlegern darstellt, genauso wenig, wie einfach strukturierte Finanzprodukte nicht zwingend ungefährlich sind.[462] Gerade Letzteres zeigte sich in der jüngeren Vergangenheit etwa an zahlreichen Insolvenzen von Mittelstandsanleiheemittenten (z.B. Strenesse, MIFA), bei denen auch Verbraucher hohe Verluste erlitten. Hieraus jedoch die Möglichkeit eines Produktverbotes gänzlich in Frage zu stellen wäre falsch, da allein die Tatsache, dass die Ermächtigungsnorm nicht stringent und zweifelsfrei alle tatsächlichen Konstellationen abdeckt, nicht die Notwendigkeit solcher Maßnahmen im Einzelfall entfallen lässt. Es ist zudem damit zu rechnen, dass es in Zukunft auch bei Einzelfällen bleiben und nicht zu flächendeckenden Produktverboten durch die Behörden kommen wird, ebenso wie schon bisher nicht

---

461 Siehe etwa BVerfG NJW 1989, 1599.
462 In diese Richtung beispielsweise *Zimmer*, JZ 2014, 714, 721, der darauf verweist, dass selbst bei Aktienanlagen ein Totalverlustrisiko besteht.

auf Grundlage von § 4 WpHG. Insoweit sollte zunächst auf einen verantwortungsvollen Umgang der Behörden mit den ihnen eingeräumten Kompetenzen vertraut werden.

Darüber hinaus ist zu berücksichtigen, dass etwaige Beschränkungen durch die jeweilige Behörde grundsätzlich erst nach erfolgter Anhörung ergehen dürfen, sodass jedenfalls berechtigte Einwände unmittelbar kundgetan werden können. Auch die Sorge, dass es aufgrund der Bedrohung zu einer Verlangsamung oder Beschränkung der Produktentwicklung kommen wird, erscheint zwar nicht völlig unbegründet, bei genauerer Betrachtung aber weit weniger dramatisch als zunächst gedacht. Für die breite Masse der Verbraucher sind nämlich vor allem klassische Anlageprodukte wie Sparbriefe, Festgeldkonten, Fonds und Aktien von erheblicher Bedeutung,[463] die von einem Produktverbot trotz der auch hier vorhandenen Totalverlustrisiken kaum betroffen sein werden und daher auch weiterhin in diversen Varianten angeboten werden können. Dass es eventuell zu Produktkonzeptionsverengungen im Bereich von strukturierten Anlageprodukten kommen wird, kann angesichts der Tatsache, dass sowohl die Bankwirtschaft als auch die (professionellen) Anleger bis vor einigen Jahren auch mit einer deutlich überschaubareren Anzahl dieser Produkte ausgekommen sind, nicht als solch gewichtiger Nachteil empfunden werden. Vielmehr erscheint es gerade aufgrund der derzeit unüberschaubaren Anzahl solcher Produkte sowohl aus Sicht der Berater als auch Anleger zweifelhaft, ob momentan individuell adäquate Produkte empfohlen werden (Haftungsrisiko/Ausfallrisiko).[464] Dass es zudem selbst im Bereich der strukturierten Finanzprodukte nicht zu umfassenden Verboten kommen wird, ist schon deshalb wahrscheinlich, da die Produkte für einen bestimmten Anlegerkreis (und für die Behörden erkennbar) sinnvoll sind. Sofern es zu einer adäquaten Empfehlung dieser Produkte auch nur an solche Personen kommen wird, werden die in den Ermächtigungsgrundlagen enthaltenen Tatbestandsvoraussetzungen der „erheblichen Bedenken für den Anlegerschutz bzw. einer Gefahr für das ordnungsgemäße Funktionieren und die Integrität der Finanz- oder Warenmärkte" nicht erfüllt sein. Den weiter geäußerten Bedenken, dass es möglicherweise zu einer Angebotsverschiebung auf weniger regulierte Märkte kommen könnte, wird derzeit jedenfalls für Verbraucher durch eine stärkere Regulierung

---

463 Siehe *Forsa-Studie* „Sparerkompass 2014" im Auftrag der *Bank of Scotland*, S. 20, abrufbar unter: www.bankofscotland.de/mediaObject/documents/bos/de/sparerkompass/Sparerkompass_2014/original/Sparerkompass_2014.pdf (zuletzt abgerufen am 23.07.2015).
464 So kamen allein im Jahr 2011 rund 1,7 Mio. neue Zertifikate und Hebelpapiere auf den Markt, vgl. FAZ vom 17.01.2012, S. 17.

auch des Grauen Kapitalmarkts effektiv begegnet.[465] Nach alledem ist die Entscheidung des (europäischen) Gesetzgebers, für bestimmte Fälle ein noch über die Beratungs- und Aufklärungspflichten hinausgehendes Anlegerschutzinstrument einzuführen, nicht zu beanstanden. Richtig und notwendig ist aber mit Blick auf einige der von den Kritikern vorgebrachten Bedenken, den verantwortungsvollen Gebrauch durch die jeweiligen Behörden in Zukunft genau zu verfolgen und im unerwarteten Falle einer extensiven und unverhältnismäßigen Ausnutzung der Ermächtigungsgrundlagen öffentlich die Statuierung strengerer Eingriffsvoraussetzungen zu fordern. Insgesamt sind die im Rahmen der MiFIR eingeführten Produktbeschränkungsmöglichkeiten allerdings als zulässiges Anlegerschutzinstrument (*ultima ratio*) anzusehen.

## V. PRIIP-Verordnung

### 1. Intention

Am 09.12.2014 wurde der gesamte Text der sogenannten Verordnung des europäischen Parlamentes und des Rates über Basisinformationsblätter für verpackte Anlageprodukte für Kleinanleger und Versicherungsanlageprodukte (PRIIP) im Amtsblatt der europäischen Union veröffentlicht (im Folgenden: PRIIP-VO).[466] Die Verordnung trat gem. Art. 34 PRIIP-VO zwanzig Tage nach der Veröffentlichung im Amtsblatt in Kraft und gilt ab dem 31.12.2016. Die Kurzbezeichnung „PRIIP" steht für „Packaged Retail and Insurance-based Investment Products". Die nunmehr endgültig veröffentlichte Verordnung ist das Resultat einer Initiative, welche über mehrere Jahre dauerte und als Ziel die europaweite Einführung von Basisinformationsblättern (Key Information Documents - „KID") verfolgte.[467] Die Verordnung hat das grundsätzliche Ziel, im Wege einer Transparenzerhöhung einen stärkeren Anlegerschutz zu erreichen und damit das Vertrauen von Kleinanlegern in den Finanzmarkt nach der Finanzmarktkrise wieder zu stärken (vgl. Erwägungsgrund 2 PRIIP-VO). Durch die Pflicht zur Erstellung von Kurzinformationsblättern sollen die Kleinanleger auf kurze und einfach verständliche Weise über die wichtigsten Fakten und Risiken ihrer Anlage aufgeklärt werden, um auf

---

465 Siehe hierzu § 9 III.
466 Verordnung (EU) Nr. 1286/2014, vom 26.11.2014, deutsche Version abrufbar unter: www.eur-lex.europa.eu/legal-content/DE/TXT/PDF/?uri=OJ:JOL_2014_352_R_0001&from=DE (zuletzt abgerufen am 23.07.2015).
467 *Preuße/Seitz/Lesser*, BKR 2014, 70, 71.

informierter Basis verschiedene Finanzprodukte vergleichen und schließlich eine Anlageentscheidung treffen zu können (vgl. Erwägungsgründe 13, 15, 26 PRIIP-VO). Darüber hinaus soll durch die Verordnung eine Vereinheitlichung der Transparenzstandards auf Unionsebene für sämtliche Finanzprodukte erreicht werden (vgl. Erwägungsgründe 3, 4, 6 PRIIP-VO).

## 2. Wichtige Regelungsinhalte zur Anlageberatung

Den wichtigsten Regelungsbereich der Verordnung für den Bereich der Anlageberatung stellt die unionsweite Einführung einer Pflicht zur Verfügungstellung von Basisinformationsblättern dar. So ist zukünftig jede Person, die über ein PRIIP berät oder es verkauft, verpflichtet, den betreffenden Kleinanlegern das Basisinformationsblatt kostenlos und rechtzeitig zur Verfügung zu stellen, bevor diese Kleinanleger durch einen Vertrag oder ein Angebot im Zusammenhang mit diesem PRIIP gebunden sind (Art. 13 I, 14 PRIIP-VO). Für die Herstellung und Veröffentlichung des Basisinformationsblatts ist der Hersteller des jeweiligen Finanzproduktes verantwortlich (Art. 5 I PRIIP-VO). Das Basisinformationsblatt muss prägnant und leicht verständlich formuliert sein und darf ausgedruckt höchstens drei DIN-A4-Seiten umfassen (Art. 6 IV PRIIP-VO). Für den PRIIP-Hersteller soll aufgrund des Basisinformationsblatts und dessen Übersetzung allein noch keine zivilrechtliche Haftung entstehen, es sei denn, das Basisinformationsblatt oder die Übersetzung ist irreführend, ungenau oder stimmt nicht mit den gesetzlichen Vorgaben überein (Art. 11 I PRIIP-VO).

## 3. Unterschiede: Basisinformationsblatt und Produktinformationsblatt

*a) Inhaltliche Unterschiede*

Der deutsche Gesetzgeber hat durch die Einführung der Pflicht zur Verfügungstellung eines Produktinformationsblattes gem. § 31 IIIa WpHG den europäischen Regelungen der PRIIP-VO bereits vorgegriffen. In weiten Teilen überschneiden sich auch die inhaltlichen Anforderungen der beiden Kundeninformationsblätter. Allerdings gibt es durchaus vereinzelte Unterschiede in den Regelungsbereichen und den Rechtsfolgen. Einer liegt beispielsweise in der Verantwortlichkeit für die Herstellung des Kurzinformationsblattes. Während für das Basisinformationsblatt gem. Art. 5 I PRIIP-VO der PRIIP-Hersteller (= Produkthersteller/Emittent) verantwortlich ist, benennt § 31 IIIa WpHG für das Produktinformationsblatt keinen konkreten Verantwortlichen, wobei Letzteres zwar grundsätzlich der Anbieter der Anlageberatung erstellen sollte, eine Übernahme eines von einem Dritten (v.a. Emittenten) verfassten PIB allerdings nicht ausgeschlossen ist.[468] Weiterhin sieht das WpHG keine spezialgesetzliche Haftung bei einer Missachtung der Pflicht durch den PIB-Hersteller vor, während nach der PRIIP-VO gegen sämtliche Verpflichtete (inkl. der Berater nach Art. 14 I PRIIP-VO) unter anderem ein Bußgeld verhängt werden kann (Art. 24 I PRIIP-VO). Darüber hinaus kommt nach Art. 11 I PRIIP-VO grundsätzlich auch eine zivilrechtliche Haftung des PRIIP-Herstellers in Betracht.[469] Allerdings wurde in den finalen Text der Verordnung eine Beweislastumkehr zugunsten der Anleger nicht aufgenommen, die in einem früheren Vorschlag der Kommission noch in Art. 11 II enthalten war.[470] Ein weiterer gewichtiger Unterschied liegt im unterschiedlichen Anwendungsbereich. So ist der Anwendungsbereich der PRIIP-VO im Vergleich zu § 31 IIIa WpHG teilweise weiter, da nicht nur der Bereich der Anlageberatung erfasst wird, sondern beispielsweise auch Versicherungsprodukte und weitere für Kleinanleger grundsätzlich in Betracht kommende Anlageprodukte (Art. 1, 4 PRIIP-VO). Andererseits unterfallen wiederum nicht strukturierte Anlageprodukte ohne derivative Komponente, wie zum Beispiel Aktien oder Anleihen, nicht dem Anwendungsbereich der Verordnung.[471]

*b) Bewertung*

Aufgrund der bereits bestehenden Pflicht zur Verfügungstellung von Produktinformationsblättern in der Anlageberatung wird es mit der Einführung der PRIIP-VO zu keinen substanziellen Neuerungen kommen. Selbst die zunächst bedeutsam erscheinende Tatsache, dass die PRIIP-VO ausdrücklich auch eine zivilrechtliche Haftung bei Pflichtverletzungen vorsieht, ist bei genauerer Analyse für die Anlageberatung wenig relevant. Einerseits kommt nach Art. 11 I PRIIP-VO eine Haftung nur für den PRIIP-Hersteller in Betracht, was aber bei der Mehrzahl der Produkte

---

468 *Schlee/Maywald*, BKR 2012, 320, 321.
469 *Preuße/Seitz/Lesser*, BKR 2014, 70, 71; *Seitz/Juhnke/Seibold*, BKR 2013, 1, 8 (mit einer Gegenüberstellung der Inhalte des KID und PIB).
470 Siehe zum ursprünglichen Vorschlag der Europäischen Kommission vom 03.07.2012, COM (2012) 352 final, 2012/0169 (COD), deutsche Version abrufbar unter: http://ec.europa.eu/internal_market/finservices-retail/docs/investment_products/20120703-proposal_de.pdf (zuletzt abgerufen am 23.07.2015).
471 Siehe hierzu auch *Andresen/Gerold* (BaFin), Basisinformationsblatt: PRIIPs-Verordnung - Neuer EU-weiter Standard der Produktinformationen für Verbraucher, vom 17.08.2015, abrufbar unter: www.bafin.de/SharedDocs/Veroeffentlichungen/DE/Fachartikel/2015/fa_bj_1508_basisinformationsblatt_priips_verordnung.html (zuletzt abgerufen am 15.10.2015).

nicht zugleich auch das Anlageberatungsinstitut sein wird (Ausnahmen: Hausprodukte). Anderseits stellt selbst aus nationaler Sicht die grundsätzliche Möglichkeit einer zivilrechtlichen Haftung bei schwerwiegenden Verstößen im Rahmen der Pflicht nach § 31 IIIa WpHG (z.B. inhaltliche Unrichtigkeit, Unverständlichkeit) kein Novum dar, weil es bei erheblichen Verstößen durchaus zu einer zivilrechtlichen Haftung auf der Grundlage des (konkludent) abgeschlossenen Beratungsvertrags kommen kann.[472] Anders als in anderen europäischen Ländern, in denen die Pflicht zur Verfügungstellung von Produktinformationsblättern derzeit noch kein geltendes nationales Recht ist, ist zu erwarten, dass sich in Deutschland die in der Anlageberatungspraxis spürbaren Folgen der PRIIP-VO in Grenzen halten werden. Aufgrund der Entscheidung des europäischen Gesetzgebers, die Neuregelungen in einer (unmittelbar anwendbaren) Verordnung und nicht in einer Richtlinie umzusetzen, werden die Regelungen des § 31 IIIa WpHG allerdings teilweise obsolet werden.[473] Ein Produktinformationsblatt i.S.d. WpHG wird demnach zukünftig nur noch dann zu erstellen sein, soweit der Anwendungsbereich der Verordnung nicht eröffnet ist.[474]

---

472  Siehe hierzu auch § 6 I. 1. a) aa).
473  Im Allgemeinen zutreffend *Preuße/Seitz/Lesser*, BKR 2014, 70, 71. Allerdings bleiben aufgrund des unterschiedlichen Anwendungsbereiches gewisse Unterschiede in den Vorschriften bestehen.
474  Siehe Referentenentwurf des Bundesfinanzministeriums für ein Gesetz zur Novellierung von Finanzmarktvorschriften aufgrund europäischer Rechtsakte (Finanzmarktnovellierungsgesetz), S. 219, abrufbar unter: www.bundesfinanzministerium.de/Content/DE/Downloads/Gesetze/2015-10-19-novellierung-finanzmarktvorschriften-aufgrund-europaeischer-rechtsakte.pdf?__blob=publicationFile&v=2 (zuletzt abgerufen am 21.10.2015).

## § 6 Kritische Analyse der Regulierungsfolgen

Nachstehend erfolgt eine kritische Analyse der Regulierungsfolgen im Hinblick auf sämtliche Beteiligte des Anlageberatungsprozesses. Die Untersuchung soll sich dabei sowohl auf die rein rechtlichen Konsequenzen als auch auf die wirtschaftlichen und tatsächlichen Regulierungsfolgen erstrecken. Vereinzelt muss dabei eine Beurteilung auf Prognosebasis erfolgen, da die entsprechenden gesetzlichen Regulierungsmaßnahmen (MiFID II/MiFIR) noch nicht umgesetzt wurden.

### I. Aus Sicht der Anlageberatungsanbieter

#### 1. Auswirkungen auf das Haftungs- und Sanktionsrisiko

Bei den unmittelbar rechtlichen Auswirkungen der Regulierungsmaßnahmen ist aus Sicht der Beratungsinstitute zunächst zwischen dem Haftungsrisiko gegenüber den Kunden und dem Sanktionsrisiko gegenüber der BaFin zu unterscheiden. Diese notwendige Differenzierung resultiert daraus, dass sich der deutsche Gesetzgeber stets bei der Umsetzung von (europarechtlichen) Regulierungsmaßnahmen für eine Normierung im Aufsichtsrecht entschieden hat.

*a) Analyse potenzieller Haftungs- und Sanktionsrisiken*

*aa) Zivilrechtliche Haftungsrisiken*

Die für die Haftung maßgebliche Rechtsgrundlage bleibt der zwischen Institut und Kunde (konkludent) abgeschlossene Beratungsvertrag mit der Pflicht zur anleger- und objektgerechten Beratung. Hingegen soll der Anleger nach der herrschenden Auffassung keine zivilrechtlichen Haftungsansprüche aufgrund einer möglichen Pflichtverletzung bei der Erstellung des Beratungsprotokolls oder Produktinformationsblatts geltend machen können, da es an der hierfür notwendigen zivilrechtlichen Wirkung fehlt.[475] Dieser zunächst überraschende Befund steht auf

---

475 Zur fehlenden Möglichkeit der Herleitung von Schadensersatzansprüchen bei Verletzung der Dokumentationspflichten *Fett*, in: Schwark/Zimmer, KMRK, § 34 WpHG Rn. 1; einen Schutzgesetzcharakter des Beratungsprotokolls ablehnend *Bracht*, in: Schwintowski, Bankrecht, § 18 Rn. 66; *Möllers*, KK-WpHG, § 34 Rn. 136 (lediglich § 34 IIb WpHG als Schutzgesetz ansehend); einen Schutzgesetzcharakter des PIB ablehnend *Müchler*, WM 2012, 974,792; *Müller-Christmann*, DB 2011, 749, 751; *Podewils*, ZBB 2011, 169, 174; *Preuße/Schmidt*, BKR 2011, 265, 270 f.; **a.A.** *Günther*, GWR 2013, 55.

den ersten Blick im Widerspruch zu beiden gerade in Deutschland viel diskutierten Reformen. Bei genauerem Hinsehen können beide Regulierungsmaßnahmen aber gleichwohl einen Einfluss auf die zivilrechtliche Haftungsgefahr haben und sind somit durchaus bedeutend. Eine grundsätzlich bestehende Verknüpfung zwischen aufsichtsrechtlicher Protokollierung und einer möglichen zivilrechtlichen Haftung lässt sich bereits aus dem Gesetz herauslesen, da § 34 IIb WpHG einen zivilrechtlichen (!) Anspruch auf Herausgabe des Anlageberatungsprotokolls normiert. Hierdurch soll es dem Kunden erleichtert werden, etwaige zivilrechtliche Ansprüche gegen das Unternehmen zu prüfen und durchzusetzen.[476] Dem Beratungsprotokoll könnte prinzipiell im Rahmen eines auf eine vertragliche Beratungspflichtverletzung gestützten Verfahrens eine nicht unerhebliche Bedeutung im Rahmen der Beweislastverteilung zukommen. Jedoch erscheint mehr als zweifelhaft, ob das Protokoll hierbei tatsächlich die Position des klagenden Kunden verbessert. In vielen Fällen wird sich nämlich gerade das Anlageberatungsinstitut auf ein vom Anleger unterzeichnetes, umfassendes und inhaltlich richtiges Anlageberatungsprotokoll berufen und so eine Beratungspflichtverletzung widerlegen können. Zwar kann sich durchaus noch aus den übrigen Umständen des Beratungsgesprächs eine Pflichtverletzung ergeben, jedoch wird dem Protokoll nicht zuletzt aufgrund der Schriftlichkeit starke Indizwirkung zukommen. Insoweit ist unabhängig davon, wie das sonstige Beratungsgespräch tatsächlich abläuft (Zeitdruck, kein Eingehen auf Kundenfragen), ein vom Kunden unterschriebenes Protokoll für die Anlageberatungsinstitute immer vorteilhaft. Teilweise wird sogar angenommen, dass sich die Position des Kunden im Prozess selbst durch ein fehlerhaftes Protokoll verschlechtert, wenn es von ihm unterschrieben worden ist.[477] Zutreffend ist in solchen Fällen jedenfalls, dass durch das schriftliche Protokoll zumindest belegt werden kann, dass und in welchem Umfang überhaupt eine Beratung stattgefunden hat, was sich im Prozess bereits durchaus positiv für die Beratungsinstitute auswirken kann. Eine Pflicht des Wertpapierdienstleistungsunternehmens, die Richtigkeit und Vollständigkeit des Protokolls zu beweisen, besteht zudem ebenfalls nicht.[478] Das Haftungsrisiko für die Institute ist durch das Beratungsprotokoll mithin nur in solchen Fällen erhöht, in denen sich der

---

476 *Schäfer*, in: Heidel, Aktienrecht und Kapitalmarktrecht, § 34 WpHG Rn. 24.
477 *Einsele*, ZRP 2014, 190; siehe auch entsprechende Aussagen von *Dorothea Mohn* vom Verbraucherzentrale Bundesverband in: FAZ vom 25.06.2014, S. 36 („*Im Zweifel schadet das Beratungsprotokoll den [sic] Verbraucher*"; „*Wenn eine Unterschrift des Kunden vorgesehen ist, soll der Kunde meistens in eine ungünstige Position gebracht werden*").
478 *Koller*, FS Schneider, 2011, 651, 666.

Beratungsfehler unmittelbar aus dem Beratungsprotokoll ergibt.[479] In allen übrigen Fällen wirken sich die Beratungsprotokolle aus Sicht der Beratungsinstitute positiv auf das Haftungsrisiko aus, vor allem dann, wenn sie vom Kunden unterschrieben sind. Es verwundert vor diesem Hintergrund nicht, dass trotz fehlender gesetzlicher Pflicht die große Mehrheit der Institute das Protokoll auch vom Kunden unterzeichnen lässt.[480]

Abzuwarten bleibt, inwieweit sich das Haftungsrisiko im Falle einer derzeit geplanten Ablösung der Beratungsprotokolle durch eine schriftliche Geeignetheitserklärung verändern wird.[481] Aus heutiger Sicht ist anzunehmen, dass die Anbieter zukünftig in vergleichbare Weise auf eine Unterzeichnung der Geeignetheitserklärungen drängen werden.[482]

Auch bezüglich des Einflusses der Produktinformationsblätter auf das Haftungsrisiko lässt sich nichts grundlegendend anderes feststellen. Nach überzeugender Ansicht stellt das Produktinformationsblatt keinen „Prospekt" dar und kann folglich weder eine allgemeine-zivilrechtliche noch spezialgesetzliche Prospekthaftung auslösen.[483] Eine (neue) Haftungsgefahr durch das Produktinformationsblatt ist daher nur dann anzunehmen, wenn es eindeutig (inhaltlich) fehlerhaft ist und die unrichtigen Angaben auch nicht im Beratungsgespräch korrigiert werden, da man in diesen Fällen von einer (originären) Verletzung der zivilrechtlichen Pflicht zur richtigen und vollständigen Informationserteilung ausgehen kann.[484] Zwar wurde in der Vergangenheit bereits durch die BaFin eine häufige Fehlerhaftigkeit der Produktinformationsblätter gerügt und dabei vor allem auf die fehlende Individualisierung, fehlende Verständlichkeit

---

479 Ebenso auch *Koller*, FS Schneider, 2011, 651, 666.
480 Vgl. Studie des *ITA Instituts für Transparenz* im Auftrag des *BMJV*: „Evaluierung der Beratungsdokumentation im Geldanlage- und Versicherungsbereich", S. 83, 89, mit Verweisen auf Studien des *Verbraucherzentrale Bundesverbandes (vzbv)* und des *Instituts für Finanzdienstleistungen (iff)* aus den Jahren 2010 und 2012, wonach 40 % der Beratungsdokumentationen eine Unterschrift des Kunden vorsehen, Version vom 18.02.2014, abrufbar unter: www.bmjv.de/SharedDocs/Downloads/DE/pdfs/20140625_Beratungsprotokolle_Studie.pdf?__blob=publicationFile (zuletzt abgerufen am 23.07.2015).
481 Siehe zum Inhalt der Geeignetheitserklärung sowie den Reformplänen der Bundesregierung unter § 5 IV. 2. b).
482 Siehe hierzu auch § 6 IV. 3.
483 *Assmann*, in: Assmann/Schütze, Hdb. KapitalanlageR, § 5 Rn. 37; *Müchler*, WM 2012, 974, 980; **a.A.** *Schlee/Maywald*, BKR 2012, 320, 323 ff.; siehe zum Streitstand bereits § 3 III. 1. b).
484 Zutreffend *Müchler*, WM 2012, 974, 981.

und Umfangüberschreitung hingewiesen.[485] Mangels Feststellbarkeit von inhaltlichen Mängeln in Bezug auf relevante Produkt- oder Emitteninformationen werden derartige Fehler in Produktinformationsblättern im Regelfall allerdings nicht ausreichend sein, um eine vertragliche Haftung zu begründen. Nach alledem verwundert es nicht, dass sich eine (deutliche) Erhöhung des zivilrechtlichen Haftungsrisikos im Vergleich zur Lage vor der Einführung der Produktinformationsblätter auch in der bisherigen Rechtsprechung seit Einführung der gesetzlichen Pflicht nicht beobachten lässt. Vielmehr wurde im Gegenteil sogar eine unterlassene umfassende Anlegerinformation durch Übersendung eines vollständigen Wertpapierprospektes als nicht pflichtwidrig angesehen, da die gesetzliche Normierung des Produktinformationsblatts erkennen lasse, dass eine kurze und leicht verständliche Information in Verbindung mit einer mündlichen Beratung ausreichend sei.[486] Dem folgend können Beratungsinstitute unter Umständen im Streitfall unter Verweis auf die gesetzlich normierte Pflicht zur kurzen und prägnanten Information eine potenziell in Frage stehende Pflicht zur ausführlicheren Anlegerinformation verneinen. Nach alledem bleibt zu bilanzieren, dass zwar aus Sicht der Anlageberatungsinstitute die gesetzlichen Pflichten durch die Regulierungsmaßnahmen erheblich gestiegen sind, sich hierdurch vor allem bei geschickter Ausgestaltung das Haftungsrisiko gegenüber ihren Kunden aber nicht erhöht, sondern partiell sogar eher verringert hat.

*bb) Sanktionsrisiken*

Aus Sicht der Beratungsinstitute ist die Anzahl der aufsichtsrechtlichen Sanktionsrisiken durch die Regulierungsmaßnahmen der vergangenen Jahre angestiegen. Besonders praxisrelevant sind dabei vor allem die nach § 39 IV WpHG drohenden bußgeldrechtlichen Sanktionen bei Verstößen gegen die Protokollierungspflicht, das Zur-Verfügung-Stellen von Produktinformationsblättern oder die Führung eines Mitarbeiter- und Beschwerderegisters. Bislang wurden allein wegen Verstößen gegen die Beratungsprotokollierungspflicht bis Anfang 2014 neben dreißig noch anhängenden Bußgeldverfahren bereits sechs Bußgeldbescheide von der BaFin gegen fünf Privatbanken und eine Sparkasse erlassen.[487] Die Zahl der bislang verhängten Bußgeldsanktionen erscheint damit allerdings im Vergleich zur Vielzahl

---

485 Siehe Pressemitteilung der BaFin vom 05.12.2011, abrufbar unter: www.bafin.de/ SharedDocs/Veroeffentlichungen/DE/Pressemitteilung/2011/pm_111205_bericht_ produktinformationsblaetter.html (zuletzt abgerufen am 23.07.2015).
486 LG Itzehoe, Urteil vom 13.03.2012 - 7 O 318/09 (abrufbar unter beck-online: BeckRS 2012, 11478).
487 Vgl. zu den Zahlen *Stoltenberg/Wefers*, in: Börsen-Zeitung vom 05.03.2014, S. 2.

der Anlageberatungsgespräche gering, was vor allem auch an der Möglichkeit liegen wird, das Verfahren durch die BaFin trotz Vorliegen einer Ordnungswidrigkeit einzustellen, beispielsweise dann, wenn der Verstoß nur geringfügig war und es sich nicht um eine Wiederholungstat handelt. Gleichwohl ist zu beachten, dass die Institute mit Blick auf die latente Gefahr einer Bußgeldsanktion sehr sorgfältig die Einhaltung der gesetzlichen Pflichten überprüfen und im Falle eines Verdachts im Rahmen der Aufklärung eng mit der BaFin kooperieren sollten. Die Tatsache, dass im Hinblick auf etwaige Sanktionsgefahren auch das Instrument der Kundenbeschwerde von grundsätzlicher Relevanz ist, zeigt sich schon vor dem Hintergrund der zunächst beachtlichen, mittlerweile aber leicht zurückgehenden Zahl von eingehenden Beschwerden bei der BaFin.[488] Trotz der Möglichkeit, dass sich zahlreiche Beschwerden bei genauerer Untersuchung als unbegründet herausstellen könnten, sind die Beratungsinstitute in jedem Fall einer ständigen Beobachtungs- und Kontrollkulisse ausgesetzt. Angesichts der neu erlassenen Richtlinie (MiFID II) wird es zukünftig zu einem weiteren spürbaren Anstieg der Dokumentationspflichten (vor allem im elektronischen Kundenkontakt) kommen, sodass sämtliche Anlageberatungsinstitute vor der wachsenden Herausforderung stehen, die umfangreichen gesetzlichen Pflichten einzuhalten, um mögliche bußgeldrechtliche Sanktionen (auch weiterhin) präventiv vermeiden zu können.

*b) Stellungnahme*

Die bisherigen Regulierungsmaßnahmen haben sich bislang aus Sicht der Anlageberatungsinstitute noch nicht unmittelbar nachteilig auf etwaige Haftungsfolgen ausgewirkt, sondern eher noch das potenzielle zivilrechtliche Haftungsrisiko gegenüber ihren Kunden gesenkt. Dieses Ergebnis steht damit diametral im Widerspruch zum ausdrücklichen Ziel des Gesetzgebers, durch das Beratungsprotokoll die Position der Anleger im Prozess zu stärken. Es vermag daher auch nicht zu überraschen, dass gerade Verbraucherschützer monieren, dass die Anlageberatungsinstitute durch geschickte Formulierungen in den Beratungsprotokollen umfassend

---

488 Im Jahre 2013 lag die Zahl der Kundenbeschwerden noch bei 9.270, sank im Jahre 2014 jedoch auf 6.050 Beschwerden, vgl. *Kanning*, in: FAZ online vom 10.01.2015, „Bankkunden sind mit ihren Beratern zufriedener", abrufbar unter: www.faz. net/aktuell/finanzen/meine-finanzen/sparen-und-geld-anlegen/bafin-weniger-beschwerden-ueber-anlageberater-bei-banken-13361874.html (zuletzt abgerufen am 25.08.2015).

vor Schadensersatzansprüchen geschützt sind.[489] Die bei aufsichtsrechtlichen Verstößen drohenden Sanktionsgefahren sind ihrer potenziellen Höhe nach zwar durchaus beachtenswert, wirken angesichts der bislang nur geringen Anzahl verhängter Bußgeldbescheide jedoch keineswegs bedrohlich. Nach alledem ist festzuhalten, dass jedenfalls bislang ein signifikanter Anstieg der rechtlichen Risiken durch die Regulierungsmaßnahmen nicht zu beobachten ist, wobei bei der Analyse der zur Vermeidung rechtlicher Risiken eingesetzte monetäre und personelle Aufwand ausdrücklich unberücksichtigt bleibt.

## 2. Die Kosten der Regulierungsmaßnahmen

Neben den rechtlichen Folgen sind auch die ökonomischen Folgen der Regulierung aus Sicht der Anlageberatungsinstitute zu untersuchen. Mit Blick auf die konkreten Regulierungsmaßnahmen kommen Kosteneinflüsse sowohl im rein administrativen, infrastrukturellen sowie im personellen Bereich in Betracht. Weitgehend verlässliche Daten der bisherigen Kosteneinflüsse liegen bislang für die Regulierungsmaßnahmen bis zum Jahre 2015 vor. So ist etwa nach einer Studie des Beratungsinstitutes KPMG in Zusammenarbeit mit dem Bundesverband Deutscher Banken aus dem Jahre 2013, an welcher insgesamt zwanzig Groß-, Regional- und Privatbanken teilnahmen, eine stetige jährliche Kostensteigerung aufgrund der Regulierungsmaßnahmen zu erkennen. So stiegen die direkten Regulierungskosten bei den Studienteilnehmern von 2,3 Mrd. Euro von 2010–2012 auf 2,9 Mrd. Euro zwischen den Jahren 2013–2015.[490] Bei den absoluten Zahlen ist allerdings zu beachten, dass sie sich auf die allgemeinen Regulierungskosten beziehen und somit nicht auf solche aus dem Bereich der Anlageberatung beschränkt sind. Es ist dennoch auffällig, wie stark der negative Einfluss sämtlicher gesetzlicher Regularien sowie der Rechtsprechungsvorgaben im Bereich der Anlageberatung auf den Geschäftserfolg bewertet und die hohen Kosten der Dokumentationspflichten infolge des zeitlichen Mehraufwands sowie notwendiger Investitionen im Bereich der IT-Infrastruktur betont

---

489 So etwa *Niels Nauhauser* von der Verbraucherzentrale Baden-Württemberg, in: Schönwitz, Zeit online vom 25.10.2012, „Haftung? Ausgeschlossen!", abrufbar unter: www.zeit.de/2012/44/Bank-Beratungsprotokolle-Anleger-Kunden/komplettansicht (zuletzt abgerufen am 23.07.2015).

490 *KPMG* Studie „Auswirkungen regulatorischer Anforderungen" aus dem Jahre 2013, S. 5, abrufbar unter: www.kpmg.com/DE/de/Documents/auswirkungen-regulatorischer-anforderungen-2013.pdf (zuletzt abgerufen am 23.07.2015).

werden.⁴⁹¹ Dass insbesondere das Anlageberatungsprotokoll von der Bankwirtschaft als zeit- und damit letztlich auch kostenintensiv angesehen wird, ist auch aus einer Umfrage des Deutschen Aktieninstituts (DAI) aus dem Jahr 2014 erkennbar. In dieser gab etwa die Hälfte der Teilnehmer an, dass sich aufgrund der Protokollierungspflicht das Beratungsgespräch mit Neukunden im Schnitt um mehr als 40 Minuten und mit Altkunden zwischen 20 und 40 Minuten verlängere.⁴⁹² Allein mit Blick auf diesen zeitlichen Mehraufwand wird die erhebliche ökonomische Tragweite der Regulierungsmaßnahme erkennbar, da es ohne eine entsprechende Steigerung des Personalaufwands unmöglich sein wird, bei einem gleichbleibenden Kundenklientel einen ähnlichen Umsatz im Beratungsgeschäft wie vor der Einführung der Protokollierungspflicht zu erzielen. Vor allem Institute, die stark auf das Privatkundengeschäft angewiesen sind, kamen in den letzten Jahren um notwendige Investitionen aufgrund der gestiegenen regulatorischen Anforderungen nicht umhin. So investierte etwa die Kreissparkasse Köln nach eigenen Angaben allein einen siebenstelligen Betrag um die regulatorischen Anforderungen in den Beratungsprozess integrieren zu können, ohne dass diesen Investitionen ein unmittelbarer Mehrertrag gegenüberstand.⁴⁹³ Mit Blick auf die anstehende MiFID II Umsetzung ist zukünftig nochmals mit einem deutlichen Anstieg der Kosten infolge eines höheren organisatorischen und zeitlichen Aufwands zu rechnen. Von Seiten der Anbieter wurde nach Bekanntwerden der Pläne der Bundesregierung – das bisherige Beratungsprotokoll i.S.d. § 34 IIa WpHG durch die Geeignetheitserklärung der MiFID II zu ersetzen – erklärt, dass diese Maßnahme angesichts des gleichbleibenden Dokumentationsinhalts zu keiner Reduzierung des Aufwands führen werde.⁴⁹⁴ Hingegen

---

491  *KPMG* Studie „Auswirkungen regulatorischer Anforderungen" aus dem Jahre 2013, S. 17 (siehe auch Zitate der Studienteilnehmer), abrufbar unter: www.kpmg.com/DE/de/Documents/auswirkungen-regulatorischer-anforderungen-2013.pdf (zuletzt abgerufen am 23.07.2015).

492  Umfrage des *Deutsches Aktieninstitut (DAI)*, Regulierung drängt Banken aus der Aktienberatung, 2014, S. 9, 18, abrufbar unter: www.dai.de/files/dai_usercontent/dokumente/studien/2014-7-10%20DAI-Studie%20Regulierung%20der%20Aktienberatung.pdf (zuletzt abgerufen am 23.07.2015).

493  Siehe hierzu die Aussagen von *Christian Bonnen*, Vorstandsmitglied der Kreissparkasse Köln in: *Neubacher*, Börsen-Zeitung vom 17.08.2013, S. 3.

494  Siehe hierzu die Aussage von *Herbert Jütten* vom Bundesverband Deutscher Banken in: FAZ vom 21.10.2015, S. 15 (*„Wir haben mit dem neuen Recht nicht weniger, sondern – vor allem durch die Pflicht zur Telefonaufzeichnung – mehr Bürokratie"*); siehe zur geplanten Ablösung der Beratungsprotokolle i.S.d. § 34 IIa WpHG durch die Geeignetheitserklärung unter § 5 IV. 2. b).

wird insbesondere die zukünftige Pflicht zur Aufzeichnung telefonisch erteilter Kundenaufträge als besonders kostenintensiv hervorgehoben, da aufgrund der umfassenden gesetzlichen Verpflichtung nicht nur alle Telefonanlagen der Filialen, sondern auch alle Mobiltelefone entsprechend technisch aufgerüstet werden müssen.[495] Insgesamt zeigt sich, dass die Regulierungsmaßnahmen (v.a. die Dokumentationspflichten) zu erheblichen Kostensteigerungen bei den Anlageberatungsinstituten geführt haben, die sowohl den organisatorischen als auch personellen Bereich betreffen.

### 3. Ungleichbehandlung zu vergleichbaren Branchen

Nicht zuletzt vor dem Hintergrund des enormen organisatorischen und ökonomischen Aufwands, welcher zur Einhaltung aller regulatorischen Anforderungen erforderlich ist, wird bisweilen auf eine (potenzielle) Ungleichbehandlung zu vergleichbaren Branchen hingewiesen. Vor allem von Seiten der Anlageberatungsinstitute und ihrer Mitarbeiter wird gerügt, dass bestimmte Finanzprodukte wie etwa Genussrechte auf dem sog. Grauen Kapitalmarkt von Laien ohne vorherige Beratung und Erstellung eines Beratungsprotokolls an Verbraucher vertrieben werden können.[496] Dieser Einwand war lange Zeit durchaus berechtigt und zugleich auch von praktischer Relevanz. Letzteres zeigt sich beispielsweise an den beachtlichen Verlusten, die aktuell zahlreichen Verbrauchern als Genussrechtegläubiger im sog. Prokon-Insolvenzverfahren drohen.[497] Jedoch wurde diesem Einwand mittlerweile aufgrund einer strengeren Regulierung des Grauen Kapitalmarkts weitgehend die Grundlage entzogen. So muss auch bei der Anlageberatung durch freie Anlageberater § 18 FinVermV beachtet werden, welcher eine zu § 34 IIa WpHG identische Pflicht zur Erstellung von Beratungsprotokollen aufstellt und auf diese Weise auch die Beratung typischer Produkte des Grauen Kapitalmarkts (z.B. Offene Fonds, Genussrechten) erfasst. Zwar gilt die Protokollierungspflicht nach § 18 FinVermV nicht für die reine Anlagevermittlung,[498] jedoch können diesbezüglich auch keine gewichtigen Argumente für eine nicht zu rechtfertigende Ungleichbehandlung vorgebracht werden, da auch die Protokollierungspflichten für institutsgebundene Anlagevermittler i.R.d. § 34 IIa WpHG gegenüber solchen der Anlageberater deutlich

---

495 So *Ulrich Göres* (Deutsche Bank), in: Börsen-Zeitung vom 08.05.2014, S. 3; zum Mehraufwand durch die telefonische Aufzeichnung auch FAZ vom 21.10.2015, S. 15.
496 Siehe hierzu *Knop*, in: FAZ vom 20.08.2013, S. 15.
497 Siehe hierzu auch § 9 II.
498 *Glückert*, in: Landmann/Rohmer, GewO, § 18 FinVermV Rn. 2.

reduziert sind.[499] Der weitere Vorwurf, dass es sich bei freien Vermittlern/Beratern um „Laien" handele, ist jedenfalls insoweit unzutreffend, als § 34f GewO für die Erlangung der zur Tätigkeit erforderlichen Erlaubnis grundsätzlich voraussetzt, dass eine Sachkundeprüfung (§ 1 FinVermV) vor den Industrie- und Handelskammern absolviert wurde. Hierbei werden neben den produktspezifischen Kenntnissen (u.a. zu Genussrechten) auch die Beratungskompetenzen sowie die für eine anlegergerechte Beratung erforderlichen rechtlichen Kenntnisse geprüft.[500] Gleichsam ist zuzugeben, dass im Vergleich hierzu die fachlichen Kompetenzen der institutsgebunden Vermittler/Berater, welche durch § 34d I 1 WpHG ebenfalls nachgewiesen sein müssen, bereits aufgrund einer sehr umfangreichen Berufsausbildung in der Regel deutlich höher sein werden. Allerdings sollte auch nicht unberücksichtigt bleiben, dass bei der Beratung von institutsgebundenen und freien Anlageberatern (auf dem Grauen Kapitalmarkt) stets gewisse und für den Verbraucher (zumeist) auch erkennbare Unterschiede bestehen werden, die von einer unterschiedlichen Fachkompetenz der Berater über verschiedene markttypische Produkte bis hin zu nicht vergleichbaren Beratungsatmosphären reichen. Insoweit erscheint es verfehlt, eine illegitime Ungleichbehandlung zu monieren, sofern man nicht eine völlige Gleichstellung sämtlichen Angebotes in der institutsgebundenen und freien Anlageberatung intendiert.

Durchaus diskussionswürdig ist hingegen die bestehende Ungleichbehandlung zwischen den Protokollierungspflichten im Rahmen der Anlageberatung (§ 34 IIa WpHG) und der Versicherungsberatung (§ 6 II 1 VVG, § 61 I 2 VVG). Bei der Anlageberatung ist, anders als bei der Versicherungsberatung (§ 61 II 1 VVG), ein Protokollverzicht durch den Kunden nicht möglich. Wie bereits dargestellt wurde, wäre insbesondere auch mit Blick auf die für viele (erfahrene) Kunden zeitintensive Erstellung des Protokolls eine gesetzlich verankerte fakultative Verzichtsmöglichkeit durch den Kunden auch im Rahmen der Anlageberatung begrüßenswert.[501] Abgesehen von einer derartigen wünschenswerten Reform sollte aber auch generell das Vorhandensein legitimer sachlicher Gründe für die derzeitige Rechtslage und der hieraus resultierenden Ungleichbehandlung zwischen Anlageberatung und Versicherungsberatung/ -vermittlung hinterfragt werden. Bei beiden Dienstleistungsbereichen handelt es

---

499 *Schäfer*, in: Heidel, Aktienrecht und Kapitalmarktrecht, § 34 WpHG Rn. 5 mit Verweis auf BT-Drs. 16/4028, S. 75, wonach sich die Aufzeichnungspflichten des § 34 WpHG bei reinen Anlagevermittlern auf die erbrachte Vermittlertätigkeit beschränken sollen.
500 Hierzu ausführlich *Glückert*, GewArch 2012, 465 f.
501 Siehe hierzu § 5 I. 3.

sich nämlich um Vertrauensgüter, die sich üblicherweise durch ein bestehendes Informationsgefälle zwischen Berater und Kunden auszeichnen und bei denen der Verbraucher wesentliche Vermögensentscheidungen trifft. Je nach konkreter Ausgestaltung sind die Versicherungsprodukte dabei sogar eher mit einem klassischen Anlageprodukt und weniger mit einer Risikoabsicherung vergleichbar. Das Vermögensverlustrisiko wird zwar durch ein häufig bestehendes Totalverlustrisiko bei Anlageprodukten ausgeprägter sein, besteht aber grundsätzlich gerade auch bei langfristig abgeschlossenen Versicherungsprodukten bereits aufgrund der unklaren Zins- und Inflationsentwicklung sowie der Unvorhersehbarkeit des Eintritts vertraglich fixierter Ereignisse. Das Schutzniveau des Verbrauchers ist daher in beiden Branchen vergleichbar und damit die bestehende gesetzliche Ungleichbehandlung nicht gerechtfertigt. Angesichts der Tatsache, dass in der Versicherungsberatung bislang kein signifikanter Missbrauch der Verzichtsmöglichkeit etwa in Form einer Druckausübung durch den Berater ersichtlich ist, zugleich im Bereich der Anlageberatung aber sowohl die Berater als auch einige erfahrene Kunden die zeitaufwendigen Beratungsdokumentation beklagen, spricht vieles für eine Angleichung der Anlageberatungsdokumentation an die gesetzlichen Vorschriften zum Versicherungsrecht.

Abzuwarten bleibt, ob es im Zuge der MiFID II Umsetzung zu tiefgreifenden Reformen in der Beratungsdokumentation kommen wird. Die derzeit bekannten Pläne der Bundesregierung, welche eine Ablösung der Beratungsprotokolle i.S.d. § 34 IIa WpHG durch eine schriftliche Geeignetheitserklärung vorsehen, lassen allerdings nur auf geringe Veränderungen schließen. Vor allem ist auch weiterhin eine fakultative Verzichtsmöglichkeit auf die Beratungsdokumentation weder in der europäischen Richtlinie noch im vorliegenden nationalen Gesetzentwurf vorgesehen.[502]

### 4. Compliance- und Risikomanagement in der Anlageberatung

Im Hinblick auf die zahlreichen regulatorischen Anforderungen sowie die effektive Vorbeugung von Haftungsrisiken gewinnt auch ein funktionierendes Compliance- und Risikomanagement innerhalb der Anlageberatungsinstitute zunehmend an Bedeutung.

---

502 Siehe zu den Reformplänen und dem Inhalt der schriftlichen Geeignetheitserklärung unter § 5 IV. 2. b).

*a) Der Begriff der Compliance*

In den vergangenen Jahren ist der Bereich „Compliance" immer stärker in den Fokus der Wissenschaft und Praxis gerückt, was sich auch an der Herausbildung völlig neuer Tätigkeitsfelder, wie etwa dem Compliance-Beauftragten (§§ 33 I, 34d WpHG) zeigt. Der Begriff „Compliance" ist bislang nicht legaldefiniert. Vor diesem Hintergrund und dem mittlerweile fast inflationären Gebrauch soll zunächst eine Begriffsbestimmung der „Compliance" erfolgen.

Der Begriff „Compliance" stammt ursprünglich aus der amerikanischen Bankenwelt und fasste auch in Deutschland zunächst im Bank- und Kapitalmarktrecht Fuß, um sich anschließend über das Kartell- und Korruptionsstrafrecht auf mittlerweile fast alle wirtschaftlich relevanten Bereiche auszuweiten.[503] Abgeleitet ist der Begriff vom englischen „to comply with" (zu Deutsch: etwas einhalten) und erfasst im weitesten Sinne die Gesamtheit der vom Unternehmen zu treffenden vorbeugenden Maßnahmen, welche sicherstellen, dass die geltenden Gesetze, Verhaltenspflichten, Regeln und Usancen eingehalten werden.[504] Jedoch gibt es vor allem im Kapitalmarktrecht unterschiedliche Auffassungen über die exakte Reichweite. Nach einem engen Begriffsverständnis wird unter „Compliance" nur die unternehmensinterne Organisation zur Beachtung der Organisationspflichten des WpHG verstanden.[505] Insoweit würden etwa Maßnahmen zur Sicherstellung der Einhaltung aller zivilrechtlich und strafrechtlich relevanten Verhaltensanforderungen in der Anlageberatung nicht erfasst. Zu einem anderen Ergebnis käme man hingegen bei Zugrundelegung eines weiten Definitionsansatzes, wonach nämlich unter „Compliance" die Förderung der Einhaltung aller für das Institut wesentlichen rechtlichen Regelungen und Vorgaben, internen Selbstverpflichtungen zur Vermeidung von Rechts- und Reputationsschäden sowie Vermögensgefährdungen zu verstehen ist.[506] Richtigerweise sollte allerdings wohl danach differenziert werden, in welchem Kontext der Begriff „Compliance" verwendet wird. Während teilweise wie in § 33 I 2 WpHG ausdrücklich nur die Sicherstellung der Einhaltung eines bestimmten Gesetzesregimes (WpHG) erfasst werden soll, ist bei von konkreten Normen losgelösten Begriffsverwendungen mittlerweile von einem sehr weiten Verständnis auszugehen. Hierfür spricht

---

503 Siehe hierzu vor allem *Eisele/Faust,* in: Schimansky/Bunte/Lwowski, Bankrechts-Hdb., § 109 Rn. 2; *Fleischer,* in: Spindler/Stilz, Aktiengesetz, § 91 Rn. 48.
504 *Eisele/Faust,* in: Schimansky/Bunte/Lwowski, Bankrechts-Hdb., § 109 Rn. 1.
505 So etwa *Lösler,* Compliance im Wertpapierdienstleistungskonzern, S. 13.
506 So die an der MaRisk orientierte Compliance-Definition von *Boldt/Büll/Voss,* CCZ 2013, 248.

vor allem, dass aufgrund des in der Öffentlichkeit spürbaren Bedeutungsgewinns von „Compliance" immer stärker auch solche Geschäftsbereiche tangiert werden, die nach dem ursprünglichen Begriffsverständnis nicht erfasst wurden. Beispielsweise werden der „Compliance" mittlerweile auch gewichtige Funktionen im Hinblick auf den Reputationsschutz, das Marketing sowie die internen Schulungs- und Informationsangebote zugesprochen,[507] was vom oben genannten weiten Begriffsverständnis bereits berücksichtigt wird. Profiteure eines funktionierenden Compliance-Systems sind neben den Kunden und dem Institut selbst auch alle Mitarbeiter, da durch die intendierte Einhaltung aller relevanten Pflichten potenzielle Schadensersatzansprüche/Sanktionen, die sich sowohl gegen das Institut, seine Organe als auch Mitarbeiter richten können, bereits im Vorfeld abgewehrt werden sollen.[508] Die hierfür notwendige Einrichtung eines umfassenden Compliance-Systems hat Auswirkungen auf unterschiedliche Geschäftsbereiche, die im Folgenden näher analysiert werden sollen.

### b) Auswirkungen auf das Personalmanagement

#### aa) Einrichtung einer unabhängigen Compliance-Funktion

Nach § 33 I 2 WpHG ist jedes Wertpapierdienstleistungsunternehmen verpflichtet, eine dauerhafte und wirksame Compliance-Funktion einzurichten, die ihre Aufgaben unabhängig wahrnehmen kann und sicherstellt, dass das Institut selbst und seine Mitarbeiter den Verpflichtungen des WpHG nachkommen. Eine Legaldefinition der „Compliance-Funktion" findet sich im WpHG nicht. Allgemein wird hierunter jedoch ein abgegrenzter Verantwortungsbereich innerhalb der Organisationsstruktur eines Instituts verstanden, welcher die in § 12 III WpDVerOV genannten Aufgaben zum Gegenstand hat.[509] Es muss zwischen der Bestellung eines „Compliance-Beauftragten" und der „Compliance-Funktion" differenziert werden, da beide Begriffe nicht identisch sind. Der Begriff der Compliance-Funktion ist dabei weiter, weil der Compliance-Beauftragte lediglich die zentrale

---

507 Zu diesen und weiteren Compliance-Funktionen ausführlich *Hauschka*, in: Bankrechtstag 2008, 103, 104 ff.; siehe auch *Eisele/Faust*, in: Schimansky/Bunte/Lwowski, Bankrechts-Hdb., § 109 Rn. 4.

508 *Eisele/Faust*, in: Schimansky/Bunte/Lwowski, Bankrechts-Hdb., § 109 Rn. 4; *Lösler*, Compliance im Wertpapierdienstleistungskonzern, S. 11.

509 So *Röh*, BB 2008, 398, 400; in der Folge auch *Schäfer*, in: Heidel, Aktienrecht und Kapitalmarktrecht, § 33 WpHG Rn. 21; *ders*. in: Krimphove/Kruse, MaComp, BT 1 Rn. 5.

Person ist, welcher die Compliance-Funktion leitend ausfüllt.[510] Insbesondere in größeren Instituten wird regelmäßig innerhalb der Compliance-Funktion eine Vielzahl von Mitarbeitern tätig sein, wobei der Compliance-Beauftragte letztlich die Gesamtverantwortung trägt. Die Einrichtung einer Compliance-Funktion ist obligatorisch („muss"), sodass keinerlei Ermessensspielraum für die Geschäftsleitung besteht.[511] Nach § 33 I 2 Nr. 5 WpHG muss das Institut zudem regelmäßig die Funktionsfähigkeit des Compliance-Systems durch die Geschäftsleitung und das Aufsichtsorgan überprüfen. Hierzu haben sie Berichte der mit der Compliance-Funktion beauftragten Mitarbeiter einzuholen, welche unter anderem über die Einhaltung der WpHG Vorschriften informieren und die Geeignetheit von ergriffenen Maßnahmen zur Behebung sowie Verhinderung zukünftiger Verstöße bewerten. Eine geeignete Personalauswahl ist aufgrund der enormen Bedeutung des Tätigkeitsbereiches von erheblicher Bedeutung und muss sehr sorgfältig getroffen werden. Insbesondere der Compliance-Beauftragte muss umfangreiche fachliche Kenntnisse besitzen und daneben vor allem auch durchsetzungs- und führungsstark sein. Gerade die Bedeutung der letztgenannten Qualifikationen zeigt sich bereits mit Blick auf das bisweilen nicht unerhebliche Spannungsverhältnis, welchem der Compliance-Beauftragte in seiner Tätigkeit ausgesetzt sein kann. So ist er selbst zwar kein eigenständiges Organ, soll aber unabhängig von der Geschäftsleitung handeln. Zugleich ist anerkannt, dass der Compliance-Beauftragte keinen arbeitsrechtlichen Sonderstatus (z.B. einen erweiterten Kündigungsschutz) genießt[512] und jedenfalls teilweise weisungsgebunden ist, wobei das konkrete Ausmaß umstritten ist.[513] Trotz dieser bestehenden partiellen Abhängigkeit muss der Compliance-Beauftragte aber auch auf potenzielle Missstände auf der Leitungsebene sowie im Rahmen der Gesamtorganisation hinweisen, was nur möglich sein wird, wenn eine weitgehend freiverantwortliche Arbeitsweise durch das jeweilige Institut gewährleistet wird. Die finale Durchsetzung von erforderlichen Maßnahmen zur Behebung festgestellter Mängel obliegt wiederum

---

510 *Schäfer*, in: Heidel, Aktienrecht und Kapitalmarktrecht, § 33 WpHG Rn. 22; *Röh*, BB 2008, 398, 400; die Ernennung mehrerer Compliance-Beauftragter ist unzulässig, vgl. *Schäfer*, in: Krimphove/Kruse, MaComp, BT 1 Rn. 38.
511 *Schäfer*, in: Krimphove/Kruse, MaComp, BT 1 Rn. 9.
512 *Fett*, in: Schwark/Zimmer, KMRK, § 33 WpHG Rn. 26; *Spindler*, WM 2008, 905, 910.
513 Für eine fachliche Weisungsfreiheit *Veil*, WM 2008, 1093, 1097; hingegen eine fachliche Weisungsbefugnis des Vorstands annehmend *Lösler*, NZG 2005, 104, 107; *Röh*, BB 2008, 398, 403.

der Geschäftsleitung.[514] Lediglich im Falle einer konkreten Gefahr der Beeinträchtigung von Kundeninteressen soll der Compliance-Beauftragte gem. § 12 III 2 WpDVerOV berechtigt sein, erforderliche vorläufige Maßnahmen eigenständig zu treffen. Es wird nach alledem deutlich, dass zwischen Geschäftsleitung und Compliance-Beauftragten ein ambivalentes Kooperations- und Spannungsverhältnis besteht, welches einen vertrauensvollen und loyalen Umgang voraussetzt. Weiterhin muss durch die Institute sichergestellt werden, dass die Compliance-Funktion mit ausreichend gut ausgebildeten Mitarbeitern ausgestattet wird und alle Rahmenbedingungen für ein effektives Arbeiten gewährleistet sind. Zwar werden die meisten Institute bereits vor der Einführung der gesetzlichen Pflicht über eine (freiwillige) Compliance-Organisation verfügt haben, angesichts der gesetzlichen Verpflichtung und der konkret normierten Anforderungen ist die Bedeutung von Compliance insgesamt aber nochmals deutlich angestiegen. Die hierbei entstehenden nicht unerheblichen Kosten sind dabei unvermeidbar, werden sich aber langfristig aufgrund einer verbesserten präventiven Risikoabwehr wohl zumeist rentieren.

*bb) Qualitätsanforderungen beim Einsatz von Anlageberatern*

Aus Sicht der Anlageberatungsinstitute kann sich ein notwendiges Risikomanagement nicht allein auf die Einrichtung und Gewährleistung eines funktionierenden Compliance-Systems erstrecken, sondern muss vielmehr bereits bei der Auswahl von geeigneten operativ tätigen Anlageberatern sowie Vertriebsbeauftragten beginnen. Die Anlageberater müssen neben einer hinreichenden fachlichen Kompetenz vor allem auch über soziale Fähigkeiten im Hinblick auf die universelle Einsetzbarkeit gegenüber jeglichem Kundenklientel verfügen. Daneben ist mit Blick auf den intendierten wirtschaftlichen Erfolg ein Verkaufstalent erforderlich, um auch im Umfeld geringer werdender Gewinnmargen dauerhaft lukrative Einnahmen aus der Anlageberatung erzielen zu können. Ein insoweit erforderliches Qualitätsmerkmal der Anlageberater ist daher, den häufig schwierigen Balanceakt zwischen Verkaufsdruck einerseits und der Pflicht zur Einhaltung der gesetzlichen/regulatorischen Anforderungen andererseits zu beherrschen. Aus Sicht der Institute ist deshalb vor allem darauf zu achten, dass die interne Organisation so ausgestaltet ist, dass kein unzulässiger Druck zu gesetzeswidrigem Verhalten auf die in der Anlageberatung tätigen Mitarbeiter ausgeübt wird. Dies ist nicht nur vor dem Hintergrund zivilrechtlicher Haftungsrisiken von Relevanz, sondern auch im Hinblick auf die Kontrolle

---

514 *Schäfer*, in: Heidel, Aktienrecht und Kapitalmarktrecht, § 33 WpHG Rn. 90.

der aufsichtsrechtlichen Pflichten durch die BaFin. Die tatsächliche Wahrnehmung letzterer ist etwa an der Verwarnung eines Wertpapierdienstleistungsunternehmens und sechs Vertriebsbeauftragter nach § 34d IV 1 Nr. 2 b) WpHG zu erkennen.[515] Die Vertriebsbeauftragten hatten ihre Anlageberater dazu angehalten, vorrangig bestimmte konzerneigene Finanzinstrumente zu empfehlen und abzusetzen, und im Kollegenkreis solche Mitarbeiter kritisiert, denen der Vertrieb eines dieser Finanzinstrumente nicht mindestens wöchentlich beziehungsweise zum Teil sogar täglich gelang. Darüber hinaus wurde bisweilen die Reihenfolge der vom Berater im Beratungsgespräch anzusprechenden Produkte vorgegeben.[516] Die BaFin rügte die entsprechende Organisation des Institutes und erreichte damit eine umgehende und durch spätere Kontrollen nachgewiesene Umstellung der Vertriebssteuerung.[517] Um vergleichbaren Fehlentwicklungen bereits intern vorzubeugen, könnte beispielsweise die Einrichtung einer (hauseigenen) Beschwerdestelle sinnvoll sein, bei der Anlageberater und sonstige Mitarbeiter (ggf. anonym) auf eine unzulässige Druckausübung hinweisen können.

*cc) Nachweispflicht der Mitarbeiterkompetenzen*

Die für die Institute essenzielle Fachkompetenz und Zuverlässigkeit der im Rahmen der Anlageberatung tätigen Berater sowie Vertriebs- und Compliance-Beauftragten muss auch aufsichtsrechtlich nachgewiesen sein (§ 34d WpHG). Anderenfalls kann eine (bußgeldbewerte) Ordnungswidrigkeit entsprechend § 39 II Nr. 22 WpHG vorliegen. Der erforderliche Nachweis kann nach §§ 1 II, 2 II, 3 II WpHGMaAnzV grundsätzlich durch Abschluss- oder Arbeitszeugnisse, gegebenenfalls in Verbindung mit Stellenbeschreibungen, durch Schulungsnachweise oder in anderer geeigneter Weise erbracht werden. In § 4 WpHGMaAnzV wird weiter konkretisiert, bei welchen Berufsqualifikationen die erforderliche Sachkompetenz als nachgewiesen gilt. Hierzu zählen bei Anlageberatern und Vertriebsbeauftragten vor allem ein Abschlusszeugnis eines wirtschaftswissenschaftlichen Studiengangs der Fachrichtung „Banken, Finanzdienstleistungen oder Kapitalmarkt" sowie ein Abschlusszeugnis als Bank- oder Sparkassenbetriebswirt einer Bank- oder Sparkassenakademie. Der Nachweis der erforderlichen Sachkompetenz von Compliance-Beauftragten kann auch gem. § 4 Nr. 3 a) WpHGMaAnzV durch ein Abschlusszeugnis eines Studiums der Rechtswissenschaft erfolgen, wenn darüber

---

515 Vgl. BaFin Journal 12/2014, S. 23.
516 Siehe hinsichtlich der Gründe der Verwarnungen: BaFin Journal 12/2014, S. 23.
517 BaFin Journal 12/2014, S. 23.

hinaus eine fachspezifische Berufspraxis nachgewiesen werden kann, die gewährleistet, dass der Mitarbeiter den an die Sachkunde zu stellenden Anforderungen genügt. Die für die Tätigkeit erforderliche Zuverlässigkeit ist in der Regel dann nicht gegeben, wenn der Mitarbeiter in den letzten fünf Jahren vor Beginn der Tätigkeit wegen einer der in § 6 WpHGMaAnzV aufgezählten Straftaten rechtskräftig verurteilt wurde. Weitere konkrete gesetzliche Vorgaben zum Nachweis der Zuverlässigkeit finden sich indessen nicht. Zum erstmaligen Nachweis empfehlen sich in der Praxis die Vorlage eines polizeilichen Führungszeugnisses sowie (zusätzlich) noch eine schriftliche Bestätigung des Mitarbeiters, dass dieser die erforderlichen Zuverlässigkeitsvoraussetzungen erfüllt.[518] Trotz einer grundsätzlich nicht anzunehmenden regelmäßigen Überprüfungspflicht, wird jedenfalls bei konkreten Anzeichen für eine Unzuverlässigkeit eine Pflicht der Institute angenommen, diese detaillierter nachzuprüfen.[519] Im Hinblick auf die herausragende Bedeutung der Tätigkeit des Compliance-Beauftragten, welche zudem einen besonders sensiblen Bereich betrifft, erscheint es notwendig bei dieser Position insgesamt erhöhte Maßstäbe anzulegen.[520] So sind jedenfalls hinsichtlich dieser Position regelmäßige Zuverlässigkeitsüberprüfungen und nähere Untersuchungen auch bereits bei Verdachtsmomenten bezüglich kleinerer Verstöße ratsam. Insgesamt aber wird die Einhaltung der gesetzlichen Pflicht zum Nachweis einer vorhandenen Kompetenz- und Zuverlässigkeit etablierte Anlageberatungsinstitute nicht vor größere Herausforderungen stellen, da anzunehmen ist, dass die Mehrzahl der Stellen auch bereits bislang mit zuverlässigen Bewerbern besetzt wurden, welche über die nunmehr in § 4 WpHGMaAnzV ausdrücklich genannten Berufsqualifikationen verfügen.

*dd) Verstärkter Schulungsbedarf von Mitarbeitern*
Mit Blick auf die stetige Rechtsprechungsentwicklung sowie die (neuen) regulatorischen Anforderungen und der sich hieraus ergebenden zivilrechtlichen und aufsichtsrechtlichen Folgen ist es zwingend geboten, die mit der Anlageberatung betrauten Mitarbeiter umfassend und fortlaufend zu schulen.

---

518 Beides als üblich ansehend *Schäfer*, in: Heidel, Aktienrecht und Kapitalmarktrecht, § 34d WpHG Rn. 96.
519 *Koller*, in: Assmann/Schneider, WpHG, § 34d Rn. 16.
520 Überzeugend *Schäfer*, in: Heidel, Aktienrecht und Kapitalmarktrecht, § 34d WpHG Rn. 98.

Eine zwar kostengünstige und einfache schriftliche Informationsweitergabe wird hierbei regelmäßig nicht ausreichen, da vor allem die praktische Umsetzung von regulatorischen Vorgaben geübt werden muss, wie etwa einer effizienten, zugleich aber den gesetzlichen Anforderungen genügenden Anfertigung des Beratungsprotokolls. Zur Etablierung einer umfassenden Compliance-Kultur sollten daher regelmäßige Schulungs- und Kommunikationsprogramme zu aktuellen Themen für alle Mitarbeiter angeboten und die entsprechenden Inhalte den teilnahmeverhinderten Mitarbeitern zugänglich gemacht werden.[521] Auch hinsichtlich der Beratung und des Vertriebs neuer, bisweilen hochkomplexer Finanzinstrumente wird der hohe Bedarf praktischer Mitarbeiterschulungen erkennbar, da die Funktionsweise derartige Produkte in der Regel auf rein schriftlichem Wege nicht in hinreichend verständlichem Maße erläutert werden kann, um die Einhaltung der Anforderungen zur anleger- und objektgerechten Beratung gewährleisten zu können.

Es obliegt daher den Instituten, ein umfassendes Angebot von sowohl fachlich als auch didaktisch geeigneten Schulungsangeboten zu gewährleisten, was eine entsprechende Planung sowie Personal- und Kostenausstattung erforderlich macht. Trotz dieser nicht zu unterschätzenden Kostenbelastung erscheint ein umfassendes internes Schulungsprogramm als wirksamste Methode, um drohenden Sanktionen und (Kunden-)Beschwerden gegen das jeweilige Unternehmen und seine Mitarbeiter präventiv zu begegnen und eine hohe Kundenzufriedenheit zu gewährleisten. Vor allem letztere ist auch langfristig im Hinblick auf die auch ökonomisch bedeutsame Reputation der Anlageberatungsinstitute von essenzieller Bedeutung.[522]

*ee) Anforderungen an die Mitarbeitervergütung*

Zu den notwendigen Rahmenbedingungen, welche die Institute gewährleisten müssen, um ihren Anlageberatern eine kundenorientierte Anlageberatung zu ermöglichen, gehört unter anderem auch eine adäquate Mitarbeitervergütung. Die BaFin hat hierzu im Jahr 2010 in einem MaComp-Rundschreiben konkrete Leitlinien verfasst, welche den Instituten bei der praktischen Umsetzung dienen können.[523] So hat ein Wertpapierdienstleistungsunternehmen in Abstimmung

---

521 *Schulz/Renz,* BB 2012, 2511, 2514, die u.a. eine Publikation der Ergebnisse und Erkenntnisse der Schulungen im Intranet des Unternehmens vorschlagen.
522 Siehe *Frisch,* VuR 2009, 43, 53, welcher u.a. die Bedeutung von Mitarbeiterschulungen auf die Unternehmensreputation herausstellt.
523 BaFin Rundschreiben 4/2010 (WA) – MaComp vom 07.06.2010 (Stand: 07.08.2014), abrufbar unter: www.bafin.de/SharedDocs/Veroeffentlichungen/DE/Rundschreiben/

mit seinem Interessenkonflikt- und Risikomanagement ein angemessenes Vergütungssystem einzurichten, das unter anderem darauf ausgerichtet ist sicherzustellen, dass Kundeninteressen durch die Vergütung kurz-, mittel- oder langfristig nicht beeinträchtigt werden (BT 8.2.1 Nr. 1). Das Vergütungssystem muss dabei regelmäßig überprüft werden und vor der konkreten Anwendung die Compliance-Funktion hinzugezogen werden (BT 8.2.1 Nr. 3).

Mit Blick auf das Erfordernis einer kundenorientierten Beratung erscheint vor allem die in der Anlageberatung weit verbreitete erfolgsbasierte Vergütung problematisch, insbesondere dann, wenn sich diese noch in ihrer Höhe zwischen verschiedenen (z.B. hauseigenen) Anlageprodukten unterscheidet. Eine solche Vergütung ist nämlich dazu geeignet, den Anlageberater zur Empfehlung gerade dieser für ihn lukrativen Produkte zu verleiten, auch wenn sie in der spezifischen Beratung nicht kundenadäquat sind. Darüber hinaus könnte der Anlageberater zu aus Kundensicht unnötigen Umschichtungen/Käufen (churning) verleitet werden, weil er jeweils für den erfolgreichen Abschluss eine Provision erhält.[524] Zur Verhinderung solcher Interessenkonflikte wäre grundsätzlich denkbar, ein komplett erfolgsunabhängiges Vergütungssystem zu installieren. Aus der Sicht der Beratungsinstitute erscheint ein solches jedoch ungeeignet, da zugleich auch die (notwendigen) Verkaufsanreize in einem Geschäftsbereich entfallen würden, welcher ohnehin schon, nicht zuletzt aufgrund des anhaltenden Niedrigzinsumfeldes, immer geringere Ertragschancen bietet.

Sinnvoll erscheint daher eine Zusammensetzung der Vergütung aus einem hinreichenden Fixgehalt und einer erfolgsbasierten Komponente. Im oben genannten Rundschreiben der BaFin wird grundsätzlich eine solche gemischte Vergütung als zulässig angesehen, sofern eine kundenorientierte Beratung gewährleitstet ist und die beiden Vergütungskomponenten in einem ausgeglichenen Verhältnis zueinander stehen (BT 8.3.1). Weiterhin dürfen bei der Bemessung der variablen Vergütung nicht ausschließlich quantitative Faktoren (z.B. Verkaufsanzahl/Volumen) eine Rolle spielen, sondern es müssen auch qualitative Kriterien, wie etwa die Einhaltung rechtlicher Vorschriften, eine faire Kundenbehandlung oder die Kundenzufriedenheit einfließen (BT 8.3.2). Konkrete praktische Umsetzungsvarianten sowie Beispiele für unzulässige Vergütungsmodelle werden von der BaFin im Rundschreiben ebenfalls dargestellt (BT 8.3.3).

---

rs_1004_wa_macomp.html?nn=2818068#doc2676654bodyText103 (zuletzt abgerufen am 23.07.2015).
524 *Röh*, BB 2008, 398, 405, der zudem auf die generelle Gefahr einer nicht anlegergerechten Beratung sowie einer möglichen Verleitung zu sog. cold callings (ungebetene Anrufe) durch die Anlageberater hinweist.

In Zukunft werden durch die MiFID II unionsweit strengere rechtliche Anforderungen in Bezug auf die Schaffung eines kundenorientierten Vergütungssystems aufgestellt (Art. 24 X MiFID II). In Deutschland ist eine unmittelbare wortgleiche Umsetzung dieser neuen Vergütungsvorgaben geplant.[525] Ein Wertpapierdienstleistungsunternehmen darf demnach seinen Mitarbeitern durch Vereinbarungen über Vergütung oder Verkaufsziele oder in sonstiger Weise keine Anreize dazu setzen, einem Privatkunden ein bestimmtes Finanzinstrument zu empfehlen, obwohl das Institut dem Privatkunden ein anderes, seinen Bedürfnissen besser entsprechendes Finanzinstrument anbieten könnte. Ein gewisser Handlungs- und Gestaltungsspielraum wird auch künftig bei den Instituten verbleiben, da eine eindeutige Bewertung von einzelnen Merkmalen in der Praxis kaum möglich ist („besser entsprechendes Finanzinstrument"). Dennoch werden die Institute angesichts der strikten Vorgaben zukünftig vor der zunehmenden Herausforderung stehen, einerseits notwendige interne Vertriebsanreize zu schaffen, ohne andererseits gegen die gesetzlichen Vorgaben eines kundenorientierten Vergütungssystems zu verstoßen. Mit Blick auf die allerdings auch bisher schon durch die BaFin aufgestellten strengen und detaillierten Vorgaben ist zu erwarten, dass die neuen Vorschriften die deutschen Institute nicht vor allzu große Probleme stellen werden.[526] Gleichsam sollte nicht verkannt werden, dass derart strikte gesetzliche Vergütungsanforderungen vor allem im schwierigen und momentan wenig lukrativen Geschäftsbereich der Verbraucheranlageberatung problematisch sind.

*c) Auswirkungen auf die Produktkonzeption*

Die Mehrheit der Anlageberatungsinstitute bietet neben fremden Finanzprodukten vor allem auch institutseigen konzipierte Finanzinstrumente an. Hierbei reicht das Angebot von einfachen Sparkonten und Sparbriefen über Fonds bis hin zu sehr komplex strukturierten Finanzprodukten. Im Folgenden soll der Einfluss der Regulierungsmaßnahmen auf den Prozess der Produktkonzeption untersucht werden.

---

525 Siehe hierzu den Referentenentwurf des Bundesfinanzministeriums für ein Gesetz zur Novellierung von Finanzmarktvorschriften aufgrund europäischer Rechtsakte (Finanzmarktnovellierungsgesetz), S. 53 f., abrufbar unter: www.bundesfinanzministerium.de/Content/DE/Downloads/Gesetze/2015-10-19-novellierung-finanzmarktvorschriften-aufgrund-europaeischer-rechtsakte.pdf?__blob=publicationFile&v=2 (zuletzt abgerufen am 21.10.2015).
526 Ähnlich auch *Buck-Heeb*, ZBB 2014, 221, 225 f.

*aa) Kein Verbot der Empfehlung von Hausprodukten*
Insbesondere mit Blick auf die im Rahmen der MiFID II enthaltenen Regelungen zur Offenlegung sämtlicher Interessenkonflikte stellt sich für die Anlageberatungsinstitute die grundlegende Frage, ob in Zukunft überhaupt noch eine Beratung und Empfehlung hauseigener Produkte möglich ist. Für die Annahme eines derartigen Beratungsverbots auch für den Bereich der nicht unabhängigen provisionsfinanzierten Anlageberatung könnte neben Erwägungsgrund 45 vor allem der Wortlaut von Art. 24 II a) ii) MiFID II sprechen. Nach diesem wird verlangt, dass dem Kunden rechtzeitig Informationen darüber zur Verfügung gestellt werden müssen, ob die Beratung sich auf eine umfangreiche oder eine eher beschränkte Analyse verschiedener Arten von Finanzinstrumenten stützt und insbesondere, ob die Palette an Finanzinstrumenten auf solche beschränkt ist, die von Einrichtungen emittiert oder angeboten wurden, die in enger Verbindung zu der Wertpapierfirma stehen oder andere rechtliche oder wirtschaftliche Verbindungen, wie etwa Vertragsbeziehungen, zu dieser unterhalten, die so eng sind, dass das Risiko besteht, dass die Unabhängigkeit der Beratung beeinträchtigt wird. Eine Empfehlung hauseigener Produkte wäre weitergehender („ein Mehr") als bloß eine solche von Finanzinstrumenten, die von Emittenten stammen, welche lediglich in enger Beziehung zum Beratungsinstitut stehen oder rechtliche oder wirtschaftliche Vertragsbeziehungen zu ihr unterhalten.[527] Richtigerweise wird man dennoch trotz dieses insoweit unklaren Wortlautes, ein generelles Verbot der Empfehlung hauseigener Produkte nicht annehmen können. Ziel der MiFID II ist die Erhöhung des Anlegerschutzes durch die Ausweitung der Offenlegungspflichten über potenzielle Interessenkonflikte des Beraters.[528] Dies kann jedoch bereits durch die Informationsweitergabe der in die Empfehlung einbezogenen Produkte erfolgen und erfordert kein generelles Verbot der Empfehlung hauseigener Produkte. Letzteres würde massiv in den Geschäftsbereich der Institute eingreifen und einem faktischen Produktverbot nahekommen, ohne dass die hierfür erforderlichen strengen Interventionsvoraussetzungen der Art. 39 ff. MiFIR vorliegen müssen. Auch aus Erwägungsgrund 71 der Richtlinie lässt sich erkennen, dass ein generelles Verbot selbst konzipierter Produkte nicht vorgesehen ist, indem nur solchen Wertpapierfirmen Pflichten zur Informationsbeschaffung über das Produktgenehmigungsverfahren auferlegt werden, die Produkte anbieten oder empfehlen, die nicht selbst

---

527 Siehe hierzu auch *Buck-Heeb*, ZBB 2014, 221, 226.
528 So auch *Buck-Heeb*, ZBB 2014, 221, 226, nach der auch eine ausschließliche Empfehlung hauseigener Produkte möglich bleiben soll.

von ihnen hergestellt wurden. Zudem ergibt sich aus dem Konsultationspapier der Europäischen Wertpapier- und Marktaufsichtsbehörde (ESMA), welche die Ausführungsregelungen der MiFID II konkretisiert, dass ein generelles Verbot der Empfehlung eigener Produkte nicht intendiert ist.[529]

Nach alledem bleibt festzuhalten, dass die bisherigen Regulierungsmaßnahmen zumindest keinen maßgeblichen Einfluss auf das „Ob" der Verknüpfung von Produktkonzeption und späterer (abhängiger) Anlageberatung der Institute haben.

*bb) Anforderungen an Konzeption und Überwachung (product governance)*

Hinsichtlich des Konzeptions- und Überwachungsprozesses der Finanzinstrumente („Wie") enthält die MiFID II hingegen umfassende Neuregelungen. So ist nunmehr von allen Wertpapierunternehmen, die Finanzprodukte zum Verkauf an Kunden konzipieren, ein Produktgenehmigungsverfahren einzurichten. Hierbei muss nach Art. 24 II MiFID II bereits bei der Konzeption von Finanzprodukten darauf geachtet werden, dass sie derart ausgestaltet sind, dass sie den Bedürfnissen eines bestimmten Zielmarkts von Endkunden innerhalb der jeweiligen Kundengattung entsprechen, die Strategie für den Vertrieb der Finanzinstrumente mit dem bestimmten Zielmarkt vereinbar ist, und dass die Wertpapierfirma zumutbare Schritte unternimmt um zu gewährleisten, dass das Finanzinstrument an dem bestimmten Zielmarkt vertrieben wird.[530] Der jeweilige Zielmarkt wird nach Kundengattungen zu bestimmen sein (vgl. Erwägungsgrund 71), wobei hier vor allem die Merkmale Erfahrenheit, Risikoaffinität und Anlagevolumen von Relevanz sein werden. Weiterhin müssen allen Vertreibern gemäß Art. 16 III MiFID II sachgerechte Informationen zum Produkt und dem vorgesehenen Zielmarkt zur Verfügung gestellt werden, wobei die genaue Ausgestaltung bislang unklar bleibt. Es ist zu erwarten, dass die gesamten vorstehenden Anforderungen die Institute im Rahmen des Konzeptionsprozesses vor keine größeren Probleme

---

529 Consultation Paper (MFID II/MiFIR) - ESMA/2014/549, S. 95 ("financial instruments that is issued by the investment firm itself"), abrufbar unter: www.esma.europa.eu/system/files/2014-549_-_consultation_paper_mifid_ii_-_mifir.pdf (zuletzt abgerufen am 23.07.2015).

530 Siehe zur geplanten nationalen Umsetzung: Referentenentwurf des Bundesfinanzministeriums für ein Gesetz zur Novellierung von Finanzmarktvorschriften aufgrund europäischer Rechtsakte (Finanzmarktnovellierungsgesetz), S. 54, abrufbar unter: www.bundesfinanzministerium.de/Content/DE/Downloads/Gesetze/2015-10-19-novellierung-finanzmarktvorschriften-aufgrund-europaeischer-rechtsakte.pdf?__blob=publicationFile&v=2 (zuletzt abgerufen am 21.10.2015).

stellen werden, da wohl auch bislang die Entwicklung der Produkte im Hinblick auf ein bestimmtes Kundenklientel erfolgte.[531]

Deutlich einschneidender wirken hingegen die sich an den unmittelbaren Produktherstellungsprozess anschließenden Pflichten. So muss durch die Wertpapierinstitute sichergestellt werden, dass die entsprechenden Finanzinstrumente auf dem vorgesehenen Zielmarkt vertrieben und nur angeboten oder empfohlen werden, wenn dies im Interesse des Kunden liegt. Diesbezüglich stellen sich gleich mehrere, bislang ungeklärte praxisrelevante Fragen. So herrscht ausweislich einiger persönlicher Gespräche mit Rechtsberatern von Emittenten derzeit eine enorme Unsicherheit darüber, wie die Überwachung des Vertriebes ausschließlich auf dem Zielmarkt praktisch erfolgen soll. Gerade beim Angebot hauseigener Produkte stellt sich vor allem die Frage, welche rechtssicheren Weisungen die Institute ihren Beratern erteilen können, wenn der Kunde ausdrücklich ein für ihn ungeeignetes und nicht für seinen Zielmarkt konzipiertes Produkt erwerben möchte. Auch die konkreten Anforderungen an die neue Produktüberwachungspflicht (Art. 16 III MiFID II), welche unter anderem eine stetige Beobachtung der Wertentwicklung des angebotenen Produktes erfordert, sind unklar. Bestimmte Finanzinstrumente zeichnen sich gerade durch starke Wertschwankungen und die Abhängigkeit von ungewissen Ereignissen aus, wobei es sich hierbei nicht zwingend um riskante, sondern zum Beispiel auch um langfristig orientierte Produkte handeln kann. Es ist daher anzunehmen, dass sich einige Produkte schon zum Laufzeitbeginn keinem eindeutigen Zielmarkt zuordnen lassen und sich während der Laufzeit (zudem in Abhängigkeit zur Haltedauer) kurzfristig durch verschiedene Zielmärkte bewegen, ohne dass sich hieraus eine zwingende Ungeeignetheit für bestimmte, nicht dem aktuellen Zielmarkt zuzuordnende Anleger ergeben muss. Hieran zeigt sich, dass die geforderte klare Einordnung der Finanzprodukte zu einem genauen Zielmarkt häufig in der Praxis nicht oder kaum möglich sein wird.

Weiterhin verlangt Art. 24 III MiFID II nunmehr ausdrücklich, dass diejenigen Institute, welche die Anlageprodukte anbieten oder empfehlen, die angebotenen Produkte auch selbst verstehen müssen. Auch hieran wird die bereits thematisierte Notwendigkeit der Gewährleistung eines umfassenden Angebotes von Schulungs- und Informationsveranstaltungen für die mit der Anlageberatung vertrauten Mitarbeiter deutlich. Sonstiger praxisrelevanter Anpassungsbedarf durch die Institute ist aber hinsichtlich dieser konkreten Anforderung nicht zu erwarten, da auch bislang schon eine Empfehlung solcher Produkte,

---

531 Ähnlich auch *Kurz*, DB 2014, 1182, 1186.

die vom Berater selbst nicht verstanden wurden, zu einer Beratungspflichtverletzung mit entsprechenden haftungsrechtlichen Konsequenzen führen konnte. Insgesamt bleibt festzuhalten, dass eine der Hauptintentionen der in der Richtlinie enthaltenen Regelungen, nämlich die (gesetzliche) Pflicht zur Prüfung der Geeignetheit bestimmter Finanzprodukte für Kunden schon in den Status der Produktkonzeption vorzuverlegen, deutlich erkennbar ist und vom Ansatz auch plausibel erscheint. Gleichsam wurde angesichts der wenig präzisierten Pflichten und der ungeklärten praktischen Umsetzbarkeit der Regelungen eine große Unsicherheit erzeugt, durch welche der Produktkonzeptionsprozess sowie eine anschließende rechtmäßige Beratung in naher Zukunft durchaus erheblich behindert werden könnte.

*cc) Fokussierung auf risikoarme Produkte*

Ähnlich wie bereits einige vorherige Regulierungsmaßnahmen verfolgt die Zielmarkteinordnung in der MiFID II das Ziel, die Geeignetheit und Angemessenheit der angebotenen Produkte an die jeweiligen Kunden anzupassen. Sowohl aus der Perspektive der Emittenten als auch Beratungsinstitute empfiehlt sich für den Bereich der klassischen Verbraucheranlageberatung aus rein haftungsrechtlicher Sicht eine Fokussierung auf „risikoarme" Produkte und eine entsprechende Instruktion sämtlicher Mitarbeiter. Vor allem die Konzeption und Beratung solcher Produkte, die für einen verbrauchertypischen Zielmarkt mit risikoaversen und unerfahrenen Anlegern geeignet sind, wird allerdings häufig besonders schwierig sein, da „risikoarme" Produkte in der Regel sowohl für die Kunden als auch die Institute wenig lukrativ und daher unattraktiv sein werden. Die Institute werden daher zukünftig in einem zunehmenden Spannungsfeld zwischen möglichst risikofreier Beratung, eigenen Gewinninteressen und der Erreichung hoher Kundenzufriedenheit durch lukrative Vermögensanlagen stehen.

*d) Interne Organisationsanforderungen*

Im Zuge der Regulierung haben sich auch die internen Organisationsanforderungen innerhalb der Institute rasant entwickelt. Neben einer geeigneten personellen Ausstattung sowie Errichtung einer Compliance-Organisation ist vor allem die Schaffung einer digitalen Infrastruktur von enormer Bedeutung.

*aa) Schaffung einer adäquaten digitalen Infrastruktur*

Im Geschäftsbereich der Anlageberatung besteht in verschiedenen Teilbereichen ein erheblicher Bedarf an einer sinnvollen digitalen Infrastruktur. Als besonders bedeutsam kann allerdings auch für die IT-Ausstattung die Einführung der

Pflicht zur Erstellung von Anlageberatungsprotokollen angesehen werden. So müssen den Anlageberatern primär geeignete Hard- und Software bereitgestellt werden, die eine rechtssichere zugleich aber auch einfache Erstellung der Beratungsprotokolle ermöglichen. Ein derartiger Einsatz von sich in den Beratungsablauf integrierenden Softwarelösungen wird von den Beratern ausdrücklich gewünscht.[532] Die Institute stehen daher vor der Herausforderung, eine Bereitstellung stetig aktueller Programme zu gewährleisten, die sowohl die zeitliche als auch die kommunikative Beeinträchtigung des persönlichen Kundenberatungsgesprächs so gering wie möglich halten und zugleich mit Blick auf die unterschiedliche Altersstruktur und IT-Bildung der Kundenberater anwenderfreundlich sind.

Hinsichtlich der ebenfalls notwendigen und sehr bedeutsamen Archivierung und Beweissicherheit der Protokolle ist eine Orientierung an einer Richtlinie des Bundesamtes für Sicherheit in der Informationstechnik (BSI) ratsam, die Empfehlungen gibt, wie eine Beweiswerterhaltung von digitalen Dokumenten technisch umzusetzen ist.[533] Angesichts der erweiterten Dokumentations- und Offenlegungsvorschriften durch die MiFID II ist zukünftig nochmals mit einem deutlichen Anstieg des administrativen und zeitlichen Aufwands zu rechnen. Diesen gilt es zumindest in Teilen durch ein effizientes IT-System aufzufangen.[534] Im Hinblick auf die Schaffung größtmöglicher Kosteneffizienz sollten die Institute ihren Kundenberatern gerade für den routinemäßigen Kundenservice automatisierte Systeme zur Seite stellen, die sowohl ein hohes Dienstleistungsangebot als auch zugleich die Einhaltung der regulatorischen Anforderungen gewährleisten.[535] Moderne Infrastruktursysteme können die Beratung vom eigentlichen Gespräch über die Abwicklung (Postversand etc.) und Archivierung bis hin zur dauerhaften Kundenbetreuung gewährleisten.[536] Abgesehen von den bereits bestehenden Dokumentationspflichten zeigt schon ein Blick auf die gem. Art. 16 VII MiFID II weit gefasste Aufzeichnungspflicht von Telefongesprächen und elektronischen Mitteilungen, was für enorme zu verwaltenden Datenmengen allein im Bereich der Anlageberatung in Zukunft noch zusätzlich auf die Anbieter zukommen werden und außerdem dauerhaft gegen die stetig ansteigende Gefahr von Datendiebstahl abzusichern sind. Zugleich müssen die Institute nach der neuen Finanzmarktrichtlinie ihre Kunden auf ihren Wunsch

---

532 Siehe *Tilmes/Jakob/Gutenberger*, Die Bank 9/2011, 30, 34.
533 Hierzu ausführlich *Grünwald/Lorenz*, Die Bank 1/2012, 70 f.
534 Siehe auch *Walter/Lechner*, Die Bank 11/2014, 42, 43 f.
535 *Walter/Lechner*, Die Bank 11/2014, 42, 44.
536 Siehe hierzu die Übersicht bei *Walter/Lechner*, Die Bank 11/2014, 42, 45.

hin regelmäßig, mindestens aber einmal jährlich (Art. 24 IV a.E. MiFID II) über die anfallenden Kosten informieren und – sofern gewünscht – auch detaillierte Angaben über einzelne Kostenposten und Gesamtkosten zur Verfügung stellen. Insoweit müssen alle Beratungsinstitute geeignete Systeme installieren, die ihnen die jederzeitige Lieferung der hierfür notwendigen Informationen gewährleisten.[537]

Nach alledem ist schon aufgrund der enormen Kosten zur Bereitstellung eines effektiven Infrastruktursystems, welche kumulativ zu den schon hohen Personalkosten entstehen, damit zu rechnen, dass viele Institute ihr Geschäftsmodell im Bereich der Anlageberatung neu überdenken werden und es dauerhaft zu einer Verdrängung solcher Institute aus diesem Geschäftsbereich kommen wird, die nicht in ausreichendem Maße in die Ausstattung einer notwendigen Infrastruktur investieren.

*bb) Übergang zur streng formalisierten Anlageberatung*

Unter Berücksichtigung der eng gesteckten regulatorischen Anforderungen, die mittlerweile alle Phasen und Kontaktbeziehungen der Anlageberatung erfassen, sowie der stark automatisierten Administration ist ein klarer Trend hin zu einer sehr stark standardisierten Anlageberatung zu erkennen. Aus der Perspektive der Beratungsinstitute sind stets klare Kundenkategorisierungen bezüglich einer Risikoklasse/Zielmarkt und die strikte Empfehlung nur solcher hierfür konzipierten Produkte zweckmäßig. In der Praxis üblich ist mittlerweile die Bereitstellung einer Liste von standardisierten Produkten, die mittels einer automatisierten Suche anhand von Kundenparametern erstellt wird. Hierdurch wird selbstverständlich die originäre eigenständige Beratertätigkeit sehr stark eingeschränkt.[538] Ein maßgeblicher Grund für die Automatisierung ist, dass eine umfassendere Kundenberatung durch die Institute unter Einbeziehung von möglichen alternativen Investmentideen (angrenzender Risikoklassen) schon angesichts des erhöhten zeitintensiven Aufklärungs- und Beratungsbedarfs sowie des potenziellen Haftungsrisikos sehr sorgfältig abzuwägen ist. Sowohl aus haftungsrechtlicher als auch ökonomischer Sicht ist der zunehmende Trend zur Standardisierung für die Beratungsinstitute sinnvoll und wird sich angesichts der zukünftigen weitergehenden regulatorischen Pflichten eher noch verstärken. Die Herausforderung wird sein, bei größtmöglicher Standardisierung auch weiterhin ein hinreichendes Maß an Kundenzufriedenheit gewährleisten zu können,

---

537 *Buck-Heeb*, ZBB 2014, 221, 228; *Kurz*, DB 2014, 1182, 1184.
538 Siehe hierzu auch *Knop*, in: FAZ vom 20.08.2013, S. 15.

welche sich zu einem großen Teil auch aus dem Gefühl einer individuellen Beratung und Gesprächsatmosphäre ergibt und damit nicht zu stark unter der Automatisierung und Standardisierung leiden darf.[539]

### e) Umgang mit Interessenkonflikten/Insiderwissen

Ein sehr sensibler Bereich ist für die Anlageberatungsinstitute der richtige Umgang mit (potenziellen) Interessenkonflikten, die vor allem aufgrund von vorhandenem Insiderwissen oder anderweitigen eigenen Geschäftsinteressen auftreten können.

### aa) Anlageberatung und Insiderwissen

Die Mehrzahl der Verbraucheranlageberatung findet bei Banken bzw. Sparkassen statt,[540] welche ihrerseits unterschiedliche Kundenbeziehungen zu Privatpersonen und Unternehmen unterhalten. Vor allem durch das zusätzlich betriebene Kreditgeschäft kommen Banken häufig an sensible Kundeninformationen von Unternehmen, die im Rahmen der Anlageberatung auch für Anleger von erheblicher Relevanz sein können. Zwar werden die Kreditkunden von kleineren Instituten regelmäßig nicht als potenzielle Anlageinvestments in Betracht kommen, jedoch ist selbst dies etwa aufgrund von Konsortialfinanzierungen nicht von vornherein ausgeschlossen. Hieran zeigt sich bereits, dass es grundsätzlich zu einer Kollision von nicht zuletzt seit der *„Kirch/Breuer-Entscheidung"* des BGH[541] sehr weit gefassten Pflichten zum Schutz von Kreditkundeninteressen mit solchen zur anleger- und objektgerechten Beratung kommen kann. Darüber hinaus betreiben Banken häufig in hohem Umfang (Wertpapier-)Eigengeschäfte, die ebenfalls (einzelnen) Kundeninteressen entgegenlaufen können.[542] Während die genannten Interessenkonfliktpotenziale grundsätzlich bei allen

---

539 Siehe hierzu auch unter § 1 I. 2. a), wonach derartige Umstände Teil von Qualitätsdimensionen zur Messung der Anlageberatungsqualität sind.

540 Siehe hierzu *Hackethal/Inderst*, Messung des Kundennutzens der Anlageberatung, 2011, S. 78 f., wonach sich 60 % der Anleger von Bankberatern beraten lassen; sowie die „Seniorenstudie 2014" der *GfK Marktforschung* im Auftrag des *Bundesverbandes deutscher Banken*, S. 23, in der 53 % der Erwerbsfähigen und 58 % der Senioren angaben, sich im Falle der Geldanlage „immer" oder „meistens" von einer Bank oder Sparkasse beraten zu lassen. Studienergebnisse abrufbar unter: https://bankenverband. de/media/files/Seniorenstudie_.pdf (zuletzt abgerufen am 14.08.2015).

541 BGH NJW 2006, 830.

542 Ebenso *Gebauer/Niermann*, in: Hauschka, Corporate Compliance, § 36 Rn. 24, mit einer Aufzählung möglicher Quellen von Interessenkonflikten.

Rechtsformen und Größen der Beratungsinstitute relevant werden können, bestehen für solche Großbanken, die sowohl die Bereiche des Investmentbanking als auch der (Verbraucher-)Anlageberatung anbieten (z.B. Deutsche Bank AG), zusätzlich weitere Konfliktpotenziale. Vor allem bei der Emissionsbegleitung erhalten Mitarbeiter der Investmentabteilung frühzeitig (Insider-)Informationen über Emittenten, die bisweilen auf die Entwicklung von direkten oder derivativen Finanzinstrumenten in Bezug auf das jeweilige Unternehmen von erheblicher Relevanz sind. Die Banken müssen daher durch eine entsprechende Organisation (§ 33 I 2 Nr. 3 WpHG) gewährleisten, dass das erhaltene Wissen nicht zum Nachteil eines Kunden oder zum Vorteil der Bank bzw. ihrer Mitarbeiter ausgenutzt wird.[543] Zudem ist es aus Transparenzgesichtspunkten sinnvoll, sämtliche Kunden über die grundsätzliche Gefahr von Interessenkonflikten aufgrund der vielseitigen Geschäftstätigkeit zu unterrichten. Dies kann beispielsweise in einem kurzen zweiseitigen Informationsblatt geschehen, in welchem mögliche Quellen von Interessenkonflikten enumerativ aufgezählt werden. Derartige Kundeninformationen wurden bereits auch von verschiedenen Banken im Internet veröffentlicht.[544]

*bb) Chinese Walls*

Aufgrund der zahlreichen Interessenkonfliktpotenziale hat der Gesetzgeber vor allem durch § 33 I 2 Nr. 3 WpHG i.V.m. § 13 WpDVerOV eine Pflicht zur konfliktvermeidenden Organisation aufgestellt, welche in der Praxis durch die Schaffung von Vertraulichkeitsbereichen, sog. „Chinese Walls" umzusetzen ist.[545] Definiert werden können „Chinese Walls" als organisatorische Maßnahmen und Verfahrensweisen, die das Institut in verschiedene, voneinander getrennte Vertraulichkeitsbereiche einteilt.[546] Ziel solcher ist es, als Unterbrechungen der Wissenszurechnung innerhalb des Institutes zu dienen und damit das Spannungsverhältnis zwischen dem Informationsbedürfnis (der Kunden/Anlageberater)

---

543 *Gebauer/Niermann*, in: Hauschka, Corporate Compliance, § 36 Rn. 24.
544 Siehe exemplarisch die entsprechenden Informationsblätter zum Umgang mit Interessenkonflikten vom *Bankhaus Hallbaum*, abrufbar unter: www.bankhaus-hallbaum. de/export/sites/bankhaus-hallbaum.de/de/footer/info_interessenkonflikte.pdf (zuletzt abgerufen am 23.07.2015); sowie der *Postbank*, abrufbar unter www.postbank. de/postbank/docs/pb_wu_konzernrichtlinie_interessenkoflikt_921_705_200_0313. pdf (zuletzt abgerufen am 23.07.2015).
545 *Eisele/Faust*, in: Schimansky/Bunte/Lwowski, Bankrechts-Hdb., § 109 Rn. 113 ff.; *Fett*, in: Schwark/Zimmer, KMRK, § 33 WpHG Rn. 39 ff.
546 *Rothenhöfer*, in: Kümpel/Wittig, Bank- und Kapitalmarktrecht, Rn. 3.335.

einerseits und der Vertraulichkeit (Kommunikationsverbot) andererseits aufzulösen und so die Wahrnehmung betriebswirtschaftlicher Vorteile eines arbeitsteiligen Unternehmens überhaupt erst zu ermöglichen.[547] Zudem muss auch die geschäftspolitische Unabhängigkeit der einzelnen Geschäftsbereiche sichergestellt sein, sodass sich beispielsweise ein Anlageberater bei seiner Empfehlung nicht von der institutseigenen Emissionsabteilung oder dem Wunsch nach Kurssteigerungen hauseigener Finanzprodukte beeinflussen lassen darf.[548]

Konkrete und allgemeingültige Anforderungen an eine zwingende Ausgestaltung von Chinese Walls lassen sich nicht formulieren. Entscheidend werden vielmehr zum einen die Größe des Institutes sowie die jeweiligen Gefahren von Interessenkonflikten sein, welche wiederum von der individuellen Geschäftspolitik abhängen. Insbesondere bei Banken ist aber eine Schaffung von Vertraulichkeitsbereichen entsprechend der jeweiligen Geschäftsfelder, wie beispielsweise der Anlageberatung, Vermögensverwaltung, Research, Emissions- und Konsortialgeschäft oder M&A sinnvoll.[549] Eine praktische Umsetzung der erforderlichen funktionalen und räumlichen Trennung kann etwa durch separate Büros oder Stockwerke, Zutrittsbeschränkungen und vor allem Datenzugriffsbeschränkungen erfolgen.[550] Darüber hinaus muss vor allem sichergestellt werden, dass der interne E-Mail-Verkehr kanalisiert und der telefonische Kontakt zwischen den einzelnen Vertraulichkeitsbereichen begrenzt wird, was konkret etwa durch eine Aufzeichnung der Telefongespräche erfolgen kann.[551] Neben der Einrichtung einer funktionalen Trennung muss ein besonderes Augenmerk wiederum auf regelmäßige Mitarbeiterschulungen gelegt werden, da durch diese erst die notwendige Sensibilität für diesen wichtigen Bereich geschaffen werden kann und sie mithin essenziell für das Funktionieren des gesamten Systems sind.[552] Besonders schwierig kann sich der Umgang von Mitarbeiterwechseln zwischen einzelnen Vertraulichkeitsbereichen darstellen. Dies resultiert vor allem daraus, dass konkrete Richtlinien darüber,

---

547 *Eisele/Faust*, in: Schimansky/Bunte/Lwowski, Bankrechts-Hdb., § 109 Rn. 34.
548 *Fuchs*, in: Fuchs, WpHG, § 33 Rn. 111.
549 *Fuchs*, in: Fuchs, WpHG, § 33 Rn. 108.
550 *Rothenhöfer*, in: Kümpel/Wittig, Bank- und Kapitalmarktrecht, Rn. 3.337 m.w.N.
551 *Koller*, in: Assmann/Schneider, WpHG, § 33 Rn. 55; *Fuchs*, in: Fuchs, WpHG, § 33 Rn. 109; zum E-Mail-Verkehr *Rothenhöfer*, in: Kümpel/Wittig, Bank- und Kapitalmarktrecht, Rn. 3.337 m.w.N.
552 Generell die Notwendigkeit von Mitarbeiterschulungen herausstellend auch *Fuchs*, in: Fuchs, WpHG, § 33 Rn. 110, wobei vor allem auf die möglichen Konsequenzen eines Verstoßes gegen das Verbot von Insidergeschäften nach § 14 I Nr. 2 WpHG hinzuweisen sei.

wann und unter welchen Voraussetzungen ein solcher möglich ist, nicht bestehen. In jedem Fall muss sichergestellt sein, dass die Funktion der einzelnen Vertraulichkeitsbereiche nicht beeinträchtigt wird, wobei dies beispielsweise durch gewisse Wartezeiten erfolgen kann.[553] Zulässig und im Hinblick auf die sowohl zivilrechtlichen als auch öffentlich-rechtlichen Pflichten (§ 31 WpHG) geradezu zwingend notwendig ist hingegen die Informationsweitergabe von öffentlich bekannten Tatsachen, damit diese in das Anlageberatungsgespräch einbezogen werden können.[554] Abgesehen davon soll im Einzelfall allerdings auch ein bereichsübergreifender Informationsfluss („Wall Crossing") möglich sein, wobei hierfür stets die Notwendigkeit und Zulässigkeit anhand einer Interessenabwägung zu überprüfen ist.[555] Bisweilen wird eine solche Aufweichung der Vertraulichkeitsbereiche aufgrund der Ermöglichung zur Ausnutzung von Synergieeffekten im Interesse der Institute liegen. Dennoch sollte sie mit Blick auf die äußerst schwierige Abgrenzung zwischen zulässigem und unzulässigem Informationsfluss in der Praxis sehr restriktiv gehandhabt werden.

Nach alledem ist zu konstatieren, dass die ständige Gewährleistung einer effektiven Trennung von Vertraulichkeitsbereichen eine aus Sicht der Institute sehr aufwendige und kostenintensive Herausforderung darstellt, welche aber zugleich aufgrund der umfassenden Geschäftstätigkeit und der hieraus erwachsenden diversen Interessenkonflikte unerlässlich ist.

## 5. Zusammenfassung und Bewertung

Aus der Sicht der Beratungsinstitute haben die Regulierungsmaßnahmen im Falle einer (lediglich) durchschnittlichen Beachtung der konkreten gesetzlichen Bestimmungen keine unmittelbar (negativen) Folgen auf das Haftungsrisiko. Jedoch ist der zur Beachtung aller regulatorischen Pflichten erforderliche Verwaltungs- und Personalaufwand sehr hoch. Insgesamt sind daher die Folgekosten der Regulierungsmaßnahmen für die Institute bereits gegenwärtig beachtlich und werden wohl auch künftig – vor allem aufgrund der MiFID II – weiter ansteigen. Bei einer intendierten Beibehaltung des Anlageberatungsangebotes sind umfangreiche Investitionen – insbesondere im IT-Infrastrukturbereich – jedoch

---

553 *Rothenhöfer*, in: Kümpel/Wittig, Bank- und Kapitalmarktrecht, Rn. 3.338.
554 Siehe hierzu unter Hinweis auf die Pflicht zur Einhaltung der Verhaltensregeln gem. § 31 WpHG vor allem *Eisele/Faust*, in: Schimansky/Bunte/Lwowski, Bankrechts-Hdb., § 109 Rn. 146.
555 Siehe ausführlich zum Wall Crossing *Rothenhöfer*, in: Kümpel/Wittig, Bank- und Kapitalmarktrecht, Rn. 3.344 ff.; *Fuchs*, in: Fuchs, WpHG, § 33 Rn. 113 m.w.N.

alternativlos. Anderenfalls würden zum einen mangels effektiver Rahmenbedingungen Wettbewerbsnachteile gegenüber Mitkonkurrenten drohen und zum anderen bei einer schlechten Ausstattung die latente Gefahr einer unzureichenden Erfüllung der gesetzlichen Pflichten bestehen. Diese würden sich dann final doch in einer Erhöhung des Haftungsrisikos realisieren. Es ist daher zu erwarten, dass es aufgrund der Regulierung im Bereich der Anlageberatung zu einer (weiteren) Ausdünnung und Verdrängung auf dem Anbietermarkt kommen wird, die primär auf die gestiegenen ökonomischen Belastungen sowie auf eine notwendige Neubewertung des Geschäftsangebotes im Rahmen einer Kosten-Nutzen-Analyse zurückzuführen sind.

## II. Aus Sicht der Geschäftsleitung

Im Rahmen einer Analyse der Regulierungsfolgen aus der Sicht der Geschäftsleiter bestehen zwangsläufig gewisse Überschneidungen zu den bereits behandelten Folgen für die Beratungsinstitute. Gleichsam gibt es auch einige besondere persönliche Herausforderungen, sodass sich eine gesonderte Untersuchung anbietet.

### 1. Bedarf einer verstärkten Corporate Governance

Der Geschäftsleitung obliegt die Gesamtverantwortung für die Einhaltung der zivilrechtlichen, aber auch öffentlich-rechtlichen Pflichten im Bereich der Anlageberatung. Notwendig ist hierbei eine regelmäßige Überwachung und Prüfung der Funktionsfähigkeit der Compliance-Funktion sowie der Geschäftsorganisation insgesamt.

Hinsichtlich der Einhaltung der öffentlich-rechtlichen Organisationsanforderungen wird diese Pflicht durch §§ 33 I 1 WpHG i.V.m. § 25a KWG sowie § 33 I 2 Nr. 6 WpHG auch ausdrücklich normiert. Nach § 33 I 2 Nr. 6 WpHG müssen Angemessenheit und Wirksamkeit der nach den §§ 31 ff. WpHG aufgestellten organisatorischen Maßnahmen überwacht und regelmäßig bewertet sowie die erforderlichen Maßnahmen zur Beseitigung von möglichen Unzulänglichkeiten ergriffen werden. Adressat dieser Regelung sind die Leitungsorgane der jeweiligen Unternehmen, also Vorstand und Aufsichts- bzw. Verwaltungsrat.[556] Im Zuge der intensiven Regulierung der vergangenen Jahre ist der Umfang der zu überwachenden Bereiche deutlich angestiegen und zudem komplexer geworden. Vor diesem Hintergrund ist eine sorgfältige Personalauswahl auf Schlüsselpositionen innerhalb des Unternehmens essenziell, damit stets eine adäquate und rechtzeitige

---

556 *Röh*, BB 2008, 398, 402.

Information der Geschäftsleitung über notwendige Strukturmaßnahmen und Optimierungspotenziale gewährleistet ist. Um das Ziel einer dauerhaft funktionierenden Compliance-Kultur innerhalb des Unternehmens zu erreichen, ist es weiterhin notwendig, dass die Geschäftsleitung selbst eine strikte Einhaltung der Verhaltensvorschriften vorlebt und trotz unternehmerischer Zwänge eine Umgebung schafft, welche den Mitarbeitern die Einhaltung sämtlicher gesetzlicher Vorgaben trotz des bestehenden Vertriebsdrucks erleichtert.

## 2. Umgang mit persönlichen Haftungsrisiken

Auch für die Geschäftsleitung bestehen im Rahmen der Anlageberatung grundsätzlich persönliche Haftungsrisiken. Vor allem bei Verstößen gegen die Pflicht zur Aushändigung von Produktinformationsblättern gemäß § 31 IIIa WpHG, die eine Ordnungswidrigkeit darstellt, kann die Verhängung von Bußgeldern je nach Rechtsform auch gegen den Vorstand oder die Geschäftsführer des Beratungsinstitutes in Betracht kommen.[557]

Angesichts der bereits beschriebenen Gesamtverantwortung der Geschäftsleitung kommt im zivilrechtlichen Bereich vor allem eine Haftung aufgrund eines vorsätzlichen Organisationsverschuldens in Betracht. Ein solches liegt beispielsweise nach Ansicht des BGH dann vor, wenn ein Wertpapierdienstleistungsunternehmen es in Kenntnis seiner Verpflichtung zur Aufklärung gleichwohl unterlässt, seine Anlageberater zur Kundenaufklärung anzuweisen.[558] Die Leitungsorgane der Gesellschaft haben daher dafür Sorge zu tragen, dass die Anlageberater Kenntnis über die von ihnen im Beratungsgespräch zu beachtenden Pflichten haben; sie müssen sich diesbezüglich bei ihren Rechtsabteilungen darüber vergewissern, ob die entsprechenden Informationen auch tatsächlich weitergegeben werden.[559] Es sollte allerdings nicht verschwiegen werden, dass die Anforderungen an eine derartige Haftung sehr streng sind. So spreche etwa eine hohe Zahl an Beratungsfehlern dafür, dass ein System der stichprobenartigen Kontrolle der Beratungsgespräche nur unzureichend funktioniert habe, gleichwohl könne hieraus noch nicht geschlossen werden, dass die Vorstände vorsätzlich ein unzureichendes Kontrollsystem installiert hätten, um Falschberatungen zuzulassen.[560] Für eine persönliche

---

557 *Preuße/Schmidt*, BKR 2011, 265, 272.
558 BGH AG 2015, 122; zuvor schon BGH BKR 2009, 342 f.
559 Vgl. *Koller*, ZBB 2007, 197, 201.
560 LG Itzehoe, Urteil vom 13.03.2012 - 7 O 318/09 (abrufbar unter beck-online: BeckRS 2012, 11478).

Haftung des Vorstandes ist daher erforderlich, dass er die (vorsätzlichen) Falschberatungen der Kunden veranlasst oder zumindest billigend in Kauf genommen hat.[561]

Neben einer unmittelbaren Außenhaftung gegenüber den Kunden kann aber auch eine Innenhaftung (Regress) der Geschäftsleitung gegenüber dem Institut in Betracht kommen. Die jeweiligen Anspruchsgrundlagen (z.B. § 93 II 1 AktG, § 43 II GmbHG) richten sich dabei nach der Rechtsform des Beratungsinstitutes. Im Unterschied zur Außenhaftung reicht bei der Innenhaftung zum einen bereits fahrlässiges Handeln aus und zum anderen obliegt den Geschäftsleitern die Beweislast für die Ordnungsgemäßheit ihres Handelns sowie des fehlenden Verschuldens.[562] Gerade die Organhaftung hat zudem in den letzten Jahren spürbar an Bedeutung gewonnen und einige bedeutende gerichtliche Verfahren hervorgebracht.[563] Insoweit liegen die thematisierten und zur Legalitätspflicht gehörenden Pflichten, für eine ordnungsgemäße Organisation und Aufsicht zu sorgen, im ureigenen persönlichen Interesse der Geschäftsleiter. Trotz der allgemein steigenden Relevanz der Organhaftung erscheinen die Haftungsrisiken im Bereich der Anlageberatung im Vergleich zu anderen für Institute noch risikoreicheren Geschäftsfeldern (z.B. Kreditgeschäft) aber überschaubar. Insgesamt muss die Geschäftsleitung die bestehenden Haftungsrisiken daher zwar stets im Blick haben, ist zugleich aber derzeit keiner ständig latenten und tätigkeitshemmenden Haftungsgefahr ausgesetzt, was mit dem essenziellen (Gesamt-)Interesse an einer gewissen wirtschaftlichen Betätigungsfreiheit von Leitungsorganen auch nicht vereinbar wäre.

### 3. Aktuelle Herausforderungen bei der Ausrichtung des Geschäftsmodells

Vor dem Hintergrund der beachtlichen Kosten, die allein aufgrund der Umsetzung der regulatorischen Anforderungen im Bereich der Anlageberatung

---

561 LG Itzehoe, Urteil vom 01.08.2013 - 7 O 219/11 (abrufbar unter juris); siehe auch OLG Schleswig, Urteil vom 25.09.2014 - 5 U 150/13 (abrufbar unter beck-online: BeckRS 2014, 21669), wonach eine Haftung des Vorstandes eines Wertpapierdienstleistungsunternehmens wegen vorsätzlicher sittenwidriger Schädigung (§ 826 BGB) in Betracht kommt, wenn in Kenntnis einer Gewinnwarnung (ad-hoc-Mitteilung), bewusst weitere Kaufempfehlungen für Genussrechte gegeben werden.
562 *Fandrich*, in: Fandrich/Karper, MAH Bank- und Kapitalmarktrecht, § 1 Rn. 58.
563 Siehe exemplarisch *„Siemens/Neubürger-Entscheidung"*: LG München I NZG 2014, 345 (der Regressanspruch i.H.v. 15 Mio. Euro wurde anschließend im Wege eines Vergleichs auf 2,5 Mio. Euro minimiert).

entstehen, sowie der im Anschluss an die Finanzmarktkrise 2008 beginnenden Niedrigzinsphase stellen sich völlig neue Herausforderungen an die Geschäftsleiter bei der Ausrichtung des gesamten Geschäftsmodells. Gerade Geschäftsleiter von Sparkassen und Genossenschaftsbanken, die traditionell sehr stark auf das Privatkundengeschäft und damit auch die Verbraucheranlageberatung bauen und in der Vergangenheit von den damit einhergehenden geringeren Risiken profitiert haben, stehen angesichts des andauernden Niedrigzinsumfeldes nunmehr vor der enormen Herausforderung, ein tragfähiges Geschäftsmodell zu entwickeln. Anders als Universalbanken, die sich auch durch den Interbankenverkehr sowie das Investmentbanking finanzieren, basiert das Geschäftsmodell der Sparkassen und Genossenschaftsbanken maßgeblich auf dem sog. Zinsüberschuss, d.h. dem Differenzgewinn zwischen Kreditzinsen und Einlagenzinsen. So trägt nach einer Analyse der Bundesbank der Zinsüberschuss bei einigen Sparkassen und Genossenschaften knapp 80 % zum Gesamtertrag bei.[564] Angesichts der durch das Niedrigzinsumfeld gesunkenen Gewinnspannen, den gestiegenen Regulierungsfolgekosten sowie dem sehr breiten Filial- und Kundenberaternetz dieser Institute[565] ist das derzeitige Geschäftsmodell auf Dauer nicht mehr tragbar.[566] Zudem werden vor allem auch kleinere Regionalbanken durch die für sie verhältnismäßig hohen Kosten für die Einrichtung notwendiger Compliance- und IT-Organisationen im Vergleich zu größeren Instituten besonders stark belastet.[567] Angesichts der Tatsache, dass Sparkassen aufgrund der öffentlich-rechtlichen Rechtsform auch nicht in intensivem Maße risikobehaftete Geschäftsbereiche wie dem Investmentbanking betreiben können, wird die notwendige operative Neuausrichtung für die Geschäftsleiter besonders diffizil werden. Zu erwarten sind vor allem deutliche Kosteneinsparungen durch Rationalisierungen im Bereich des (sehr breiten) Filialnetzes sowie der Personalausstattung. Die besondere Komplexität der Suche adäquater Kostenoptimierungs- und Strukturmaßnahmen zeigt sich in der Praxis auch an den jüngsten Versuchen der Sparkassen, durch eine Änderung ihrer AGB solche Provisionen im Rahmen von Wertpapiergeschäften an das Institut fließen zu lassen, die eigentlich dem Kunden zustehen würden. Hieraufhin gab

---

564 Siehe zur Analyse der Bundesbank *Terliesner*, Bankmagazin 01/2015, 11.
565 Volks- und Raiffeisenbanken besitzen 13.050, die Sparkassen 12.300 sowie die Commerzbank 1.110 Filialen in Deutschland, vgl. FAZ vom 12.05.2015, S. 25 („Den Banken brechen die Erträge weg").
566 Siehe hierzu BankPraktiker 05/2013, S. 149 f. („Erträge im Retail Banking sinken weiter"); *Mußler*, in: FAZ vom 07.02.2015, S. 22 („Tschüs, gute alte Sparkasse").
567 Siehe Einschätzung des Rheinisch-Westfälischen Genossenschaftsverbandes (RWGV) in: Börsen-Zeitung vom 20.12.2014, S. 3.

es enorme Kritik des Bundesverbandes der Verbraucherzentralen, welcher allen Kunden empfahl, den Änderungen der AGB zu widersprechen.[568] Durch derartige Maßnahmen droht, völlig unabhängig von einer etwaigen Berechtigung, das Image der Sparkassen als service- und kundenorientiert zu wanken, was sich ebenfalls dauerhaft negativ auf die Geschäftsentwicklung auswirken kann. Die Geschäftsleiter müssen daher versuchen, möglichst zeitnah den Balanceakt zwischen einer Durchführung notwendiger Geschäftsmaßnahmen einerseits sowie der zeitgleichen Bereitstellung attraktiver Produkt- und Serviceangebote andererseits zu meistern. Dass sich die aus der Verbindung von Regulierungskosten und Niedrigzinsumfeld ergebende Notwendigkeit neuer Strategieüberlegungen aber auch an breiter aufgestellte Institute stellt, zeigen die jüngsten Umstrukturierungsmaßnahmen bei der Deutschen Bank AG und der Hypo-Vereinsbank, die jeweils mit drastischen Einschnitten im Privatkundengeschäft verbunden sind.[569] Auch von Seiten der deutschen Bankenaufsicht wird mittlerweile deutlich auf die Probleme des Niedrigzinsumfeldes besonders für Sparkassen bzw. Genossenschaftsbanken sowie mittelgroße Institute hingewiesen und ein dringender Handlungsbedarf aufgezeigt.[570] Insgesamt wird somit deutlich, dass es aktuell wohl die größte Herausforderung der Geschäftsleiter branchenweit ist, ihre Unternehmen trotz der sehr schwierigen regulatorischen und wirtschaftlichen Rahmenbedingungen zukunftsfähig aufzustellen.

### 4. Zusammenfassung und Bewertung

Auch für die Geschäftsleiter der Anlageberatungsinstitute sind die Folgen der regulatorischen Eingriffe spürbar und haben unmittelbaren Einfluss auf die praktische Arbeit. Vor allem der organisatorische Aufwand, welcher für eine rechtmäßige und zugleich effiziente Anlageberatung erforderlich ist, stieg in den letzten Jahren stetig und macht stringente Personal- und Strukturmaßnahmen sowie die Einrichtung einer zuverlässigen Kontrollfunktion erforderlich.

---

568 FAZ vom 25.03.2015, S. 23 („Sparkassen wollen Provisionen für sich"); FAZ vom 01.04.2015, S. 23 („Bankkunden proben den Aufstand").
569 Siehe hierzu: FAZ vom 28.04.2015, S. 17 („Deutsche Bank schließt jede dritte Filiale"); sowie zu den vorherigen Umstrukturierungsplänen: FAZ vom 24.03.2015 S. 21 („Deutsche Bank stellt 250 Filialen in Frage"); vgl. zur Umstrukturierung bei der Hypo-Vereinsbank mit einer Verkleinerung des Filialnetzes von 575 auf 341 Filialen: FAZ vom 12.05.2015, S. 25 („Den Banken brechen die Erträge weg").
570 Siehe hierzu u.a. die Aussagen von *Andreas Dombret* (Deutsche Bundesbank) und *Raimund Röseler* (BaFin) in: FAZ vom 19.09.2015, S. 18 („Bankenaufsicht schlägt wegen Niedrigzinsen Alarm").

Die in diesem Zusammenhang bestehenden persönlichen Haftungsrisiken sollten stets beachtet werden, auch wenn sie angesichts der strengen Voraussetzungen derzeit noch keine erhebliche Praxisrelevanz besitzen. Auch für die Geschäftsleiter wirken sich die Regulierungsfolgen daher weniger haftungsrechtlich als vielmehr in tatsächlicher Hinsicht auf die tägliche Arbeitsgestaltung aus. Die zu treffenden Managemententscheidungen sind hierbei nicht lediglich marginal, sondern machen häufig tiefgreifende Strukturmaßnahmen erforderlich, die nicht nur unternehmensintern (Personalentscheidungen/Einsparungen), sondern auch extern eine erhebliche Tragweite besitzen. Es ist zu erwarten, dass am Ende einiger Entscheidungsprozesse auch die Abkehr bzw. Angebotseinschränkung im Bereich der Verbraucheranlageberatung stehen wird.[571]

## III. Aus Sicht der Anlageberater

Bei der Analyse der Regulierungsfolgen auf die Praxis kommt der Perspektive der Anlageberater als unmittelbar beteiligte und die Beratung ausführende Personen eine besondere Bedeutung zu. Im Folgenden sollen daher die Auswirkungen auf die praktische Tätigkeit sowie mögliche persönliche Haftungsrisiken näher untersucht werden.

### 1. Bürokratischer und zeitlicher Mehraufwand

In der praktischen Arbeit der Anlageberater ist vor allem der erhebliche bürokratische und zeitliche Mehraufwand spürbar, der insbesondere auf die Pflicht zur Anfertigung von Beratungsprotokollen sowie auf eine insgesamt stärker formalisierte Ausgestaltung der Anlageberatung zurückzuführen ist. Es ist daher wenig verwunderlich, dass gerade dieser Zustand von den Beratern selbst kritisiert und als hinderlich angesehen wird.[572] Abgesehen vom reinen Mehraufwand kann es zudem für die Berater schwierig sein, die Kundengespräche trotz der bestehenden Dokumentationspflichten für den Kunden angenehm und im Rahmen einer natürlichen Atmosphäre zu gestalten. Nicht nur für ältere Berater

---

571 Siehe hierzu auch § 6 IV. 1.
572 Vgl. *Knop*, in: FAZ vom 20.08.2013, S. 15; siehe bzgl. des zeitlichen Mehraufwands allein durch das Beratungsprotokoll auch die Einschätzung des Rheinisch-Westfälischen Genossenschaftsverbandes (RWGV) in: Börsen-Zeitung vom 20.12.2014, S. 3. Hiernach müssen regionale Banken allein aufgrund der Pflicht zur Erstellung von Beratungsprotokollen etwa 130 Arbeitstage pro Jahr mehr aufwenden. Der Gesamtaufwand für alle sonstigen Regulierungsmaßnahmen liege bei knapp 260 Arbeitstagen pro Jahr.

wird der zur praktischen Umsetzung der Regulierungsvorgaben erforderliche (IT-)Schulungs- und Fortbildungsbedarf regelmäßig sehr umfangreich sein und zusätzlich neben die ohnehin schon für eine anleger- und objektgerechte Beratung notwendigen, zeitintensiven Informationspflichten treten. Mit Blick auf die zuletzt stetig sinkenden Ertragschancen im Geschäftsbereich der Verbraucheranlageberatung und dem hieraus resultierenden erhöhten Verkaufsdruck wird deutlich, dass auch die Regulierungsmaßnahmen maßgeblich dazu beigetragen haben, dass die praktische Arbeit der Berater kontinuierlich schwieriger wird.

Aussichten auf eine baldige Verbesserung der Situation bestehen nicht. An dieser Einschätzung ändern auch aktuelle Pläne der Bundesregierung nichts, die Beratungsprotokolle i.S.d. § 34 IIa WpHG durch schriftliche Geeignetheitserklärungen abzulösen, da aus derzeitiger Sicht keine deutliche Reduzierung des Zeit- und Verwaltungsaufwandes zu erwarten ist.[573]

## 2. Faktische Einschränkung der Beratertätigkeit

Angesichts des durch die Regulierung deutlich angestiegenen Zeit- und Verwaltungsaufwands sowie des insgesamt steigenden Kostendrucks kam es in den vergangenen Jahren zu einer stetigen Standardisierung und Automatisierung der Beratung. Vor allem durch den Einsatz von Software, welche den Beratern durch Eingabe verschiedener Kundenparameter, wie beispielsweise Anlagevolumen, Laufzeit und Risikoaffinität, eine Liste von möglichen Finanzprodukten erstellt, rückt die eigentliche und dem Berufsbild innewohnende persönliche „Berater"-tätigkeit immer stärker in den Hintergrund.

Eine primär systemgesteuerte Anlageberatung hat aus Sicht der Anlageberatungsinstitute den Vorteil, dass jedenfalls das Haftungsrisiko aufgrund individueller Beraterfehler gemindert werden kann.[574] Hingegen wird von Seiten der Anlageberater die Entwicklung kritisiert und darauf verwiesen, dass gut ausgebildete und sehr berufserfahrene Berater aufgrund der Regulierungsmaßnahmen und der hieraus folgenden internen Neuorganisation faktisch ihrer Qualifikation enteignet und ihre Kunden zugleich um die zumeist sehr hohe fachliche Expertise

---

573 Siehe zum Inhalt der schriftlichen Geeignetheitserklärung und einer Darstellung der aktuellen Reformpläne unter § 5 IV. 2. b).
574 Siehe hierzu *Seibel*, in: Die Welt online vom 27.09.2012, abrufbar unter: www.welt. de/print/die_welt/finanzen/article109490695/Revolution-der-Anlageberatung. html?config=print (zuletzt abgerufen am 23.07.2015).

der Berater gebracht würden.[575] Diese Kritik ist durchaus nachvollziehbar, wenngleich der einzelne Berater, vor allem bei Nachfragen der Kunden, immer noch seine eigenen Kompetenzen in das Beratungsgespräch einbringen kann und muss, beispielsweise indem er sein Verständnis von der Funktionsweise der Finanzprodukte und ihres möglichen Verlaufs bei diversen gesamtwirtschaftlichen Entwicklungsszenarien darlegt und dem Kunden verständlich erklärt. Insoweit sind eine gute Ausbildung und vorhandene Berufserfahrung nicht völlig obsolet. Gleichwohl sind die Spielräume für eigene und sich aus einem intensiven Beratungsgespräch ergebende Anlagevorschläge deutlich kleiner geworden und eine Tendenz von der Tätigkeit als „Berater" hin zu einem lediglich „Ausführenden" erkennbar.

## 3. Haftungs- und Sanktionsrisiken

Grundsätzlich handeln Berater als Erfüllungsgehilfen des Anlageberatungsinstitutes (§ 278 BGB), sodass eine persönliche Haftung gegenüber dem Kunden in der Regel ausscheidet.[576] Hierdurch werden aber nicht gänzlich alle persönlichen Haftungs- und Sanktionsrisiken ausgeschlossen.

*a) Wegen Nichtprotokollierung auf Wunsch des Kunden*

Denkbar sind interne (Regress-)Ansprüche des Institutes gegenüber seinen Beratern wegen fehlerhafter Beratung. Gerade erfahrene Kunden werden häufig die Berater dazu drängen, auf die Anfertigung des zeitintensiven Beratungsprotokolls zu verzichten. Ein solcher Verzicht ist aber, wie bereits im Verlauf dieser Arbeit gezeigt wurde, nach derzeitiger Rechtslage selbst bei einem dahingehenden Kundenwunsch nicht möglich. Für die Berater besteht bei Eingehen auf einen solchen vielmehr das potenzielle Risiko im Anschluss an ein etwaiges gerichtliches Verfahren von seinem Arbeitgeber in Regress genommen zu werden. Jedenfalls wären auch dienstrechtliche Konsequenzen bei solch rechtswidrigem und zudem bußgeldbewehrtem (§ 39 WpHG) Verhalten nicht ausgeschlossen. Dies ist selbstverständlich im Grundsatz auch plausibel und korrekt, gleichwohl zeigt sich an derartigen Praxisbeispielen, wie schnell selbst ein im Kundeninteresse handelnder Berater zu rechtswidrigem Verhalten verleitet werden kann. Es kann folglich für die Berater bisweilen eine sehr schwierige Aufgabe sein, auch im Falle eines möglichen Drucks durch den Kunden oder in Fällen einer als überflüssig empfundenen Dokumentation, sich stets strikt an die umfangreichen

---

575 Siehe hierzu *Knop*, in: FAZ vom 20.08.2013, S. 15.
576 *Bracht*, in: Schwintowski, Bankrecht, § 18 Rn. 53; *Kirchhartz*, in: Claussen, Bank- und Börsenrecht, § 3 Rn. 95.

und zeitintensiven gesetzlichen und institutsinternen Pflichten zu halten, um damit letztlich auch selbst vor negativen Konsequenzen geschützt zu sein.

### b) Wegen unterlassener Selbstschulung

Neben den im Rahmen einer guten Compliance-Organisation notwendigen internen Schulungs- und Weiterbildungsveranstaltungen liegt die für die anleger- und objektgerechte Beratung erforderliche allgemeine Informationspflicht über die gesamtwirtschaftliche Lage sowie einzelne Emittenten primär in der Eigenverantwortung der Berater. So gehört insbesondere die regelmäßige Lektüre der von der Rechtsprechung als relevant angesehenen Zeitungen zur zwingenden Aufgabe der Berater.[577] Eine sorgfältige Lektüre wird regelmäßig viel Zeit in Anspruch nehmen, sodass Berater auch angesichts des insgesamt gestiegenen Zeitumfangs schnell zu einem Lektüreverzicht verleitet werden können. Angesichts der Tatsache, dass bereits zahlreiche Anlegerschutzprozesse auf fehlerhafte oder unzureichende Informationen des Beraters gestützt wurden, ist eine regelmäßige und umfangreiche Selbstschulung der Berater unerlässlich. Im Hinblick auf einige sehr komplexe Finanzinstrumente sollten Berater sich zudem regelmäßig selbst hinterfragen, ob die Funktionsweise der jeweiligen Produkte vollends verstanden wurde, bevor diese an mögliche Kunden empfohlen werden. Insgesamt müssen Anlageberater daher schon im eigenen Interesse sehr verantwortungsvoll mit den ihnen gegenüber ihren Kunden und dem Institut obliegenden Pflichten zur Selbstschulung und Informationsbeschaffung umgehen.

### 4. Möglichkeit eines Einsatzverbotes durch die BaFin

Sehr tiefgreifende Eingriffe in die Beratertätigkeit können durch die Möglichkeit der Verwarnung sowie der Verhängung eines bis zu zweijährigen Einsatzverbotes durch die BaFin gem. § 34d IV Nr. 2 WpHG erfolgen. Voraussetzung hierfür ist, dass Tatsachen vorliegen, aus denen sich ergibt, dass der Berater gegen Bestimmungen der §§ 31 ff. WpHG verstoßen hat, deren Einhaltung bei der Durchführung seiner Tätigkeit zu beachten sind. Angesichts der weiten Befugnisse der BaFin verwundert es, dass die Voraussetzungen an die Schwere des

---

577 BGH NJW 1993, 2433, 2434; BGH NJW 2008, 3700, 3702 (*Handelsblatt, FAZ, Börsenzeitung* sowie die mittlerweile eingestellten *Financial Times Deutschland*); siehe hierzu auch § 4 II. 4. a) bb).

Verstoßes nicht näher konkretisiert werden. Richtigerweise wird man aber einen „eklatanten Pflichtverstoß des Mitarbeiters" verlangen müssen.[578]

Die Praxisrelevanz gerade des Einsatzverbotes als *ultima ratio* ist bislang überschaubar und wird wohl auch zukünftig gering sein. Dennoch kann bereits allein von den nunmehr gesetzlich bestehenden Sanktionsmöglichkeiten in Verbindung mit dem neu eingeführten Mitarbeiter- und Beschwerderegister auch gänzlich ohne konkrete Umsetzungsmaßnahmen eine gewisse Prangerwirkung ausgehen. Eine solche wird explizit von der Gewerkschaft Verdi kritisiert und bemängelt, dass nun durch das Beraterregister alle Mitarbeiter unter einem Generalverdacht stünden.[579] Ferner wird von Gewerkschaftsseite kritisiert, dass durch die Möglichkeit der Verhängung von singulären Tätigkeitsverboten die Verantwortlichkeit vom Institut auf die ohnehin schon durch Vertriebsvorgaben unter Druck stehenden Mitarbeiter verlagert werde.[580]

Die vorgebrachte Kritik ist in Teilen durchaus verständlich. Zwar sind aufgrund früherer Fehlentwicklungen in der Anlageberatung die gesetzlichen Reformen grundsätzlich legitim, gleichsam lagen die Ursachen für die Fehlentwicklungen in den überwiegenden Fällen wohl eher auf der Institutsseite als auf der Beraterseite. Vor allem deshalb verwundert die Kritik nicht. Dennoch sind gerade vor dem Hintergrund, dass einerseits die von der bloßen gesetzlichen Regelung ausgehende Prangerwirkung gering ist und andererseits die zivil- und öffentlich-rechtliche Hauptverantwortung beim Institut verbleibt, die entstehenden Nachteile für die Berater noch hinnehmbar.

## 5. Zusammenfassung und Bewertung

Die Regulierung hat nicht nur spürbaren Einfluss auf die Beratungsinstitute, sondern auch auf die Berater persönlich. Die Arbeitsweise hat sich angesichts eines bestehenden regulatorischen Pflichtenkorsetts sowie der hierauf folgenden Reaktion der Institute in Gestalt einer stärkeren Standardisierung und Automatisierung deutlich verändert und zu einer Verminderung der persönlichen Beratung geführt.

Insgesamt ist daher eine partielle Wandlung des Berufsbildes „Anlageberater" zu beobachten. Vor allem die persönlichen Fachqualifikationen der Berater sind zwar nicht völlig unbeachtlich, verlieren aber spürbar an Bedeutung bzw.

---

578 BT-Drs. 17/3628, S. 23 (u.a. „bei Missachtung elementarer Pflichten"); *Müller-Christmann*, DB 2011, 749, 753; *Voß*, BB 2010, 3099, 3101; siehe hierzu bereits § 5 II. 2. c).
579 Siehe zur Kritik von *Verdi* in: *Stoltenberg*, Börsen-Zeitung vom 12.04.2014, S. 3.
580 Siehe hinsichtlich dieser Kritik *Müller-Christmann*, DB 2011, 749, 753.

werden in vielen Fällen zum Nachteil des Kunden nicht mehr voll ausgeschöpft. Als Hauptgrund für diese Entwicklung ist die gestiegene Regulierung zu sehen. Dennoch sollte im Rahmen einer Gesamteinschätzung auch nicht unbeachtet bleiben, dass ein vergleichbarer Trend (v.a. Standardisierung, weniger persönliche Beratung) jedenfalls partiell auch in anderen Berufsbereichen/Branchen erkennbar ist, die genau wie die Anlageberatung zum Bereich der Vertrauensgüter zählen, aber keiner derartig intensiven Regulierung unterworfen sind, wie beispielsweise Apothekenberatungen oder ärztliche Konsultationen und Diagnosegespräche.

Aus rein haftungsrechtlicher Sicht sind für die Berater durch die Regulierung bislang keine gravierenden Veränderungen erkennbar. Bereits die Finanzmarktkrise hatte jedoch dazu geführt, dass die Branche der Anlageberater (v.a. von Banken) in öffentlichen Misskredit geraten ist. Durch die anschließende gesetzgeberische Reaktion in Gestalt einer besseren Kontrolle der Berater mittels Mitarbeiter- und Beschwerderegister sowie der Normierung potenzieller Sanktionsmöglichkeiten wurde dieser Zustand eher noch intensiviert und zudem ein subtiler öffentlicher Kontrolldruck erzeugt. Angesichts dessen sowie der kumulativ hinzukommenden, immer stärker werdenden Vertriebsvorgaben, der durch Kostendruck und Strukturplanungen latent vorhandenen Arbeitsplatzunsicherheit sowie der umfassenden Pflicht zur Einhaltung sämtlicher rechtlicher Pflichten kann in jedem Fall bilanziert werden, dass sich die Tätigkeit der Anlageberater in den vergangenen Jahren deutlich erschwert hat.

## IV. Aus Sicht der Kunden

Vor dem Hintergrund, dass durch die Regulierungsmaßnahmen das Schutzniveau der Kunden sowie die Qualität der Anlageberatung insgesamt erhöht werden sollten, ist eine kritische Analyse der regulatorischen Folgen aus der Kundensicht von besonderer Relevanz. Erst im Anschluss an eine solche Untersuchung und Abwägung von positiven und möglichen negativen Folgen kann der Erfolg oder Misserfolg der getroffenen Maßnahmen im Hinblick auf die oben genannten gesetzgeberischen Ziele abschließend bewertet werden.

### 1. Teilweiser Beratungsverzicht der Banken

Die Regulierungsmaßnahmen führten, wie bereits im Verlauf gezeigt wurde, zu einem deutlich erhöhten Zeit- und Kostenaufwand für die Anlageberatungsinstitute. Angesichts dessen und der durch schwierige wirtschaftliche Rahmenbedingungen sinkenden Ertragschancen richten viele Institute ihr Geschäftsmodell neu aus. Aus Sicht der Kunden sind die Folgen dieser Neuausrichtungen im Umfang des Dienstleistungsangebots spürbar. Während einige Institute bereits seit längerer Zeit bewusst auf eine Anlageberatung verzichten,[581] ziehen sich nunmehr auch weitere aus der Anlageberatung zurück, wobei als Hauptgründe der erhöhte Aufwand sowie die (potenziellen) Haftungsrisiken genannt werden.[582] Hinsichtlich der Art und Intensität des Beratungsverzichtes lässt sich allerdings noch eine weitere Differenzierung vornehmen, die im Folgenden dargestellt wird.

*a) Durch Vermeidung des Beratungsvertrags (beratungsfreies Geschäft)*

Teilweise versuchen Institute, vor allem Direktbanken, bereits den Abschluss eines (konkludenten) Anlageberatungsvertrages zu vermeiden, um auf diese Weise der zivilrechtlichen Pflicht zur anleger- und objektgerechten Beratung zu entgehen. Ein derartiges Vorgehen mit dem Ziel der Vertragsvermeidung wird teilweise auch als „Flucht aus dem Beratungsvertrag" bezeichnet,[583] wobei zu betonen ist, dass dieselbe Thematik auch bei der Herleitung von Beratungspflichten aus einem vorvertraglichen Schuldverhältnis (c.i.c.) bestehen würde, da es keinen Zwang (Kontrahierungszwang) zur Anlageberatung gibt.

Unter Berücksichtigung der sehr geringen Anforderungen an den Vertragsabschluss muss das Institut seinen Kunden vor dem Gespräch darauf hinweisen, dass es durch den persönlichen Kontakt zu keinem Beratungsvertrag und den daraus resultierenden Aufklärungspflichten kommen soll. Durch einen solchen Hinweis wird von Seiten des Institutes deutlich gemacht, dass es am erforderlichen Rechtsbindungswillen fehlt.[584] Ausreichend soll bereits sein, wenn (Direkt-)Banken in ihren AGB deutlich machen, dass sie ausschließlich beratungsfreie Geschäfte anbieten, wobei im Fall einer dennoch vorgenommenen Beratung eine vertragliche Haftung unter den Grundsätzen der *protestatio facto contraria* in Betracht kommt.[585] Wohl ebenfalls als zulässig werden die in der Praxis teilweise angewandten AGB-Klauseln angesehen, welche ausdrücklich klarstellen, dass es im Rahmen eines Kontaktes zwischen Institut und Kunden zu keinem Anlageberatungsvertrag kommen soll, wobei auch hier beachtet werden sollte, dass derartige Klauseln durch den persönlichen Kontakt aufgrund des Vorrangs der Individualabrede

---

581 Siehe hierzu die Aussage des *ING-DiBa* (Direktbank) Deutschland Chefs *Roland Boekhout* in: FAS vom 06.07.2014, S. 27 („Wir machen aus Prinzip keine Anlageberatung").
582 Siehe exemplarisch *Neubacher*, in: Börsen-Zeitung vom 17.08.2013, S. 3, zum Rückzug des Bankhauses Metzler aus der Anlageberatung.
583 *Buck-Heeb*, ZIP 2013, 1401.
584 *Buck-Heeb*, BKR 2010, 1, 8; *dies.* ZIP 2013, 1401, 1404.
585 *Bracht*, in: Schwintowski, Bankrecht, § 18 Rn. 34 m.w.N.

gem. § 305b BGB schnell unbeachtlich sein können.[586] Gerade aus der Sicht der Kunden ist es sehr vorteilhaft, dass aufgrund der sehr niedrigen Anforderungen an den Abschluss eines Beratungsvertrages durch die Rechtsprechung einige der Versuche zur Vertragsvermeidung schon bei nur geringen tatsächlich erbrachten Beratungsleistungen scheitern werden. Außerdem ist zu berücksichtigen, dass die Institute einseitig lediglich die (zivilrechtlichen) vertraglichen Pflichten ausschließen können, während zumindest die verminderten aufsichtsrechtlichen Pflichten (§§ 31 V, VII WpHG) weder durch AGB noch individualvertraglich abdingbar sind.[587]

Dennoch ist unter dem Aspekt des Kundenschutzes durchaus problematisch, dass es letztlich allein in den Händen der Institute liegt, durch konsequentes Verhalten (keine tatsächliche Beratungsleistung) und unter Verwendung einfacher Mittel (AGB/mündliche Abreden) den Kunden die wichtigste Haftungs- und Schutzgrundlage zu entziehen. Sofern zukünftig Anlageberatungsinstitute (v.a. Banken) vermehrt dem Modell der Direktbanken folgen sollten und den Abschluss eines Beratungsvertrages völlig vermeiden, wäre dies aus Sicht der Kunden deutlich nachteilig. Angesichts der vorhandenen praktischen Bedeutung ist es daher angezeigt, das Geschäftsmodell von Direktbanken sowie die gegenüber den Kunden verbleibenden Pflichten näher zu beleuchten.

*aa) Das Geschäftsmodell von Direktbanken als Discountbroker*

Aufgrund der stetig ausgeweiteten Beratungs- und Dokumentationspflichten erfreut sich bei Banken (v.a. Direktbanken) das Geschäft als sogenannte Discountbroker immer größerer Beliebtheit. Kennzeichnend für die Tätigkeit einer Bank als Discountbroker ist, dass sämtliche Dienstleistungen im Zusammenhang mit Wertpapieren unter Ausschluss jeglicher Beratung und erheblicher Reduzierung bzw. Standardisierung von Informationen erbracht werden und es sich mithin um ein beratungsfreies (execution-only) Geschäft handelt.[588]

Aufgrund der Beschränkung auf reine Ausführungen von Kauf- und Verkaufsaufträgen sowie der begleitenden Depotverwaltung können Discountbroker deutlich kostengünstiger arbeiten als solche Institute, die zuvor noch eine kosten- und personalintensive Beratung anbieten.[589] Häufig, aber nicht zwingend,

---

586 *Buck-Heeb*, ZIP 2013, 1401, 1405.
587 *Buck-Heeb*, ZIP 2013, 1401, 1404 m.w.N.
588 *Fuchs*, in: Fuchs, WpHG, § 31 Rn. 292; *Kirchhartz*, in: Claussen, Bank- und Börsenrecht, § 3 Rn. 108.
589 Zum Kostenvorteil *Fuchs*, in: Fuchs, WpHG, § 31 Rn. 292.

schlägt sich das eingeschränkte Angebot auch in einem Verzicht auf jegliche Filialen nieder, wobei jedenfalls der Schwerpunkt stets auf dem Einsatz von Fernkommunikationsmitteln wie Telefon, E-Mail und vor allem Onlineservices liegt.[590]

*bb) Aufklärungspflichten im beratungsfreien Geschäft*
Im beratungsfreien Geschäft bestehen schon allein aufgrund des fehlenden Beratungsvertrages deutlich geringere Aufklärungspflichten als im klassischen Anlageberatungsgeschäft. Vor diesem Hintergrund und in Anbetracht der steigenden Bedeutung des beratungsfreien Geschäfts ist daher der Umfang der noch verbleibenden Aufklärungspflichten von besonderer Relevanz. Hierbei ist wiederum zwischen den zivilrechtlichen und öffentlich-rechtlichen Pflichten zu differenzieren.

(1) Zivilrechtliche Pflichten
Zivilrechtliche Pflichten aus einem Beratungsvertrag scheiden mangels eines solchen aus. Denkbar sind jedoch vorvertragliche (§§ 311 II, 242 II BGB)[591] bzw. vertragliche Pflichten etwa aus einem Depot-, Kommissions- oder Effektenvertrag.[592] Jedoch gehen die etwaigen Aufklärungspflichten nie so weit wie die Beratungspflichten aus einem Anlageberatungsvertrag, sondern sind gegenüber jenen deutlich vermindert. Sofern ein Institut vor der Ausführung einer Order eine Empfehlung abgeben sollte, so muss diese zwar transparent und richtig sein, gleichwohl besteht auch dann keine Pflicht zu einer umfassenden und vollständigen Anlageberatung.[593] Auch eine generelle Pflicht zur Einholung von Informationen über die finanziellen Verhältnisse des Kunden, seiner Anlageziele

---

590 *Fuchs*, in: Fuchs, WpHG, § 31 Rn. 292; *Nobbe/Zahrte*, MK-HGB, Band VI, Anlageberatung, Rn. 388; *Spindler*, in: Langenbucher/Bliesener/Spindler, Bankrechts-Kommentar, 33. Kapitel Rn. 38.
591 *Krüger*, NJW 2013, 1845, 1848 („reduzierte Aufklärungspflichten gem. §§ 241 II, 311 II BGB, die üblicherweise durch die Übersendung von Standardinformationen erfüllt werden").
592 Vgl. AG München, Urteil vom 05.03.2010 - 111 C 24503/09 (BeckRS 2010, 27000), in welchem ein Vertragsverhältnis durch die Eröffnung eines „Direkt Anlage Depots" mit allgemeinen aus § 241 II BGB hergeleiteten Rücksichtnahmepflichten angenommen wurde; *Buck-Heeb*, KSzW 2015, 131, 136; *Tonner/Krüger*, Bankrecht, § 26 Rn. 30 („(vor-)vertragliche Nebenpflichten aus eigentlichem Wertpapiergeschäft").
593 AG München, Urteil vom 05.03.2010 - 111 C 24503/09 (BeckRS 2010, 27000); *Nobbe/Zahrte*, in: MK-HGB, Band VI, Anlageberatung, Rn. 388.

und der Risikobereitschaft sowie eine hiernach ausgerichtete Auftragsprüfung besteht zivilrechtlich beim reinen Ausführungsgeschäft richtigerweise nicht.[594] Ob Aufklärungspflichten über mögliche Interessenkonflikte durch Rückvergütungen oder sonstige Zuwendungen bestehen, ist umstritten. Nach der wohl herrschenden Meinung sollen allerdings beim reinen Ausführungsgeschäft, anders als bei der Anlageberatung, keine Aufklärungspflichten über etwaige Rückvergütungen bestehen.[595] Die Gegenansicht fordert demgegenüber eine Aufklärung über Zuwendungen, da nur auf diese Weise der Kunde eine Entscheidung auf informierter Basis treffen und den von ihm für das Geschäft zu zahlenden effektiven Preis ermitteln könne.[596] Richtigerweise können solche Aufklärungspflichten beim reinen Ausführungsgeschäft aber schon deshalb nicht bestehen, weil eine mit der Anlageberatung vergleichbare Interessenkollisionsgefahr mangels Beratung und Empfehlung im Rahmen eines bloßen Ausführungsgeschäfts gerade nicht vorliegt.[597] Zudem würden vor allem bei bewusster Inanspruchnahme des beratungsfreien Geschäftes durch den Kunden die auch in seinem Interesse liegenden Vorteile, wie besondere Schnelligkeit und Unkompliziertheit, durch eine solche Pflicht spürbar gemindert.

(2) Aufsichtsrechtliche Pflichten

Die aufsichtsrechtlichen Pflichten im beratungsfreien Geschäft werden durch die §§ 31 V, VII WpHG bestimmt. Am geringsten sind die Pflichten bei Vorliegen eines reinen Ausführungsgeschäftes gem. § 31 VII WpHG, da bei einem solchen vor allem die umfassende und zeitintensive Angemessenheitsprüfung (§ 31 V WpHG) entfällt. Unter einem Ausführungsgeschäft i.S.d. § 31 VII WpHG versteht man die auf Veranlassung des Kunden erfolgende Ausführung von Kundenaufträgen nicht komplexer Finanzprodukte oder die entsprechende Anlagevermittlung.[598]

---

594 So auch *Buck-Heeb*, KSzW 2015, 131, 137, u.a. unter Hinweis auf eine auch diesbezüglich fehlende aufsichtsrechtliche Pflicht.
595 *Clouth*, ZHR 177 (2013), 212, 262 („keine Anwendung der „Interessenkonflikts-Rechtsprechung auf „Nicht-Beratungssachverhalte"); *Buck-Heeb*, KSzW 2015, 131, 137 f., welche zudem auf die gerichtliche Ablehnung einer solchen Pflicht für die Anlagevermittlung verweist (OLG Frankfurt a.M. ZIP 2014, 612, 613) und daher annimmt, dass eine solche „erst recht" auch für das reine Ausführungsgeschäft abzulehnen ist.
596 *Sethe*, FS Nobbe, 2009, 769, 785; in der Praxis zu einer Aufklärung über Innenprovisionen ratend auch *Brocker*, BKR 2007, 365, 370.
597 In diese Richtung auch *Buck-Heeb*, KSzW 2015, 131, 138.
598 BT-Drs. 16/4028, S. 65; *Buck-Heeb*, KSzW 2015, 131, 132.

Das Erfordernis eines „nicht komplexen Finanzproduktes" trägt dem niedrigeren Kundenschutzniveau Rechnung, welches durch die verringerten Informationspflichten entsteht.[599] Zu den nicht komplexen Finanzinstrumenten zählen unter anderem an einem organisierten oder gleichwertigen Markt zugelassene Aktien, Schuldverschreibungen (Anleihen), in die kein Derivat eingebettet ist, sowie die in § 7 WpDVerOV genannten Instrumente.[600] Die praktische Umsetzung des weiteren Erfordernisses, dass die Durchführung des Ausführungsgeschäfts vom Kunden ausgehen muss, ist vor allem *ex-post* nur schwerlich nachweisbar, sodass diesbezüglich eine umfassende Dokumentation durch die Institute zu erfolgen hat.[601] Der Kunde ist zudem im Vorfeld des Geschäftsabschlusses darüber zu informieren, dass keine (zivil- und öffentlich-rechtliche) Angemessenheitsprüfung durch das Wertpapierdienstleistungsunternehmen erfolgt.[602] Von den Instituten zu erfüllen sind bei einem Geschäft nach § 31 VII WpHG somit lediglich die allgemeinen Pflichten der § 31 I - III WpHG, wie etwa eine gewissenhafte Informationsweitergabe sowie die Vermeidung bzw. Aufklärung organisatorisch bedingter (nicht zuwendungsbedingter!) Interessenkonflikte.[603] Ausreichend soll bereits eine standardisierte Aufklärung des Kunden hinsichtlich dieser Informationen bei Aufnahme der Geschäftsbeziehung sein.[604] Sofern nicht alle Voraussetzungen für ein Ausführungsgeschäft nach § 31 VII WpHG erfüllt sind, weil es sich beispielsweise um ein komplexes Finanzinstrument handelt, kann dennoch ein beratungsfreies Geschäft durch das Institut erbracht werden, wobei hier zumindest eine Angemessenheitsprüfung nach § 31 V 1, 2 WpHG zu erfolgen hat.[605] Ungeachtet dessen bleiben selbst bei einem beratungsfreien Geschäft nach § 31 V WpHG die Pflichten hinter jenen im Rahmen einer Anlageberatung deutlich zurück, da die Anlageziele sowie finanziellen Verhältnisse des Kunden nicht erfragt werden müssen und jedenfalls keine fundierte Individualaufklärung erfolgen muss, weil § 31 V WpHG, anders als § 31 IV WpHG, gerade

---

599 *Buck-Heeb*, KSzW 2015, 131, 133 m.w.N.
600 *Schäfer*, in: Heidel, Aktienrecht und Kapitalmarktrecht, § 31 WpHG Rn. 122; *Möllers*, in: KK-WpHG, § 31 Rn. 399 ff.
601 *Buck-Heeb*, KSzW 2015, 131, 133 m.w.N.
602 *Schäfer*, in: Heidel, Aktienrecht und Kapitalmarktrecht, § 31 WpHG Rn. 124.
603 *Koller*, in: Assmann/Schneider, WpHG, § 31 Rn. 193; *Buck-Heeb*, KSzW 2015, 131, 134.
604 *Buck-Heeb*, KSzW 2015, 131, 136 m.w.N.
605 *Buck-Heeb*, KSzW 2015, 131, 133; vgl. zum vermeintlich geringen Vertrieb im Wege des reinen Ausführungsgeschäftes aufgrund häufig komplexer Finanzprodukte *Tonner/Krüger*, Bankrecht, § 26 Rn. 32.

keine Beratungspflicht vorschreibt.[606] Das Institut ist gem. § 31 V 3 WpHG jedoch verpflichtet, seinen Kunden darauf hinzuweisen, wenn sie das von ihm gewünschte Finanzinstrument für nicht angemessen hält oder nicht alle für die Angemessenheitsprüfung erforderlichen Informationen zur Verfügung stehen (§ 31 V 4 WpHG), wobei die Informationen nach § 31 V 5 WpHG standardisiert erfolgen können.

Es lässt sich daher zusammenfassen, dass sowohl beim reinen Ausführungsgeschäft als auch den sonstigen beratungsfreien Geschäften zwar eingeschränkte Pflichten bestehen, diese aber nicht an diejenigen der Anlageberatung heranreichen, sodass das Kundenschutzniveau insgesamt niedriger ist.

*cc) Stellungnahme*

Die deutlich verringerten Pflichten bei beratungsfreien Geschäften sind gerechtfertigt, da sich das zu erbringende Dienstleistungsangebot zur Anlageberatung deutlich unterscheidet und einhergehende Kostenvorteile nur aufgrund eines eingeschränkten Dienstleistungs- und Pflichtenregimes entstehen können. Grundsätzlich hat das beratungsfreie Geschäft, vor allem mit Blick auf die schnelle und kostengünstige Abwicklung, für ein bestimmtes Kundenklientel auch besondere Vorteile und besitzt daher eine Daseinsberechtigung neben der klassischen Anlageberatung.

Problematisch wäre allerdings eine Fortentwicklung des bereits erkennbaren Trends hin zu einer Verdrängung der Anlageberatung durch das beratungsfreie Geschäft. Die überwiegende Mehrheit der Kunden ist nämlich – beispielsweise bei Aktiengeschäften – auf eine umfassende Beratung und auf individuelle Empfehlungen angewiesen und bildet daher keinen Teil des für das beratungsfreie Geschäft bestimmten Adressatenkreises. Solche Kunden wären vielmehr mit der rechtlich durchaus legitimen größeren Eigenverantwortung[607] des beratungsfreien Geschäftes überfordert. Aus Kundensicht wünschenswert wäre daher, wenn das gesetzgeberisch gewollte Nebeneinander zwischen beiden Geschäftsarten auch in der Praxis fortexistieren würde. Hierzu ist erforderlich, dass auch zukünftig das beratungsfreie Geschäft tatsächlich nur auf einen entsprechenden Kundenwunsch hin erfolgt und nicht einigen Kunden durch eine bloße Entscheidungsalternative

---

606 *Ekkenga*, in: MK-HGB, Band VI, Effektengeschäft, Rn. 293; *Schäfer*, in: Heidel, Aktienrecht und Kapitalmarktrecht, § 31 WpHG Rn. 113 f. („Angemessenheitsprüfung als Teilmenge der Geeignetheitsprüfung"); *Spindler*, in: Langenbucher/Bliesener/Spindler, Bankrechts-Kommentar, 33. Kapitel Rn. 132.
607 Eine erhöhte „Selbstverantwortung im beratungsfreien Geschäft" betonend AG München, Urteil vom 05.03.2010 - 111 C 24503/09 (BeckRS 2010, 27000).

zwischen beratungsfreiem Geschäft oder Ablehnung (mittelbar) aufgezwungen wird.

### b) Durch partiellen Produktberatungsverzicht

Statt der Vermeidung einer Anlageberatung insgesamt gehen andere Institute dazu über, zumindest auf die Beratung bestimmter Anlageprodukte zu verzichten. Besonders häufig kommt es laut einer Umfrage des Deutschen Aktieninstitutes (DAI) dabei zu einem Aktienberatungsverzicht.[608] Nach der Umfrage bieten 22 % aller befragten Anlageberatungsinstitute, insbesondere kleinere Banken, überhaupt keine Aktienberatung mehr an, während sich bei weiteren 65 % der Umfrageteilnehmer zumindest die Zahl der Beratungsgespräche zu Aktien verringert habe.[609] Auch in der Wertpapierberatung insgesamt, wozu beispielsweise auch Anleihen, Zertifikate und die für die Institute im Vergleich zu Einzeltiteln lukrativeren Investmentfonds zählen, sei das Beratungsangebot rückläufig, wenn auch etwas weniger drastisch als in der reinen Aktienberatung.[610]

Auffällig ist, dass als Hauptgrund für den Beratungsverzicht von den befragten Instituten das anzufertigende Beratungsprotokoll genannt wird, während etwa die (gesetzlichen) Qualitätsanforderungen an die Berater sowie Vertriebs- und Compliancebeauftragten weniger bedeutsam sind.[611] In der Literatur wird als ein weiterer Grund für den erkennbaren Rückzug aus der Aktienberatung aber vereinzelt auch die gesetzliche Pflicht der Zurverfügungstellung von Produktinformationsblättern ausgemacht. Diese führe dazu, dass in der Praxis der

---

608 Umfrage des *Deutschen Aktieninstituts (DAI)*, Regulierung drängt Banken aus der Aktienberatung, 2014, abrufbar unter: www.dai.de/files/dai_usercontent/dokumente/studien/2014-7-10%20DAI-Studie%20Regulierung%20der%20Aktienberatung.pdf (zuletzt abgerufen am 25.08.2015).

609 Umfrage des *Deutschen Aktieninstituts (DAI)*, Regulierung drängt Banken aus der Aktienberatung, 2014, S. 9; abrufbar unter: www.dai.de/files/dai_usercontent/dokumente/studien/2014-7-10%20DAI-Studie%20Regulierung%20der%20Aktienberatung.pdf (zuletzt abgerufen am 25.08.2015).

610 Umfrage des *Deutschen Aktieninstituts (DAI)*, Regulierung drängt Banken aus der Aktienberatung, 2014, S. 9; abrufbar unter: www.dai.de/files/dai_usercontent/dokumente/studien/2014-7-10%20DAI-Studie%20Regulierung%20der%20Aktienberatung.pdf (zuletzt abgerufen am 25.08.2015).

611 Umfrage des *Deutschen Aktieninstituts (DAI)*, Regulierung drängt Banken aus der Aktienberatung, 2014, S. 16; abrufbar unter: www.dai.de/files/dai_usercontent/dokumente/studien/2014-7-10%20DAI-Studie%20Regulierung%20der%20Aktienberatung.pdf (zuletzt abgerufen am 25.08.2015).

Wertpapierhandel erschwert werde, weil keine Bank für alle angebotenen Aktien ein eigenes Produktinformationsblatt zur Verfügung stellen könne und der Gesamtaufwand folglich derart hoch sei, dass der Aktienhandel für Institute mit Privatkunden meist zu unrentabel werde und sich die Bereitschaft hierzu insgesamt verringere.[612] Diese vorgebrachten Einwände sind allerdings wenig überzeugend. Zum einen müssen nämlich die Produktinformationsblätter nicht zwingend von den Instituten selbst erstellt werden, sondern können auch von Dritten (z.b. dem Emittenten) übernommen werden,[613] sofern sie zumindest einer eigenen Plausibilitätskontrolle unterzogen werden.[614] Darüber hinaus werden gerade für Verbraucher in der Regel primär etablierte Qualitätsaktien (Blue-Chips) oder jedenfalls solche aus bekannten Indizes in Betracht kommen, für welche die eigenständige Erstellung eines Informationsblattes zumutbar und üblich ist, insbesondere vor dem Hintergrund, dass es sich um ein „Massengeschäft" handelt und eine Verwendung des erstellten PIB auch in allen Filialen/Zweigstellen möglich ist. Bei genauerer Analyse wird man daher wohl in der Wertpapierberatung vor allem die aufwendigere Dokumentation (Protokollierung) als maßgeblichen Grund für den partiellen Beratungsverzicht ansehen können. Die Tatsache, dass für Verbraucher gerade ein solcher Rückzug aus der Aktienberatung ein Problem darstellt, erschließt sich angesichts der Vielzahl von alternativ verfügbaren Finanzprodukten zwar nicht auf den ersten Blick. Allerdings darf nicht verkannt werden, dass gerade bei Aktienanlagen die Mehrzahl der Kunden besonders beratungsbedürftig ist, weil solche im Vergleich zu den übrigen typischen (Einlage-)instrumenten (Sparkonten, Tagesgeld etc.) weitaus weniger verbreitet sind und daher selbst die grundlegende Funktionsweise häufig nicht bekannt sein wird. Darüber hinaus kann unter dem Aspekt einer sinnvoll diversifizierten und selbst im Niedrigzinsumfeld ertragsbringenden Geldanlage mit Blick auf die in Deutschland trotz positiver Börsenentwicklung sehr niedrige Aktienquote von lediglich knapp 13 % (im Jahr 2014) nicht geleugnet werden, dass ein gewisser Bedarf an Aktienberatung besteht.[615]

---

612 *Möllers*, in: KK-WpHG, § 31 Rn. 311 und 318.
613 *Schlee/Maywald*, BKR 2012, 320, 321.
614 Siehe *Bracht*, in: Schwintowski, Bankrecht, § 18 Rn. 28; *Müchler*, WM 2012, 974, 982.
615 Siehe zur Aktienquote: FAZ online vom 12.02.2015 („Deutsche verschmähen Aktien"), abrufbar unter: www.faz.net/aktuell/finanzen/aktien/deutsche-verschmaehen-trotz-boersenbooms-aktien-13424897.html (zuletzt abgerufen am 23.07.2015).

*c) Durch Kundenselektion*

Neben einer nur eingeschränkten Beratung nach Produktklassen ist künftig immer stärker auch eine Beratung in Abhängigkeit zu einer vorherigen Kundenselektion zu erwarten. Gerade bei nur geringen Anlagevolumina und zusätzlich geringen Kenntnissen des Kunden werden sich der erforderliche hohe Beratungsaufwand sowie die nicht völlig ausschließbaren Haftungsgefahren im Vergleich zum möglichen Ertrag für die Institute nämlich nicht lohnen und zu einem Beratungsverzicht hinsichtlich dieses Kundenklientels führen.[616] Aus Sicht der betroffenen Kunden, die angesichts eines nur geringen Anlagevolumens und/oder ihrer geringen eigenen Kenntnisse besonders auf eine gute Beratung und lukrative Anlagen angewiesen sind, ist eine solche Entwicklung besonders problematisch. Dass auch die sonst aus Sicht der Finanzwirtschaft üblicherweise intendierte Neukundenakquise im Geschäftsbereich der Anlageberatung nicht zwingend erstrebenswert ist, zeigen zudem Hinweise auf die deutlich längeren Neukundenberatungsgespräche.[617] Vor diesem Hintergrund könnte es zukünftig vermehrt auch zu einer Entscheidung von Beratung und Nichtberatung anhand einer Klassifikation in Bestands- und Neukunden kommen, wenn jedenfalls die Neukunden für die Institute nicht aus anderen Gründen (hohes Anlagevolumen, absehbare Folgeabschlüsse, Kreditverträge) attraktiv sein sollten. Nach alledem ist trotz der Tatsache, dass sich das Beratungsangebot für einzelne Kunden bereits deutlich eingeschränkt hat, in Zukunft damit zu rechnen, dass sich die Lage für diese Kunden eher noch weiter verschärfen wird.

---

616 Siehe zum Problem der Kundenselektion infolge der gestiegenen Beratungspflichten *Seibel*, in: Die Welt online vom 27.09.2012 („Revolution der Anlageberatung"), wonach zukünftig vor allem der „Normalkunde" vom Beratungsverzicht betroffen sei, abrufbar unter: www.welt.de/print/die_welt/finanzen/article109490695/Revolution-der-Anlageberatung.html?config=print (zuletzt abgerufen am 23.07.2015).

617 Siehe zum Hinweis von *Andreas Grünewald* (Chef des Verbandes unabhängiger Vermögensberater) auf die deutlich längere Beratungsdauer bei Neukunden: *Boehringer*, in: SZ vom 05.06.2014, S. 23; sowie allgemein zum zeitlichen Mehraufwand bei der Anfertigung des Beratungsprotokolls bei Neukunden: Umfrage des *Deutsches Aktieninstitut (DAI)*, Regulierung drängt Banken aus der Aktienberatung, 2014, S. 9, 18; abrufbar unter: www.dai.de/files/dai_usercontent/dokumente/studien/2014-7-10%20 DAI-Studie%20Regulierung%20der%20Aktienberatung.pdf (zuletzt abgerufen am 25.08.2015).

*d) Durch Zentralisierung der Anlageberatung*

Eine weitere aus Kundensicht spürbare Folge ist eine zunehmende Zentralisierung der Anlageberatung durch die Institute. Trotz eines womöglich sehr breiten Filialnetzes wird das Beratungsangebot für die Kunden insoweit eingeschränkt, als eine Beratung nur noch in einzelnen Filialen angeboten wird. Auf diese Weise können Kunden etwa vor der Wahl stehen, eine Beratung in einer der Hauptfilialen in Anspruch zu nehmen oder aber ein beratungsfreies Geschäft abzuschließen.[618] In besonderem Maße von einer derartigen Entwicklung betroffen sind vor allem ältere bzw. immobile Menschen,[619] die darüber hinaus häufig noch eine langjährige Beziehung zu Zweigstellenberatern aufgebaut haben. Vor dem Hintergrund der zusätzlichen durch den Kostendruck notwendigen Filialnetzverschlankungen werden zukünftig die Entfernungen zwischen Kunde und Beratungsfiliale mitunter erheblich sein.[620]

*e) Analyse des Kundeninteresses: Wunsch nach Beratung oder verstärkter Eigeninitiative*

Im Hinblick auf eine Untersuchung der Folgen eines Beratungsverzichtes aus der Sicht der Kunden ist vor allem die Frage relevant, ob jene überhaupt vermehrt eine Beratung wünschen oder einer mit dem Beratungsverzicht einhergehenden verstärkten Eigeninitiative offen gegenüber stehen. Hierbei ist zu beachten, dass gerade jüngere Menschen für sämtliche Alltagsfragen mittlerweile das Internet als primäre Informationsquelle nutzen und häufig „klassische" Vertriebswege meiden. Diese Entwicklung scheint auch vor der Anlageberatung nicht gänzlich haltzumachen. So ergab zumindest eine Umfrage der FOM Hochschule (Deutsches Institut für Portfolio-Strategien) unter 651 jüngeren Anlegern, dass 60 % ihre Anlageentscheidung ohne Beratung treffen (Vorjahreswert 49 %), lediglich 22 % der Befragten zuvor eine Beratung in ihrer Hausbank (Vorjahreswert 29 %)

---

618 *Buck-Heeb*, WM 2014, 385, 389 unter Verweis auf einen entsprechenden Hinweis des Sparkassenverbandes in der Kolumne von *Mohr*, in: FAZ vom 31.08.2013, S. 11.
619 Siehe hierzu auch die „Seniorenstudie 2014" der *GfK Marktforschung* im Auftrag des *Bundesverbandes deutscher Banken*, S. 26, in der 91 % der Senioren (über 60-Jährige) angaben, dass für sie eine gute Erreichbarkeit der Bankfilialen „wichtig" bzw. „sehr wichtig" sei. Studienergebnisse abrufbar unter: https://bankenverband.de/media/files/Seniorenstudie_.pdf (zuletzt abgerufen am 14.08.2015).
620 Siehe zur Notwendigkeit von Kosteneinsparungen durch Filialschließungen auch § 6 II. 3.

und nur 9 % einen unabhängigen Finanzberater in Anspruch nahmen.[621] Etwas relativiert werden diese Erkenntnisse durch eine repräsentative Umfrage des Deutschen Sparkassen und Giroverbandes (DSGV), wonach quer durch alle Altersgruppen jedenfalls für den Vertragsabschluss von Finanzprodukten die Filiale als bevorzugter Weg genannt worden ist und 78 % der Befragten angaben, auch weiterhin persönlich beraten werden zu wollen.[622] In einer weiteren repräsentativen Umfrage des Marktforschungsunternehmens Yougoy im Auftrag der Unternehmensberatung Evers & Jung gaben immerhin zwei Drittel der Menschen unter 25 Jahren an, eine Online-Beratung (!) als attraktive Alternative zur persönlichen Beratung anzusehen.[623]

Die genannten Ergebnisse legen insoweit nahe, dass jüngere Menschen keinen besonderen Wert auf eine persönliche Beratung legen, diese aber auch nicht durch eine vollständige Selbstinformation ersetzen möchten, sondern vielmehr eine digitalisierte Beratung attraktiv finden. Vor diesem Hintergrund wären beratungsfreie Online-Geschäfte (reine Ausführungsgeschäfte) auch für jüngere Menschen problematisch, da eine umfassende und stark individualisierte Beratung hierbei gerade nicht erfolgt. Deutlich stärker auf eine persönliche Beratung werden wohl auch in Zukunft vor allem ältere und vermögendere Kunden setzen. Bei älteren Anlegern ist wohl teilweise auch mit einem leichten Trend zu einer (Vorab-)Onlineinformation zu rechnen, jedoch wird hierdurch der Wunsch nach einem persönlichen Beratergespräch nicht gänzlich verdrängt werden.[624] Dass darüber hinaus gerade Senioren, die zwar bisweilen über ein beachtliches anzulegendes Geldvermögen verfügen, allerdings nicht selten überhaupt keine Internetanschlüsse besitzen, im besonderem Maße auf eine persönliche Anlageberatung in ortsnahen Filialen angewiesen bleiben, liegt auf der Hand. Davon

---

621 Empirische Analyse der FOM Hochschule, 2014 (3. Auflage), S. 20 und 22, Studie abrufbar unter: www.fom-dips.de/fileadmin/dips/20140922_dips_Finanzberatungsstudie_2014.pdf (zuletzt abgerufen am 01.04.2015); hierzu auch: FAZ vom 23.09.2014, S. 25.
622 Siehe zur Umfrage des DSGV: Die Sparkassen-Zeitung vom 02.10.2014, S. 1.
623 Siehe zur Studie *Rezmer*, in: Handelsblatt vom 19./20./21.12.2014, S. 38.
624 So geben beispielsweise in der „Seniorenstudie 2014" der *GfK Marktforschung* im Auftrag des *Bundesverbandes deutscher Banken* knapp 60 % der über 60-Jährigen an, sich bei der Geldanlage von ihrer Bank oder Sparkasse beraten zu lassen (S. 23 der Studienergebnisse) und 87 %, dass ihnen eine persönliche Beratung bei einer Bank wichtig sei (S. 26 der Studienergebnisse). Übliche Bankgeschäfte online erledigen hingegen nur 38 % von ihnen (S. 26 der Studienergebnisse). Studienergebnisse abrufbar unter: https://bankenverband.de/media/files/Seniorenstudie_.pdf (zuletzt abgerufen am 14.08.2015).

abgesehen besitzt auch für sehr vermögende Kunden das persönliche Beratergespräch weiterhin eine herausragende Bedeutung.[625] Eine Studie von Roland Berger und Visa ergab zudem, dass rund zwei Drittel der Kunden eine persönliche Beratung bei komplexeren Finanzprodukten wünschen.[626] Insgesamt werden daher der momentan noch ungebrochene Wunsch und der vorhandene Bedarf an einer persönlichen Anlageberatung erkennbar, sodass (derzeit) jegliche Einschränkungen in diesem Bereich als problematisch anzusehen sind.

## 2. Beratung zwischen sinnvoller Information und „information overload"

Sowohl die Anfertigung des Beratungsprotokolls als auch die Zurverfügungstellung des Produktinformationsblattes verfolgen, wenn auch auf unterschiedliche Weise,[627] das Ziel eines verstärkten Kundenschutzes durch Information. Vor allem diese beiden Maßnahmen führen zugleich aber auch dazu, dass die Zahl der dem Kunden im Rahmen eines Anlageberatungsgespräches auszuhändigenden, schriftlichen Informationen seit Einführung beider gesetzlichen Pflichten stark angestiegen ist. Angesichts dessen ist fraglich, ob der Umfang der Informationsgabe noch angemessen und zur Erreichung eines sinnvollen und notwendigen Kundenschutzes geeignet ist oder aber bereits einen Umfang erreicht hat, bei dem viele Informationen vom Kunden nicht mehr wahrgenommen werden und damit die Entscheidungsfindung zusätzlich erschweren. Sofern Letzteres der Fall wäre, läge eine Informationsüberflutung des Kunden vor („information overload"). Der Begriff des „information overload" beschreibt allgemein eine aus der Verhaltenswissenschaft gewonnene Erkenntnis, dass bei einer Überfülle an Informationen Menschen von deren Kenntnisnahme gänzlich absehen.[628] Im Folgenden soll analysiert werden, wie hoch die Gefahr einer solchen Informationsüberflutung

---

625 Siehe zu Vorstehendem die beiden Aussagen des Targobank-Vorstandes sowie dem Geschäftsführer der Vermögensverwaltung beim Bankhaus Metzler in *Rezmer*, in: Handelsblatt vom 19./20./21.12.2014, S. 39.
626 Siehe zur Studie von *Roland Berger* und *Visa* in: FAZ vom 27.02.2015, S. 25.
627 Das Beratungsprotokoll sollte u.a. die Transparenz in der Beratung erhöhen und zudem als mögliches Beweismittel in einem potenziellen Anlegerschutzprozess fungieren: vgl. BT-Drs. 16/12814, S. 27; das Produktinformationsblatt hingegen sollte dem Kunden einen kurzen prägnanten Überblick über das Finanzinstrument geben und die Vergleichbarkeit zwischen anderen Produkten erleichtern: vgl. BT-Drs. 17/3628, S. 21; siehe ausführlich zu den Intentionen und den rechtlichen Umsetzungen beider Regulierungsmaßnahmen unter § 5.
628 *Mülbert*, ZHR 177 (2013), 160, 187; *Möllers/Kernchen*, ZGR 2011, 1, 9 f.

im Rahmen der Anlageberatung ist. Dabei soll der Begriff des „information overload" jedoch etwas weiter ausgelegt werden, indem nicht nur eine völlige Nichtkenntnisnahme, sondern auch die Nützlichkeit des „Mehr an Information" für den Verbraucher analysiert wird.

### a) Bei klassischer Verbraucheranlageberatung

Maßgeblich für die Beurteilung, ob angesichts der regulatorischen (Informations-)Pflichten ein Informationsüberfluss droht, ist vor allem die Einschätzung der Anleger selbst. Für die Annahme, dass sowohl das Beratungsprotokoll als auch das Produktinformationsblatt noch einen kundenschützenden und hilfreichen Zweck in der Anlageberatung erfüllen, spricht eine Studie des Private Finance Institutes der European Business School (EBS) unter Einbeziehung von über 1.000 Verbrauchern. Aus dieser geht hervor, dass eine Mehrheit der Verbraucher das Beratungsprotokoll als nützlich oder sogar sehr nützlich empfanden, während hingegen, völlig unabhängig vom Umfang eigener Finanzkenntnisse, nur 11 % das Beratungsprotokoll als weniger oder gar nicht nützlich einstuften. Bei der Beurteilung des Produktinformationsblattes lag der Anteil der Verbraucher, welche dieses als wenig oder gar nicht nützlich einstuften, mit 9 % sogar noch etwas niedriger.[629] Das subjektive Gefühl der Nützlichkeit lässt zumindest darauf schließen, dass dieser Teil der Befragten das Protokoll und Produktinformationsblatt auch tatsächlich zur Kenntnis genommen und damit (potenziell) in die Entscheidungsfindung einbezogen hat. In einer weiteren Umfrage der Beratungsfirma Kampmann, Berg & Partner unter 1.025 Kunden gaben lediglich 12 % an, das Protokoll als „unnötigen bürokratischen Aufwand" zu sehen, wobei sich allerdings auch nur 29 % der Anleger durch das Beratungsprotokoll sowie durch die Produktinformationsblätter besser vor Fehlinvestitionen geschützt sahen.[630] Das zuletzt genannte Ergebnis lässt zwar keinen unmittelbaren Rückschluss auf das Vorliegen eines „information overload" im engeren Sinne zu, zeigt aber, dass von einer beachtlichen Zahl der Befragten (fast ein Drittel) die erhaltenen Informationen als wenig hilfreich und damit letztlich wohl überflüssig angesehen wurden. Dieser Eindruck wird weiter durch eine repräsentative Umfrage der auf Finanzdienstleister spezialisierten Unternehmensberatung Cofinpro aus dem Jahr 2014 verstärkt, wonach rund 60 % der Befragten das Beratungsprotokoll für kein geeignetes Instrument zur Verbesserung der Beratung halten. Insgesamt

---

629 Siehe zu den vorgenannten Ergebnissen der EBS-Studie in: Börsen-Zeitung vom 06.02.2015, S. 3.
630 Siehe zu den Umfrageergebnissen in: Handelsblatt vom 09.03.2015, S. 34.

nimmt ein beachtlicher Teil von 36 % der Umfrageteilnehmer das Beratungsprotokoll überhaupt nicht zur Kenntnis, wobei bei den 18- bis 34-Jährigen mehr als die Hälfte der Befragten angab das Protokoll überhaupt nicht zu lesen, während dieser Wert bei den über 55-Jährigen bei rund 25 % lag.[631] Obwohl es sich bei dem Umfrageersteller um ein Finanzdienstleistungsunternehmen nahestehendes Beratungsunternehmen handelt, kann angesichts der breiten Stichprobe von immerhin 1.000 befragten Bundesbürgern vom tatsächlichen Vorliegen der behaupteten Bevölkerungsrepräsentanz ausgegangen werden. Eine weitere Studie der FOM Hochschule (Deutsches Institut für Portfolio-Strategien) aus dem Jahr 2014 unter 651 gut ausgebildeten jungen Verbrauchern (Höchstalter 35) ergab, dass 70 % der Befragten das Produktinformationsblatt mindestens als ausreichenden Schutz in der Anlageberatung und damit insgesamt als Mehrwert ansehen, während sich hingegen durch das Beratungsprotokoll knapp ein Drittel der Befragten nur mangelhaft oder ungenügend geschützt sah.[632]

Insgesamt lässt sich nach einer Gesamtbewertung aller dargestellten und sich sowohl in den Fragestellungen als auch in den Ergebnissen teilweise divergierenden Studien festhalten, dass die Produktinformationsblätter zwar nicht durchweg, aber von der wohl überwiegenden Anzahl der Kunden als sinnvolles und bei der Entscheidungsfindung hilfreiches Informationsinstrument angesehen werden. Auch bei einer rein objektiven Betrachtung ist die Gefahr einer Informationsüberflutung angesichts des gesetzlich begrenzten Seitenumfangs sowie der Pflicht zur übersichtlichen und verständlichen Darstellung des Produktinformationsblattes als gering einzustufen. Darüber hinaus ergab eine erste Untersuchung, dass die von Anlegern wahrgenommenen Risikoeinschätzungen aus Kurzinformationsblättern langfristig anhalten und im Gegensatz zu anderen Branchen keine gegenteiligen Effekte zu beobachten sind, beispielsweise in Form einer langfristigen Attraktivitätssteigerung von risikoreicheren Produkten.[633]

Deutlich komplexer gestaltet sich hingegen die Gesamtbeurteilung der häufig umfangreichen Beratungsprotokolle, die zudem oftmals noch neben weitere sehr seitenstarke, den Kunden auszuhändigende Informationsmaterialien (z.B.

---

631 Siehe zu Vorstehendem die entsprechenden Ergebnisse der *Cofinpro* Umfrage aus dem Jahre 2014, abrufbar unter: www.cofinpro.de/news/5-jahre-banken-beratungsprotokoll-60prozent-sehen-keine-qualitaetsverbesserungen/ (zuletzt abgerufen am 23.07.2015).

632 Siehe hierzu die empirische Studie der FOM Hochschule, 2014 (3. Auflage), S. 20 und 22, Studie abrufbar unter: www.fom-dips.de/fileadmin/dips/20140922_dips_Finanzberatungsstudie_2014.pdf (zuletzt abgerufen am 01.04.2015).

633 Siehe zu den Studienergebnissen *Oehler*, ZBB 2015, 208, 211 f.

Produkt-AGB, Wertpapierprospekt etc.) treten. Zwar fällt vor allem bei der EBS-Studie in Bezug auf die Beratungsprotokolle zunächst der relativ hohe Anteil der Personen auf, welche die Protokolle als „sehr bzw. eher nützlich" einstufen und der verhältnismäßig geringe Teil, welcher die Protokolle als „weniger oder gar nicht nützlich" ansieht. Auf der anderen Seite muss allerdings auch beachtet werden, dass in der Studie ein sehr beachtlicher Anteil der Befragten die Nützlichkeit der Protokolle mit „neutral" oder „weiss nicht" bewertete und dieser gerade bei den wenig informierten Anlegern sogar bei über 50 % lag.[634] Vor diesem Hintergrund und unter Einbeziehung der anderen Umfrageergebnisse, laut derer das Beratungsprotokoll vielfach negativ bewertet und von einem sehr großen Anteil vor allem jüngerer Kunden nicht einmal gelesen wird, lässt sich festhalten, dass jedenfalls für diese nicht unerhebliche Kundengruppe die Entscheidungsfindung durch das Beratungsprotokoll gar nicht (v.a. bei Nichtlektüre) oder jedenfalls nicht signifikant verbessert wird. Folglich wird bei diesen Kunden durch das „Mehr an bereitgestellten Informationen" kein entsprechender Mehrwert erzielt, sodass für sie Beratungsprotokolle als überflüssig anzusehen sind. Zwar muss in diesem Zusammenhang wiederum auch das gesetzgeberische Ziel der Protokollierung beachtet werden, welches nicht ausschließlich auf eine direkte Transparenzsteigerung durch Informationsgabe im nahen zeitlich Bereich des Anlageberatungsgesprächs beschränkt ist, sondern zusätzlich auch noch eine intendierte gerichtliche Beweismittelfunktion umfasst. Gerade für Letztere muss eine Protokolllektüre sowie die Erkenntnis der Sinnhaftigkeit des Protokolls durch den Kunden nämlich nicht zwingend im unmittelbaren Anschluss an das Beratungsgespräch erfolgen, sondern kann (theoretisch) auch noch Jahre später als Entscheidungshilfe im Hinblick auf die Führung eines Prozesses fungieren. Dennoch bestehen, ganz abgesehen von den jedenfalls aus Anlegersicht noch nicht feststellbaren positiven haftungsrechtlichen Effekten des Beratungsprotokolls, auch angesichts der vor allem durch die Nichtlektüre zum Ausdruck kommenden geringen Wertschätzung durch einige Kunden erhebliche Zweifel, ob selbst der Beweismittelzweck des Protokolls bei diesen Kunden später nochmal zum Tragen kommen wird.

Insgesamt bleibt somit der Eindruck, dass von einem Großteil der Verbraucher die Beratungsprotokolle sowie die möglicherweise ebenfalls ausgehändigten seitenstarken Wertpapierprospekte als unnötige und die Anlageentscheidung teilweise sogar erschwerende Informationsquellen angesehen werden. Damit tragen

---

634 Siehe hierzu die Ergebnisübersicht der EBS-Studie in: Börsen-Zeitung vom 06.02.2015, S. 3.

sie nicht zu einer sinnvollen Informationssteigerung bei, sondern führen vielmehr bei diesem Klientel zu einem „information overload". Das Problem einer (partiellen) Informationsüberflutung des Kunden durch zu viele und daher nicht mehr filterbare Informationen wird auch im juristischen Schrifttum gesehen, wobei völlig zu Recht darauf hingewiesen wird, dass hinsichtlich solcher Informationsweitergaben, die zivil- oder aufsichtsrechtlich verpflichtend sind (z.B. das o.g. Beratungsprotokoll), den Beratungsinstituten keine Vorwürfe in Bezug auf den festgestellten Befund zu machen sind.[635]

Auch einzelne Gerichte haben bereits auf mögliche Gefahren durch Informationsüberflutungen des Anlegers hingewiesen, wobei vor allem das Risiko einer Fehlgewichtung und erschwerten Unterscheidbarkeit von relevanten und weniger relevanten Risiken aufgrund einer Überinformation betont wurde.[636]

Darüber hinaus wird ebenfalls von Seiten der Anlageberatungsinstitute sowie der Berater verstärkt auf einen „information overload" des Kunden aufmerksam gemacht, wobei zwar einerseits beachtet werden muss, dass diese Parteien selbst in gewisser Weise ein Eigeninteresse an einer Reduzierung der Informationspflichten haben und damit nicht gänzlich neutral in der Bewertung sind, dies andererseits aber die objektiv zutreffende Beschreibung eines häufig enormen Dokumentationsumfangs nicht verändert.[637] Bemerkenswert ist weiterhin, dass selbst von Seiten der BaFin in Person des neuen BaFin Präsidenten *Felix Hufeld* bereits betont wurde, dass in Bezug auf die Erstellung des Beratungsprotokolls Optimierungspotenziale bestehen.[638]

Augenscheinlich hat auch die Politik das Problem einer (teilweisen) Informationsüberflutung des Kunden sowie der Ineffektivität der Beratungsprotokolle mittlerweile erkannt. So gab es bereits in der Vergangenheit entsprechende Aussagen des derzeitigen Justiz- und Verbraucherschutzministers *Heiko Maas*, wonach die Beratungsprotokolle „ihrer Funktion gerecht werden sollten und unnötige Bürokratie niemandem nütze".[639] Auch der aktuelle Koalitionsvertrag

---

635 Siehe *Buck-Heeb*, WM 2014, 385.
636 Siehe OLG Dresden WM 2013, 363, 366, bzgl. des Umfangs von Risikoaufklärungspflichten.
637 Vgl. zu den Hinweisen von Seiten der Beratungsinstitute etwa *Boehringer*, in: SZ vom 05.06.2014, S. 23, mit Zitat von *Georg Fahrenschon*, dem Vorsitzenden des DSGV („*Ein Kunde fühlt sich doch nicht besser, wenn er nach einer Stunde Beratung in Paper ersäuft*"); sowie von Beraterseite *Knop*, in: FAZ vom 20.08.2013, S. 15 („*Teilweiser Umfang des Informationsmaterials von bis zu 50 Seiten*").
638 Vgl. entsprechende Aussagen in: Börsen-Zeitung vom 05.03.2015, S. 1.
639 Siehe hierzu *Siedenbiedel*, in: FAS vom 12.10.2014, S. 35.

sieht eine ausdrückliche Vereinbarung vor, wonach die Beratungsprotokolle im Hinblick auf die praktikable Handhabung überprüft und mit Verbesserungen für Anleger weiterentwickelt werden sollen.[640] Eine erste praktische Umsetzung dieser politischen Ankündigungen könnte in Kürze erfolgen. So geht aus einem im Oktober 2015 bekanntgewordenen Referentenentwurf des Bundesfinanzministeriums zu einem Finanzmarktnovellierungsgesetz der Plan hervor, die derzeitigen Beratungsprotokolle durch eine europaweit eingeführte Geeignetheitserklärung abzulösen.[641]

Es ist jedoch zweifelhaft, ob durch eine solche Reform (ab 2017) das Problem der teilweisen Informationsüberflutung gelöst werden kann. Aus der europäischen Finanzmarktrichtlinie (MiFID II) ergeben sich nämlich umfassende inhaltliche Anforderungen an die Erstellung der Geeignetheitserklärung, die sich in weiten Teilen mit den aktuellen für das Beratungsprotokoll geltenden überschneiden oder lediglich einen etwas anderen Schwerpunkt setzen. So wird in der MiFID II gefordert, dass auch in der Geeignetheitserklärung die „erbrachte Beratung" dokumentiert werden muss.[642] Die zu erwartenden inhaltlichen und praktischen Veränderungen werden daher wohl nur marginal sein und der Dokumentationsumfang im Wesentlichen identisch bleiben oder sogar weiter ansteigen.

### b) Bei Beratung älterer Anleger

Nicht zuletzt aufgrund des demografischen Wandels machen ältere Verbraucher einen erheblichen Kundenanteil in der Anlageberatung aus. Dabei erscheint die Schutzbedürftigkeit gerade dieser Kundengruppe besonders hoch. So belegen empirische Studien, dass sowohl das Finanzwissen als auch die Fähigkeit, das Wissen bei entsprechenden Investitionsentscheidungen anzuwenden, mit dem

---

640 Siehe „Deutschlands Zukunft gestalten" – Koalitionsvertrag zwischen CDU, CSU und SPD, S. 46 und 88, abrufbar unter: www.cdu.de/sites/default/files/media/dokumente/koalitionsvertrag.pdf (zuletzt abgerufen am 07.10.2015).
641 Siehe Referentenentwurf des Bundesfinanzministeriums für ein Gesetz zur Novellierung von Finanzmarktvorschriften aufgrund europäischer Rechtsakte (Finanzmarktnovellierungsgesetz), S. 219, abrufbar unter: www.bundesfinanzministerium.de/Content/DE/Downloads/Gesetze/2015-10-19-novellierung-finanzmarktvorschriften-aufgrund-europaeischer-rechtsakte.pdf?__blob=publicationFile&v=2 (zuletzt abgerufen am 21.10.2015); siehe ausführlich hierzu unter § 5 IV 2.
642 Siehe zur schriftlichen Geeignetheitserklärung und den aktuellen Reformplänen unter § 5 IV. 2. b).

Alter deutlich abnimmt.⁶⁴³ Darüber hinaus sind einige der älteren Beratungskunden bisweilen auch alters- oder krankheitsbedingt in ihrer Wahrnehmung und Aufnahmefähigkeit eingeschränkt.⁶⁴⁴ Auf das insoweit bestehende erhöhte Schutzbedürfnis reflexartig mit einer noch umfangreicheren schriftlichen Informationsgabe zu reagieren, erschiene jedoch verfehlt. Angesichts der Tatsache, dass bereits die derzeitigen Schutzinstrumente (v.a. Beratungsprotokolle/ Prospekte) aufgrund ihres Umfangs sogar einen Großteil der jüngeren Kunden überfordern und deshalb von ihnen als nutzlos angesehen bzw. völlig missachtet werden, ist davon auszugehen, dass dies erst recht auch für zahlreiche ältere und bisweilen weniger aufnahmefähige Anleger gilt. Folglich erscheinen vereinzelt vorgebrachte Ansätze, wie beispielsweise die Einführung umfangreicherer Produktinformationsblätter speziell für ältere Menschen, wenig überzeugend,⁶⁴⁵ da zu erwarten ist, dass durch einen erhöhten Umfang die Wahrscheinlichkeit einer Kenntnisnahme eher ab als zunehmen und somit die Gefahr eines „information overloads" nochmals gesteigert würde. Sinnvoll wären allerdings solche Umfangszuwächse von Beratungsprotokoll und Produktinformationsblatt, die ausschließlich aus der Verwendung adäquater Schriftgrößen resultieren.⁶⁴⁶ Einerseits würde die Verwendung einer größeren und altersgerechten Schrift es einigen Kunden wohl erst ermöglichen, den tatsächlichen Inhalt der Dokumente besser wahrzunehmen, und andererseits könnte sie – trotz des hierdurch etwas gesteigerten Seitenumfangs – eher zur Lektüre der Informationsmedien anregen, als es die momentan üblichen seitenstarken, klein und unübersichtlich geschriebenen Dokumentationen tun (Wertpapierprospekt, Anlageberatungsprotokoll, Produktinformationsblatt, AGB, aktuelle Ratings etc.). Zusammenfassend ist die derzeitige Gefahr einer Informationsüberflutung älterer Anleger durch die gesetzlichen Informationspflichten als hoch einzuschätzen. Anstelle der vorherrschenden streng formalistischen Beratung wäre für das ältere Kundenklientel wohl eine intensivere mündliche Beratung mit ausführlichen Erklärungen vorzugswürdiger. Zwar wird eine umfassende individuelle Beratung aufgrund

---

643 Siehe hierzu *Wedemann*, ZBB 2014, 54 f., welche auf verschiedene empirische Untersuchungen verweist.
644 *Wedemann*, ZBB 2014, 54 f.
645 Die Einführung eines umfangreicheren Produktinformationsblattes speziell für ältere Menschen befürwortend *Wedemann*, ZBB 2014, 54, 63.
646 Die Verwendung einer größeren Schrift befürwortend auch *Wedemann*, ZBB 2014, 54, 62 f.

der Pflicht zur anleger- und objektgerechten Beratung (altersgerechte Beratung) theoretisch auch derzeit geschuldet, in der Praxis wird allerdings das gerade für ältere Menschen wichtige persönliche Beratungsgespräch angesichts der zeitintensiven und dennoch häufig für die Kunden nutzlosen Dokumentationspflichten wohl häufig zu kurz kommen.

## c) Fehlende Einhaltung der Dokumentationspflichten in der Praxis

Eine weitere aus Kundensicht zu beobachtende Folge der Regulierung ist, dass sich einige Anlageberatungsinstitute angesichts des enormen Aufwands nicht an die ihnen gesetzlich auferlegten Dokumentationspflichten halten. Vor allem von der Erstellung der besonders zeitintensiven Beratungsprotokolle wird in der Praxis bisweilen gänzlich abgesehen. Dies belegt eine 2014 veröffentlichte und vom Bundesministerium für Justiz und für Verbraucherschutz in Auftrag gegebene Studie, die sich ihrerseits auf zahlreiche, zuvor von anderen Instituten durchgeführte Umfragen bezieht.[647] Demnach wurden vielfach die gesetzlich vorgeschriebenen Beratungsprotokolle überhaupt nicht oder aber fehlerhaft, beispielsweise durch Verwendung von Textbausteinen, erstellt.[648] Der Hauptgrund für diesen Befund stellt vor allem der umfangreiche Protokollierungsprozess dar, der einen hohen Personal-, Zeit- und Verwaltungsaufwand erfordert. Vergleichbare Studien in Bezug auf die tatsächliche Einhaltung aller weiteren den Instituten auferlegten regulatorischen Informationspflichten liegen soweit ersichtlich noch nicht vor. Dies vermag aber auch nicht zu überraschen, da vor allem die Pflicht zur Aushändigung der Produktinformationsblätter mit einem erheblich geringeren Gesamtaufwand für die Institute verbunden ist und daher von einer weitgehenden Beachtung dieser gesetzlichen Informationspflicht in der Praxis ausgegangen werden kann.

---

647 Studie des *ITA Instituts für Transparenz* im Auftrag des *BMJV*: „Evaluierung der Beratungsdokumentation im Geldanlage- und Versicherungsbereich", Version vom 18.02.2014, abrufbar unter: www.bmjv.de/SharedDocs/Downloads/DE/pdfs/ 20140625_Beratungsprotokolle_Studie.pdf?__blob=publicationFile (zuletzt abgerufen am 23.07.2015).
648 Studie des *ITA Instituts für Transparenz* im Auftrag des *BMJV*: „Evaluierung der Beratungsdokumentation im Geldanlage- und Versicherungsbereich", S. 85 ff., 97, Version vom 18.02.2014, abrufbar unter: www.bmjv.de/SharedDocs/Downloads/ DE/pdfs/20140625_Beratungsprotokolle_Studie.pdf?__blob=publicationFile (zuletzt abgerufen am 23.07.2015).

## 3. Abwälzung des Haftungsrisikos auf den Kunden

Wie bereits im Verlauf der vorliegenden Arbeit dargestellt wurde, hat sich durch die Einführung der Protokollierungspflicht die Haftungsgefahr für die Beratungsinstitute nicht verschärft, sondern eher verringert.[649] Aus Sicht der Institute ist hierbei durchaus bedeutsam, dass der Kunde das Anlageberatungsprotokoll unterzeichnet. Es verwundert daher nicht, dass es in der Praxis bisweilen vorkommt, dass Institute das Angebot einer Beratungsleistung von der anschließenden Unterschrift des Kunden abhängig machen.[650] Vielfach weisen die Protokollvordrucke der Institute zudem bereits entsprechende Unterschriftenfelder auf, sodass auch auf diese Weise ein gewisser Druck auf die Kunden zur Unterzeichnung ausgeübt wird.[651] Die Kunden können daher in der Praxis auf unterschiedliche Weise die Versuche der Beratungsinstitute spüren, durch geschickte Ausgestaltungen sowie der abschließenden Unterzeichnung des Beratungsprotokolls das Haftungsrisiko auf sie zu verschieben. Richtigerweise wird auf die nachteilige Wirkung einer Unterschrift durch den Kunden vor allem von Seiten der Verbraucherschützer hingewiesen,[652] da sich durch eine solche die haftungsrechtliche Situation der Anleger erheblich verschlechtern kann und die Beratungsprotokolle dann, abgesehen

---

649 Siehe hierzu § 6 I. 1.
650 Vgl. Studie des *ITA Instituts für Transparenz* im Auftrag des *BMJV*: „Evaluierung der Beratungsdokumentation im Geldanlage- und Versicherungsbereich", S. 85 mit Verweis auf eine BaFin-Studie aus dem Jahre 2010, wonach 1/4 der Institute Wertpapiergeschäfte im Falle einer fehlenden Kundenunterschrift ablehnte, Version vom 18.02.2014, abrufbar unter: www.bmjv.de/SharedDocs/Downloads/DE/pdfs/20140625_Beratungsprotokolle_Studie.pdf?__blob=publicationFile (zuletzt abgerufen am 23.07.2015).
651 Vgl. Studie des *ITA Instituts für Transparenz* im Auftrag des *BMJV*: „Evaluierung der Beratungsdokumentation im Geldanlage- und Versicherungsbereich", S. 83, 89 mit Verweisen auf Studien des *Verbraucherzentrale Bundesverbandes (vzbv)* und des *Instituts für Finanzdienstleistungen (iff)* aus den Jahren 2010 und 2012, wonach 40 % der Beratungsdokumentationen eine Unterschrift des Kunden vorsehen, Version vom 18.02.2014, abrufbar unter: www.bmjv.de/SharedDocs/Downloads/DE/pdfs/20140625_Beratungsprotokolle_Studie.pdf?__blob=publicationFile (zuletzt abgerufen am 23.07.2015).
652 Siehe Aussagen von *Dorothea Mohn* vom Verbraucherzentrale Bundesverband in: FAZ vom 25.06.2014, S. 36 (*„Im Zweifel schadet das Beratungsprotokoll den [sic] Verbraucher"*; *„Wenn eine Unterschrift des Kunden vorgesehen ist, soll der Kunde meistens in eine ungünstige Position gebracht werden"*); Studie des *ITA Instituts für Transparenz* im Auftrag des *BMJV*: „Evaluierung der Beratungsdokumentation im Geldanlage- und Versicherungsbereich", S. 66, 98, Version vom 18.02.2014, abrufbar unter:

von einer ohnehin häufig nicht vorhandenen Sinnhaftigkeit, eine zusätzliche negative Komponente besitzen. Es ist zu erwarten, dass die Grundproblematik von geschickt ausgestalteten und unterschriebenen Dokumentation zum Nachteil der Kunden auch im Falle der Umsetzung eines aktuellen Plans der Bundesregierung bestehen bleibt, welcher lediglich eine Ablösung der Beratungsprotokolle durch vergleichbare Geeignetheitserklärungen i.S.d. MiFID II vorsieht.[653] Letztere müssen nämlich – ebenso wie die derzeitigen nationalen Beratungsprotokolle – die „erbrachte Beratung" dokumentieren. Es verwundert daher nicht, dass unmittelbar nach Bekanntwerden dieser Reformüberlegungen schon von Seiten der Verbraucherschützer klare Regeln für die Erstellung der geplanten Geeignetheitserklärungen gefordert wurden.[654]

## 4. Geringere Produktauswahl

Infolge der Regulierungsmaßnahmen wurde die Produktauswahl in der klassischen Verbraucheranlageberatung teilweise deutlich verringert und insgesamt stärker standardisiert. Diese Einschätzungen lassen sich aus Kundensicht anhand einer repräsentativen Kundenumfrage unter 1.000 Bürgern der Unternehmensberatung Cofinpro belegen, bei der 83 % angaben, infolge der Beratungsprotokolle primär mit hauseigenen Standardprodukten „abgespeist" worden zu sein.[655] Darüber hinaus wird auch von Seiten der Berater auf eine deutliche Einschränkung und Standardisierung der Produktauswahl aufgrund der Regulierung hingewiesen, die über das zuvor erwartete Maß hinausgeht.[656] Fraglich ist aber, ob dieser Befund aus der Sicht der Verbraucher zwingend negativ zu bewerten ist. Vor allem im Bereich von strukturierten Finanzprodukten, aber auch von Fonds, war das Angebot insbesondere in den Jahren vor der Finanzmarktkrise aufgrund des immensen Umfangs selbst für Berater unübersichtlich, was eine Empfehlung

---

     www.bmjv.de/SharedDocs/Downloads/DE/pdfs/20140625_Beratungsprotokolle_Studie.pdf?__blob=publicationFile (zuletzt abgerufen am 23.07.2015).
653  Siehe zur Geeignetheitserklärung und den aktuellen Reformplänen unter § 5 IV. 2. b).
654  Siehe hierzu die entsprechende Aussage von *Dorothea Mohn* vom Bundesverband der Verbraucherzentralen (vzbv), wonach es in den Geeignetheitserklärungen „keinen Spielraum für Ungenauigkeiten" geben dürfe, in: Wirtschaftswoche online vom 20.10.2015, abrufbar unter: www.wiwo.de/finanzen/geldanlage/geldanlage-aus-fuer-das-beratungsprotokoll/12474478-all.html (zuletzt abgerufen am 21.10.2015).
655  Siehe zu den Ergebnissen der repräsentativen Umfrage in: Börsen-Zeitung vom 04.12.2013, S. 3 („Banken speisen Kunden mit Standardprodukten ab").
656  Siehe hierzu *Knop*, in: FAZ vom 20.08.2013, S. 15.

eines bestimmten individuell geeigneten Produktes eher erschwerte. Zudem ist eine sehr kleinteilige Produktausdifferenzierung für den durchschnittlichen Verbraucher wohl ohne nennenswerten Mehrwert. Insoweit sind für die Mehrheit der Kunden gewichtige Nachteile aus einer geringeren Produktauswahl nicht ersichtlich, solange nicht einige Produktklassen (z.B. Aktien) überhaupt nicht mehr in die Beratung einbezogen werden.[657] Nachteilig könnte sich eine geringere Produktauswahl auf besonders erfahrene Anleger auswirken, da diese häufig ein gezieltes Interesse an derivativen oder hochspezifischen Finanzinstrumenten haben. Diese für Institute besonders attraktiven Kunden werden aber wohl auch weiterhin umfassend beraten werden und nicht ausschließlich Standardempfehlungen erhalten. Zudem werden einige der erfahrenen Kunden häufig auch nach einer vorherigen Selbstinformation bloße Ausführungsgeschäfte tätigen und somit grundsätzlich nicht von einer Produkteinschränkung innerhalb der Beratung tangiert sein. Folglich ist aus Kundensicht eine geringere Produktauswahl infolge der Regulierung, anders als das ebenfalls vorkommende Nichtangebot bestimmter Produktklassen, als wenig problematisch anzusehen.

## 5. Auswirkungen auf die Beratungsqualität

Die Regulierungsmaßnahmen haben spürbare Auswirkungen auf den konkreten Beratungsablauf sowie die Beratungsqualität insgesamt. So gehen einige Anlageberater wohl nicht mehr individuell auf ihre Kunden ein, sondern achten angesichts des bestehenden Pflichtenkorsetts primär darauf, eigene Fehler im Rahmen der Beratung zu vermeiden, und empfehlen daher nur solche Produkte, bei denen sie sich selbst sicher fühlen.[658] Vor allem Letzteres ist zwar an sich kein negativer Befund; problematisch wäre allerdings, wenn hierdurch deutlich geeignetere Produkte für den einzelnen Anleger überhaupt nicht mehr in die Produktauswahl einbezogen würden.

Die zunächst beachtliche Zahl von Beschwerden wegen (potenziell) fehlerhafter Anlageberatung bei der BaFin zeigt zudem, dass trotz der Regulierungsmaßnahmen viele Kunden mit der Beratungsqualität unzufrieden waren.[659] Zuletzt war die Zahl der Beschwerden jedoch mit 6.050 im Jahre 2014 rückläufig, sodass

---

657 Siehe zu diesem Problem § 6 IV. 1. b). Ein Ausschluss bestimmter Produktklassen (Aktien, Fonds) steht einer anleger- und marktadäquaten Geldanlage (Niedrigzinsumfeld) der Kunden entgegen.
658 Vgl. *Stoltenberg*, in: Börsen-Zeitung vom 03.06.2014, S. 3.
659 Vgl. Börsen-Zeitung vom 28.09.2013, S. 3 (7.443 Beschwerden allein bis Ende Juni 2013).

dies als ein vorsichtiges Indiz für eine subjektive Qualitätsverbesserung gewertet werden kann.[660] Dass sowohl das Beratungsprotokoll als auch das Produktinformationsblatt nicht verhindern können, dass es häufig immer noch zu einer nicht bedarfsgerechten Beratung kommt, zeigt allerdings eine Studie des Verbraucherzentrale Bundesverbandes, wonach insgesamt 90 % nach einer Beratung eingeholter Vertragsangebote als nicht bedarfsgerecht einzustufen waren, wobei konkret 23 % der Produkte zu risikohaft, 45 % zu unflexibel, 35 % zu unrentabel und 69 % zu teuer waren.[661] Ein signifikant positiver Effekt auf die Beratungsqualität lässt sich daher insgesamt (noch) nicht feststellen.

## 6. Problem von „risikolosen" Anlageprodukten im Niedrigzinsumfeld

Die Verbraucheranlageberatung hat aufgrund der im Anschluss an die Finanzmarktkrise einsetzenden Niedrigzinsphase nochmals spürbar an Bedeutung gewonnen. So gaben in einer repräsentativen Umfrage des Beratungsunternehmens cofinpro aus dem Jahr 2014 mehr als 80 % der Bürger an, dass sie die Anlageberatung in Zeiten niedriger Zinsen für wichtiger denn je halten.[662] Zugleich ist das Marktumfeld für die Anlageberatung insgesamt, im Speziellen aber für die Verbraucheranlageberatung deutlich schwieriger geworden, da gerade hier häufig eine besonders große Nachfrage nach möglichst „risikolosen", zugleich aber renditestarken Finanzprodukten besteht. Fraglich ist, ob angesichts der gegenwärtigen Marktlage der Beurteilungsmaßstab bei der Empfehlung „risikoloser" Anlageprodukte neu durchdacht und eventuell auch die Maßstäbe an eine

---

660 Vgl. Handelsblatt online vom 06.01.2015 („Weniger Beschwerden von Anlegern", abrufbar unter: www.handelsblatt.com/finanzen/vorsorge/altersvorsorge-sparen/finanzaufsicht-bafin-weniger-beschwerden-von-anlegern/11192842.html (zuletzt abgerufen am 23.07.2015); siehe auch die Aussagen von *Michel*, in: BaFin Journal 09/2014, S. 16 („*Die BaFin hat festgestellt, dass die Qualität der Beratungsdokumentation deutlich zugenommen hat. Fehler ergeben sich häufig daraus, dass eine Angabe aus Versehen nicht erfasst wurde. Das Herzstück des Beratungsprotokolls hingegen, die Begründung der Anlageempfehlung, ist bei vielen Instituten deutlich aussagekräftiger und individueller als noch vor einigen Jahren*").
661 Studie der *Verbraucherzentralen* und des *Verbraucherzentrale Bundesverbandes* vom 31.01.2015, S. 25 ff., abrufbar unter: www.vzbv.de/meldung/schutzniveaus-im-vertrieb-von-anlageprodukten-einheitlich-regulieren (zuletzt abgerufen am 23.07.2015).
662 *Cofinpro* Umfrage vom 02.12.2014, abrufbar unter: http://cofinpro.de/news/5-jahre-banken-beratungsprotokoll-60prozent-sehen-keine-qualitaetsverbesserungen/ (zuletzt abgerufen am 23.07.2015).

anleger- und objektgerechte Beratung stärker an das aktuelle Marktumfeld angepasst werden müssen.

In diesem Zusammenhang interessant ist eine Parallelbetrachtung zur Vermögensanlage von Stiftungen. Letztere unterliegen stiftungsrechtlichen Kapitalerhaltungsgrundsätzen, sodass jedenfalls „das Stiftungskapital in seinem Bestand zu erhalten ist".[663] Bei der Vermögensanlage und der Anlageberatung von Stiftungen steht daher vor allem die Erhaltung des Nominalbetrages im Vordergrund.[664] Insoweit besteht – abgesehen von der Kundenerfahrenheit – kein wesentlicher Unterschied zur Vermögensanlage zahlreicher Verbraucher, bei denen im Anschluss an die anleger- und objektgerechte Beratung und der hierbei vorgenommenen Berücksichtigung von Anlagezweck und bestehender Risikobereitschaft ebenfalls der Erhalt des Nominalbetrags als Ziel alles überragt und daher bei der vom Berater vorzunehmenden Produktauswahl in besonderem Maße zu beachten ist. Auch in der Rechtsprechung wird die besondere Relevanz des Nominalwerterhalts akzentuiert, indem herausgestellt wird, dass es einem Anleger, der ausdrücklich eine „sichere" Anlage wünsche, vor allem um den nominalen Erhalt des Anlagebetrages gehe.[665] Im Rahmen der Vermögensanlage von Stiftungen muss allerdings angesichts ihrer „Gründung für die Ewigkeit" nach überwiegender Ansicht zusätzlich auch das Ziel einer realen Kapitalerhaltung verfolgt werden, was bedeutet, dass bei längerfristigen Anlagen der schleichende Inflationsverlust durch Anlagerenditen ausgeglichen werden muss.[666] In der Vergangenheit war es möglich, vor allem mit Anleihen von bonitätsstarken Unternehmen sowie Staatsanleihen eine Rendite zu erzielen, die (deutlich) über der jeweiligen Inflationsrate lag und daher auch den realen Kapitalerhalt sicherstellte. Angesichts des derzeitigen Marktumfeldes, welches zwar einerseits von niedrigen Inflationsraten, jedoch andererseits zugleich auch von extrem niedrigen Leit- und Anleihezinsen geprägt ist, ist eine solche Anlagestrategie jedoch nicht mehr erfolgversprechend.[667] Anerkanntermaßen dürfen Stiftungen daher nunmehr in alle Anlageklassen investieren, die nicht ausdrücklich in der jeweiligen Stiftungssatzung ausgeschlossen sind, sodass

---

663 *Haase-Theobald*, KSzW 2014, 214.
664 OLG Frankfurt a.M. ZIP 2015, 821; *Haase-Theobald*, KSzW 2014, 214.
665 BGH NJW 2009, 3429, 3433; vgl. auch OLG München WM 2011, 1897 f., wonach sogar einem Anleger der ausdrücklich eine „Ertrag generierende Anlage" wünsche, kein Zertifikat ohne hundertprozentigen Kapitalschutz empfohlen werden dürfe.
666 *Haase-Theobald*, KSzW 2014, 214 f.; *Müller*, ErbStB 2004, 212, 213 f. (Letzterer hinsichtlich der Auslegung des Bestandserhaltungsgebot der Landesstiftungsgesetze).
667 *Haase-Theobald*, KSzW 2014, 214, 216 ff.

vor allem dividendenstarke Aktien, aber unter Umständen sogar deutlich spekulativere Derivate als Anlageprodukte in Betracht kommen.[668] Es erscheint vor diesem Hintergrund angezeigt, dass auch vorsichtige und konservative Verbraucher ihre Haltung im Rahmen der Anlageberatung insoweit überdenken sollten, als sie nicht grundsätzlich etwas risiko- und volatilitätsreichere Produkte, wie beispielsweise Aktien aus organisierten Kapitalmärkten, als Anlageinstrument ausschließen und ausnahmslos den Erhalt des Nominalbetrags in den Vordergrund rücken sollten. Anderenfalls ist gerade bei langfristigen Anlagezeiträumen ein nicht unerheblicher realer Vermögensverlust schon im Zeitpunkt der an die Beratung folgenden Anlageentscheidung garantiert. War es noch in der Vergangenheit zutreffend, den Maßstab für die Risikohaftigkeit eines Anlageproduktes am Risiko des Verlustes des Nominalanlagebetrages zu messen, weil aufgrund des Marktumfeldes dem Anleger in der Regel zumindest auch ein kleiner realer Vermögensgewinn sicher war, so erscheint es nunmehr aus volkswirtschaftlicher und auch individueller Sicht (Altersvorsorge, Risikoabsicherung) geboten, in die Beurteilung der Risikohaftigkeit von Finanzprodukten stets auch die Chancen eines realen Kapitalerhalts mit einzubeziehen. Pauschale und durchgehend positive Klassifikationen („risikolos", „sicher") für solche Finanzprodukte, die im Anlagezeitraum zu einem Realvermögensverlust führen, sind hingegen stark zweifelhaft. Angesichts der momentan aber auch im Bereich der Anlageberatung von Stiftungen noch eher restriktiven Rechtsprechung[669] scheint die Initiative für eine Neuausrichtung und Lockerung der Produktrisikobeurteilung allerdings vom Verbraucher ausgehen zu müssen, da Beratern derzeit im Zweifel auch weiterhin ausschließlich zur Empfehlung nominalbetragserhaltener Produkte zu raten ist. Mit Blick auf das wohl noch über mehrere Jahre andauernden Niedrigzinsumfeld bleibt allerdings abzuwarten, ob es nicht auch insgesamt zu einem Überdenken der Risikoklassifikation in der Anlageberatung kommen wird.

## 7. Zusammenfassung und Bewertung

Auch aus der Sicht der Verbraucher kam es aufgrund der regulatorischen Maßnahmen zu einigen negativen und praktisch spürbaren Folgen. Vor allem der Nutzen des Beratungsprotokolls erscheint zweifelhaft. Die Relation von Aufwand und

---

668 *Haase-Theobald*, KSzW 2014, 214, 215 ff.; siehe zur Möglichkeit der spekulativeren Geldanlage auch *Hippeli*, ZStV 2015, 121, 123 m.w.N.
669 Vgl. OLG Frankfurt a.M. ZIP 2015, 821, wonach die Empfehlung eines in einer Fremdwährung finanzierten Geschlossenen Immobilienfonds als nicht anlegergerecht einzustufen sei.

Ertrag ist bei dieser Regulierungsmaßnahme unausgewogen, was sich auch aus Kundensicht insoweit bemerkbar macht, als sich der für die Institute anfallende Mehraufwand in einer geringeren mündlichen Beratung sowie einem (partiellen) Beratungsverzicht niederschlägt. Insbesondere Letzterer kann sich dauerhaft gerade für solche Kunden, die nicht auf alternative Informations- und Anlageplattformen ausweichen können (z.B. Senioren), zu einem ernsthaften Problem entwickeln, zumal aufgrund der momentanen makroökonomischen Lage sowie der häufig nicht vorhandenen eigenen wirtschaftlichen Kenntnisse von Verbrauchern ein unübersehbarer Bedarf an qualitativer Anlageberatung besteht.

Anders als die Protokollierungspflicht kann hingegen die Pflicht zur Verfügungstellung von Produktinformationsblättern nicht als Auslöser sämtlicher negativer Aspekte ausgemacht werden. Gerade angesichts des gesetzlich vorgeschriebenen Maximalumfangs stellen sie vielmehr eine hilfreiche Informationsquelle dar, die in der Praxis einen wichtigen Beitrag zur Kundenaufklärung und somit zum Kundenschutz insgesamt leistet. Dennoch erscheint es sinnvoll, auch bezüglich dieser Regulierungsmaßnahme stets eine Überprüfung möglicher Optimierungsansätze vorzunehmen. Ein denkbarer Ansatz für eine (nochmalige) Verbesserung der Kundenrisikoaufklärung durch die Produktinformationsblätter könnte aktuell beispielsweise in der Einführung einer Kombination von textlichen und grafischen Warnhinweisen liegen.[670]

---

670 Siehe hierzu *Oehler*, ZBB 2015, 208, der zu diesem Ergebnis auf Grundlage einer empirischen Analyse gelangt.

# § 7 Positive Folgen der Regulierungsmaßnahmen

## I. Aus Sicht der Anlageberatungsanbieter

Mit den diversen Regulierungsmaßnahmen in der Anlageberatung gehen aus der Sicht der Anbieter neben den im Verlauf der Arbeit thematisierten, teilweise negativen Folgen auch durchaus positive Aspekte einher. Als Wichtigster kann hierbei wohl die Schaffung größerer Rechtssicherheit hinsichtlich der zu beachtenden Pflichten genannt werden. Aufgrund der zumeist klar umrissenen und ausdrücklich normierten Beratungsanforderungen besteht nunmehr ein umfassendes (in Teilen allerdings formalistisches) Pflichtenregime, welches zugleich als klarer Leitfaden für die Institute und ihre Berater fungieren kann. Während früher noch die Verantwortung für die Beachtung und praktische Umsetzung aller gesetzlichen Pflichten stärker im Verantwortungsbereich der einzelnen Anlageberatungsinstitute lag und sich im Streitfall die Beweisführung hinsichtlich einer ausreichenden Aufklärung schwierig gestalten konnte, kann heutzutage bei Beachtung aller branchenweit bekannten Pflichten das Haftungsrisiko weitgehend ausgeschlossen werden. Darüber hinaus entstehen durch die öffentliche Aufmerksamkeitssteigerung für einige Institute neue Wettbewerbschancen und die Möglichkeit ihr Geschäftsprofil zu schärfen. So ist in der Praxis beispielsweise erkennbar, dass zum Teil sehr offensiv mit einem umfassenden Kundenschutz sowie der Beachtung der gesetzlichen Pflichten geworben wird.[671]

## II. Aus Sicht der Anlageberater

Aus der Sicht der Anlageberater lassen sich nur sehr wenige positive Folgen der Regulierungsmaßnahmen feststellen. Im Gegenteil werden gerade sie durch die zeitliche Mehrbelastung sowie aufgrund der hohen Verantwortung zur sorgsamen Einhaltung aller gesetzlichen und institutsinternen Pflichten bei einem

---

[671] So wirbt beispielsweise die Commerzbank AG – unter Bezugnahme auf eine Auszeichnung durch Focus-Money (2014) – sowohl im Rundfunk als auch auf ihrer Homepage damit, die „beste Kundenberatung in Deutschland anzubieten." Darüber hinaus würden die Berater nicht bereits belohnt, wenn sie möglichst viele Verträge abschließen, sondern erst dann, wenn ihre Kunden zufrieden seien (vgl. hierzu den regelmäßig im Fernsehen gesendeten Commerzbank Werbefilm „Erster Schritt" aus dem Jahre 2012).

durch externe Faktoren (Niedrigzinsumfeld) stark angestiegenen Vertriebsdruck enorm belastet. Mit der immer stärker werdenden Digitalisierung und Standardisierung der Anlageberatung, welche auch das persönliche Beratungsgespräch in Form einer computergesteuerten Produktauswahl tangiert, geht zeitglich eine geringere persönliche Entscheidungskompetenz einher, wodurch zumindest in Bezug auf die Auswahl geeigneter Anlageprodukte die Verantwortung auf eine höhere (anonyme) Ebene verlagert wird. Aber selbst dieser teilweise Verantwortungsverlust wird in der Praxis gerade von solchen Beratern negativ bewertet werden, die an einer eigenständigen und selbstbestimmten Auswahl kundenadäquater Produkte besondere Freude hatten.

### III. Aus Sicht der Kunden

Aus Sicht der Kunden positiv ist zunächst, dass gerade einzelne Regulierungsmaßnahmen, wie die Pflicht zu Protokollierung und Aushändigung eines Produktinformationsblattes dazu geführt haben, dass die Verbraucheranlageberatung insbesondere durch Veröffentlichungen in den Medien verstärkt in den Fokus der Öffentlichkeit gerückt ist. Dies kann langfristig dazu beitragen, dass es zu einer gewissen Abschreckungswirkung und einer Kontrollfunktion durch die Öffentlichkeit kommt, wodurch zumindest ein Schutz vor massiven Fehlberatungen erreicht werden kann. Durch die Statuierung neuer gesetzlicher Pflichten in der Anlageberatung und der hiermit einhergehenden Kanalisierung und Standardisierung wurden zudem notwendigerweise auch das Bewusstsein und die Sensibilität von bestehenden Pflichten und Risiken dieses Geschäftsfeldes bei den Anlageberatungsinstituten gestärkt. Ferner können sich die Kunden nunmehr, jedenfalls bei ordnungsgemäßer Beratung und Einhaltung der Pflichten, auf einen vergleichbaren Ablauf der Anlageberatung bei diversen Instituten verlassen. Dass sich aufgrund des enorm gestiegenen Aufwands vor allem auch solche Institute aus der Anlageberatung zurückziehen werden, die zuvor dieses Geschäftsfeld nur sehr beiläufig und unzureichend geführt haben, kann aus Kundensicht ebenfalls positiv bewertet werden, wenngleich die bereits feststellbaren Einschränkungen auch bei etablierten und kleineren Instituten unzweifelhaft (vor allem langfristig) ein Problem darstellen.

Darüber hinaus sollte allerdings nicht verkannt werden, dass durchaus einzelne Regulierungsmaßnahmen, allen voran die Pflicht zur Verfügungstellung eines Produktinformationsblatts, aus Kundensicht einen sehr sinnvollen Schutz vor Falschberatung und eine Hilfe bei der eigenen Anlageentscheidung darstellen.

# § 8 Bewertung von Existenz und Intensität des Spannungsverhältnisses

## I. Bewertung des aktuellen Regulierungsniveaus in der Anlageberatung

Im Folgenden soll unter Zugrundelegung des Begriffsversuchs der „Überregulierung" sowie der Grenzziehung zur (bloßen) „Regulierung" aus § 1 III. der Arbeit das aktuelle Regulierungsniveau in der Anlageberatung bewertet werden.

Aus Sicht der Anlageberatungsinstitute waren bereits die Umsetzungen der bisherigen Regulierungsmaßnahmen mit sehr hohen Kosten verbunden, die zudem aktuell und in naher Zukunft aufgrund der notwendigen Anpassungen im Zuge der MiFID II nochmals deutlich ansteigen werden. Die Kosten entstehen dabei auch, aber nicht primär, durch den erforderlichen Einsatz von IT- und Organisationssystemen, sondern vor allem aufgrund des enormen zeitlichen Mehraufwandes bei der Beratung pro Kunde. Letzterer geht maßgeblich auf die Pflicht zur Erstellung eines Anlageberatungsprotokolls zurück, während andere im Zuge der Regulierung eingeführten Pflichten, wie die Zurverfügungstellung eines Produktinformationsblattes, kaum ins Gewicht fallen. Sowohl der gestiegene Kosten- und Verwaltungsaufwand als auch die zeitliche Mehrbelastung können für sich genommen als logische Folgen der tiefgreifenden und zeitlich eng aufeinanderfolgenden Regulierungsmaßnahmen angesehen werden.

Die Tatsache, dass sich einige Institute nunmehr komplett aus der (provisionsfinanzierten) Anlageberatung zurückziehen und eine Vielzahl von ihnen Anlageberatungen nur noch sehr eingeschränkt und für einzelnen Kunden anbieten,[672] stellt allerdings ein Merkmal für eine bereits bestehende Überregulierung dar. Vor allem die erkennbaren flächendeckenden Einschränkungen in der Anlageberatung gehen nämlich über das typische und zu erwartende Maß von Regulierungsfolgen (z.B. vereinzelter Beratungsverzicht) hinaus. Gestützt wird der Eindruck einer bestehenden Überregulierung zudem durch die Tatsache, dass ein Großteil der Verbraucher einzelne Regulierungsmaßnahmen (Beratungsprotokoll) als überflüssig und unflexibel ansieht und selbst von Seiten der BaFin als Kontrollstelle öffentlich auf potenzielle Optimierungspotenziale hingewiesen

---

672 Siehe hierzu § 6 IV. 1.

wird.[673] Dass die bestehenden Einschränkungen in der Beratung vor allem solche Anlegergruppen (Unerfahrene, Kapitalschwache) treffen, die in erhöhtem Maße auf eine Beratung angewiesen sind und besonders von den Regulierungsmaßnahmen profitieren sollten, macht deutlich, dass die Verhaltensanpassungen der Beratungsinstitute im Widerspruch zum ursprünglichen Regulierungszweck stehen. Auch die zunehmende Verlagerung in das beratungsfreie Geschäft läuft jedenfalls dann, wenn sie vom Anleger ungewollt erfolgt, den vom Gesetzgeber intendierten Regulierungszwecken einer umfassenderen Information und Dokumentation sowie allgemeinen Transparenzsteigerung zuwider. Zwar muss durchaus berücksichtigt werden, dass neben den Regulierungsmaßnahmen auch noch weitere externe Faktoren, wie das bestehende Niedrigzinsumfeld und eine zunehmende Digitalisierung zum (teilweisen) Rückzug aus der Anlageberatung beigetragen haben; diese Feststellung vermag allerdings nicht die Gesamteinschätzung zu verändern, dass als Hauptgrund eindeutig die starke bisherige und noch zu erwartende (MiFID II) Regulierung im Bereich der Beratung anzusehen ist. Für die Tatsache, dass es sich beim Rückzug bzw. den Einschränkungen in der Anlageberatung maßgeblich um die Folgen einer Überregulierung handelt, spricht weiterhin, dass auch von Seiten der Beratungsinstitute die Regulierung als Hauptgrund für notwendige Strategieüberlegungen sowie den Rückzug aus der Anlageberatung ausgemacht wird.[674]

## II. Zusammenfassung

Im Bereich der Anlageberatung besteht aktuell eine Überregulierung. Diese resultiert primär aus der ausnahmslosen Pflicht zur Erstellung von Anlageberatungsprotokollen. Hierdurch kam es als Regulierungsfolge zu einem massiven Anstieg des zeitlichen Beratungsaufwands und erheblichen Mehrkosten. Die auch von Teilen der Kundschaft als überflüssig und störend empfundene Dokumentationspflicht trifft gleichermaßen große und kleine Beratungsinstitute und ist der Hauptgrund für die deutlichen Einschränkungen im Beratungsangebot,

---

673 Siehe hierzu die entsprechenden Aussagen des BaFin Präsidenten *Felix Hufeld* in: Börsen-Zeitung vom 05.03.2015, S. 1.
674 Siehe hierzu die Umfrage des *Deutschen Aktieninstitutes (DAI)*, Regulierung drängt Banken aus der Aktienberatung, 2014, S. 9, wonach die befragten Kreditinstitute hinsichtlich ihres Rückzugs aus der Aktienberatung die gestiegene Regulierungsdichte als Hauptgrund angeben. Umfrage abrufbar unter: www.dai.de/files/dai_usercontent/dokumente/studien/2014-7-10%20DAI-Studie%20Regulierung%20der%20Aktienberatung.pdf (zuletzt abgerufen am 25.08.2015).

welche langfristig zu einem erheblichen volkswirtschaftlichen Problem erwachsen können. Dass darüber hinaus vor allem kleinere Institute auch durch die Gesamtheit der weiteren einzelnen Regulierungsmaßnahmen getroffen werden und ihr Beratungsangebot allein aufgrund des hierdurch enorm gestiegenen Personal- und (IT-)Organisationsaufwands unrentabel werden lassen, kann hingegen nicht eindeutig als Folge einer Überregulierung ausgemacht werden, da die (vereinzelte) Aufgabe eines nicht lukrativen Geschäftsmodells durchaus eine typische und sogar gewünschte Folge einer Regulierung sein kann. Allerdings dürfen hierbei nicht die Anbieter einer gesamten Branche massiv betroffen sein, wie es bei der Dokumentationspflicht durch das Beratungsprotokoll der Fall ist, sofern es nicht (ausnahmsweise) gerade Ziel der Regulierung(-smaßnahmen) ist, ein gesamtes Geschäftsmodell einzuschränken bzw. überflüssig zu machen. Eine etwaige Verbesserung der Situation in naher Zukunft ist aktuell nicht erkennbar. Diese Einschätzung verändert sich auch nicht mit Blick auf die jüngst bekanntgewordenen Reformpläne der Bundesregierung, welche eine Ablösung der Beratungsprotokolle i.S.d. § 34 IIa WpHG durch eine schriftliche Geeignetheitserklärung aus der MiFID II vorsehen, weil beide genannten Dokumentationsformen einen ähnlichen Inhalt haben. Insbesondere muss auch in der europäischen Geeignetheitserklärung die erbrachte Beratung dokumentiert und zusätzlich die gegebene Empfehlung begründet werden, sodass der Gesamtaufwand vermutlich vergleichbar bleiben wird.[675]

Zu beachten ist weiterhin, dass angesichts der zukünftig hinzukommenden Pflichten (telefonische Aufzeichnung etc.), auch unabhängig von jeglichen Dokumentationspflichten (Beratungsprotokoll/Geeignetheitserklärung), die Gefahr einer weiteren bzw. stärkeren Überregulierung allein aufgrund der Summe einzelner Pflichten ansteigt. Letztere stellen zwar für sich genommen für die Institute zumeist kein besonderes Problem dar (Mitarbeiterregister, Schulungen, (telefonische) Dokumentation etc.), führen aber in der Gesamtheit leicht zu einer erheblichen und untragbaren Belastung, die ohnehin schon durch die umfangreiche und von der Rechtsprechung zuletzt nochmals erweiterte zivilrechtliche Beratungspflicht beachtlich ist.

Angesichts des aus den Gesamtumständen resultierenden Mehraufwands ist daher mit jeder Statuierung weiterer Pflichten mit einer zusätzlichen/intensiveren

---

675 Siehe zum Inhalt der Geeignetheitserklärung und den aktuellen Reformplänen unter § 5 IV. 2. b).

Überregulierung zu rechnen, die zu einer Verschärfung der Beratungseinschränkungen führen könnte. Durchaus bemerkenswert ist hingegen, dass es einerseits nicht zu einem (signifikanten) Anstieg der Haftungsrisiken gekommen ist, und diese somit nicht als Hauptgrund für Einschränkungen in der Beratung ausgemacht werden können und andererseits, dass auch die öffentlich viel diskutierte Einführung des Produktinformationsblatts in der Praxis wenig einschneidend und daher kein Auslöser für die bestehende Überregulierung ist.

# § 9 Besondere Aspekte des Anlegerschutzes auf dem Grauen Kapitalmarkt

Für die Mehrheit der Verbraucher ist vor allem die Anlageberatung durch Banken und Sparkassen und die Empfehlung von institutseigenen Produkten wie Sparkonten, Sparbriefen, Fonds und auch bekannten Aktien von Bedeutung. Gleichwohl investierte eine nicht unerhebliche Zahl von Verbrauchern in den vergangenen Jahren auch auf dem sogenannten Grauen Kapitalmarkt, vor allem weil die dort in Aussicht gestellten Erträge deutlich über dem allgemeinen Marktniveau lagen. Erkennbar wurde die Relevanz des Grauen Kapitalmarkts nach den Insolvenzen einiger (größerer) Emittenten, welche auch zu beachtlichen Vermögensverlusten von Verbrauchern führten. Hieraufhin folgte zunächst eine breite öffentliche Diskussion über das erforderliche Schutzniveau auf dem Grauen Kapitalmarkt, welche schließlich in neuen Regulierungsmaßnahmen durch den Gesetzgeber mündete.

Angesichts der besonderen Aktualität und der durchaus vorhandenen Relevanz für Verbraucher sollen im Folgenden die Entwicklungen des Verbraucherschutzes auf dem Grauen Kapitalmarkt überblicksartig dargestellt werden und im Anschluss eine Analyse des aktuellen Regulierungsniveaus erfolgen.

## I. Der Graue Kapitalmarkt

### 1. Begriffsbestimmung: Grauer Kapitalmarkt

Der Begriff des „Grauen Kapitalmarkts" ist weder gesetzlich definiert noch hat sich bislang eine einheitliche Definition herausgebildet.[676] Im Gesetzentwurf zum Anlegerschutzverbesserungsgesetz wurde der „Graue Kapitalmarkt" als „nicht bzw. nicht spezialgesetzlich geregelter Teil des Kapitalmarktrechts für nicht in Wertpapieren verbriefte Anlageformen" definiert.[677] Zweifellos bildete er jedenfalls einen Bestandteil der verbreiteten Grobunterteilung des Kapitalmarkts in den organisierten „Weissen Kapitalmarkt", den nicht bzw. weniger organisierten „Grauen Kapitalmarkt" sowie den für kriminelle Handlungen genutzten „Schwarzen Kapitalmarkt".[678] Die Verwendung der Bezeichnung „Grauer Kapitalmarkt"

---

676 Siehe Bericht der Bundesregierung zum „Grauen Kapitalmarkt", BT-Drs. 14/1633, S. 2.
677 BT-Drs. 15/3174, S. 27.
678 *Wetzig*, Die Regulierung des Grauen Kapitalmarkts, S. 28 m.w.N.

hat sich mittlerweile etabliert, wenngleich teilweise auch nur vom „Grauen Markt" gesprochen wird.[679] Eine Abgrenzung zum regulierten (Weissen) Kapitalmarkt lässt sich vor allem insoweit vornehmen, als auf dem Grauen Kapitalmarkt all diejenigen Finanzprodukte (öffentlich) gehandelt werden, die keine Wertpapiere im Sinne des WpHG sind.[680] Darüber hinaus besteht zumeist kein funktionierender (organisierter) Sekundärmarkt, sodass die Handelbarkeit im Vergleich zu Produkten des regulierten Markts erheblich eingeschränkt ist.[681] Eine möglichst formale Abgrenzung zum regulierten Kapitalmarkt unter Berücksichtigung des geringeren Regulierungsgrades sowie (!) der markttypischen Produkte des Grauen Kapitalmarkts erscheint für eine Begriffsbestimmung am geeignetsten, nicht zuletzt auch deshalb, weil aufgrund der jüngsten Medienberichte über Insolvenzen und unseriöse Emittenten latent die Gefahr besteht, den Grauen Kapitalmarkt mit einem Markt für krisenhafte und dubiose Anbieter gleichzusetzen.[682] Gegen eine Begriffsbestimmung des Grauen Kapitalmarkts und gleichzeitiger Abgrenzung zum Weissen Kapitalmarkt lediglich anhand des geringeren Regulierungsgrades spricht vor allem, dass mit jeder bereits umgesetzten und zukünftig den Grauen Kapitalmarkt tangierenden Regulierungsmaßnahme das Abgrenzungskriterium an Trennschärfe verliert.

## 2. Typische Anlageprodukte des Grauen Kapitalmarkts

Typischerweise werden auf den Grauen Kapitalmarkt risikoreichere und daher auch renditestärkere Finanzprodukte vertrieben. Vor allem die Aussicht auf hohe Renditen wird als Hauptgrund für die Investments von Verbrauchern anzusehen sein. Zu Recht wird allerdings darauf hingewiesen, dass nicht zwingend alle Finanzprodukte des Grauen Kapitalmarkts die Kriterien der besonderen Risikohaftigkeit und der hohen Ertragschancen erfüllen müssen, sondern ebenfalls eine

---

679 So *Seiler/Kniehase*, in: Schimansky/Bunte/Lwowski, Bankrechts-Hdb., Vor § 104 Rn. 8.
680 *Buck-Heeb*, Kapitalmarktrecht, S. 45 f. (dort Rn. 142).
681 *Müller*, in: Saenger/Aderhold/Lenkaitis/Speckmann, Handels- und Gesellschaftsrecht, § 16 Rn. 139.
682 Siehe bereits auf eine vergleichbare Gefahr in der Vergangenheit hinweisend: Bericht der Bundesregierung zum „Grauen Kapitalmarkt", BT-Drs. 14/1633, S. 2; eine Begriffsbestimmung anhand typischer Anlageinstrumente sowie geringerer Organisationsstruktur präferierend auch *Wetzig*, Die Regulierung des Grauen Kapitalmarkts, S. 32.

Vielzahl der Anlageprodukte von soliden Emittenten vertrieben werden, die in der Folge daher auch häufig einen positiven Verlauf nehmen.[683]

Mithin sind letztlich auf dem Grauen Kapitalmarkt, ebenso wie auf dem organisierten Weissen Kapitalmarkt, sowohl vergleichsweise risikoarme als auch sehr riskante Anlageprodukte verfügbar, was stets eine Einzelfallbeurteilung erforderlich macht. Dennoch haben sich mittlerweile Gruppen typischer Finanzprodukte des Grauen Kapitalmarkts herausgebildet. Dieses sind insbesondere Beteiligungen an Publikumspersonengesellschaften, Anteile an Geschlossenen (Immobilien-)Fonds, Beteiligungen ohne Mitsprache und Gestaltungsrechte (stille Beteiligungen), nicht börsennotierte Aktien sowie Genussrechte.[684] Ein gewichtiger Unterschied zum Produktangebot auf dem organisierten Kapitalmarkt lässt sich zudem bei den typischen Vertriebswegen feststellen. Während Produkte des Weissen Kapitalmarkts typischerweise im persönlichen Gespräch und auf Initiative des Kunden vertrieben werden, erfolgt die Kundenakquise auf dem Grauen Kapitalmarkt durch die Emittenten bislang vor allem durch (unfreiwillige) Prospektübersendungen, Telefonanrufe, E-Mail-Kontakt oder öffentliche Werbung.[685]

### 3. Die Bedeutung des Grauen Kapitalmarkts für Verbraucher

Auch wenn bislang noch keine konkreten und belastbaren Statistiken über die Anzahl bzw. das angelegte Geldvolumen von Verbrauchern auf dem Grauen Kapitalmarkt existieren,[686] lässt sich nicht zuletzt auch mit Blick auf entsprechende Aussagen geschädigter Anleger erahnen, dass vor allem das niedrige allgemeine

---

683 *Deppe*, in: Theewen, Bank- und Kapitalmarktrecht, S. 591 f. (dort Rn. 227); *Wetzig*, Die Regulierung des Grauen Kapitalmarkts, S. 33.

684 Überblick über einige der typischen Anlageprodukte des Grauen Kapitalmarkts und ihrer jeweiligen Charakteristika bei *Deppe*, in: Theewen, Bank- und Kapitalmarktrecht, S. 590 ff.; siehe auch *Seiler/Kniehase*, in: Schimansky/Bunte/Lwowski, Bankrechts-Hdb., Vor § 104 Rn. 8.

685 Siehe zu den typischen Mitteln der Kundenakquise auf dem Grauen Kapitalmarkt *Gerson*, ZWH 2014, 298.

686 Einen gewissen Anhaltspunkt können einzelne Branchenerhebungen geben, wonach im Jahr 2013 die Summe des platzierten Eigenkapitals von Sach- und Vermögenswerten bei rund 5,14 Mrd. Euro lag, wobei hiervon 42 % (2,31 Mrd. Euro) von Publikumsanlegern stammten. Der Anteil von Publikumsinvestitionen war allerdings im Jahr 2012 sogar noch um rund 26 % erhöht (damals 3,14 Mrd. Euro), vgl. *Bundesverband Sachwerte und Investmentvermögen e.V. (bsi)*, Branchenzahlen 2013, S. 54, 74; abrufbar unter: www.sachwerteverband.de/fileadmin/downloads/zahlen/branchenzahlen/branchenzahlen_2013/Branchenzahlen_2013_20142503_Final.pdf (zuletzt abgerufen am 27.08.2015).

Zinsumfeld dazu beigetragen hat, dass der Graue Kapitalmarkt auch für Verbraucher in den vergangenen Jahren eine nicht unerhebliche Bedeutung hatte. Darüber hinaus werden Produkte des Grauen Kapitalmarkts mittlerweile sowohl über Banken und Sparkassen als auch über freie Finanzdienstleister vertrieben, sodass sie für Verbraucher überall erhältlich sind.[687] Hinzu kommt, dass es die meisten Anbieter/Emittenten geschickt verstehen, durch gezielte Werbung mit hohen Ertragschancen und (vermeintlich) zufriedenen Kunden das für sie günstige Marktumfeld zu nutzen und Verbraucher als Anleger zu gewinnen. Die häufig sehr stark verbraucherorientierte Werbung resultiert allerdings auch daraus, dass institutionelle Anleger, anders als die meisten Verbraucher über die erforderlichen Kenntnisse zur Risikoeinschätzung auf Basis des Produktinformationsmaterials verfügen und im Zweifel, vor allem bei etwaig bestehenden gesetzlichen Kapitalerhaltungsgrundsätzen, von bestimmten Produkten generell Abstand nehmen.

### 4. Chancen und Risiken für Verbraucher

Eine Kapitalanlage auf dem Grauen Kapitalmarkt bietet häufig besondere Chancen und kann daher auch für einzelne Verbraucher von besonderem Interesse sein. Interessant ist selbstverständlich in erster Linie die mögliche Erzielung hoher Renditen, aber auch die bewusste Beteiligung an Anlagemodellen zu Steuersparzwecken.[688] Darüber hinaus kann der Erwerb von Produkten auf sehr einfache Weise vollzogen werden und setzt häufig keinerlei Eigeninitiative voraus, da die Anbieter in der Regel einen großen Aufwand bei der Kundengewinnung betreiben und insgesamt sehr kundenorientiert agieren.

Demgegenüber existieren allerdings auch große Risiken, die sowohl von den Produkten, den Emittenten als auch der allgemeinen Marktstruktur ausgehen können. Gerade bei den diversen Anlageprodukten bonitätsschwacher Emittenten besteht ein sehr hohes Ausfallrisiko, das sich nicht selten in einem Totalverlust des eingesetzten Kapitals realisiert. Zudem sind vor allem exotischen Anlagemodellen, die klassischerweise zu Steuersparzwecken eingesetzt werden, wie beispielsweise Schiffsfonds oder sog. „Exotenfonds", häufig besonders hohe

---

687 *Emmerich*, in: MK-BGB, § 311 Rn. 138; *Reiter/Methner/Nittel/Ebermann*, in: Assies/Beule/Heise/Strube, Hdb. FA Bank- und Kapitalmarktrecht, Kap. 8 Rn. 8.
688 Siehe zu möglichen Steuersparmodellen *Deppe*, in: Theewen, Bank- und Kapitalmarktrecht, S. 591 (dort Rn. 223).

produktspezifische Risiken immanent.[689] Das OLG München betonte, dass eine Kapitalanlage, welche zum Grauen Kapitalmarkt gehört, grundsätzlich nicht als Mittel zur Altersvorsorge geeignet sei. Eine entsprechende Beratung sei somit nicht anlegergerecht, es sei denn, der Kunde wolle die bestimmte Kapitalanlage von sich aus machen und halte diese Entscheidung auch im Anschluss an eine umfassende und richtige Aufklärung über das Finanzprodukt und deren Risiken aufrecht.[690] Marktstrukturelle Risiken können in erster Linie daraus resultieren, dass anders als auf dem regulierten Kapitalmarkt kein funktionierender Sekundärmarkt (= Marktenge) besteht und hierdurch die Handelbarkeit der Finanzprodukte erheblich eingeschränkt ist. Dieser Umstand kann, insbesondere bei sich andeutenden Unternehmenskrisen, zu einem erheblichen Problem werden. Anders als auf dem Grauen finden sich nämlich auf dem regulierten Markt selbst in solchen Situationen in der Regel noch Käufer (Market-Maker/ Spekulanten), die den Anlegern ermöglichen ihre Wertpapieren (mit Verlust) zu verkaufen. Bei der Risikobeschreibung nicht gänzlich unberücksichtigt bleiben sollte weiterhin, dass auf dem Grauen Kapitalmarkt in der Vergangenheit einige Anlagebetrüger agierten, die auch bei Verbrauchern hohe Vermögensschäden verursacht haben.[691]

## II. Die Prokon-Insolvenz und ihre Folgen

### 1. Hintergründe der Prokon-Insolvenz

Der gesamte Graue Kapitalmarkt rückte im Jahr 2014 durch die Insolvenz des Windenergieunternehmens *Prokon Regenerative Energien GmbH* in den Fokus der Öffentlichkeit. Die Gesellschaft hatte zuvor verbriefte Genussrechte (Genussscheine) in einem Gesamtvolumen von 1,4 Mrd. Euro emittiert, welche von knapp 75.000 Kunden, darunter vor allem Kleinanleger und Verbraucher, gezeichnet wurden.[692] Genussscheine sind hybride, mezzanine Finanzierungsinstrumente und bilden einen Anwendungsfall der Schuldverschreibungen (§ 221 I, III AktG), sodass ihre Ausprägung schuldrechtlicher und nicht kooperationsrechtlicher

---

689 Siehe *Deppe*, in: Theewen, Bank- und Kapitalmarktrecht, S. 591 (dort Rn. 223), der als Beispiele für Exotenfonds Investments in Fisch, Musik, Wein und Zigarren anführt.
690 OLG München, Urteil vom 30.05.2006 -19 U 5914/05 (Volltext abrufbar unter BeckRS 2006, 27758).
691 In der Öffentlichkeit besonders diskutiert wurden vor allem unseriöse Geschäfte der *S&K-Gruppe*, wodurch Opfer um mehr als 240 Mio. Euro betrogen worden sein sollen, vgl. FAZ vom 21.01.2015, S. 32.
692 Siehe zu den o.g. Zahlen: FAZ vom 01.12.2014, S. 22.

Natur ist.⁶⁹³ Ihre Ausgabe begründet zwischen dem Emittenten und dem Inhaber ein Dauerschuldverhältnis *sui generis*, welches unterschiedlich ausgestaltet werden kann. Möglich ist daher auch die Vereinbarung eigenkapitalähnlicher Merkmale, wie Verlustbeteiligungen, wenngleich der Genussscheininhaber selbst keine gesellschaftsrechtliche Stellung erlangt.⁶⁹⁴

Bei Genussrechten verpflichtet sich der Genussrechteinhaber zur Leistung einer bestimmten Einlage, für die ihm der Emittent eine Verzinsung oder Gewinnbeteiligung verspricht.⁶⁹⁵ Hieran wird die Parallele zur klassischen Schuldverschreibung (Anleihe) erkennbar. Allerdings ist das Risiko für Genussscheingläubiger gegenüber dem von Anleihegläubigern aufgrund der meist nachteiligen konkreten Ausgestaltung in den Genussrechtsbedingungen (deutlich) erhöht. Geradezu typisch ist zudem die Vereinbarung eines Nachrangs, sodass im Insolvenzfall alle Forderungen der Genussrechteinhaber, worunter sowohl der Rückzahlungsanspruch als auch bereits entstandene und noch nicht erfüllte Zins- oder Gewinnansprüche fallen, erst nachrangig gegenüber Forderungen der übrigen Gläubiger des Emittenten bedient werden.⁶⁹⁶ Hierdurch erhöht sich für die Anleger das Ausfall- bzw. Totalverlustrisiko enorm.

Auch die Prokon-Genussrechtebedingungen enthielten zum einen eine ausdrückliche Nachrangklausel und zum anderen eine Klausel zur Verlustbeteiligung.⁶⁹⁷ Nachdem zahlreiche Anleger ihre Genussrechte gekündigt hatten, wurde das Unternehmen 2014 zahlungsunfähig. Am 01.05.2014 eröffnete das Insolvenzgericht (Amtsgericht Itzehoe) das Insolvenzverfahren über das Vermögen der *Prokon Regenerative Energien GmbH*.⁶⁹⁸ Im Eröffnungsbeschluss ging das Insolvenzgericht von der Unwirksamkeit der in den Genussrechtebedingungen vereinbarten Nachrang- und Verlustbeteiligungsklauseln aus. Hierbei stellte das Gericht zunächst fest, dass die vorliegenden Genussrechtebedingungen als Allgemeine Geschäftsbedingungen (AGB) anzusehen seien.⁶⁹⁹ Die grundsätzliche Anwendbarkeit

---

693 *Hennrichs/Wilbrink*, NZG 2014, 1168; *Mock*, NZI 2014, 102.
694 Zu Vorstehendem *Hennrichs/Wilbrink*, NZG 2014, 1168.
695 *Mock*, NZI 2014, 102.
696 *Mock*, NZI 2014, 102, 104.
697 *Mock*, NZI 2014, 102, 104; die Verlustbeteiligung und Nachrangklausel sind in den § 5 VII und § 10 der *Prokon*-Genussrechtebedingungen niedergelegt, abrufbar unter: www.anleihen-finder.de/wp-content/uploads/2012/12/Prokon-Genusrechtsbedingungen-2012-12-04.pdf (zuletzt abgerufen am 23.07.2015).
698 AG Itzehoe ZIP 2014, 1038.
699 AG Itzehoe, ZIP 2014, 1038, 1039; zuvor bereits BGH NJW 1993, 57, 58; so auch die h.M. in der Literatur: statt vieler *Bitter/Rauhut*, ZIP 2014, 1005, 1015 m.w.N.

des AGB-Rechts wird nach der Rechtsprechung des BGH für derartige Fälle auch nicht durch die Bereichsausnahme des § 310 IV BGB für das Gesellschaftsrecht ausgeschlossen, da Genussrechte gerade keine gesellschaftsrechtlich geprägten Mitgliedschaftsrechte seien, sondern sich in einem bestimmten geldwerten Anspruch erschöpfen, worin ihr Charakter als schuldrechtliches Gläubigerrecht zum Ausdruck komme.[700] Nach Ansicht des AG Itzehoe seien die Prokon-Genussrechtebedingungen für den für die Auslegung maßgeblichen durchschnittlichen Anleger zu unbestimmt und verstießen gegen das Transparenzgebot aus § 307 BGB, da sowohl die tatbestandlichen Voraussetzungen als auch die Rechtsfolgen nicht eindeutig beschrieben seien und der Verwender somit einen unzulässigen Beurteilungsspielraum besitze. Konkret verstoße die vereinbarte Nachrangklausel gegen das Bestimmtheitsgebot, da sie eine Formulierung enthalte, nach welcher das Genussrechtskapital nachrangig dem „sonstigen Eigenkapital" der Schuldnerin haften solle, allerdings von einem durchschnittlichen, juristisch nicht vorgebildeten Anleger nicht erwartet werden könne, dass er sich in den Feinheiten des Bilanzrechts auskenne und wisse, welche Positionen genau unter den Begriff des „sonstigen Eigenkapitals" fallen. Bezüglich der in den Genussrechtebedingungen enthaltenen Verlustbeteiligung ergebe sich die Unwirksamkeit daraus, dass die Bedingungen keinen Berechnungsmaßstab zur Verteilung eines Verlustes vorsehen und die so entstehenden Lücke auch nicht durch dispositives Gesetzesrecht geschlossen werden könne, da Genussrechte gerade nicht gesetzlich geregelt seien. Auch eine ergänzende Vertragsauslegung sei nicht möglich, da sich im Vertrag keine Anhaltspunkte für den hypothetischen Parteiwillen finden lassen.[701] Für die Anleger hat die angenommene Unwirksamkeit von Nachrang- und Verlustbeteiligungsklausel den großen Vorteil, dass ihre Forderungen nicht als nachrangige Forderungen zu behandeln sind. Die im Eröffnungsbeschluss vertretene Auffassung vermag dogmatisch zu überzeugen, ist allerdings aus praktischer Sicht nicht unproblematisch. Zunächst ist allerdings durchaus erwähnenswert, dass das Gericht sehr geschickt durch die angenommene Unwirksamkeit der jeweiligen Klauseln wegen Verstoßes gegen das Transparenzgebot die durchaus umstrittene Frage umgeht, ob Nachrangvereinbarungen in Genussrechtsbedingungen nicht als Hauptleistungsbestimmungen anzusehen und damit der Inhaltskontrolle wegen § 307 III BGB entzogen sind, da gemäß § 307 III 2 BGB i.V.m. § 307 I BGB

---

700 BGH NJW 1993, 57, 58 (zum alten AGB-Gesetz); *Bitter/Rauhut*, ZIP 2014, 1005, 1015; generell eine enge Auslegung von § 310 IV BGB befürwortend *Bitter*, ZIP 2015, 345, 348.
701 AG Itzehoe ZIP 2014, 1038, 1039 f.

auch diese jedenfalls der Transparenzkontrolle unterliegen.[702] Auch die sachlichen Begründungen der Transparenzverstöße von Verlustbeteiligungsklausel und Nachrangklausel sind durchaus stringent und nachvollziehbar. Allerdings ist nicht zu verkennen, dass der angelegte Maßstab des „durchschnittlichen Anlegers" beachtlich niedrig angesetzt wurde und in der Praxis die rechtssichere Ausgestaltung von Genussrechtebedingungen erheblich verkompliziert. Dieser Aspekt ist vor allem deshalb von Relevanz, weil weder eine (drohende) Einschränkung dieser lukrativen Produktgattung noch umfangreichere und damit in der Regel wohl weit weniger transparente Vertragsklauseln langfristig im Interesse der Anleger liegen werden. Mittlerweile haben die Gläubiger dafür gestimmt, dass die *Prokon Regenerative Energien GmbH* in eine Genossenschaft umgewandelt wird, nachdem zuvor im Juli 2014 die Gläubigerversammlung dem Insolvenzverwalter einen Sanierungsauftrag erteilt hatte mit dem Ziel, das Unternehmen auf das Kerngeschäft („Onshore-Wind") auszurichten. Laut Auskunft des Insolvenzverwalters werden allerdings die Gläubiger trotz der Fortführung als Genossenschaft wohl etwas mehr als 40 % ihrer Anlagen verlieren.[703]

## 2. Der Graue Kapitalmarkt in der Kritik

Vor allem aufgrund der Vielzahl der Anleger und des hohen Gesamtanlagevolumen führte die Insolvenz der *Prokon Regenerative Energien GmbH* zu einer breiten öffentlichen Diskussion. Dabei geriet der Graue Kapitalmarkt bisweilen sehr stark in die Kritik und wurde für Verbraucher als gefährlicher und zu meidender Markt zweifelhafter Produktemittenten dargestellt. Auch die Funktion der BaFin wurde im Zusammenhang mit der Prokon-Insolvenz öffentlich kritisiert. So habe die Behörde zwar ursprünglich die Prospekte der Unternehmen geprüft und gebilligt, allerdings trotz frühzeitiger Kenntnis von finanziellen Problemen der Gesellschaft, mangels entsprechendem Schutzauftrag für den Grauen Kapitalmarkt, keine geeigneten Maßnahmen zum Schutze der Anleger treffen können,

---

702 Die Anwendbarkeit ablehnend BGH NJW 1993, 57, 59 („bei Genussrechten mit Eigenkapitalcharakter"); *Bork*, ZIP 2014, 997; *Habersack*, NZG 2014, 1041 (sowohl für Verlustteilnahmeklauseln als auch Nachrangklauseln); eine Kontrollfähigkeit befürwortend BGH NJW-RR 2014, 937 (für Rangrücktrittsvereinbarung); *Bitter*, ZIP 2015, 345, 350 f.

703 Siehe Mitteilung über das Insolvenzverfahren, abrufbar unter: www.prokon.net/?page_id=11 (zuletzt abgerufen am 23.07.2015); zur Fortführung als Genossenschaft und der zu erwartenden Insolvenzquote: FAZ vom 03.07.2015, S. 22 („Prokon wird Wind-Genossenschaft").

was die Notwendigkeit einer gesetzlichen Kompetenzerweiterung evident mache.[704] Infolge der intensiven Debatte über das Anlegerschutzniveau auf dem Grauen Kapitalmarkt kam es auch zu politischen Reaktionen, wie zum Beispiel von Bundesjustiz- und Verbraucherminister *Heiko Maas*, welcher öffentlich mitteilte, dass in Zukunft „ein Fall wie Prokon in dieser Form nicht mehr vorkommen" könne.[705]

## III. Bisherige und aktuelle Regulierungsmaßnahmen im Überblick

Während der Graue Kapitalmarkt in der Vergangenheit fast gänzlich unreglementiert war, geriet er in den vergangenen Jahren immer stärker in den Fokus gesetzlicher Regulierungsmaßnahmen. Im Folgenden sollen zunächst die wichtigsten gesetzlichen Reformen überblicksartig dargestellt werden, um anschließend zu einer Bewertung des Regulierungsniveaus auf dem Grauen Kapitalmarkt zu gelangen.

### 1. Bisherige Regulierungsmaßnahmen

Als erste bedeutende gesetzgeberische Maßnahme kann das Gesetz zur Verbesserung des Anlegerschutzes (Anlegerschutzverbesserungsgesetz) aus dem Jahr 2004 angesehen werden.[706] Für eine Vielzahl von Kapitalanlagen des Grauen Kapitalmarkts wurde im Falle eines öffentlichen Angebotes eine Prospektpflicht und Prospekthaftung statuiert, wobei sich die durch die BaFin vorzunehmende Prospektprüfung auf die formelle Vollständigkeit beschränkte und insbesondere eine inhaltliche Kontrolle nicht vorsah.[707]

Im Anschluss an die Finanzmarktkrise wurde Ende 2011 das Gesetz zur Novellierung des Finanzanlagenvermittler- und Vermögensanlagenrechts verabschiedet.[708] Hierdurch kam es zu einer Erweiterung der Prospektprüfungspflichten durch die BaFin, indem kumulativ zur bereits bestehenden formellen Kontrolle auch eine Prüfung auf Kohärenz- und Verständlichkeit (nicht auf inhaltliche Richtigkeit!) eingeführt und die Prospektveröffentlichung von der vorherigen

---

[704] Siehe zur öffentlichen Kritik an der BaFin sowie den Forderungen nach einer Kompetenzerweiterung in: FAZ vom 25.03.2014, S. 23 („Der Anlegerschutz ist für die BaFin zweitrangig") sowie dem auf der gleichen Zeitungsseite abgedruckten Kommentar von *Frühauf* („Die Aufsicht stärken").
[705] Vgl. FAZ vom 23.05.2014, S. 23.
[706] BGBl. 2004, 2630 (Nr. 56).
[707] *Wetzig*, Die Regulierung des Grauen Kapitalmarkts, S. 62 m.w.N.
[708] BGBl. 2011, 2481 (Nr. 63).

Billigung durch die BaFin abhängig gemacht wurde (vgl. §§ 7, 8 VermAnlG). Zum anderen wurden für Anbieter von Vermögensanlagen besondere Anforderungen an Rechnungslegungs- und Prüfungspflichten aufgestellt sowie eine Pflicht zur Erstellung eines Informationsblatts (§ 13 VermAnlG) eingeführt, die an den Reformen des WpHG durch das AnsFuG angelehnt ist. Darüber hinaus kam es auch zu einer umfassenden Reformierung des Produktvertriebs. So müssen alle Wertpapierdienstleistungsunternehmen i.S.d. § 2 IV WpHG stets auch die Pflichten des KWG und WpHG beim Vertrieb von Produkten des Grauen Kapitalmarkts beachten und entsprechend alle sonstigen freien Finanzanlagenvermittler die neu eingeführten Qualifikations- und Verhaltenspflichten der GewO sowie der Finanzanlagenvermittlungsordnung. Freie Anlageberater- und Vermittler benötigen nunmehr eine Erlaubnis, die sie erst im Anschluss an eine erfolgreich abgelegte Sachkundeprüfung vor der Industrie- und Handelskammer erlangen können (§ 34f II Nr. 4 GewO). Zudem wurden auch für freie Finanzanlagenberater/vermittler Dokumentations- und Beratungspflichten statuiert, die vor allem die Zurverfügungstellung eines Kurzinformationsblatts (§ 15 FinVermV) und die Anfertigung eines schriftlichen Beratungsprotokolls (§ 18 FinVermV) umfassen und damit die Parallelität zum Pflichtenregime des WpHG verdeutlichen.[709]

Im Juli 2013 kam es durch das Inkrafttreten des sogenannten Kapitalanlagegesetzbuchs (KAGB) zu einer weiteren Regulierungsmaßnahme auf dem Grauen Kapitalmarkt.[710] Das KAGB ersetzte das bis dahin geltende Investmentgesetz (InvG) und stellte erstmals ein einheitliches Regelwerk für alle Fondsmanager und Investmentfonds inklusive bisher unregulierter Fonds wie beispielsweise Private Equity Fonds oder Geschlossener Immobilienfonds auf.[711] Aufgrund des sehr weit gefassten Begriffs des „Investmentvermögens" i.S.d. § 1 I 1 KAGB fallen sämtliche für den Grauen Kapitalmarkt typische Anlageprodukte unter den Anwendungsbereich des KAGB (v.a. Offene und Geschlossene Fonds). Als zentraler Regelungsinhalt des Gesetzes kann zum einen die Einführung einer Erlaubnispflicht vor der Aufnahme des Geschäftsbetriebs sämtlicher Kapitalvermögensgesellschaften angesehen werden (durch die BaFin, vgl. §§ 20 ff. KAGB). Zum anderen sind seit der Gesetzeseinführung alle Kapitalverwaltungsgesellschaften verpflichtet, für das verwaltete Vermögen eine sogenannte Verwahrstelle zu beauftragen, die sowohl

---

709 Siehe auch *Zingel/Varadinek*, BKR 2012, 177, mit einer übersichtlichen Zusammenfassung der praktischen Veränderungen durch das Gesetz zur Novellierung des Finanzanlagenvermittler- und Vermögensanlagerechts.
710 BGBl. 2013, 1981 (Nr. 35).
711 *Wollenhaupt/Beck*, DB 2013, 1950.

eine Verwahrungs- als auch Kontrollfunktion übernimmt und ihrerseits im Falle eines Abhandenkommens verschuldensunabhängig für das Abhandenkommen von Finanzinstrumenten haftet (vgl. § 88 KAGB).[712] Gerade die letztere Maßnahme intendiert, einen möglichen Missbrauch zu verhindern und das Vertrauen der Anleger zu stärken.

## 2. Aktuelle Regulierungsmaßnahmen

Im Juli 2015 trat das sogenannte Kleinanlegerschutzgesetz in Kraft.[713] Hierbei handelt es sich allerdings nicht um ein eigenständiges Gesetz, sondern um eine Vielzahl konkret ausgestalteter Maßnahmen, die vor allem durch Änderungen des VermAnlG umgesetzt wurden.[714] Dass die Einführung dieses Gesetzes eine unmittelbare Reaktion auf mehrere Insolvenzen auf dem Grauen Kapitalmarkt, allen voran jedoch von Prokon ist, lässt sich sowohl aus der Gesetzesbegründung der Bundesregierung als auch aus dem Bericht des Finanzausschusses ableiten.[715] Die im Gesetz klar definierten Regelungen betreffen unterschiedliche Bereiche des Produktangebotes sowie des anschließenden Vertriebs, haben dabei allerdings alle das gemeinsame Ziel, das vom Gesetzgeber als zu niedrig empfundene Anlegerschutzniveau auf dem Grauen Kapitalmarkt zu erhöhen.

### a) Höhere Transparenz- und Prospektanforderungen

Aufgrund des neuen Kleinanlegerschutzgesetzes werden auch bislang noch unreglementierte, aber durchaus praxisrelevante Produkte, wie partiarische Darlehen und Nachranganleihen ebenso einer Prospektpflicht unterworfen, wie solchen Anlagen, die den bereits prospektpflichtigen Vermögensanlagen wirtschaftlich gleichstehen, etwa weil sie einen Anspruch auf Verzinsung und Rückzahlung gewähren. Ob im Einzelfall eine Prospektpflicht besteht, wird durch die BaFin jeweils nach den Umständen des Einzelfalls beurteilt.[716] Ausdrücklich von der Prospektpflicht ausgenommen bleibt allerdings – bis zu einem Gesamtvolumen von 2,5 Mio. Euro – auch weiterhin das sogenannte Crowd-Funding („Schwarmfinanzierung"), welches vor allem von Start-Up-Unternehmen als Finanzierungsinstrument genutzt wird (§ 2a VermAnlG). Sämtliche Prospekte sind nunmehr

---

712 *Wollenhaupt/Beck*, DB 2013, 1950, 1956 f.
713 BGBl 2015, 1114 (Nr. 28).
714 *Morlin*, AG 2015, R 23, R 24.
715 BT-Drs. 18/3994, S. 1 (Gesetzentwurf der BReg); BT-Drs. 18/4708, S. 57, 59 (Bericht des Finanzausschusses).
716 BaFin Journal 01/2015, S. 13.

gem. § 8a n.F. VermAnlG lediglich zwölf Monate gültig und müssen somit bei langfristigen Vermögensanlagen alle zwölf Monate vom Emittenten aktualisiert und anschließend von der BaFin (erneut) gebilligt werden, wodurch das Risiko der Verwendung alter und nicht mehr zutreffender Prospekte gemindert werden soll.[717] Die BaFin kann außerdem die Aufnahme von zusätzlichen Angaben in den Prospekt verlangen, wenn dies aus ihrer Sicht zum Schutz der Anleger geboten erscheint.[718] Darüber hinaus obliegen dem Emittenten gem. § 11a n.F. VermAnlG besondere Meldepflichten (ad-hoc-Mitteilungen) in den Fällen, in denen aus seiner Sicht eine Zahlungsunfähigkeit droht oder aber die Rückzahlung der Einlage oder der vereinbarten Zinsen beeinträchtigt sein kann. Die entsprechenden Meldungen werden anschließen auf der Homepage der BaFin publiziert.[719]

*b) Mindestlaufzeit und Kündigungsfrist*

Nach dem Kleinanlegerschutzgesetz ist für Vermögensanlagen eine Mindestlaufzeit von 24 Monaten ab dem ersten Erwerb sowie eine Kündigungsfrist von mindestens (!) sechs Monaten vorgesehen (§ 5a n.F. VermAnlG), um den Emittenten eine solide Finanzierungsgrundlage und letztlich ein gewisses Maß an Planungssicherheit zu gewährleisten.[720] Darüber hinaus soll auf diese Weise auch den Kunden deutlich vor Augen geführt werden, dass es sich um eine längerfristige Vermögensanlage handelt und folglich im erhöhten Maße auf die Risiken zu achten ist.[721] In der Pflicht zur Einräumung längere Kündigungsfristen ist ebenfalls eine Reaktion auf die Prokon-Insolvenz zu sehen, bei der die Einräumung immer kürzerer Fristen und die zeitgleiche Ausübung dieses Rechts durch zahlreiche Gläubiger zu den Zahlungsschwierigkeiten geführt hat.

*c) Möglichkeit von Produktinterventionen*

Der BaFin soll zudem die Möglichkeit einer weitreichenden Produktintervention eröffnet werden (§ 4b WpHG). Sie soll dabei sowohl die Vermarktung als auch den Vertrieb und Verkauf von Finanzinstrumenten oder strukturierten Einlagen verbieten bzw. beschränken können, wenn Tatsachen die Annahme rechtfertigen, dass ein Finanzinstrument oder eine strukturelle Einlage erhebliche Bedenken für

---

717 *Aurich*, GWR 2014, 295, 296; *Fett*, KSzW 2015, 139, 144; BaFin Journal 01/2015, S. 13.
718 *Fett*, KSzW 2015, 139, 145.
719 *Aurich*, GWR 2014, 295, 296 f.; BaFin Journal 01/2015, S. 14.
720 BaFin Journal 01/2015, S. 13.
721 *Aurich*, GWR 2014, 296, 297; *Fett*, KSzW 2015, 139, 143.

den Anlegerschutz aufwirft oder eine Gefahr für das ordnungsgemäße Funktionieren und die Integrität der Finanz- und Warenmärkte begründet. Der Kreis der Adressaten solcher Interventionsmaßnahmen ist dabei nicht begrenzt und reicht vom Emittenten bis hin zu den Vertriebs- und Beratungspersonen.[722] Die Regelung des § 4b WpHG gilt auch für Vermögensanlagen i.S.d. § 1 II VermAnlG, da einerseits gemäß § 2 IIb WpHG Vermögensanlagen Finanzinstrumente i.S.d. WpHG sind und andererseits auch § 18 II n.F. VermAnlG ausdrücklich klarstellt, dass der BaFin die in § 4b WpHG genannten Befugnisse auch im Hinblick auf Vermögensanlagen zustehen.[723]

### d) Einschränkung der Werbemöglichkeiten

Das Gesetz sieht ferner eine besondere Regelung im Hinblick auf die Werbemöglichkeiten vor (§ 12 n.F. VermAnlG). Jede Werbung ist demnach mit einem deutlichen Warnhinweis zu versehen, wonach „der Erwerb der Vermögensanlage mit erheblichen Risiken verbunden ist und zum vollständigen Verlust des eingesetzten Vermögens führen kann." Ursprünglich sollte Werbung für Vermögensanlagen im öffentlichen Raum, wie etwa auf Bussen, Bahnen, Plakaten oder durch Posteinwürfe gänzlich verboten werden, während sie in der Presse zulässig bleiben sollte, sofern sie einen Hinweis auf die Risikohaftigkeit des Produktes beinhaltet.[724] Auch im Fernsehen und sonstigen Medien war zunächst vorgesehen, dass Werbung nur dann zulässig bleiben sollte, wenn in den konkreten Sendern zumindest gelegentlich auch über wirtschaftliche Sachverhalte berichtet und die Werbung im Zusammenhang mit solchen Berichten gesendet wird.[725] Eine derartige Differenzierung wurde allerdings nicht in die Endfassung des Gesetzes übernommen, was ausdrücklich zu begrüßen ist, da selbst unter Berücksichtigung der vom Gesetzgeber zu beachtenden Pressefreiheit, keine Gründe ersichtlich sind, die dafür sprechen, dass von Werbung im öffentlichen Raum eine gesteigerte Gefahr im Vergleich zu üblicherweise deutlich breiter vertriebenen Presseerzeugnissen ausgeht und damit eine Ungleichbehandlung zwischen beiden Werbequellen rechtfertigen könnte. Darüber hinaus wäre auch unklar gewesen, was konkret unter „gelegentlicher Darstellung von wirtschaftlichen Sachverhalten" zu verstehen ist, sodass

---

722 *Fett*, KSzW 2015, 139, 146; BaFin Journal 01/2015, S. 15.
723 BT-Drs. 18/3994, 53; *Buck-Heeb*, NJW 2015, 2535, 2540.
724 Siehe zu den ursprünglichen Plänen eines weitreichenden Werbeverbotes *Fett*, KSzW 2015, 139, 144 f.; BaFin Journal 01/2015, S. 14.
725 BaFin Journal 01/2015, S. 14.

die finale Abstandnahme von derart unscharfen Abgrenzungskriterien positiv zu werten ist.[726]

*e) Prüfung von Vermögenslage und Rechnungslegung*

Das Kleinanlegerschutzgesetz sieht schließlich eine Ausweitung der Prüfungskompetenzen der BaFin hinsichtlich der Vermögenslage und der Rechnungslegung der Produktanbieter vor (§ 23 ff. VermAnlG). So kann sie in den Fällen, in denen sie konkrete Anhaltspunkte für einen Verstoß besitzt, die Überprüfung durch einen externen Wirtschaftsprüfer veranlassen (Enforcement-Verfahren). Darüber hinaus soll durch eine Anhebung der Bußgeld-Höchstgrenze von 25.000 auf 250.000 Euro bei Vorliegen eines Verstoßes gegen Offenlegungspflichten eine Abschreckungswirkung erzeugt werden und zur fristgerechten Veröffentlichung von Jahresabschlüssen verleiten.[727] Sofern die BaFin den Verdacht einer Ordnungswidrigkeit oder Straftat im Rahmen der Rechnungslegung des Emittenten erlangt, ist sie verpflichtet, die zuständigen Behörden zu informieren. Durch diese strengeren Kontrollbefugnisse soll den in der Vergangenheit auf dem Grauen Kapitalmarkt tätigen Anlagebetrügern möglichst frühzeitig und effektiv entgegengetreten werden.[728]

*f) Erweiterung des BaFin-Aufgabenkreises*

Das Kleinanlegerschutzgesetz erweitert den allgemeinen Aufgabenkreis der BaFin insoweit, als der Aufsichtsbehörde nunmehr auch die Aufgabe eines „kollektiven Verbraucherschutzes" zukommen soll.[729] Nach § 4 Ia FinDAG kann die BaFin daher alle Anordnungen gegenüber den Instituten und anderen Unternehmen treffen, die geeignet und erforderlich sind, um verbraucherschutzrelevante Missstände zu verhindern oder zu beseitigen. Als konkrete Maßnahmen können beispielsweise Warnungen vor bestimmten Finanzprodukten oder Bekanntmachungen von Maßnahmen bei Verstößen gegen das Vermögensanlagegesetz in Betracht kommen.[730] Ausweislich der Gesetzesbegründung soll ein Anspruch auf Tätigwerden der BaFin allerdings nicht bestehen,[731] was sich auch

---

726 Ebenso *Möllers/Kastl*, NZG 2015, 849, 853.
727 BaFin Journal 01/2015, S. 15.
728 *Fett*, KSzW 2015, 139, 145.
729 Zum erweiterten Aufgabenkreis der BaFin auch *Buck-Heeb*, NJW 2015, 2535, 2540 f.; *Roth*, GWR 2015, 243.
730 *Roth*, GWR 2015, 243.
731 BT-Drs. 18/3994, 37.

aus dem konkreten Gesetzeswortlaut von § 4 Ia n.F. FinDAG ergibt, wonach die BaFin explizit (nur) dem Schutz der „kollektiven" und gerade nicht der „individuellen" Verbraucherinteressen verpflichtet ist.[732] Mithin werden auch weiterhin Schadensersatzansprüche (Amtshaftung) von einzelnen Anlegern gegenüber der BaFin wegen unzureichender Aufsicht ausscheiden (§ 4 IV FinDAG).[733]

### 3. Zusammenfassung und Bewertung

Vor allem durch das Gesetz zur Novellierung des Finanzanlagenvermittler- und Vermögensanlagerechts wurde auf dem Grauen Kapitalmarkt ein beachtliches Pflichtenniveau im Rahmen des Vertriebs geschaffen, welches in weiten Teilen mit dem des regulierten Kapitalmarkts vergleichbar ist.

Nunmehr hat sich der Gesetzgeber entschlossen, das Schutzniveau durch das Kleinanlegerschutzgesetz nochmals anzuheben und hierbei vor allem auch die Kontrollen auf der Produktanbieterseite zu erhöhen. Dass in diesem Bereich, insbesondere mangels regelmäßiger Prospektaktualisierungspflichten und Interventionsmöglichkeiten der BaFin, gewisse Schutzlücken für Anleger bestanden, ist evident. Dennoch bleibt der Eindruck, dass viele der durch das Kleinanlegerschutzgesetz eingeführten Regelungen vor allem eine übereilte gesetzgeberische Reaktion auf einzelne Insolvenzen darstellen und es sich in der Gesamtschau eher um eine „*lex prokon*" als um durchdachte und angemessene Novellierungen handelt. So mag zwar die Pflicht zur Einräumung einer Kündigungsfrist von mindestens sechs Monaten, welche für einzelne Produkte allerdings auch deutlich länger sein kann (§ 5a S. 2 VermAnlG), den Emittenten eine etwas längerfristige Planung ermöglichen. Gleichsam kann auch sie nicht wirksam verhindern, dass es durch eine Häufung von zeitgleich eingereichten Kündigungen auch zukünftig zu (temporären) Zahlungsengpässen kommen wird. Diese verpflichten dann den Emittenten zu ad-hoc-Mitteilungen, sodass sich die Liquiditätslage sogar noch einmal verschlimmern könnte. Auch ist nicht zu erwarten, dass sich gerade solche Anleger von derartigen gesetzlichen Mindestkündigungsfristen abschrecken lassen, die sich auch bislang trotz offensichtlicher Anlagerisiken für ein Investment mit (i.d.R.) mehrmonatiger Kündigungsfrist entschieden haben. Anderen Anlegern, die ihr Geld allerdings nur für eine kurze Zeit renditestark und flexibel zwischenfinanzieren möchten, wird durch die Maßnahme der Graue Kapitalmarkt als Anlageoption faktisch komplett abgeschnitten, was

---

732 Einen Individualanspruch ablehnend auch *Buck-Heeb*, NJW 2015, 2535, 2540.
733 Siehe zur Vereinbarkeit von § 4 IV FinDAG mit dem Europäischen Gemeinschaftsrecht sowie dem Grundgesetz BGH NJW 2005, 742.

vor allem im derzeit bestehenden und durch staatliches Fehlverhalten mitverursachten Niedrigzinsumfeld (Staatsverschuldung) kaum legitimierbar ist. Insgesamt stehen den aus der Mindestkündigungsfrist resultierenden Eingriffen in die Rechte der Emittenten und Anleger keine ausreichend gewichtigen Gründe gegenüber, die eine solche gesetzgeberische Maßnahme rechtfertigen. Ebenso ist zu bezweifeln, dass die nun verpflichtenden Warnhinweise bei Werbungen ihren Zweck erfüllen werden und eine Warnwirkung bei den Verbrauchern entfalten.[734] Angesichts der nicht nach tatsächlichen Risiken differenzierenden und damit pauschalen Warnpflicht für sämtliche Produkte ist vielmehr davon auszugehen, dass die Hinweise inflationär und in einigen Fällen sogar kontraproduktiv wirken könnten, wenn nämlich hierdurch Anleger das tatsächlich bestehende Risiko unterschätzen.

Es bleibt somit insgesamt der Eindruck, dass neben zweifellos sinnvollen und notwendigen Regulierungsmaßnahmen der vergangenen Jahre viele der nun im Kleinanlegerschutzgesetz enthaltenen Novellierungen wenig sinnvoll und durchdacht sind.

## IV. Bewertung der Anlageberatung im Vergleich zum regulierten Kapitalmarkt

Aufgrund der intensiven Regulierung des Grauen Kapitalmarkts kam es in den vergangenen Jahren zu einer weitgehenden Angleichung zum regulierten Kapitalmarkt. Dieser Befund macht nochmals deutlich, dass eine Abgrenzung beider Marktsegmente allein anhand des Regulierungsniveaus nicht mehr zielführend ist, sondern zusätzlich auch eine Abgrenzung nach den typischen Anlageprodukten vorzunehmen ist.[735] Vor dem Hintergrund der beschriebenen Entwicklung wird auch in der juristischen Literatur folgerichtig teilweise die Lage derart beschrieben, dass der „Graue Kapitalmarkt weiß" werde.[736] Es bestehen allerdings große Bedenken, ob diese Tatsache positiv zu bewerten ist. Ausgangspunkt für eine Gesamtbewertung sollte dabei zunächst die Erkenntnis sein, dass sich der Graue Kapitalmarkt nicht grundlos gebildet und im Übrigen für die überwiegende Anzahl von Emittenten und Anlegern auch erfolgreich funktioniert hat, sondern eine für beide Seiten augenscheinlich bestehende „Marktlücke" ausfüllte. Vor allem für neu gegründete Produktanbieter, die häufig zwar über gute Geschäftsideen/Investitionsprojekte verfügen, sich allerdings nicht vollständig

---

[734] A.A. *Möllers/Kastl*, NZG 2015, 849, 853.
[735] Siehe hierzu § 9 I. 1.
[736] So etwa *Aurich*, GWR 2014, 295.

über klassische (Bank-)Darlehen bzw. auf dem regulierten Kapitalmarkt finanzieren können, ist ein weniger regulierter und damit auch weniger kosten- und aufwandsintensiver Kapitalmarkt geradezu unverzichtbar. Aufgrund der Ausweitung sämtlicher Regulierungspflichten besteht nunmehr die Gefahr, dass nicht nur die (wenigen) „schwarzen Schafe" und unseriösen Finanzierungsprojekte vom Markt verdrängt werden, sondern zugleich auch durchaus hoffnungsvolle Unternehmen in ihrer Finanzierung und damit letztlich auf dem Weg zur langfristigen Marktetablierung gehindert werden. Dies kann dauerhaft dazu führen, dass in Deutschland das allgemeine Innovations- und Investitionsniveau sinkt. Gerade das Problem begrenzter Finanzierungsoptionen von aufstrebenden bzw. noch wenig etablierten Unternehmen sollte nicht unterschätzt werden, da vor allem Banken aufgrund von regulatorischen Vorgaben ihre Kreditforderungen stets mit Eigenkapital hinterlegen müssen, was dazu führt, dass die Kreditvergabe teils erheblich eingeschränkt ist („Kreditklemme"). Zudem ist davon auszugehen, dass auch zukünftig unseriöse Produktanbieter existent bleiben, sich allerdings vom bislang partiell überwachten Grauen Kapitalmarkt, auf einen (noch) dubioseren „schwarzen" Parallelmarkt verlagern werden.[737] Gänzlich abgesehen von solchen Anlegern, die auch bislang in vollem Bewusstsein des Risikos in Finanzprodukte des Grauen Kapitalmarkts investiert haben, bestehen auch im Hinblick auf besonders schutzbedürftige Kunden bei genauerer Betrachtung Zweifel, ob das neue sehr hohe Regulierungsniveau wirklich durchweg positiv ist. Angesichts der öffentlichen Berichterstattung über das gestiegene Schutzniveau auf dem Grauen Kapitalmarkt und den intensiveren BaFin Prüfungspflichten besteht die latente (neue) Gefahr, dass beim Anlegerpublikum ein objektiv unzutreffendes Sicherheitsgefühl erzeugt wird, das gerade in Verbindung mit hohen Ertragschancen dazu führen kann, das bestehende Risiken mehr als je zuvor unterschätzt werden. Hieran werden auch die nunmehr gesetzlich vorgeschriebenen und wohl nicht selten inflationär wirkenden Risikohinweise (z.B. i.R.v. Pressewerbungen) nichts ändern können. Vor dem Hintergrund des enorm gestiegenen Prüfungs- und Verwaltungsaufwands für die BaFin bleibt zudem abzuwarten, ob eine flächendeckende, effektive Kontrolle des Grauen und Weißen Kapitalmarkts in der Praxis überhaupt möglich sein wird. Bemerkenswert ist ferner, dass augenscheinlich statt einer immer intensiveren Regulierung eine stärkere Eigenverantwortung der Anleger selbst nicht als notwendig angesehen wird. Dies verwundert, da der Grundsatz, dass höheren Ertragschancen in der Regel

---

[737] Auf die Gefahr der Neubildung eines unseriöseren Marktes hinweisend auch *Gerson*, ZWH 2014, 298, 303.

auch höhere Risiken gegenüberstehen, selbst wirtschaftlich wenig vorgebildeten Anlegern bekannt sein dürfte. Dementsprechend sollte es primär in der Verantwortung jedes Anlegers liegen, sich umfassend mit der Funktionsweise und den bestehenden Risiken auseinanderzusetzen und gegebenenfalls fachkundigen Rat einzuholen. Selbst Letzteres wäre allerdings wohl zumeist schon deshalb nicht notwendig, da es bereits in der Vergangenheit durch eine simple Internetrecherche möglich war, umfassende und häufig unabhängige Informationen über sämtliche Anbieter, Produkte und Risiken des Grauen Kapitalmarkts zu erhalten (u.a. auch in kapitalmarkbezogenen Online-Foren).

Es bleibt abzuwarten, wie sich der bisherige Graue Kapitalmarkt zukünftig angesichts der neuen Regulierungswelle entwickeln wird. Sicher ist allerdings, dass auch zukünftig Insolvenzen wie von Prokon auf einem Markt mit zahlreichen riskanten Anlageprodukten nicht gänzlich zu verhindern sind und daher jede gesetzgeberische Erzeugung einer diesbezüglichen Scheinsicherheit kontraproduktiv ist.

# § 10 Mögliche Optimierungsansätze für eine interessengerechtere Anlageberatung

Im Verlauf der Arbeit wurde aufgezeigt, dass es unter anderem aufgrund von Regulierungsmaßnahmen zu negativen Einflüssen auf die Anlageberatung gekommen ist, die sowohl auf der Seite der Institute als auch der Kunden spürbar sind. Teilweise sind zudem bereits deutliche Einschränkungen in der Anlageberatung und sogar Beratungsverzichte erkennbar. Zeitgleich zu dieser Entwicklung bleibt der Bedarf an guter Anlageberatung allerdings bestehen und erhöht sich angesichts des demografischen Wandels vor allem auch für jüngere Generationen (Vorsorge).

Im folgenden Abschnitt sollen daher potenzielle Optimierungsansätze für eine interessengerechtere Beratung untersucht werden, die dazu beitragen könnten, dass langfristig sowohl ein flächendeckendes Beratungsangebot als auch ein adäquater Kundenschutz sichergestellt sind.

## I. Begriffsbestimmung: interessengerechtere Anlageberatung

Unter dem nachfolgend zugrunde gelegten Begriff der „interessengerechteren" Anlageberatung soll ausdrücklich nicht eine ausschließlich „kundengerechtere" Beratung verstanden werden. Zwar werden primär solche Optimierungsmöglichkeiten thematisiert, die eine Erhöhung des Kundenschutzes intendieren, allerdings sollen zugleich auch stets die praktischen Auswirkungen aus der Institutssicht analysiert und die praktische Umsetzbarkeit bewertet werden. Dauerhaft muss es nämlich bereits aus volkswirtschaftlicher Sicht Ziel sein, angemessene (gesetzliche) Rahmenbedingungen in der Anlageberatung zu schaffen, die den Interessenlagen aller Beteiligten, namentlich dem Ertragsinteresse der Institute sowie ihrer Berater einerseits und dem Interesse der Kunden an einer guten Anlageberatung andererseits, Rechnung tragen. Im Falle eines spürbaren Ungleichgewichtes, etwa aufgrund einer Überregulierung wie sie derzeit aufgrund der Protokollierungspflicht besteht, treten nämlich langfristig gravierende negative Folgen ein (Beratungseinschränkungen/Verzicht), die weder im Interesse der Institute und ihrer Anlageberater noch der Kunden und des Staates liegen können.

## II. Potenzielle Optimierungsansätze

### 1. Stärkere Anpassung der Anlageberatung an den praktischen Bedarf

*a) Bedarf einer klientelorientierteren und flexibleren Gestaltung statt strengem Formalismus*

Durch die zahlreichen gesetzlichen Pflichten sowie eventuell noch hinzutretende institutsinterne Vorschriften hat sich die Anlageberatung zu einem formalistischen Akt entwickelt, bei dem nicht mehr das persönliche Gespräch im Vordergrund steht, sondern die Einhaltung aller formalen Pflichten. Ein derartiger Trend wird in der Regel weder im Interesse der Anlageberater noch der Kunden liegen.[738]

Ein sinnvoller allgemeiner Optimierungsansatz könnte in der Abkehr von diesem strengen Formalismus und einer Stärkung der Beratungsfreiheit liegen, ohne dass dabei das notwendige Kundenschutzniveau tangiert wird. Ein zwingend geboten erscheinender Novellierungsansatz liegt hierbei, wie bereits im Verlauf der Arbeit gezeigt wurde, in der Einräumung eines fakultativen Beratungsprotokollverzichts für erfahrene Anleger.[739] Diese Einschätzung bleibt auch mit Blick auf aktuelle Pläne der Bundesregierung bestehen,[740] die bisherigen Beratungsprotokolle gem. § 34 IIa WpHG durch eine europaweite eingeführte Geeignetheitserklärung abzulösen. Eine Verkürzung der Dokumentation ist nämlich angesichts der umfangreichen inhaltlichen Anforderungen an die Geeignetheitserklärung (Art. 25 VI 3 MiFID II) nicht zu erwarten. Durch die geplante Reform könnte es allenfalls zu einer leichten Verlagerung der Dokumentation vom tatsächlich Besprochenen hin zu einer ausführlichen schriftlichen Begründung der Empfehlung kommen.[741] Das bestehende Grundproblem einer zu aufwendigen und häufig

---

738 Siehe auch *Knop*, in: FAZ vom 20.08.2013, S. 15, wonach nicht mehr das Beratungsgespräch, sondern eine fehlerfreie Dokumentation im Vordergrund stehe.
739 Siehe hierzu § 5 I. 3.
740 Siehe Referentenentwurf des Bundesfinanzministeriums für ein Gesetz zur Novellierung von Finanzmarktvorschriften aufgrund europäischer Rechtsakte (Finanzmarktnovellierungsgesetz), S. 219, abrufbar unter: www.bundesfinanzministerium.de/Content/DE/Downloads/Gesetze/2015-10-19-novellierung-finanzmarktvorschriften-aufgrund-europaeischer-rechtsakte.pdf?__blob=publicationFile&v=2 (zuletzt abgerufen am 21.10.2015).
741 So *Caspari*, Zu den Herausforderungen der revidierten MiFID, in: BaFin Jahresbericht 2014, S. 197, abrufbar unter: www.bafin.de/SharedDocs/Downloads/DE/Jahresbericht/dl_jb_2014.pdf?__blob=publicationFile&v=8 (zuletzt abgerufen am 21.10.2015); siehe auch die Reaktion von *Dorothea Mohn* vom Verbraucherzentrale

weder im Kunden- noch im Institutsinteresse liegenden schriftlichen Dokumentation wird hierdurch allerdings nicht gelöst. Wenig überraschend ist daher, dass bislang die Reaktionen auf die geplante Reform auch sehr verhalten ausfallen und weiterhin ausdrücklich – vor allem von Anbieterseite – die Einräumung einer Verzichtsmöglichkeit im Hinblick auf die Dokumentation (Geeignetheitserklärung) gefordert wird.[742] Etwaige Anhaltspunkte für die zukünftige Schaffung einer Verzichtsmöglichkeit auf Wunsch des Kunden lassen sich allerdings weder aus der europäischen Richtlinie selbst noch aus dem aktuell vorliegenden Gesetzentwurf entnehmen.

Abgesehen von einer fakultativen Verzichtsmöglichkeit sollte allerdings auch sämtlichen Kunden die Möglichkeit eröffnet werden, auf eigenen Wunsch eine sehr knappe (z.B. stichpunktartige) Protokollierung (evtl. zukünftig Geeignetheitserklärung) in Anspruch zu nehmen, wozu eine ausdrückliche gesetzliche Regelung wünschenswert wäre. Schon nach derzeitiger Rechtslage wird eine Dokumentation in Stichworten nicht als unzulässig angesehen, sofern für Besonderheiten ausreichend Raum bleibt.[743] Einige Banken verwenden auch bereits Protokollvorlagen, die wenige Freifelder für umfangreiche Ausführungen enthalten. Der Spielraum ist hierbei allerdings sehr begrenzt, da die BaFin die Verwendung von stark standardisierten Protokollen als fehlerhaft einstuft und hiergegen auch in Form von Bußgeldbescheiden vorgeht.[744] Notwendig sei, dass sich aus dem Protokoll der tatsächliche Ablauf der Beratung nachvollziehen lasse, was bei der Verwendung von standardisierten Textbausteinen oder fehlenden Freifeldern nicht möglich sei.[745]

---

Bundesverband bei *Seibel*, in: Die Welt online vom 20.10.2015 (*„die Geeignetheitsprüfung muss letztendlich all das berücksichtigen, was heute im Kern auch in den Protokollen auftauchen muss"*), abrufbar unter: www.welt.de/finanzen/article147854941/Warum-Ihr-Bankberater-Ihre-Anrufe-speichert.html (zuletzt abgerufen am 23.10.2015).

742 Siehe hierzu die Äußerung vom *Deutschen Sparkassen und Giroverband (DSGV)* in: FAZ vom 21.10.2015, S. 15.

743 *Koller*, in: Assmann/Schneider, WpHG, § 34 Rn. 23.

744 *Michel/Yoo (BaFin)*, Anlageberatung: Beratungsprotokoll und Mitarbeiter- und Beschwerderegister in der Aufsichtspraxis, 16.07.2013, abrufbar unter: www.bafin.de/SharedDocs/Veroeffentlichungen/DE/Fachartikel/2013/fa_bj_2013_07_beratungsprotokoll_aufsichtspraxis.html?nn=3803924#doc4065454bodyText1 (zuletzt abgerufen am 22.10.2015).

745 *Michel/Yoo (BaFin)*, Anlageberatung: Beratungsprotokoll und Mitarbeiter- und Beschwerderegister in der Aufsichtspraxis, 16.07.2013, abrufbar unter: www.bafin.de/SharedDocs/Veroeffentlichungen/DE/Fachartikel/2013/fa_bj_2013_07_beratungsprotokoll_aufsichtspraxis.html?nn=3803924#doc4065454bodyText1 (zuletzt abgerufen am 22.10.2015).

Durch die ausdrückliche Einräumung einer Wahlmöglichkeit des Kunden zur Inanspruchnahme einer Kurzprotokollierung könnte zum einen die Beeinträchtigung des natürlichen Gesprächsablaufs erheblich vermindert werden, ohne gänzlich auf eine Dokumentation der Gesprächsinhalte verzichten zu müssen. Zum anderen würde der Gesamtberatungsaufwand deutlich sinken und könnte dazu beitragen, dass aufgrund der zeitlichen Einsparungen wieder eine flächendeckende Beratung in möglichst vielen Instituten und Niederlassungen für sämtliche Verbraucher ermöglicht wird. Zwar besteht die Gefahr, dass bei der Einräumung einer Wahlmöglichkeit ein (mittelbarer) Druck durch die Berater auf ihre Kunden zur Inanspruchnahme einer verkürzten Dokumentation ausgeübt wird. Allerdings ist diese Gefahr bei „attraktiveren" Kunden als gering anzusehen und bei solchen hinzunehmen, die eventuell sonst überhaupt keine Beratung mehr angeboten bekämen. Darüber hinaus wären stichpunktartige Dokumentationen häufig auch leichter vom Kunden kontrollierbar und das Risiko einer geschickten Ausgestaltung minimiert. Eine möglicherweise eingeschränkte Überprüfbarkeit der Anlageberatung insgesamt, wäre durch die Förderung des Ziels gerechtfertigt, eine flächendeckende Anlageberatung sicherzustellen.

Nach alledem wäre wünschenswert, wenn zukünftig gesetzliche Möglichkeiten für eine flexiblere Ausgestaltung der Beratungsdokumentation geschaffen würden, die vor allem in der Einräumung von Verzichtsmöglichkeiten und der ausdrücklichen Auswahl von verkürzten Dokumentation auf Wunsch der Kunden liegen könnten.

Im Hinblick auf die Produktinformationsblätter sollte den Instituten die Möglichkeit eröffnet werden, gerade älteren oder gehandicapten Anlegern durch Verwendung größerer Schriftzeichen, adäquate Informationsmaterialien zur Verfügung zu stellen, auch wenn diese dann von den gesetzlich vorgeschriebenen Seitenbegrenzungen abweichen.

Ein potenzieller Ansatz für die Anlageberatungsinstitute, ihr eigenes Angebot von dem konkurrierender Unternehmen abzusetzen und gleichzeitig die Servicequalität für die Kunden zu verbessern, liegt in der Schaffung kundenspezifischer Anlageprodukte. So ergab etwa eine Studie, dass bereits weibliche Kunden andere Bedürfnisse bei Finanzprodukten haben als männliche.[746] Unabhängig

---

746 Vgl. Studie der Unternehmensberatung *A.T. Kearney* aus dem Jahr 2013, wonach Frauen weniger in Aktien, Anleihen und Fonds (Investmentprodukte) investieren, weniger risikofreudig sind und ihre Anlageentscheidung häufiger anhand ethischer Kriterien auswählen. Im Gegensatz zu anderen Branchen, die bereits stark in Produkte und Marketing investiert hätten mit denen sie Frauen besser erreichen können, hätten Finanzunternehmen das Potenzial des „weiblichen Marktes" noch nicht

davon, ob dieser konkrete Befund tatsächlich zutrifft, erscheint eine stärkere Kundenausrichtung anhand gewisser Standardkriterien (Geschlecht, Alter, Berufsgruppe) als ein geeignetes Mittel, um einerseits attraktive anlegergerechte Finanzinstrumente vertreiben zu können, andererseits den (Kosten-)Aufwand hierbei aber in überschaubaren Grenzen zu halten. Weiterhin bestünden gerade in einer möglichen Spezialisierung auf das immer größer werdende Klientel der älteren Privatanleger beachtliche Wettbewerbschancen für die Beratungsinstitute. Zwar wird der Beratungsaufwand im Vergleich zu dem bei jüngeren Kunden bisweilen erhöht sein, dem stehen aber in der Regel auch höhere Anlagevolumina gegenüber. Durch den Einsatz speziell geschulter Anlageberater und der Verwendung adäquater IT-Systeme könnten die Angebotsattraktivität vor allem in dieser kundenstarken Zielgruppe deutlich erhöht und der Aufwand überschaubar gehalten werden.[747]

Ein weiterer denkbarer Ansatz wäre vor allem eine stärkere Spezialisierung bestimmter Zweigstellen auf die vorherrschende örtliche Bevölkerungsstruktur anstelle der bislang üblichen universellen Filialberatungsangebote für sämtliche Kundengruppen. Es ist zu erwarten, dass in Verbindung mit einem geschickten Werbeeinsatz innovative Produkt- und Serviceangebote dazu beitragen könnten, dauerhaft neue Kunden zu gewinnen und damit die Attraktivität der Anlageberatung sowohl für die Kunden (Qualitätssteigerung) als auch die Institute zu steigern.

*b) Verbesserte Kundeninformation im Internet*

*aa) Verstärkter Kundenwunsch nach Online-Information und Beratung*

Gerade mit Blick auf die jüngere Generation wird der Bedarf an einer verstärkten Online-Beratung erkennbar. So gaben in einer Studie der Marktforschungsfirma Yougov 25 % der unter 25 Jährigen an, dass eine Online-Beratung für sie eine attraktive Alternative sei.[748] Zudem informieren sich junge Anleger schon im Vorfeld von Investitionsentscheidungen online und schließen die Geschäfte im Anschluss

---

erkannt. Pressemitteilung zu den Studienergebnissen abrufbar unter: www.atkearney.de/documents/856314/1214358/PM_Frauen_Finanzprodukte.pdf/638e892f-4eb2-442f-a4de-7496a08f3021 (zuletzt abgerufen am 26.08.2015).
747 Einige Banken haben wohl bereits spezielle „Seniorenschalter" eingerichtet, vgl. *Baumann/Siedenbiedel*, in: FAS vom 09.11.2014, S. 31.
748 Siehe zur o.g. Studie *Rezmer*, in: Handelsblatt vom 19./20./21.12.2014, S. 38.

über online-Broker ab.[749] Sofern Anlageberatungsinstitute auch diese Zielgruppe erreichen wollen, müssen sie daher bereits den reinen Produktinformationsbedarf auf übersichtlichen Homepages befriedigen und beispielsweise verständliche Angaben/Videos zu Funktionsweisen bestimmter Anlageinstrumente bereitstellen (Aktienanleihen, Fonds etc.). Eine Kundengewinnung für Beratungsdienstleistungen setzt ferner die unmittelbare Verknüpfung mit Online-Beratungsangeboten voraus. Notwendig erscheinen aus Sicht der Anlageberatungsinstitute in jedem Fall verschiedene Investitions- und Umstrukturierungsmaßnahmen, um angesichts des immer stärker werdenden Trends der Digitalisierung konkurrenz- und zukunftsfähig bleiben zu können.

*bb) Einführung von persönlicher Chat- und Videoberatung*

Hierbei sind innovative Lösungen gefragt, die aber keineswegs zwingend mit einer Abkehr vom persönlichen Dialog zwischen Berater und Kunden einhergehen müssen. Dies zeigen exemplarisch aktuelle Konzepte der Sparkassen, die neben Chatfunktionen auch persönliche Videoberatungen anbieten. Dabei wird dem Kunden sein persönlicher Berater per Bild auf der Internetseite zugespielt und ermöglicht so eine Beratung via Computer oder Tablet. Zwar entstehen bei der Umsetzung der Pläne zunächst hohe Investitionskosten, allerdings ist es anschließend den Sparkassen möglich, ihre hohe Anzahl von angestellten Beratern (130.000) auch dauerhaft einzusetzen und auszulasten.[750] Gerade der letzte Aspekt ist auch aus volkswirtschaftlicher Sicht bedeutsam. Sofern nämlich aktuelle Prognosen auch nur teilweise zutreffen sollten, wonach bereits bis zum Jahre 2020 ein Drittel der Bankfilialen schließen,[751] wird die Notwendigkeit der Erarbeitung innovativer Konzepte zum dauerhaften Arbeitsplatzerhalt zahlreicher Mitarbeiter deutlich. Die Idee, die Vorteile einer persönlichen Beratung mit dem Komfort einer Online-Beratung zu verknüpfen und dabei sogar das Informationsangebot zu erhöhen, scheinen auch weitere Institute zu erkennen. So werden mittlerweile sogar Videokonferenzen angeboten, bei denen auf Wunsch des Kunden besondere Produktexperten (z.B. Fondsexperten) in das Gespräch zugeschaltet werden können und damit eine optimale Produkt- und Risikoaufklärung

---

749 Siehe hierzu die empirische Studie der FOM Hochschule, 2014 (3. Auflage), S. 9 ff., Studie abrufbar unter: www.fom-dips.de/fileadmin/dips/20140922_dips_Finanzberatungsstudie_2014.pdf (zuletzt abgerufen am 01.04.2015).
750 Siehe zum Konzept der Sparkassen, welches bereits 417 Filialen anbieten in: FAZ vom 23.07.2014, S. 18 („Sparkassen setzen digital auf persönliche Berater").
751 So eine Studie der Universität Siegen, vgl. *Rezmer*, in: Handelsblatt vom 19./20./21.12.2014, S. 39 f.

ermöglichen.[752] Die Vorteile einer Videoberatung mit speziellen Produktexperten können hierbei allerdings nicht nur im Rahmen einer reinen Online-Beratung genutzt werden, sondern auch im Rahmen einer persönlichen Filialberatung vor Ort,[753] sodass es zukünftig zu einer sinnvollen Verknüpfung zwischen persönlicher Beratung und dem Einsatz moderner Kommunikationssysteme kommen kann. Aufgrund der Möglichkeit einer standortunabhängigen Beratung können außerdem die entstehenden Kundennachteile aufgrund von Filialnetzverkleinerungen – zumindest teilweise – kompensiert werden.

*cc) Standardisierte Online-/App-Beratung*

Eine weitere deutlich weniger individualisierte und intensive Variante der Online-Beratung ist eine, bei der die Auswahl adäquater Finanzinstrumente anhand weniger Kundenparameter getroffen wird. So werden den Kunden bei einigen Banken bereits nach der Beantwortung von drei Fragen (Anlagesumme, Anlagedauer, Risikoneigung) bestimmte Produkte vorgeschlagen.[754] Bei derartigen Formen handelt es sich selbstverständlich nicht um eine Anlageberatung im klassischen Sinne, obwohl zu beachten ist, dass selbst persönliche Kundenberater im Anschluss an eine Kundenbefragung häufig von ihrem Institut (mittels IT-Software) eine Liste von standardisierten Produkten vorgeschlagen bekommen. Anders als in einer persönlichen Anlageberatung besteht nämlich zum einen nicht bei jeder einfachen Online-Beratung die Möglichkeit, unmittelbar auf Kundenfragen einzugehen und bestimmte Produkte individuell/verständlich zu erläutern (Ausnahme: Videoberatung). Zum anderen wird auch die Bedarfsermittlung im Wege der Kundenbefragung bei der persönlichen Beratung zumeist deutlich umfangreicher sein und ermöglicht so eine etwas stärker individualisierte Auswahl. Daher ist eine solche knappe Online-Beratung als ein *aliud* anzusehen, deren Vorteil wiederum darin liegt, dass die Ermittlung von Produktvorschlägen anhand weniger Klicks auch die Entwicklung von entsprechenden (Beratungs-)Apps ermöglicht. Hierdurch könnte es den Beratungsinstituten gelingen, selbst die jüngere Generation, welche primär ihr Smartphone zur Erledigung zahlreicher Alltagsgeschäfte nutzt, zu erreichen und langfristig womöglich sogar für eine intensivere persönliche Anlageberatung zu gewinnen. Insbesondere in den USA ist bereits jetzt ein starker

---

752 Siehe hinsichtlich der Einführung von Videokonferenzen die Aussagen von *Kai Friedrich* (Chef der Consorsbank): *Rezmer*, in: Handelsblatt vom 19./20./21.12.2014, S. 38 f.; *Quitt/Schmoll*, Die Bank 12/2014, 50, 53.
753 Siehe hierzu *Krah*, Bankmagazin 01/2015, 48, 49.
754 *Rezmer*, in: Handelsblatt vom 19./20./21.12.2014, S. 38 (Consorsbank).

Trend zu einer automatisierten Geldanlage durch Computerprogramme/Anlageroboter (*Robo-Advisor*) zu erkennen, durch welche sich die Banken einen besseren Zugang zu solchen Privatanlegern versprechen, die unter dem für individuelle Beratungen üblichen Anlageminimum liegen und mit der Nutzung digitaler Dienstleistungen aufgewachsen sind.[755]

*dd) Stellungnahme*

Ein umfassendes Internetangebot der Beratungsinstitute ist zweifellos existenziell für den zukünftigen Geschäftserfolg in der Anlageberatung. Zum einen besteht hierdurch die Möglichkeit interessierte Personen über bestehende Beratungsangebote zu informieren und damit als mögliche Beratungskunden zu gewinnen. Zum anderen kann auf relativ kostengünstige Weise ein Marktbereich abgedeckt werden, der bei reiner Beschränkung auf die Filialberatung dauerhaft verloren ginge.

Aus Sicht der Kunden wird das bestehende Angebot durch diverse Online-Angebote sinnvoll ergänzt und durch einzelne Innovationen wie der Videochatberatung sogar verbessert. Zudem erhalten gerade solche Personen, die sich bislang kaum mit dem Thema Geldanlage befasst haben, auf sehr unkomplizierte Weise die Gelegenheit hierzu. Ferner sind Kunden, die keine umfassende Anlageberatung in Anspruch nehmen wollen bzw. mangels Attraktivität nur schwer eine solche erhalten, nicht gänzlich auf sich allein gestellt, sondern erhalten zumindest grobe Anlageideen. Allerdings ist mittelfristig nicht zu erwarten, dass die genannten Internetangebote die persönliche Beratung ganz verdrängen/ersetzen werden, da vor allem ältere und vermögendere Menschen auch weiterhin die persönliche klassische Anlageberatung in Anspruch nehmen werden.[756] Das Internetangebot kann aber zweifellos als eine notwendige und sinnvolle Ergänzung zum klassischen Anlageberatungsangebot angesehen werden.

*c) Stärkere Kundenbindung und Zufriedenheit durch Folgeangebote*

Angesichts sinkender Ertragschancen in der Anlageberatung müssen sich die Beratungsinstitute neben möglichen Optimierungsansätzen bei der Produktkonzeption auch über Reformen im Rahmen des Vertriebs Gedanken machen, sofern eine Alternative zum gänzlichen bzw. partiellen Verzicht der

---

755 Siehe zum Trend der automatisierten Geldanlage in den USA sowie dem anvisierten Kundenklientel in: FAZ vom 02.09.2015, S. 25.
756 Siehe hierzu § 6 IV. 1. e).

Verbraucheranlageberatung gefunden werden soll. Hierbei sollte primär die Zufriedenheit der Kunden im Mittelpunkt stehen, da nur sie die Chancen auf eine langfristige Kundenbindung und die Inanspruchnahme mehrmaliger lukrativer Anlageberatungen erhöht.

Ein denkbarer Ansatz wäre das Angebot von „Paketangeboten", bei denen Kunden im Falle einer mehrmaligen Inanspruchnahme von Beratungsleistungen von besonderen Angeboten der Beratungsinstitute profitieren. Hierdurch könnten aus Sicht des Kunden Anreize dafür geschaffen werden, ihre Vermögenssituation in regelmäßigen Abständen an etwaige Veränderungen der (gesamt) wirtschaftlichen und persönlichen Rahmenbedingungen anzupassen und gleichzeitig für die Beratungsinstitute die Chancen auf regelmäßige Einnahmen erhöhen. Konkret denkbar wäre beispielsweise die Erstattung von gewissen Erträgen der Institute an ihre Kunden im Anschluss an eine mehrmalige Beratung innerhalb eines gewissen Zeitraums. In der Praxis umgesetzt wird vereinzelt bereits ein „Flatratemodell", bei dem die Institute bei Wertpapiergeschäften nicht mehr an den Ordergebühren verdienen, sondern mit ihren Kunden zuvor einen Festbetrag vereinbaren. Hierdurch können sich die Institute und ihre Berater auch dem Vorwurf unnötiger Depotumschichtungen (churning) entziehen.[757] Derzeit scheinen viele Beratungsinstitute noch auf der Suche nach geeigneten Preiskonzepten, die eine flächendeckende Verbraucheranlageberatung für sie selbst und ihre Kunden attraktiv machen können. Nicht zuletzt aufgrund neu aufkommender Beratungsmodelle wie der Honoraranlageberatung und des schwierigen Marktumfeldes befindet sich die gesamte Branche momentan in einer Neufindungsphase. Die Herausforderungen, vor denen die Beratungsinstitute bei der Entwicklung geeigneter Vertriebsformen stehen, sind demzufolge hoch, wenngleich vor allem in diesem Bereich noch erhebliche Reformpotenziale stecken.

## 2. Möglichkeit einer plakativen Risikoeinstufung

*a) Einführung eines „Ampelsystems" für Anlageprodukte*

Ein weiterer potenzieller Ansatz zur Förderung einer interessengerechteren Anlageberatung könnte in einer plakativen Risikoeinstufung von Finanzprodukten liegen. Ein konkretes Modell ist hierbei die Einführung eines „Ampelsystems" für Anlageprodukte.

---

757 Siehe FAZ vom 13.06.2015, S. 24, zum Angebot solcher Flatratemodelle bei der Commerzbank und der schweizer Bank Julius Bär.

Grundlage dieses Modells ist es, dass wenig riskante Anlageprodukte „grün", stärker risikoreiche „gelb" und sehr riskante Anlageprodukte „rot" gekennzeichnet werden, sodass sowohl die Anlageberater als auch die Kunden bereits im Rahmen der Anlageberatung einen deutlichen Hinweis über die Risikohaftigkeit des Anlageproduktes erhalten. Die Einführung eines derartigen Ampelsystems wurde seit der Finanzmarktkrise immer wieder diskutiert und von verschiedenen Seiten befürwortet. So sprach sich beispielsweise auch die damalige Präsidentin der BaFin *Elke König* für die Einführung einer „Risiko-Ampel" aus. Demnach sei die „Idee einer derartigen Risikokennzeichnung ernsthaft zu prüfen", auch wenn hierdurch „Produkte und Anleger in Schubladen" gesteckt würden.[758]

### b) Bewertung der Geeignetheit des „Ampelsystems" in der Anlageberatung

Zwar klingt der Vorschlag, eine Risikobewertung von Anlageprodukten durch eine Ampelkennzeichnung vorzunehmen, zunächst vielversprechend, allerdings zeigen sich bei genauerer Betrachtung zahlreiche ungeklärte Fragen und Nachteile, die letztlich die Ungeeignetheit eines derartigen Modells für den Bereich der Anlageberatung belegen. So bestünde bereits die Eingangsproblematik, zunächst überhaupt einmal einen adäquaten Risikomaßstab festlegen zu müssen, an dem sich die gesamte Einstufung der Produkte orientiert. Soll hierbei auf das Risiko des Totalverlustes, des Verlustes eines eingesetzten Nominalbetrags oder auf das Risiko eines Realwertverlustes abgestellt werden? Sind nominalkapitalerhaltende Produkte „risikoärmer" und damit farblich besser zu bewerten als solche, mit denen der Kunde immerhin auch einen realen Vermögensgewinn erzielen kann?[759] Selbst wenn man allerdings den Bewertungsmaßstab eindeutig bestimmen würde, blieben weitere Schwierigkeiten bestehen. So erscheint vor allem die Auswahl der Bewertungsverantwortlichen problematisch, da die jeweilige Risikoklassifikation wohl auch erhebliche Auswirkungen auf die Verkaufschancen des Anlageproduktes hätte, sodass in jedem Fall eine neutrale Stelle (BaFin?) die Einstufung vornehmen müsste. Hierbei würde ein massiver zeitlicher und

---

758 Zeit online vom 12.02.2014 („BaFin-Chefin fordert Ampel für Finanzprodukte"), abrufbar unter: www.zeit.de/wirtschaft/geldanlage/2014-02/prokon-bafin-anlegerschutz-finanzprodukte (zuletzt abgerufen am 23.07.2015); unter Berufung hierauf auch FAZ online vom 12.02.2014 („Bafin-Chefin [sic] schlägt Ampel für Finanzprodukte vor"), abrufbar unter: www.faz.net/aktuell/finanzen/meine-finanzen/sparen-und-geldanlegen/nachrichten/rot-gelb-gruen-bafin-chefin-schlaegt-ampel-fuer-finanzprodukte-vor-12798232.html (zuletzt abgerufen am 23.07.2015).
759 Siehe zu dieser grundsätzlichen Problematik auch § 6 IV. 6.

personeller Aufwand entstehen. Ferner ist unklar, wie eine Produktbewertung konkret vorgenommen werden könnte. Eine pauschale Bewertung einzelner Produktklassen, wie beispielsweise von Aktien allgemein, erscheint hierbei zu unpräzise und damit wenig hilfreich, sodass in jedem Fall eine Einzelbewertung vorzunehmen wäre. Welchen Einfluss auf die Ampelkennzeichnung soll es dann aber etwa haben, wenn (eigentlich) moderat risikoreiche und mäßig volatile Produkte plötzlich massiv an Wert verlieren?[760] Wie häufig soll eine Überprüfung der Risikobewertung erfolgen? Abgesehen davon bestünde vor allem bei Produkten mit einer grünen Kennzeichnung die Gefahr, dass bei Anlegern ein Gefühl der Sicherheit (Scheinsicherheit) erzeugt würde, welches den tatsächlich bestehenden Risiken nicht gerecht wird. Eine Ampelkennzeichnung könnte zudem Anleger dazu motivieren, ausschließlich in „grüne" und damit (vermeintlich) sichere Anlageprodukte zu investieren, obwohl unter Berücksichtigung ihrer individuellen Bedürfnisse vielmehr eine Risikostreuung angezeigt wäre. Letzteres Beispiel verdeutlicht das allgemein bestehende Risiko, dass es bei einer Ampelkennzeichnung zu einer Fixierung der Beratung auf das Anlageprodukt und einer Vernachlässigung des ebenfalls sehr wichtigen Anlegerbezugs (anlegergerechte Beratung) kommt.[761] Ebenfalls müsste die Frage geklärt werden, welche (Rechts-)Folgen aus einer fehlerhaften Einstufung resultieren sollen. So wäre insbesondere zu überlegen, ob Anleger Schadensersatzansprüche gegenüber der Bewertungsstelle (z.B. BaFin) geltend machen können.

Nach alledem wäre es bei einem dahingehenden politischen Willen selbst unter Berücksichtigung der erwähnten offenen Fragen und Probleme zwar nicht unmöglich, ein entsprechendes Ampelsystem in Deutschland einzuführen. Vor dem Hintergrund der Vielzahl aller angebotenen Anlageprodukte, der sich stetig ändernden, nicht vorhersehbaren Rahmenbedingungen, die einen erheblichen Einfluss auf die Wert- und Risikohaftigkeit von Anlageprodukten während der Laufzeit haben können, erscheint eine derartige Ampelkennzeichnung allerdings

---

760 So verlor beispielsweise im September 2015 die Volkswagen-Aktie nach Bekanntwerden von Manipulationen an Dieselfahrzeugen plötzlich mehr als 40 % an Wert. Vergleichbares geschah mit dem Aktienkurs des ebenfalls im DAX gelisteten Düngemittelherstellers K+S, welcher im August 2013 trotz eines ruhigen Gesamtmarktumfeldes rund 40 % innerhalb weniger Tage einbrach. Siehe zum Problem der (Risiko-)Kennzeichnung von Aktien auch *Zimmer*, JZ 2014, 714, 720, der am Beispiel der Telekom Aktie verdeutlicht, dass aus früheren Kursschwankungen keine Schlüsse auf die künftige Kursentwicklung gezogen werden können.
761 *Zimmer*, JZ 2014, 714, 721.

als zu unpräzise und stellt insgesamt keinen geeigneten Optimierungsansatz in der Anlageberatung dar.

### 3. Honoraranlageberatung statt Provisionsberatung

Möglicherweise könnte sowohl aus Sicht der Beratungsinstitute als auch der Kunden das Modell der Honoraranlageberatung deutliche Vorteile gegenüber der Provisionsberatung haben. Derzeit ist das Modell der Provisionsberatung das weit herrschende Beratungsmodell, wobei insbesondere von den Verbrauchern überwiegend eine Anlageberatung von Banken in Anspruch genommen wird.[762] Ob die Honorarberatung eine sinnvolle Alternative hierzu darstellen könnte, soll im Folgenden analysiert werden.

*a) Das Konzept der Honoraranlageberatung*

Bei einer Honoraranlageberatung zahlt der Kunde einen vorher festgelegten Betrag für die Erbringung einer dann unabhängigen Anlageberatung. Anders als im Fall der Provisionsberatung besteht damit für den Kunden von Beginn an eine vollständige Kostentransparenz und die Gewissheit, dass die Beratung nicht von weiteren Provisionsinteressen des Beraters beeinflusst ist. Eine Vergütung des Beraters darf ausschließlich durch den Kunden erfolgen, sodass selbst im Falle unvermeidbarer Provisionszahlungen diese unverzüglich an ihn zu erstatten sind. Im Gegensatz zur Provisionsberatung, bei der nur bei erfolgreichem Geschäftsabschluss der Berater Erträge durch Provisionszahlungen oder aufgrund von Gewinnmargen generiert, ist der vereinbarte Betrag für die Honoraranlageberatung vom Kunden erfolgsunabhängig zu entrichten.

*b) Intendierte Stärkung durch das Honoraranlageberatungsgesetz*

Der Gesetzgeber wollte durch das im Jahre 2013 verabschiedete Gesetz zur Förderung und Regulierung einer Honorarberatung über Finanzinstrumente (kurz „Honoraranlageberatungsgesetz") das Konzept der Honoraranlageberatung in Deutschland ausdrücklich stärken.[763] Als maßgeblicher Grund wurde im Rahmen der Begründung des Gesetzentwurfs explizit erwähnt, dass vielen Kunden bei der provisionsfinanzierten Anlageberatung trotz bestehender Offenlegungspflichten nicht bewusst sei, dass die Dienstleistung der Anlageberatung letztlich durch den Erhalt von Provisionszahlungen der Emittenten oder Produktanbieter

---

762 Siehe hierzu auch § 2 I.
763 BGBl. 2013, 2390 (Nr. 38).

vergütet werde.⁷⁶⁴ Durch das Honoraranlageberatungsgesetz setzte der nationale Gesetzgeber bereits die im Rahmen der MiFID II enthaltenen Grundsätze zur Erbringung einer „unabhängigen Beratung" um, welche beispielsweise die Einbeziehung verschiedentlich gestreuter Finanzprodukte und Erstattung sämtlicher Provisionen an den Kunden umfasst.⁷⁶⁵

Im Zuge der Umsetzung kam es zu Veränderungen des WpHG und der GewO. Dabei wurde einerseits durch die Einführung des § 36d WpHG der gesetzlich geschützte Begriff des „Honorar-Anlageberaters" und andererseits in § 34h GewO der Begriff des „Honorar-Finanzanlagenberaters" festgelegt. Ergänzend zu den allgemeinen aufsichtsrechtlichen Verhaltenspflichten (§§ 31 ff. WpHG) haben Honoraranlageberater gem. § 31 IVb-d WpHG spezifische Pflichten zu beachten. Zum einen ist der Kunde im Vorfeld der Anlageberatung sowie des Abschlusses des Beratungsvertrages darüber zu informieren, ob die Beratung provisionsfinanziert oder auf Honorarbasis erfolgt (§ 31 IVb WpHG). Weiterhin muss der Honoraranlageberater die Produkte sowohl hinsichtlich der Anzahl als auch der Anbieter/Emittenten ausreichend streuen und die Beratung nicht auf Hausprodukte oder nahestehende Emittenten beschränken (§ 34 IVc Nr. 1 WpHG). Durch § 31 IVc Nr. 2 WpHG wird ausdrücklich klargestellt, dass bei der Honoraranlageberatung eine Vergütung allein durch den Kunden erfolgen darf und somit auch jegliche Zuwendungen, deren Zufluss sich nicht bereits durch die Empfehlung anderer geeigneter Produkte vermeiden lässt, unverzüglich nach Erhalt und ungemindert an den Kunden auszukehren sind. Bei der Empfehlung hauseigener Produkte oder solcher, die von dem Institut nahestehenden Anbietern stammen, bestehen bei der Honoraranlageberatung zudem umfangreiche Offenlegungspflichten (vgl. § 31 IVd WpHG). Nach § 36c WpHG führt die BaFin ein öffentliches Register über Honorar-Anlageberater, wobei für die Aufnahme hierin unter anderem eine Erlaubnis des betreffenden Wertpapierdienstleistungsunternehmens nach § 32 KWG erforderlich ist. Weiterhin dürfen Institute eine Honoraranlageberatung nur dann erbringen, wenn sie ausschließlich Honoranlageberatung anbieten oder zumindest eine organisatorische, funktionale und personelle Trennung zur übrigen Anlageberatung besteht (§ 33 IIIa 1 WpHG).⁷⁶⁶ Der ebenfalls neu eingeführte § 34h GewO stellt eine Parallelvorschrift zum

---

764 BT-Drs. 17/12295, S. 1.
765 Vgl. Art. 24 VII MiFID II (Richtlinie 2014/65/EU des Europäischen Parlaments und des Rates vom 15. Mai 2014, L 173/349); deutsche Version abrufbar unter: www.eur-lex.europa.eu/legal-content/DE/TXT/PDF/?uri=CELEX:32014L0065&from=DE (zuletzt abgerufen am 23.07.2015).
766 Siehe auch BT-Drs. 17/12295, S. 23.

Honoraranlageberater gem. § 36d WpHG dar und gilt für alle Honorar-Finanzanlagenberater, die unter die Bereichsausnahme des § 2 VI 1 Nr. 8 KWG fallen. Der Anwendungsbereich dieser Vorschrift ist damit allerdings beschränkt. Sofern nämlich nicht nur zu den in der GewO ausdrücklich genannten Produkten, sondern beispielsweise auch zu Wertpapieren wie Aktien beraten werden soll, sind die Voraussetzungen der Bereichsausnahme nach § 2 VI 1 Nr. 8 KWG nicht mehr erfüllt mit der Folge, dass für die Anlageberatung zusätzlich eine Erlaubnis nach dem Kreditwesengesetz erforderlich ist.[767] Die für die Honorar-Finanzanlagenberater nach der GewO geltenden Pflichten entsprechen im Wesentlichen denen der Honorar-Anlageberater im Sinne des WpHG. Ebenso wie die freien Anlageberater müssen sich auch die Honorar-Finanzanlagenberater einer Sachkundeprüfung vor den Industrie- und Handelskammern unterziehen, um die erforderliche Erlaubnis zur Erbringung der Honoraranlageberatung zu erlangen (§ 34h i.V.m. § 34f II Nr. 4 GewO).

*c) Akzeptanz und Angebot der Honoraranlageberatung bei Banken*

Bislang ist das Angebot einer Honoraranlageberatung durch Banken sehr überschaubar.[768] Sowohl die populären privaten Banken als auch die Sparkassen, welche den Großteil der Anlageberatung in Deutschland anbieten, haben sich ausdrücklich dazu entschlossen, auch weiterhin lediglich eine provisionsfinanzierte Anlageberatung anzubieten.[769] Demgegenüber haben einzelne Institute ganz bewusst auf das Modell der Honoraranlageberatung gesetzt und wollen sich hiermit dauerhaft auf dem Markt etablieren. Insbesondere die *Quirin Bank AG*, welche hauptsächlich in deutschen Großstädten Filialen betreibt, wirbt sehr offensiv mit ihrem Angebot und den Vorteilen der Honoraranlageberatung. Sie kann derzeit wohl als bekanntester Anbieter bezeichnet werden. Mitte 2015 wurde allerdings bekannt, dass die *Quirin Bank AG* ihre im Jahre 2011 geäußerten Wachstumsziele von 20.000 Neukunden bis Ende 2014 mit einer tatsächlichen

---

767 *Schulze-Werner*, GewArch 2013, 390.
768 Siehe hierzu die sehr überschaubare Liste des Honorarberatungs-Registers (im Sinne des § 36c I WpHG), abrufbar unter: www.bafin.de/DE/DatenDokumente/Datenbanken/Honorar-Anlageberater/honorar-anlageberater_node.html#doc5438868bodyText4 (zuletzt abgerufen am 23.07.2015).
769 Siehe exemplarisch hierzu die „Kundeninformation zu Geschäften in Wertpapieren und weiteren Finanzinstrumenten" der Sparkasse Saarbrücken (2015), S. 9, abrufbar unter: www.sparkasse-saarbruecken.de/pdf/vertragsbedingungen/kundeninformation_zum_wertpapiergeschaeft.pdf (zuletzt abgerufen am 23.07.2015).

Anzahl von 2.500 Kunden deutlich verfehlt hat und bereits zwei Filialstandorte in Braunschweig und Wuppertal schließen musste.[770]

### d) Vorteile der Honoraranlageberatung

Die Honoraranlageberatung hat sowohl aus der Sicht der Kunden als auch der Berater einige Vorteile gegenüber einer provisionsfinanzierten Beratung. Aus Institutssicht vorteilhaft ist, dass aufgrund des erfolgsunabhängigen Honorars eine fixe und ertragsbringende Einnahme garantiert ist. Im Vergleich dazu besteht bei der provisionsfinanzierten Beratung stets die Gefahr, dass eine enorm zeit- und damit auch kostenintensive Beratung erbracht wird, sich der Kunde anschließend allerdings gegen eine Anlage entscheidet bzw. einen geringeren Anlagebetrag wählt, wodurch letztlich auch die Provisionen/Margen geringer ausfallen. Weiterhin wird die Dienstleistung „Anlageberatung" wieder stärker in den Fokus gerückt, weil aufgrund des schon im Vorfeld zu leistenden erfolgsunabhängigen Honorars für die Beratung der nach außen erkennbare Schwerpunkt primär auf der Erbringung einer unabhängigen Beratung und weniger im Verkauf liegt. Dies könnte auch dazu beitragen, dass langfristig das öffentlich etwas in Verruf geratene Berufsbild des Beraters aufgewertet wird. Aus Sicht der Kunden und Berater beiderseits positiv zu bewerten ist, dass im Rahmen der Honoraranlageberatung ein transparentes Verhältnis zwischen beiden Parteien besteht. Wichtige Gründe, welche das Bestehen eines gewissen Misstrauens rechtfertigen, fallen vor allem aufgrund der Erstattung etwaiger Provisionszahlungen durch den Berater weg. Aus der Sicht der Kunden stellt die Honorarzahlung gegen Erbringung einer unabhängigen Beratung das wohl geeignetste Mittel in Bezug auf eine ohne jegliche Eigeninteressen des Beraters erbrachte Beratung dar und erscheint dabei deutlich effektiver als jegliche Offenlegungspflichten im Rahmen einer provisionsfinanzierten Beratung.

### e) Nachteile und praktische Probleme in der Verbraucheranlageberatung

Den genannten Vorteilen stehen allerdings gerade in der Verbraucheranlageberatung deutliche Nachteile gegenüber. So liegen die von Kunden zu erbringenden Mindesthonorare pro Stunde im Schnitt zwischen 120 und 180 Euro und konkret

---

770 Siehe FAZ vom 13.06.2015, S. 24 („Quirin Bank scheitert mit Honoraranlageberatung").

bei der Quirin Bank bei mindestens 150 Euro.[771] Gerade „klassische Verbraucher" werden häufig allerdings nur über ein sehr geringes anzulegendes Kapital verfügen, sodass sich im Verhältnis hierzu die relativ hohe Honorarzahlung nicht lohnt. Insoweit erscheint die Honoraranlageberatung jedenfalls in dieser Form nur für wohlhabendere Kunden als potenzielle Beratungsform interessant zu sein. Dieser Eindruck verstärkt sich mit Blick auf die ersten Erfahrungen aus den Niederlanden und England, wo vor rund zwei Jahren die Provisionsberatung verboten wurde und seitdem vor allem die Wertpapierberatung in ländlichen Regionen und solchen mit niedrigeren Einkommensschichten deutlich zurückgegangen ist.[772] Das Problem der gemessen am Anlagebetrag zu hohen Kosten kann auch nicht über eine Staffelung der Honorarhöhe am Maßstab des Anlagevolumens gelöst werden, da davon auszugehen ist, dass vor allem bei geringen Anlagevolumina die Beratung für die Anbieter nicht mehr kostendeckend sein würde.[773] Ein weiterer Nachteil kann zudem aus dem erfolgsunabhängig und im Voraus zu entrichtenden Honorar durch den Anleger resultieren, da hierdurch ein gewisser Druck auf den Berater ausgeübt wird, dem Kunden eine Anlage zu empfehlen, obwohl sich aus dem Verlauf des Beratungsgespräches eventuell kein konkreter Anlagebedarf erkennen lässt. Insbesondere die verhältnismäßig hohen Kosten werden der Hauptgrund dafür sein, dass die Akzeptanz der Honoraranlageberatung durch die Kunden bislang sehr gering ist. So ergab eine Studie von TNS im Auftrag von Fidelity aus dem Jahre 2011, dass 65 % der Bundesbürger nicht bereit seien, für eine Anlageberatung ein Honorar zu zahlen und nur 7 % sich ernsthaft die Inanspruchnahme einer Honoraranlageberatung vorstellen können.[774] Diese ältere Studie deckt sich auch mit den Ergebnissen einer aktuelleren repräsentativen Umfrage aus dem Jahre 2014, welche ergab, dass nur jeder fünfte Deutsche bereit sei für eine gute Finanz- oder Versicherungsberatung

---

771 Siehe hierzu *Schulz*, in: Die Zeit vom 27.12.2014, S. 32. Der Artikel erschien ebenfalls auf Zeit online am 27.12.2014, abrufbar unter: www.zeit.de/2014/51/wertpapieranlageberatung-banken-internet (zuletzt abgerufen am 23.07.2015).
772 Siehe FAZ vom 21.03.2015, S. 31; *Zydra*, in: SZ vom 23.08.2013, S. 20; *Naumann*, Die Bank 7/2014, 18, der darauf hinweist, dass in England wohl Kleinanlegern die Honoraranlageberatung zu teuer sei.
773 Ebenso *Buck-Heeb*, ZHR 177 (2013), 310, 342.
774 Siehe hierzu die Präsentation zu den Ergebnissen der Studie „Anlegerinteressen im Fokus" (28.09.2011), S. 17, abrufbar unter: www.fondsprofessionell.de/upload/attach/270781.pdf (zuletzt abgerufen am 24.09.2015).

ein Honorar zu zahlen.[775] Angesichts dieser Zahlen überrascht es nicht, dass – wie bereits erwähnt – die *Quirin Bank AG* erhebliche Probleme bei der Etablierung ihres Honoraranlageberatungsmodells in Deutschland hat.[776]

*f) Zusammenfassung und Bewertung*

Die Honorarberatung wird in den nächsten Jahren keine echte Konkurrenz zur in Deutschland vorherrschenden Provisionsberatung sein, da sie angesichts der vergleichsweise hohen Kosten bei geringen Anlagevolumina für die Mehrheit der Kunden keine echte Alternative darstellt.

Zwar ist zu beachten, dass auch die provisionsfinanzierte Anlageberatung keineswegs „kostenlos" erbracht wird. Allerdings orientiert sich zum einen die Höhe der Provisionen üblicherweise am Anlagevolumen und wird damit in den seltensten Fällen die Minimalgebührenhöhe bei der Honoraranlageberatung erreichen und zum anderen kommt es auch nur bei einem erfolgreichen Geschäftsabschluss überhaupt zu einer Vergütung.

An der geringen Akzeptanz der Honoraranlageberatung in der Bevölkerung lässt sich somit ebenfalls die zwingende Notwendigkeit erkennen, dass die Rahmenbedingungen für eine provisionsfinanzierte Beratung nicht durch (weitere) regulatorische Maßnahmen des Gesetzgebers verschlechtert werden. Die große Mehrheit der Kunden, für welche die Honoraranlageberatung nicht in Betracht kommt, ist nämlich auf eine provisionsfinanzierte Anlageberatung angewiesen, sofern sie die Anlageentscheidung jeweils nicht völlig selbstständig treffen möchten. Trotz alledem hat das Modell der Honorarberatung auch einige deutliche Vorteile gegenüber der provisionsfinanzierten Anlageberatung und kann gerade für wohlhabendere Kunden eine interessante Alternative zu einer provisionsfinanzierten Anlageberatung oder einer Vermögensverwaltung darstellen. Aus der Sicht der Honorarberatungsanbieter bestehen hinsichtlich dieses Kundenklientels daher durchaus Marktchancen, sodass statt eines (derzeit noch) nicht erfolgsversprechenden Universalangebots, eher eine gezielte Spezialisierung sinnvoll erscheint.

---

775 Siehe *Leitel*, in: Handelsblatt online vom 03.11.2014, hinsichtlich entsprechender Ergebnisse einer Studie im Auftrag der *ServiceRating GmbH*, abrufbar unter: www.handelsblatt.com/unternehmen/banken-versicherungen/privatebanking/honorarberatungsgesetz-anleger-sind-bei-beratungshonorar-knauserig-/10916634.html (zuletzt abgerufen am 23.07.2015).
776 FAZ vom 13.06.2015, S. 24 („Quirin Bank scheitert mit Honorarberatung").

## 4. Erhöhung der Transparenz in der Anlageberatung

Eine Möglichkeit, sich als Anlageberatungsinstitut von Konkurrenten abzusetzen, könnte in einer allgemeinen Erhöhung der Transparenz in der Anlageberatung bestehen, welche auf verschiedene Weise erreicht werden kann. Eine stärkere Transparenz kann nämlich zur Kundenzufriedenheit beitragen und damit einen wichtigen Faktor für einen dauerhaften Geschäftserfolg darstellen. Im Folgenden sollen einige denkbare Konzepte vorgestellt und bewertet werden.

### a) *Freiwillige und vollständige Schaffung von Transparenz durch die Institute*

Eine mögliche Reaktion der Institute auf das immer stärker werdende Pflichtenregime des Gesetzgebers und der sinkenden Ertragschancen könnte in einer freiwilligen und vollständigen Schaffung von Transparenz liegen. So empfiehlt etwa die Unternehmensberatung Boston Consulting Group (BCG), dass gerade Banken, welche von den Regulierungsmaßnahmen und dem gestiegenen Kostendruck besonders betroffen sind, die Schaffung einer „gläsernen Bank" ganz bewusst vorantreiben sollten. Eine Chance für den dauerhaften Geschäftserfolg und einen Wettbewerbsvorteil gegenüber Mitkonkurrenten liege nämlich gerade in einer erhöhten Transparenz, sodass die Institute auf die derzeitigen Rahmenbedingungen primär in Form eines proaktiven Handelns reagieren sollten.[777] Ein solches strategisches Konzept erscheint durchaus erfolgsversprechend, da aus Kundensicht etwa die Bereitstellung freiwilliger nicht veröffentlichungspflichtiger Informationen durch die Institute dazu beitragen kann, das Vertrauen in das Beratungsinstitut und seine Mitarbeiter zu stärken. Im Bereich der Anlageberatung ist konkret beispielsweise an freiwillig bereitgestellte Statistiken mehrheitlich empfohlener Finanzprodukte oder durchschnittlicher Gewinnmargen eines gewissen Zeitraums zu denken. Durch die Schaffung umfassender und freiwilliger Transparenz bestünde zugleich die Chance, dass sich die öffentliche Wahrnehmung von Banken/Beratungsinstitute grundlegend verändern könnte, weg von einer möglichst informationsverheimlichenden und intransparenten hin zu einer kundenoffenen und transparenten Geschäftskultur.

Es ist durchaus zu erwarten, dass ein erheblicher Anziehungseffekt auf die Kunden erzielt werden könnte, wenn jegliche Informationen kundengerecht

---

[777] Siehe Pressemitteilung der *Boston Consulting Group (BCG)* vom 11.05.2015 „Deutschen Banken droht massiver Einbruch ihrer Geschäfte", abrufbar unter: www.bcg.de/media/PressReleaseDetails.aspx?id=tcm:89-188182 (zuletzt abgerufen am 23.07.2015).

dargestellt (z.B. in Broschüren) und die Maßnahmen von den Anbietern öffentlich beworben werden. Eine sehr offensive und transparente Geschäftsstrategie erscheint daher geeignet zu sein, zu einem langfristigen Geschäftserfolg im schwierigen Bereich der provisionsfinanzierten Anlageberatung beizutragen.

*b) Aufnahme des Beratungsgesprächs statt schriftlicher Dokumentation*

Ein potenzieller Ansatz, um die Transparenz im Rahmen des (eigentlichen) Anlageberatungsgespräches zu erhöhen, könnte die Einführung einer (gesetzlichen) Aufzeichnungspflicht sein, welche die momentane schriftliche Dokumentationspflicht ersetzt. Eine Gesprächsaufzeichnung könnte sich positiv auf die Gesamtdauer der Beratung auswirken, da vor allem die schriftliche Erstellung des Beratungsprotokolls (zukünftig evtl. Geeignetheitserklärung) als Hauptgrund dafür anzusehen ist, dass sich die Beratungsdauer erheblich verlängert hat.[778] Ein weiterer positiver Aspekt könnte darin zu sehen sein, dass Tonaufnahmen zu einer „flüssigeren Beratung" beitragen könnten, weil die Berater nicht ständig mit der Erfüllung dokumentarischer Pflichten beschäftigt wären. Darüber hinaus stellt eine Tonaufzeichnung im Vergleich zum schriftlichen Protokoll aus Sicht der Kunden das im Streitfall geeignetere Beweismittel dar, da es den Gesprächsverlauf ungefiltert wiedergibt und eine geschickte Ausgestaltung zugunsten der Institute verhindert oder jedenfalls erschwert. Allerdings gibt es im Vergleich zur schriftlichen Dokumentation auch einige Nachteile. Hierbei sind aus der Sicht der Institute zunächst die erheblichen Kosten für die Bereitstellung einer geeigneten (IT-)Ausstattung und für eine sichere Speicherung zu nennen. Allein die Ausstattung eines einzelnen Arbeitsplatzes würde wohl Kosten von rund 3.000 Euro verursachen.[779] Mit Blick auf die bereits in der Vergangenheit entstandenen und durch die MiFID II nochmals steigenden Investitionskosten erscheint eine solche zusätzliche Kostenbelastung auf den ersten Blick daher problematisch. Allerdings muss auch berücksichtigt werden, dass durch die Aufzeichnung des Beratungsgespräches die sehr zeitaufwendige schriftliche Dokumentation obsolet würde, welche maßgeblich für die höhere Kostenbelastung der Institute verantwortlich ist. Es wäre daher langfristig eher von einer geringeren Kostenbelastung auszugehen.

---

778 Siehe hierzu § 6 I. 2.
779 Vgl. Studie des *ITA Instituts für Transparenz* im Auftrag des *BMJV*: „Evaluierung der Beratungsdokumentation im Geldanlage- und Versicherungsbereich", S. 314, Version vom 18.02.2014, abrufbar unter: www.bmjv.de/SharedDocs/Downloads/DE/pdfs/20140625_Beratungsprotokolle_Studie.pdf?__blob=publicationFile (zuletzt abgerufen am 23.07.2015).

Mithin sprechen Kostengründe nicht durchgreifend gegen die Einführung einer Gesprächsaufzeichnung.[780] Allerdings bestehen erhebliche Bedenken, ob nicht die Gesprächsatmosphäre zwischen den Beratern und Kunden erheblich und stärker als bei einer schriftlichen Dokumentation beeinträchtigt würde. Es bestünde die Gefahr, dass die Berater durch die unmittelbare Aufzeichnung in ihrer Tätigkeit stark gehemmt wären, da sie zum einen damit beschäftigt wären, penibel auf die Einhaltung aller Beratungspflichten zu achten und zum anderen auch ihre Beratungsleistung unmittelbar kontrollierbar sein würde (z.B. durch Vorgesetzte). Dass gerade Tonband- oder Videoaufzeichnungen bei handelnden Personen zu einer erhöhten Nervosität und Unsicherheit und final zu einer Absenkung der Leistungsfähigkeit und Qualität führen, lässt sich auch in anderen Lebensbereichen beobachten. Auch die Kunden selbst könnten bereits durch den Gedanken an eine Aufzeichnung des Beratungsgespräches, in welchem auch sensible Daten wie Einkommens- und Vermögensverhältnisse eine gewichtige Rolle spielen, verunsichert werden, sich unwohl fühlen und eventuell bereits im Vorfeld von einer Beratung Abstand nehmen.[781] Zwar ist zu beachten, dass auch die MiFID II (Art. 16 VII) eine Aufzeichnungspflicht vorsieht, diese aber nur für Telefongespräche und die elektronische Kommunikation gilt, bei der bereits auch aus Kundensicht das Vertraulichkeitsniveau geringer anzusehen ist, als in einem (eventuell bewusst gewählten) persönlichen Beratungsgespräch. Die Einführung einer gesetzlichen Pflicht ist angesichts der bestehenden gewichtigen Nachteile für Kunden und Berater daher abzulehnen.

Als Alternative zu einer gesetzlichen Pflicht wird die Einräumung einer freiwilligen Wahlmöglichkeit für Kunden und Berater unter bestimmten Voraussetzungen vorgeschlagen.[782] Erforderlich sei hierfür, dass 1. der Berater die Aufzeichnung

---

780 So auch Studie des *ITA Instituts für Transparenz* im Auftrag des *BMJV*: „Evaluierung der Beratungsdokumentation im Geldanlage- und Versicherungsbereich", S. 315, Version vom 18.02.2014, abrufbar unter: www.bmjv.de/SharedDocs/Downloads/DE/pdfs/20140625_Beratungsprotokolle_Studie.pdf?__blob=publicationFile (zuletzt abgerufen am 23.07.2015).

781 Auf eine solche Gefahr hinweisend: Studie des *ITA Instituts für Transparenz* im Auftrag des *BMJV*: „Evaluierung der Beratungsdokumentation im Geldanlage- und Versicherungsbereich", S. 315, Version vom 18.02.2014, abrufbar unter: www.bmjv.de/SharedDocs/Downloads/DE/pdfs/20140625_Beratungsprotokolle_Studie.pdf?__blob=publicationFile (zuletzt abgerufen am 23.07.2015).

782 Studie des *ITA Instituts für Transparenz* im Auftrag des *BMJV*: „Evaluierung der Beratungsdokumentation im Geldanlage- und Versicherungsbereich", S. 316 f., Version vom 18.02.2014, abrufbar unter: www.bmjv.de/SharedDocs/Downloads/DE/

freiwillig anbiete, 2. der Kunde diese freiwillig in Anspruch nehme, 3. jede Aufzeichnung einem Kunden und seiner individuellen Beratung zugeordnet werden kann, 4. es inhaltlich keine gravierenden Abweichungen zur schriftlichen Dokumentation gebe, 5. etwaige Dokumente, auf welche im Beratungsgespräch verwiesen werde, entsprechend der BaFin-Vorgaben mündlich ins Gespräch miteinbezogen werden und 6. der Berater am Ende des Gespräches dem Kunden eine Datei mit der vollständigen Gesprächsaufzeichnung übergebe.[783] Selbst die Statuierung derartiger Bedingungen kann allerdings nicht sämtliche Bedenken gegen eine Aufzeichnungsmöglichkeit ausräumen. So ist etwa zu befürchten, dass vor allem die angestellten Berater von ihren Arbeitgebern aufgrund der zu erwartenden Zeitersparnisse dazu gedrängt werden, ihren Kunden stets eine Aufzeichnung anzubieten. Hierdurch könnte es langfristig auch zu einer (mittelbaren) Drucksituation für die Kunden kommen. Positiv wäre wiederum, dass gerade (erfahrene) Kunden, die nicht vollständig auf eine Dokumentation verzichten möchten, zugleich aber auch eine schriftliche Dokumentation zu umständlich finden, von einer solchen Lösung profitieren könnten und die Institute zumindest für einen Teil ihrer Kunden von der unverhältnismäßigen Belastung des schriftlichen Protokolls befreit würden. Insgesamt erscheint daher eine freiwillige Aufzeichnungsmöglichkeit überlegenswert, wenngleich ausdrücklich betont werden soll, dass der gesetzlichen Einräumung einer freiwilligen Verzichtsmöglichkeit und einer Überprüfung der Zweckmäßigkeit einer derart umfassenden Beratungsprotokollierung eine deutlich höhere Priorität beizumessen ist.

### c) Verstärkte öffentliche Evaluierung und Bewertung der Kundenzufriedenheit

Auch eine Transparenzsteigerung, die von der Kundenseite ausgeht, könnte dazu beitragen, dass es zum einen aus Kundensicht zu einer Qualitätsverbesserung in der Beratung kommt und zum anderen solche Institute profitieren, die sich um eine gute, kundenorientierte Anlageberatung bemühen. Bislang werden die Beratungsqualität vorrangig durch regelmäßige Testberatungen von verschiedenen

---

pdfs/20140625_Beratungsprotokolle_Studie.pdf?__blob=publicationFile (zuletzt abgerufen am 23.07.2015).
783 Ausführlich zu diesen einzelnen Voraussetzungen: Studie des *ITA Instituts für Transparenz* im Auftrag des *BMJV*: „Evaluierung der Beratungsdokumentation im Geldanlage- und Versicherungsbereich", S. 316 f., Version vom 18.02.2014, abrufbar unter: www.bmjv.de/SharedDocs/Downloads/DE/pdfs/20140625_Beratungsprotokolle_Studie.pdf?__blob=publicationFile (zuletzt abgerufen am 23.07.2015).

Printmedien oder der Stiftung Warentest überprüft und die Ergebnisse anschließend veröffentlicht. Hingegen gibt es bislang nur sehr wenige und unbedeutende öffentliche Kundenbewertungsportale für den Dienstleistungsbereich der Anlageberatung, obwohl sich solche Internetbewertungsportale in anderen Branchen (Ärzte, Restaurants etc.) bereits etabliert haben.[784]

Positiv an solchen Portalen ist, dass anhand von branchentypischen Qualitätsmerkmalen die Dienstleistung durch den Kunden bewertet und anschließend aufgrund der öffentlichen Verbreitung ein erheblicher Druck zur Erbringung guter Anlageberatung aufgebaut werden kann. Für Anlageberatungsinstitute bestünde einerseits der Vorteil, dass man frühzeitig möglichen Fehlentwicklungen oder Missständen entgegenwirken könnte und andererseits, unabhängig von eigenen Evaluierungen, einen wichtigen Indikator für die Kundenzufriedenheit erhält. Die Kunden könnten sich schon im Vorfeld der Beratung auch anhand der (groben) Angaben der Bewertenden darüber informieren, welche Institute von vergleichbaren Anlegergruppen (Alter, Anlagevolumen, Anlagedauer) positiv bewertet wurden und so eine gezieltere Anbieterauswahl treffen. Als Nachteile zu nennen sind allerdings zum einen die potenzielle Manipulationsgefahr, die insbesondere dann gegeben ist, wenn die Hürden zur Abgabe von Bewertungen gering sind (keine umfassenden Registrierungen), und zum anderen die mögliche geringe Aussagekraft bei der Abgabe nur vereinzelter Bewertungen. Darüber hinaus kann gerade bei Dienstleistungen, welche wie die Anlageberatung zum Bereich der Vertrauensgüter zählen, das gesamte Qualitätsniveau durch den Kunden häufig noch nicht im unmittelbaren Anschluss an die Beratung eingeschätzt werden.[785] Der Manipulationsanfälligkeit lässt sich jedenfalls teilweise durch eine Kommentarfunktion des bewerteten Unternehmens entgegnen sowie durch die Einrichtung einer „Meldefunktion" bei offensichtlichen Missbräuchen. Weiterhin lassen sich zumindest einige der sehr wichtigen Qualitätskriterien einer Anlageberatung, wie etwa der Freundlichkeit, Geduld und Verständlichkeit des Beraters, vom Kunden auch bereits im Anschluss an die Beratung einschätzen. Gänzlich beseitigen lassen sich die bestehenden Nachteile öffentlicher Bewertungsplattformen allerdings nicht.

Trotz alledem erscheint eine solche öffentliche Kundenevaluation ein geeignetes Mittel zur Förderung einer interessengerechteren Beratung zu sein, da

---

784 Siehe *Hackethal/Inderst*, Messung des Kundennutzens der Anlageberatung, 2011, S. 73, mit einer Aufzählung von Bewertungsportalen für Anlageberater, die allerdings bislang jeweils nur sehr wenige bewertete Berater umfassen.
785 Auf dieses Problem bei der Kundenbewertung der Anlageberatung hinweisend auch *Hackethal/Inderst*, Messung des Kundennutzens der Anlageberatung, 2011, S. 189.

ohne jegliche gesetzgeberische Eingriffe zumindest eine Wertschätzung durch den Kunden zum Ausdruck gebracht wird, wodurch eine gewisse Anreizwirkung zur Erbringung guter Anlageberatung erzielt werden kann.

### d) Stärkung der Kundeninformation im Anschluss an die Anlageentscheidung

Ein weiterer denkbarer Optimierungsansatz ist die freiwillige Stärkung der Kundeninformation im Anschluss an die Anlageentscheidung durch die Institute. Anders als bei der Vermögensverwaltung endet die Dienstleistung der Anlageberatung mit der Anlageentscheidung des Kunden, sodass letzterer selbst die anschließende Entwicklung der Anlage sowie der wirtschaftlichen Rahmenbedingungen beobachten und eine mögliche Reaktion hierauf durch die etwaige Inanspruchnahme einer weiteren Anlageberatung und anschließenden Neuausrichtung des Portfolios einleiten muss. Zahlreiche Anleger werden dies allerdings nicht eigenständig tun und sich auch nur selten beispielsweise durch allgemeine Werbeflyer zu einer erneuten Anlageberatung hinreißen lassen. Für die Beratungsinstitute bestehen daher im Bereich der Kundenbetreuung im Anschluss an eine Anlageberatung große Potenziale zur Steigerung des Serviceangebots gegenüber anderen Anbietern und Chancen zur Erzielung von Ertragssteigerungen durch erneute Beratungsinanspruchnahmen. Konkret denkbar wäre die Einräumung eines Wahlrechts für den Kunden im Hinblick auf die Erbringung umfassenderer Beratungsleistungen gegen Entrichtung einer kleinen Servicegebühr. Die Beratungsinstitute könnten – unter Verwendung entsprechender Software – in regelmäßigen Abständen (halbjährlich/jährlich) die Performance des vom Kunden ausgewählten Finanzproduktes analysieren und den Kunden anschließend über die Ergebnisse informieren, verbunden mit dem Angebot zu einer neuen Anlageberatung. Anders als bei der Vermögensverwaltung muss aber weiterhin der Kunde entscheiden, ob er eine neue Beratung wünscht bzw. gegebenenfalls selbst eine Anlageentscheidung treffen möchte oder nicht. Durch verschiedentliche sinnvolle Kundeninformationen im Anschluss an die Anlageentscheidung könnten sowohl die Anbieter als auch die Kunden profitieren.

### e) Frühzeitige Entdeckung von Missständen und Verbesserungspotenzialen

Sowohl aus Sicht der Anlageberatungsinstitute als auch der Verbraucher ist eine frühzeitige Entdeckung von Missständen in der Anlageberatung von erheblicher Bedeutung, um der Gefahr einer verbreiteten, nicht kundenorientierten Anlageberatung frühzeitig entgegenwirken zu können. Neben institutseigenen

Präventionsmaßnahmen sowie möglichen Bewertungen durch die Kunden selbst spielen bei der Entdeckung von Missständen vor allem auch Wirtschaftsmedien und Kundenschutzorganisationen eine wichtige Rolle. So versucht beispielsweise der Verbraucherzentrale Bundesverband in Zusammenarbeit mit den Verbraucherzentralen der Bundesländer durch das Projekt „Finanzmarktwächter" die Entwicklungen auf dem Finanzmarkt systematisch zu beobachten, etwaige Missstände frühzeitig zu erkennen und zu analysieren sowie potenzielle Lösungswege aufzuzeigen. Dieses Projekt wird vom Bundesministerium der Justiz und für Verbraucherschutz gefördert.[786] Mit Hilfe von Untersuchungen und Studien dieser Initiative können vor allem strukturelle Probleme in der Anlageberatung aufgedeckt werden,[787] wohingegen (regionale) und konkrete Missstände einzelner Institute unentdeckt bleiben. Daher ist es zusätzlich sinnvoll und notwendig, dass auch in kleinerem und regional begrenztem Umfang öffentliche Überprüfungen der Anlageberatungsqualität erfolgen. Hierbei können gerade auch seriöse regionale Zeitungen durch die Durchführung regelmäßiger vergleichender Testberatungen (unter Nennung der konkreten Filialen) einen wichtigen Beitrag zur Transparenzerhöhung leisten und somit zugleich einen Anreiz zur stetigen Verbesserung der Beratungsqualität schaffen.[788] Insgesamt stellt eine Intensivierung der öffentlichen Kontrolle auf nationaler und regionaler Ebene einen sinnvollen Ansatz zur Optimierung der Anlageberatungsqualität in Deutschland dar und würdigt zugleich solche Institute, die sich intensiv um eine anleger- und objektgerechte Beratung bemühen.

### 5. Verbesserung des allgemeinen ökonomischen Bildungsniveaus

Während die Regulierungsmaßnahmen in der Anlageberatung vor allem die Anbieterseite betreffen, finden mögliche (politische) Optimierungspotenziale auf der Kundenseite bislang wenig Beachtung. Zahlreiche Studien belegen allerdings

---

786 Siehe hierzu die Pressemitteilung des *Bundesverbandes der Verbraucherzentralen e.V. (vzbv)* „Aufbau der Marktwächter startet" vom 17.10.2014, abrufbar unter. www.vzbv.de/pressemitteilung/aufbau-der-marktwaechter-startet (zuletzt abgerufen am: 23.07.2015).

787 Siehe hierzu etwa die aktuelle Pilotstudie der Finanzmarktwächter „Erhalten Verbraucher bedarfsgerechte Anlageprodukte?" vom 31.01.2015, abrufbar unter: www.vzbv.de/meldung/schutzniveaus-im-vertrieb-von-anlageprodukten-einheitlich-regulieren (zuletzt abgerufen am 23.07.2015).

788 Exemplarisch für die Durchführung derartiger regionaler Testberatungen *Köhnlein/Nothofer/Kleifeld*, in: Rheinische Post vom 14.04.2015, S. B3 („So gut sind Anlageberater in der Region").

regelmäßig, dass der großen Mehrheit der Kunden selbst grundlegende Finanzkenntnisse fehlen.[789] Dass es vielen auch an relevantem Basiswissen für den Bereich der Anlageberatung mangelt, zeigt auch eine wissenschaftliche Studie im Auftrag des Max-Planck-Instituts für Bildungsforschung, welche ergab, dass über 70 % der Befragten keine einfache Zinsrechnung vornehmen konnten und ein Drittel nicht wusste, dass Investitionen in deutsche Staatsanleihen grundsätzlich sicherer (in Bezug auf den nominalen Kapitalerhalt) sind als jene in Aktien, Fonds oder Zertifikate.[790] Das Fehlen solcher grundlegenden Kenntnisse schwächt die (strukturelle) Position des Kunden gegenüber seinem Berater erheblich und führt zu einem deutlich erhöhten Beratungsbedarf, welcher eine Kundenberatung für diverse Institute unattraktiv machen kann (Beratungsverzicht).

### a) Notwendigkeit frühzeitlicher ökonomischer Grundbildung

Einer nicht unerheblichen Zahl von jungen Menschen fehlt es an grundlegenden ökonomischen Kenntnissen, obwohl bei ihnen durchaus ein wirtschaftliches Grundinteresse vorhanden ist.[791] Angesichts dieses Befundes ist fraglich, welche Rolle den allgemeinbildenden Schulen bei der Vermittlung von alltagsrelevantem (Wirtschafts-)Wissen zukommen soll. Diese grundlegende Thematik geriet Anfang 2015 infolge eines Twitter-Eintrags einer jungen Abiturientin in den Fokus der Öffentlichkeit. Die Abiturientin teilte darin mit, dass sie fast 18 Jahre alt sei und keine Ahnung von Steuern, Miete oder Versicherungen habe, aber eine Gedichtanalyse in vier Sprachen schreiben könne. In der Folge kam es zu einer Diskussion über den Bildungsauftrag von Schulen allgemein und der konkreten Frage, ob praxisrelevantes Alltagswissen im Rahmen der Schulausbildung

---

789 Siehe exemplarisch hierzu die *Forsa-Studie* „Sparerkompass 2014" im Auftrag der *Bank of Scotland*, S. 10, nach der nur rund 30 % der Befragten angeben über sehr gute oder gute Kenntnisse zum Bereich der Geldanlage zu verfügen, Studie abrufbar unter: www.bankofscotland.de/mediaObject/documents/bos/de/sparerkompass/ Sparerkompass_2014/original/Sparerkompass_2014.pdf (zuletzt abgerufen am 23.07.2015).
790 Siehe zu den Ergebnissen der Studie in: Spiegel Online vom 11.03.2013, abrufbar unter: www.spiegel.de/wirtschaft/soziales/studie-deutsche-haben-wenig-ahnung-von-wirtschaft-a-888221.html (zuletzt abgerufen am 23.07.2015).
791 Siehe hierzu die entsprechenden Ergebnisse im Rahmen eines Überblicks des *Verbraucherzentrale Bundesverbandes (vzbv)* „Konsumkompetenz von Jugendlichen" vom November 2010, S. 8 ff. und 38, abrufbar unter: www.vzbv.de/sites/default/files/ mediapics/konsumkompetenz_jugendliche_studie_imug_vzbv_2010.pdf (zuletzt abgerufen am 23.07.2015).

vermittelt werden müsse.[792] Mittlerweile hat sich auch die Bundesbildungsministerin *Johanna Wanka* für die Einführung eines Schulfaches „Alltagswissen" ausgesprochen.[793] Ob die Einführung eines eigenständigen Faches allerdings wirklich geboten ist, erscheint zweifelhaft, da die Aneignung derartigen Wissens primär durch die Eltern oder auf Eigeninitiative der Jugendlichen (z.b. Zeitungslektüre) erfolgen sollte. Vor dem Hintergrund, dass vor allem in bildungsferneren Familien eine solche Wissensvermittlung häufig nicht stattfindet, ist allerdings die Integration derartiger Lerninhalte in die bestehenden Lehrpläne durchaus sinnvoll. Vorzugswürdig ist dabei die Vermittlung des notwendigen Grundwissens in Fächern wie Politik oder Sozialwissenschaften, da häufig bereits wenige Stunden für den Erwerb von hinreichendem Basiswissen ausreichen werden.[794] Auf diese Weise bestünde bei Bedarf auch die Möglichkeit den Lehrumfang eventuell an unterschiedliche Schulformen anzupassen.

### b) Allgemeine Förderung ökonomischen Basiswissens in der Bevölkerung

Auch für die übrige Bevölkerung ist das Vorhandensein ökonomischen Basiswissens eine wichtige Grundlage, um hierauf aufbauend eine Anlageberatung in Anspruch zu nehmen. Die Tatsache, dass es vielen Verbrauchern bereits an rudimentären Kenntnissen fehlt, ist zugleich als (politischer) Auftrag zu verstehen, Konzepte zur Förderung des ökonomischen Grundwissens zu entwickeln.

### aa) Vorschlag eines „Investment-Führerscheins"

Ein Vorschlag zur Stärkung des Verbraucherwissens im Vorfeld der Anlageberatung ist die Einführung eines „Investment-Führerscheins". Ein derartiger Führerschein könne in Zusammenarbeit mit der BaFin, Verbraucherschützern, Beratern/Verwaltern und unabhängigen Ökonomen entwickelt werden und habe als Ziel dem Verbraucher die Grundlagen der Anlageberatung zu vermitteln und damit den Beratern einen „stärkeren" Kunden gegenüberzusetzen.[795] Teilweise wird auch konkret für die Anlageberatung älterer Kunden diskutiert, ob der Abschluss von Anlagegeschäften nicht vom vorherigen Bestehen eines

---

792 *Becker*, in: FAZ vom 20.01.2015, S. 16 („Dafür ist Schule nicht zuständig").
793 Siehe FAZ online vom 07.06.2015, abrufbar unter: www.faz.net/aktuell/politik/inland/lehrplan-bildungsministerin-wanka-will-neues-schulfach-alltagswissen-13633393.html (zuletzt abgerufen am 23.07.2015).
794 Siehe hierzu: FAZ vom 10.03.2015, S. 29.
795 Siehe zum Vorschlag *Boehringer*, in: SZ vom 05.06.2014, S. 23.

Führerscheins abhängig gemacht werden solle.[796] Das Konzept des Investment-Führerscheins kann nicht überzeugen, da es zum einen mit einem hohen (Kontroll-)Aufwand im Vorfeld der Anlageberatung verbunden wäre und außerdem die Gefahr bestehen würde, dass die Hemmschwelle zur Inanspruchnahme einer Anlageberatung gerade von wenig vorgebildeten Menschen deutlich erhöht würde. Der ohnehin teilweise bereits erschwerte Zugang zur Anlageberatung sollte nicht durch weitere regulatorische Maßnahmen behindert werden.

*bb) Verstärktes Angebot ökonomischer Fortbildungen*

Sinnvoll erscheint eine Ausweitung des Angebotes ökonomischer Fortbildungen für den Bereich der Geldanlage und Vorsorge. Im Rahmen der Intention einen möglichst hohen Verbraucherschutzstandard in Deutschland zu erreichen, sollte die Politik auch das Angebot bzw. die Subventionierung von qualitativen und flächendeckenden Bildungsangeboten aktiv fördern. Hierdurch kann mit überschaubarem Aufwand und ohne einschneidende regulatorische Eingriffe ein wichtiger Beitrag zur Verbesserung des Verbraucherschutzes erreicht werden. So könnten bereits Einzelvorträge zum Thema Geldanlage und Anlageprodukte ein hilfreiches Grundverständnis über die Funktionsweise und die allgemeinen Risiken von klassischen Anlageformen wie Einlagenprodukten, Aktien, Fonds und Anleihen vermitteln. Daneben wären auch vertiefte, kostengünstige Kurse – beispielsweise in Zusammenarbeit mit Volkshochschulen – denkbar. Auch größere Verbraucherzentralen kommen als Initiatoren von Weiterbildungsveranstaltungen in Betracht. So bietet etwa die Verbraucherzentrale Bayern regelmäßig einen Vortrag „Geldanlage einfach und transparent erklärt" an, in dem für zehn Euro Basiswissen zum Thema Geldanlage vermittelt wird. Inhalt ist hierbei unter anderem, wie sich Rentabilität, Sicherheit und Liquidität eines Geldanlageproduktes zueinander verhalten, welche Anlageprodukte es mit geringem, mittlerem oder hohem Risiko gibt und woran der Kunde eine gute Geldanlageberatung erkennen kann.[797] Derartige unabhängige Weiterbildungsangebote sollten verstärkt neben solche von den Beratungsinstituten angebotene treten, da der werbende Charakter im Hintergrund stehen sollte.

---

796 Siehe hierzu *Wedemann*, ZBB 2014, 54, 58, die einer Einführung allerdings kritisch gegenübersteht.
797 Siehe hierzu die entsprechende Ankündigung des Vortrags der Verbraucherzentrale Bayern - München, abrufbar unter: www.verbraucherzentrale-bayern.de/SET8/geldanlage-einfach-und-transparent-erklaert?returnto_=preise (zuletzt abgerufen am 23.07.2015).

*c) Zusammenfassung und Bewertung*

Zukünftig sollte von der Politik verstärkt der Fokus auf die Verbesserung des ökonomischen Grundwissens der Bevölkerung gelegt werden. Die Verbesserung des Verbraucherschutzes durch Verbraucherbildung wurde bislang nämlich als Optimierungsansatz in der Anlageberatung vernachlässigt. Eine Förderung des ökonomischen Basiswissens junger Menschen ist dabei besonders wichtig, allerdings keineswegs ausreichend, da auch zahlreichen älteren Kunden häufig grundlegendes Wissen fehlt.

Die Einrichtung (weiterer) gesetzlicher Hürden für die Inanspruchnahme einer Anlageberatung, wie beispielsweise durch einen „Investment-Führerschein" sind allerdings im Rahmen der Wissensvermittlung abzulehnen. Die regelmäßig sehr gut besuchten Vortragsveranstaltungen der Beratungsinstitute selbst lassen vermuten, dass auch unabhängige Informationsveranstaltungen von Verbrauchern stark in Anspruch genommen würden.

# Fazit

Die vorliegende Arbeit untersuchte das bei der Anlageberatung aktuell bestehende Verhältnis zwischen notwendigem Verbraucherschutz einerseits und der Gefahr einer Überregulierung andererseits. Es wurde nachgewiesen, dass derzeit eine Überregulierung besteht, die in erster Linie auf die ausnahmslose Pflicht zur Erstellung von Anlageberatungsprotokollen zurückzuführen ist. Weiterhin existiert die latente Gefahr, dass sich die Überregulierung angesichts bereits geplanter weiterer Regulierungen (v.a. MiFID II) verstärkt.

Die Notwendigkeit der Sicherstellung eines ausreichenden Verbraucherschutzes basiert auf verschiedenen Faktoren. Grundlegend ist hierbei, dass die Anlageberatung ein sogenanntes Vertrauensgut darstellt, welches durch eine üblicherweise vorhandene Informationsasymmetrie zwischen Kunde und Berater geprägt ist. Diese ist in Bezug auf die Kundengruppe der Verbraucher nochmals erhöht. Anders als professionelle Kunden verfügt die Mehrheit der Verbraucher in Deutschland nämlich nur über sehr geringe eigene Kenntnisse zum Thema „Geldanlage" und ist damit gegenüber ihren Anlageberatern strukturell unterlegen. Dieser Befund ist deshalb besonders problematisch, weil die Unterlegenheit in einem unter vielen Gesichtspunkten als hochrelevant anzusehenden Geschäftsbereich auftritt.

So wird die besondere Bedeutung der Anlageberatung allein mit Blick auf die zahlreichen tatsächlichen Inanspruchnahmen („Massengeschäft") und die von vielen Verbrauchern verfolgten Vorsorgezwecke (v.a. Altersvorsorge) erkennbar. Die ökonomische und soziale Tragweite der Vermögensanlage ist für die Mehrheit der Verbraucher so hoch, dass für sie eine völlig selbstständige Entscheidung vor dem Hintergrund mangelnder eigener Kenntnisse nicht in Betracht kommt. Die unterlegenen und beratungsbedürftigen Verbraucher treffen bei einer provisionsfinanzierten Anlageberatung nicht auf ausschließlich im Kundeninteresse, sondern stets auch im Instituts- und Eigeninteresse handelnde Berater. Es besteht hierbei die Gefahr, dass einzelne Anlageberater ihre aus dem Mehrwissen resultierende „Überlegenheit" zulasten der Kunden ausnutzen. Dieser Gefahr muss aus Sicht der Verbraucher durch die Statuierung von verbraucherschützenden Vorschriften begegnet werden.

Zusätzlich besteht auch aus gesamtwirtschaftlicher Perspektive ein hohes Interesse an einem ausreichenden Verbraucherschutz. Aus volkswirtschaftlicher und sozialpolitischer Sicht ist nämlich eine durch Geldanlage privat betriebene Vorsorge (Alter, Arbeitslosigkeit, Krankheit) insbesondere vor dem Hintergrund des demografischen Wandels bedeutsam und leistet einen wichtigen Beitrag zur präventiven Verhinderung sozialer Missstände (z.B. Altersarmut).

Bei der Gewährleistung eines erforderlichen Verbraucherschutzniveaus muss der Gesetzgeber stets die Gefahr im Blick haben, durch zu viele regulatorische Maßnahmen in unangemessener Weise in den Anbietermarkt einzugreifen und dadurch eine strukturelle, aber nicht intendierte Überregulierung zu bewirken. Diese wird durch den Eintritt signifikanter und nicht vom Regulierungszweck gedeckter, negativer Folgen erkennbar. Für den Bereich der Anlageberatung kommen hierbei vor allem ein Rückzug der Anbieter aus der Beratung und Einschränkungen im Beratungsangebot in Betracht.

Der Eintritt derartiger Überregulierungsfolgen ist nicht nur für die Verbraucher selbst, sondern auch aus staatlicher Perspektive problematisch. Sie läuft nämlich der Aufgabe diametral entgegen, eine von Bürgern gezeigte Eigeninitiative zur privaten Vorsorge zu fördern. Vor allem in einem Niedrigzinsumfeld, wo die Auswahl adäquater Anlageprodukte von besonderer Relevanz ist, muss es Ziel sein, solche Rahmenbedingungen zu schaffen, die ein flächendeckendes Angebot für beratungssuchende Verbraucher gewährleisten.

Der Gesetzgeber steht angesichts der beiden aufgezeigten Spannungspole vor der Herausforderung, einerseits ein notwendiges Verbraucherschutzniveau zu gewährleisten, ohne andererseits in unangemessener und zu stark belastender Weise in den Anbietermarkt einzugreifen.

In der Praxis soll der Verbraucherschutz primär durch verschiedene beratungsvertragliche Aufklärungspflichten sichergestellt werden, welche durch die Rechtsprechung stetig präzisiert und fortentwickelt werden. Der den zivilrechtlichen Pflichten üblicherweise zugrundeliegende und an sehr geringe Voraussetzungen geknüpfte (konkludente) Beratungsvertrag ist zwar aus dogmatischer Sicht nicht zweifelsfrei, sorgt aber vor allem prozessual für Rechtssicherheit und ermöglicht eine flexible Anpassung der Beratungspflichten an aktuelle Entwicklungen.

Das Ziel sämtlicher vertraglicher Aufklärungs- und Beratungspflichten ist es, den Kunden umfassend über produkt- und interessenbezogene Risiken aufzuklären und ihm eine eigenständige Entscheidung auf informierter Basis zu ermöglichen. Dieses sogenannte Informationsmodell stellt im Allgemeinen eine geeignete Reaktion auf die bestehende Informationsasymmetrie zwischen Kunde und Berater dar. Im Wege der mündlichen oder schriftlichen Bereitstellung von relevanten und an den individuellen Kunden ausgerichteten Informationen, wird ein wichtiger Beitrag zum Verbraucherschutz geleistet, ohne dass es zu einer unangemessenen Beeinträchtigung der Anbieterinteressen kommt.

Trotz der generellen Sinnhaftigkeit dieser individualbezogenen Aufklärung ist auch zukünftig genau darauf zu achten, dass der Pflichtenkreis nicht uferlos und sachfremd erweitert wird. So ist vor allem die Annahme einer Aufklärungspflicht über Gewinnmargen für den Bereich der provisionsfinanzierten Anlageberatung abzulehnen, da das bestehende Gewinninteresse der Anbieter evident ist.

Neben den genannten vertraglichen Aufklärungs- und Beratungspflichten kam es in den vergangenen Jahren zu verschiedenen nationalen und europäischen Reformen, die diverse Aufklärungs-, Organisations- und Verhaltenspflichten für die Anlageberatungsanbieter beinhalteten. Als besonders bedeutsam sind hierbei die Pflichten zur Verfügungstellung eines Produktinformationsblatts und zur Anfertigung eines Beratungsprotokolls anzusehen.

Die Produktinformationsblätter sind sehr positiv zu bewerten, da sie den Kunden auf kurze und verständliche Weise die Risiken des Anlageproduktes vermitteln, der hierfür erforderliche Aufwand für die Anlageberatungsinstitute allerdings überschaubar bleibt. Außerdem besteht aufgrund von gesetzlich festgelegten Seitenobergrenzen sowie der Pflicht zur leicht verständlichen Ausgestaltung keine Gefahr einer Informationsüberflutung der Verbraucher. Das normierte Erfordernis der leichten Verständlichkeit trägt zudem dazu bei, dass sämtliche, auch wenig vorgebildete Verbraucher von dieser Informationsgabe profitieren. Darüber hinaus wird eine sinnvolle und leichte Vergleichbarkeit von Finanzprodukten – vor allem im Hinblick auf die Risiken und die Funktionsweisen – ermöglicht. Nach alledem ist ausdrücklich zu begrüßen, dass nunmehr auch auf europäischer Ebene das Modell einer Verbraucher-Kurzinformation durch die PRIIP-Verordnung für verpackte Finanzinstrumente (Derivate, Zertifikate, Fonds etc.) aufgegriffen wurde.

Demgegenüber ist die ausnahmslos geltende schriftliche Protokollierungspflicht kritisch und als Hauptursache für die bestehende Überregulierung anzusehen. Die Erstellung eines Beratungsprotokolls liegt häufig weder im Instituts- noch im Kundeninteresse und hat zudem keine (signifikante) verbraucherschützende Wirkung. Vielmehr kann sich gerade im Falle einer Kundenunterzeichnung ein geschickt formuliertes Protokoll sogar nachteilig auf die Position des Kunden im Rahmen eines späteren gerichtlichen Verfahrens auswirken.

Zugleich ist der für die Protokollierung erforderliche Zeitaufwand für die Anbieter enorm und führt zu einer erheblichen finanziellen Mehrbelastung. Insbesondere bei der Beratung von Neukunden und unerfahrenen Verbrauchern ist der zeitliche Mehraufwand besonders ausgeprägt und der Hauptgrund dafür, dass sich einige Beratungsinstitute bereits aus der Verbraucheranlageberatung zurückziehen bzw. ihre Angebot auf bestimmte Produkte oder Kunden beschränken. Ein solcher Trend ist angesichts des ohnehin schon hohen und für sehr unerfahrene und wenig vermögende Kunden nochmals gesteigerten Anlageberatungsbedarfs bedenklich.

Zwar ist davon auszugehen, dass ein Beratungsangebot für Institute trotz der aufwendigen Dokumentation in vielen Fällen auch weiterhin attraktiv bleibt, da sich hierdurch die Möglichkeit einer längerfristigen Kundenbindung eröffnet. Dieser Motivationsanreiz sinkt allerdings hinsichtlich eines Kundenklientels, bei dem der Beratungsbedarf besonders hoch und/oder die Attraktivität mangels großvolumiger Anlagen und fehlender Aussicht auf lukrative Folgeverträge (z.B. großvolumige Kredite) gering ist. Vor allem für diese Kundengruppen existiert angesichts der bereits hohen und weiter steigenden Regulierungsdichte die zunehmende Gefahr, dass sich der Anbietermarkt weiter ausdünnt und so die Situation verschärft. Das Fehlen eines Beratungsangebots für einen Teil der Verbraucher ist mit Blick auf die ausnahmslos bestehende Notwendigkeit privater Vermögensvorsorge und der hierfür erforderlichen Auswahl spezieller, marktadäquater Anlageprodukte fatal.

Die bisher öffentlich bekannten Reformpläne der Bundesregierung, welche eine Ablösung der Beratungsprotokolle i.S.d. § 34 IIa WpHG durch die Einführung einer verpflichtenden schriftlichen Geeignetheitserklärung vorsehen, werden die bestehenden grundsätzlichen Probleme wohl nicht lösen können. Inhaltlich unterscheiden sich nämlich das derzeitige Beratungsprotokoll und die geplante Geeignetheitserklärung kaum. Allenfalls der Schwerpunkt der Dokumentation könnte zukünftig etwas weniger auf der tatsächlichen Wiedergabe des Beratungsgespräches liegen, wohingegen die Anforderungen an die Darlegung der Gründe für eine bestimmte Empfehlung stärker in den Vordergrund treten. Das Grundproblem einer aufwendigen und häufig auch vom Kunden nicht gewünschten schriftlichen Dokumentation wird auf diese Weise nicht behoben.

Als Reaktion auf die in dieser Arbeit nachgewiesene Überregulierung wird für den Bereich der Beratungsdokumentation die Einführung einer Verzichtsmöglichkeit auf Wunsch des Kunden (ab der zweiten Beratung/Jahr) vorgeschlagen. Darüber hinaus sollte allen Kunden eine ausdrückliche gesetzliche Möglichkeit eingeräumt werden, eine knappere, stichpunktartige Protokollierung in Anspruch zu nehmen.

Beide Maßnahmen würden dazu beitragen, den Gesamtaufwand in der Verbraucheranlageberatung zu verringern und könnten damit einen wichtigen Beitrag zur Sicherstellung eines flächendeckenden Beratungsangebots leisten.

Das existierende Spannungsfeld wird zusätzlich durch weitere externe Einflüsse aufgeladen. So besteht derzeit neben dem Problem der Überregulierung ein schwieriges Marktumfeld, welches vor allem durch die seit geraumer Zeit herrschende und wohl auch noch länger andauernde Niedrigzinsphase geprägt wird. Aufgrund dessen sinken für die Institute die Gewinnchancen in der Verbraucheranlageberatung und führen zu einem Attraktivitätsverlust dieses Geschäftsbereiches. Speziell solche Institute, die wie Sparkassen und Genossenschaftsbanken, stark auf eine Verbraucheranlageberatung setzen und hierfür ein breites Filial- und Beraternetz bereitstellen, stehen aktuell vor der enormen Herausforderung, ihr Geschäftsmodell dauerhaft erfolgreich auszurichten. Die aktuelle Kumulation von belastenden Faktoren ist auch mit Blick auf die arbeitsmarktspezifische Bedeutung der Anlageberatung (hunderttausende Anlageberater, Vertriebsbeauftragte etc.) bedenklich.

Mangels derzeitigen Bestehens von Alternativen sind jegliche Einschränkungen im Geschäftsbereich der provisionsfinanzierten Anlageberatung in Deutschland problematisch. Die in den letzten Jahren auch von der Politik geförderte Honoraranlageberatung stellt – jedenfalls für den Bereich der klassischen Verbraucheranlageberatung – (noch) keine geeignete Alternative dar, weil die hierbei entstehenden Kosten eine Beratung für solche Verbraucher, die nur über kleine Anlagebeträge verfügen, schnell unrentabel und unattraktiv machen. Zudem mangelt es bislang erkennbar am Willen der Kunden für eine unabhängige Anlageberatung ein erfolgsunabhängiges Honorar zu zahlen.

Statt einer weiteren Regulierung erscheinen auch unter Berücksichtigung des Verbraucherschutzziels vor allem Optimierungsansätze auf der Kundenseite erfolgsversprechend. Vielen Verbrauchern mangelt es nämlich bereits an Basiskenntnissen und damit auch an der Fähigkeit als selbstbewusster und kritischer Kunde auf Augenhöhe ihrem Berater gegenüberzutreten und jedenfalls grobe Fehlberatungen zu erkennen. Das Vorhandensein eines grundlegenden Finanzverständnisses bei der Mehrheit der Bevölkerung könnte außerdem dazu beitragen die Gesamtberatungsdauer zu verkürzen, wodurch wiederum die Kundenattraktivität für Anbieter gesteigert und langfristig ein flächendeckendes Beratungsangebot sichergestellt werden könnte. Ausreichend erscheint die Vermittlung von Basiswissen, sodass hierfür notwendige Inhalte in Schulen beispielsweise in bereits bestehende Lehrpläne integriert werden könnten, ohne dass es eines gesonderten Schulfaches bedarf.

Weiterhin steht der Dienstleistungsbereich der Anlageberatung aktuell unter dem Einfluss neuer Markttrends, wie der IT-gestützten Anlageberatung. Hieraus können sich neue Möglichkeiten für Verbraucher im Geldanlagebereich ergeben, die auch nicht zwingend mit einer Abkehr von der klassischen Anlageberatung und ihren Vorteilen einhergehen müssen (z.B. Videochatberatung). Für die Beratungsinstitute ist angesichts dieser Entwicklung eine frühzeitige Reaktion auf die fortschreitende Digitalisierung zur Sicherstellung eines langfristigen Geschäftserfolges elementar wichtig. Aus heutiger Sicht ist allerdings nicht davon auszugehen, dass es in naher Zukunft bereits zu einer vollständigen Verdrängung der klassischen persönlichen Anlageberatung kommen wird, da die Mehrheit der vor allem älteren und vermögenden Kunden diese auch weiterhin schätzt.

Nach alledem sollte unter Berücksichtigung der bereits bestehenden Überregulierung, des enorm schwierigen Marktumfeldes sowie des hohen Bedarfs an einer flächendeckenden Verbraucheranlageberatung von neuen, die Beratung der Kunden weiter belastenden Maßnahmen Abstand genommen werden. Allein ein ausgewogenes Verhältnis zwischen der Gewährleistung adäquater Rahmenbedingungen für Anbieter und Verbraucher sowie ein ausreichender Freiraum für die Ausgestaltung der Beratungsprozesse garantiert langfristig, dass den Interessen aller beteiligten Parteien Rechnung getragen wird. Nur dann kann ein umfassendes Anlageberatungsangebot sichergestellt werden, zum Wohle der Kunden, zum wirtschaftlichen Nutzen der Institute und zur Förderung der eigenverantwortlichen Vermögensvorsorge der Bürger, auf die unsere Gesellschaft mehr denn je angewiesen ist.

# Literaturverzeichnis

*A.T. Kearney*: Studie: Weibliche Kunden haben spezielle Bedürfnisse bei Finanzprodukten, Düsseldorf, den 15.11.2013 (Pressemitteilung), abrufbar unter: www.atkearney.de/documents/856314/1214358/PM_Frauen_Finanzprodukte.pdf/638e892f-4eb2-442f-a4de-7496a08f3021 (zuletzt abgerufen am 26.08.2015).

*Andresen, Stefan/Gerold, Ursula (BaFin)*: Basisinformationsblatt: PRIIPs-Verordnung - Neuer EU-weiter Standard der Produktinformationen für Verbraucher, vom 17.08.2015, abrufbar unter: www.bafin.de/SharedDocs/Veroeffentlichungen/DE/Fachartikel/2015/fa_bj_1508_basisinformationsblatt_priips_verordnung.html (zuletzt abgerufen am 15.10.2015).

*Assies, Paul H./Beule, Dirk/Heise, Julia/Strube, Hartmut (Hrsg.)*: Handbuch des Fachanwalts Bank- und Kapitalmarktrecht, 4. Auflage, Köln 2015, (zitiert: *Bearbeiter*, in: Assies/Beule/Heise/Strube, Hdb. FA Bank- und Kapitalmarktrecht).

*Assmann, Heinz-Dieter*: Das Verhältnis von Aufsichtsrecht und Zivilrecht im Kapitalmarktrecht, in: Burgard, Ulrich u.a. (Hrsg.): Festschrift für Uwe H. Schneider zum 70. Geburtstag, S. 37–55, Köln 2011, (zitiert: *Assmann*, FS Schneider, 2011).

*Assmann, Heinz-Dieter/Schütze, Rolf A. (Hrsg.)*: Handbuch des Kapitalanlagerechts, 3. Auflage, München 2007, (zitiert: *Bearbeiter*, in: Assmann/Schütze, Hdb. KapitalanlageR (3. Auflage)).

*Assmann, Heinz-Dieter/Schütze, Rolf A. (Hrsg.)*: Handbuch des Kapitalanlagerechts, 4. Auflage, München 2015, (zitiert: *Bearbeiter*, in: Assmann/Schütze, Hdb. KapitalanlageR).

*Assmann, Heinz-Dieter/Schneider, Uwe H. (Hrsg.)*: Wertpapierhandelsgesetz Kommentar, 6. Auflage, Köln 2012, (zitiert: *Bearbeiter*, in: Assmann/Schneider, WpHG).

*Aurich, Bastian*: Neues Maßnahmenpaket für den grauen Kapitalmarkt, in: GWR 2014, S. 295–297.

*Bachmann, Gregor/Krüger, Wolfgang/Säcker, Franz Jürgen/Rixecker, Roland/Oetker, Hartmut (Hrsg.)*: Münchener Kommentar zum Bürgerlichen Gesetzbuch, Band 2, §§ 241–432, 6. Auflage, München 2012, (zitiert: *Bearbeiter*, in: MK-BGB).

*Balzer, Peter*: Anlegerschutz bei Verstößen gegen die Verhaltenspflichten nach §§ 31 ff. Wertpapierhandelsgesetz (WpHG), in: ZBB 1997, S. 260–269.

*Balzer, Peter*: Vermögensverwaltung durch Kreditinstitute, München 1999, (zitiert: *Balzer*, Vermögensverwaltung durch Kreditinstitute).

*Balzer, Peter*: Rechtsfragen des Effektengeschäfts der Direktbanken, in: WM 2001, S. 1533–1542.

*Balzer, Peter*: Umsetzung der MiFID: Ein neuer Rechtsrahmen für die Anlageberatung, in: ZBB 2007, S. 333–345.

*Bank of Scotland (Hrsg.)*: Forsa Studie im Auftrag der Bank of Scotland: Sparerkompass Deutschland 2014, Berlin 2014, abrufbar unter: www.bankofscotland. de/mediaObject/documents/bos/de/sparerkompass/Sparerkompass_2014/ original/Sparerkompass_2014.pdf (zuletzt abgerufen am 23.07.2015).

*Bauer, Hans H./Grether, Mark/Schlieder, Bernd*: Die Messung der Servicequalität von Bankfilialen, Mannheim 2000, (zitiert: *Bauer/Grether/Schlieder*, Die Messung der Servicequalität von Bankfilialen).

*Baumann, Marie/Siedenbiedel, Christian*: Die Bank von morgen ist heute schon von gestern, in: FAS vom 09.11.2014, S. 30–31.

*Baumbach, Adolf (Begr.)/Merkt, Hanno/Hopt, Klaus J.*: Handelsgesetzbuch Kommentar, 33. Auflage, München 2008, (zitiert: *Bearbeiter*, in: Baumbach/Hopt, HGB (33. Auflage, 2008).

*Bausch, Stephan/Kohlmann, Konstantin*: Anforderungen an die Widerlegung der Schadensursächlichkeit nach der Rechtsprechungsänderung des XI. Zivilsenats, in: BKR 2012, S. 410–414.

*Beck, Heiko*: Das Chamäleon Anlegerschutz oder „Worüber reden wir eigentlich?", in: Burgard, Ulrich u.a. (Hrsg.): Festschrift für Uwe H. Schneider zum 70. Geburtstag, S. 89–111, Köln 2011, (zitiert: *Beck*, FS Schneider, 2011).

*Becker, Lisa*: „Dafür ist Schule nicht zuständig", in: FAZ vom 20.01.2015, S. 16.

*Benicke, Christoph*: Wertpapiervermögensverwaltung, Tübingen 2006, (zitiert: *Benicke*, Wertpapiervermögensverwaltung).

*Bezold, Thomas*: Zur Messung der Dienstleistungsqualität, Frankfurt a.M. 1996, (zitiert: *Bezold*, Zur Messung der Dienstleistungsqualität).

*Bitter, Georg*: Wirksamkeit von Rangrücktritten und vorinsolvenzlichen Durchsetzungssperren, in: ZIP 2015, S. 345–356.

*Bitter, Georg/Rauhut, Tilman*: Zahlungsunfähigkeit wegen nachrangiger Forderungen, insbesondere aus Genussrechten, in: ZIP 2014, S. 1005–1016.

*Blersch, Günther*: Deregulierung und Wettbewerbsstrategie, Berlin 2007, (zitiert: *Blersch*, Deregulierung und Wettbewerbsstrategie).

*Boehringer, Simone*: Machen Sie doch den Führerschein, in: SZ vom 05.06.2014, S. 23.

*Böhm, Michael*: Regierungsentwurf zur Verbesserung der Durchsetzbarkeit von Ansprüchen aus Falschberatung, in: BKR 2009, S. 221–230.

*Boldt, Timo/Büll, Karsten M./Voss, Michael*: Implementierung einer Compliance-Funktion in einer mittelständischen Bank unter Berücksichtigung der neuen Mindestanforderungen an das Risikomanagement (MaRisk), in: CCZ 2013, S. 248–254.

*Bömcke, Nikolaus/Weck, Jochen*: Die Auswirkungen der deutschen Einlagensicherung auf den Anlegerschutz - insbes. bei der Vermittlung von Lehman-Zertifikaten, in: VuR 2009, S. 53–58.

*Boos, Karl-Heinz/Fischer, Reinfrid/Schulte-Mattler, Hermann (Hrsg.)*: Kreditwesengesetz Kommentar, 4. Auflage, München 2012, (zitiert: *Bearbeiter*, in: Boos/Fischer/Schulte-Mattler, KWG).

*Bork, Reinhard*: Genussrechte und Zahlungsunfähigkeit, in: ZIP 2014, S. 997–1005.

*Boston Consulting Group (BCG)*: Netto-Ertrag pro Privatkunde aus dem Wertpapiergeschäft führender Retail-Banken von 2007 bis 2009, abrufbar unter: http://de.statista.com/statistik/daten/studie/169724/umfrage/netto-ertrag-aus-dem-wertpapiergeschaeft-der-retail-banken (zuletzt abgerufen am 23.07.2015).

*Boston Consulting Group (BCG)*: Erträge deutscher Banken im Privatkundengeschäft nach Kundengruppen im Jahresvergleich 2009 und 2014, abrufbar unter: http://de.statista.com/statistik/daten/studie/168027/umfrage/ertraege-im-privatkundengeschaeft-deutscher-banken-nach-kundengruppen (zuletzt abgerufen am 23.07.2015).

*Brandt, Markus*: Aufklärungs- und Beratungspflichten der Kreditinstitute bei der Kapitalanlage, Baden-Baden 2002, (zitiert: *Brandt*, Aufklärungs- und Beratungspflichten).

*Brenncke, Martin*: Die Rechtsprechung des BGH zur Präsentation von Risiken bei der Anlageberatung, in: WM 2014, S. 1749–1757.

*Brocker, Till*: Aufklärungspflichten der Bank bei Innenprovisionsgestaltungen, in: BKR 2007, S. 365–370.

*Buck-Heeb, Petra*: Zur Aufklärungspflicht von Banken bezüglich Gewinnmargen, in: BKR 2010, S. 1–8.

*Buck-Heeb, Petra*: Der Anlageberatungsvertrag - Die Doppelrolle der Bank zwischen Fremd- und Eigeninteresse -, in: WM 2012, S. 625–635.

*Buck-Heeb, Petra*: Vom Kapitalanleger- zum Verbraucherschutz - Befund und Auswirkungen auf das Recht der Anlageberatung -, in: ZHR 176 (2012), S. 66–95.

*Buck-Heeb, Petra*: Verhaltenspflichten beim Vertrieb - Zwischen Paternalismus und Schutzlosigkeit der Anleger -, in: ZHR 177 (2013), S. 310–343.

*Buck-Heeb, Petra*: Die „Flucht" aus dem Anlageberatungsvertrag, in: ZIP 2013, S. 1401–1411.

*Buck-Heeb, Petra*: Kapitalmarktrecht, 7. Auflage, Heidelberg/München u.a. 2014, (zitiert: *Buck-Heeb*, Kapitalmarktrecht).

*Buck-Heeb, Petra*: Vertrieb von Finanzmarktprodukten: Zwischen Outsourcing und beratungsfreiem Geschäft, in: WM 2014, S. 385–396.

*Buck-Heeb, Petra*: Anlageberatung nach der MiFID II, in: ZBB 2014, S. 221–232.

*Buck-Heeb, Petra*: Discount-Broking, Execution-only-Geschäft, beratungsloser Wertpapiervertrieb, in: KSzW 2015, S. 131–138.

*Buck-Heeb, Petra*: Das Kleinanlegerschutzgesetz, in: NJW 2015, S. 2535–2541.

*Bull, Hans Peter*: Bürokratieabbau und Dienstrechtsreform, in: DÖV 2006, S. 241–249.

*Bultmann, Friedrich/Hoepner, Olaf/Lischke, Peter*: Anlegerschutzrecht, München 2009, (zitiert: *Bearbeiter*, in: Bultmann/Hoepner/Lischke, Anlegerschutzrecht).

*Bundesanstalt für Finanzdienstleistungsaufsicht (BaFin)*: Rundschreiben 4/2010 (WA) - MaComp, Stand: 07.08.2014, abrufbar unter: www.bafin.de/SharedDocs/ Veroeffentlichungen/DE/Rundschreiben/rs_1004_wa_macomp.html?nn=281 8068#doc2676654bodyText103 (zuletzt abgerufen am 23.07.2015).

*Bundesanstalt für Finanzdienstleistungsaufsicht (BaFin)*: BaFin Journal August 2012, (zitiert: BaFin Journal 08/2012), abrufbar unter: www.bafin.de/SharedDocs/ Downloads/DE/BaFinJournal/2012/bj_1208.pdf?__blob=publicationFile&v=4 (zuletzt abgerufen am 23.07.2015).

*Bundesanstalt für Finanzdienstleistungsaufsicht (BaFin)*: Rundschreiben 4/2013 (WA) - Auslegung gesetzlicher Anforderungen an die Erstellung von Informationsblättern gemäß § 31 Abs. 3a WpHG/§ 5a WpDVerOV, abrufbar unter: www.bafin.de/SharedDocs/Veroeffentlichungen/DE/Rundschreiben/rs_1304_ produktinformationsblaetter_wa.html (zuletzt abgerufen am 23.07.2015).

*Bundesanstalt für Finanzdienstleistungsaufsicht (BaFin)*: BaFin Journal September 2014, (zitiert: BaFin Journal 09/2014), abrufbar unter: www.bafin.de/ SharedDocs/Downloads/DE/BaFinJournal/2014/bj_1409.pdf?__blob= publicationFile&v=10 (zuletzt abgerufen am 23.07.2015).

*Bundesanstalt für Finanzdienstleistungsaufsicht (BaFin)*: BaFin Journal Dezember 2014, (zitiert: BaFin Journal 12/2014), abrufbar unter: www.bafin.de/ SharedDocs/Downloads/DE/BaFinJournal/2014/bj_1412.pdf?__blob= publicationFile&v=6 (zuletzt abgerufen am 23.07.2015).

*Bundesanstalt für Finanzdienstleistungsaufsicht (BaFin)*: BaFin Journal Januar 2015, (zitiert: BaFin Journal 01/2015), abrufbar unter: www.bafin.de/SharedDocs/ Downloads/DE/BaFinJournal/2015/bj_1501.pdf?__blob=publicationFile&v=7 (zuletzt abgerufen am 23.07.2015).

*Bundesanstalt für Finanzdienstleistungsaufsicht (BaFin)/Deutsche Bundesbank*: Gemeinsames Informationsblatt der Bundesanstalt für Finanzdienstleistungsaufsicht und der Deutschen Bundesbank zum Tatbestand der Anlageberatung, Stand: Juli 2013, abrufbar unter: www.bafin.de/SharedDocs/Downloads/DE/Merkblatt/dl_mb_110513_anlageberatung_neu.pdf?__blob=publicationFile&v=7 (zuletzt abgerufen am 23.07.2015).

*Bundesverband Deutscher Banken (Bankenverband)*: Umfrage – Sparverhalten und Geldanlage, Oktober 2011, abrufbar unter: www.bankenverband.de/media/files/Umfrageergebnis_bkfavwU.pdf (zuletzt abgerufen am 15.10.2015).

*Bundesverband Sachwerte und Investmentvermögen e.V.*: Branchenzahlen 2013, Frankfurt a.M., den 18.02.2014, abrufbar unter: www.sachwerteverband.de/fileadmin/downloads/zahlen/branchenzahlen/branchenzahlen_2013/Branchenzahlen_2013_20142503_Final.pdf (zuletzt abgerufen am 27.08.2015).

*Cahn, Andreas/Müchler, Henny*: Produktinterventionen nach MiFID II Eingriffsvoraussetzungen und Auswirkungen auf die Pflichten des Vorstands von Wertpapierdienstleistungsunternehmen, in: BKR 2013, S. 45–55.

*Canaris, Claus-Wilhelm*: Die Schadensersatzpflicht der Kreditinstitute für eine unrichtige Finanzierungsbestätigung als Fall der Vertrauenshaftung, in: Horn, Norbert u.a. (Hrsg.): Festschrift für Herbert Schimansky, S. 43–66, Köln 1999, (zitiert: *Canaris*, FS Schimansky, 1999).

*Canaris, Claus-Wilhelm*: Die Vermutung „aufklärungsrichtigen Verhaltens" und ihre Grundlagen, in: v. Häuser, Franz u.a. (Hrsg.): Festschrift für Walther Hadding zum 70. Geburtstag, S. 3–24, Berlin 2004, (zitiert: *Canaris*, FS Hadding, 2004).

*Caspari, Karl-Burkhard*: Zu den Herausforderungen der revidierten MiFID, in: BaFin Jahresbericht 2014, S. 194–197, abrufbar unter: www.bafin.de/SharedDocs/Downloads/DE/Jahresbericht/dl_jb_2014.pdf?__blob=publicationFile&v=8 (zuletzt abgerufen am 21.10.2015).

*CDU Deutschland/CSU Landesleitung/SPD*: Deutschlands Zukunft gestalten - Koalitionsvertrag zwischen CDU, CSU und SPD -, 18. Legislaturperiode, Rheinbach 2013, abrufbar unter: www.cdu.de/sites/default/files/media/dokumente/koalitionsvertrag.pdf (zuletzt abgerufen am 07.10.2015).

*Claussen, Carsten Peter (Begr.)*: Bank- und Börsenrecht, 5. Auflage, München 2014, (zitiert: *Bearbeiter*, in: Claussen, Bank- und Börsenrecht).

*Clouth, Peter*: Rechtsfragen der außerbörslichen Finanz-Derivate, München 2001, (zitiert: *Clouth*, Rechtsfragen der Finanz-Derivate).

*Clouth, Peter*: Anlegerschutz - Grundlagen aus der Sicht der Praxis -, in: ZHR 177 (2013), S. 212–263.

*Cofinpro AG*: 5 Jahre Banken-Beratungsprotokoll: 60 Prozent der Deutschen sehen keine Qualitätsverbesserungen (repräsentative Umfrage), Frankfurt a.M., den 02.12.2014, abrufbar unter: www.cofinpro.de/news/5-jahre-banken-beratungsprotokoll-60prozent-sehen-keine-qualitaetsverbesserungen/(zuletzt abgerufen am 23.07.2015).

*Damrau, Jan*: Selbstregulierung im Kapitalmarktrecht, Berlin 2003, (zitiert: *Damrau*, Selbstregulierung im Kapitalmarktrecht).

*Deutsches Aktieninstitut (DAI)*: Regulierung drängt Banken aus der Aktienberatung - Eine Umfrage unter deutschen Kreditinstituten, 1. Auflage, Frankfurt a.M. 2014, abrubar unter: www.dai.de/files/dai_usercontent/dokumente/studien/2014-7-10%20DAI-Studie%20Regulierung%20der%20Aktienberatung.pdf (zuletzt abgerufen am 25.08.2015).

*Duden online*: Duden online Wörterbuch, abrufbar unter: www.duden.de (zuletzt abgerufen am 23.07.2015).

*Eberius, Robert*: Regulierung der Anlageberatung und behavioral finance, Jena 2014, (zitiert: *Eberius*, Regulierung der Anlageberatung und behavioral finance).

*Edelmann, Hervé*: Gibt es eine Hinweispflicht des Anlagevermittlers/-beraters auf negative Presseberichterstattungen?, in: BKR 2003, S. 438–444.

*Eiben, Simone/Boesenberg, Axel*: Plausibilitätsprüfungspflicht von Anlagevermittler und Anlageberater, in: NJW 2013, S. 1398–1401.

*Einsele, Dorothee*: Anlegerschutz durch Information und Beratung, in: JZ 2008, S. 477–490.

*Einsele, Dorothee*: Beratungsprotokolle auf dem Prüfstand, in: ZRP 2014, S. 190–192.

*Ellenberger, Jürgen*: MiFID FRUG: Was wird aus Bond?, in: Habersack, Mathias u.a. (Hrsg.): Festschrift für Gerd Nobbe, S. 523–537, Köln 2009, (zitiert: *Ellenberger*, FS Nobbe, 2009).

*Fandrich, Andreas/Karper, Ines (Hrsg.)*: Münchener Anwaltshandbuch Bank- und Kapitalmarktrecht, München 2012, (zitiert: *Bearbeiter*, in: Fandrich/Karper, MAH Bank- und Kapitalmarktrecht).

*Fett, Torsten*: Der Regierungsentwurf zum Kleinanlegerschutzgesetz, in: KSzW 2015, S. 139–147.

*Fleischer, Holger*: Behavioral Law and Economics im Gesellschafts- und Kapitalmarktrecht - ein Werkstattbericht, in: Fuchs, Andreas u.a. (Hrsg.): Festschrift für Ulrich Immenga zum 70. Geburtstag, S. 575–587, München 2004, (zitiert: *Fleischer*, FS Immenga, 2004).

*Fleischer, Holger*: Die Richtlinie über Märkte für Finanzinstrumente und das Finanzmarkt-Richtlinie-Umsetzungsgesetz - Entstehung, Grundkonzeption, Regelungsschwerpunkte -, in: BKR 2006, S. 389–396.

*FOM Hochschule/Reiter, Julius/Frère, Eric/Zureck, Alexander/Bensch, Tino (Autoren)*: Finanzberatung: Eine empirische Analyse bei Young Professionals, 3. Auflage, Essen 2014, abrufbar unter: www.fom-dips.de/fileadmin/dips/20140922_dips_Finanzberatungsstudie_2014.pdf (zuletzt abgerufen am 01.04.2015).

*Freitag, Robert*: Überfällige Konvergenz von privatem und öffentlichem Recht der Anlageberatung, in: ZBB 2014, S. 357–365.

*Frisch, Stefan*: Anlageberatung, Anlegerschutz und Compliance, in: VuR 2009, S. 43–53.

*Frühauf, Markus*: Die Aufsicht stärken, in: FAZ vom 25.03.2014, S. 23.

*Frühauf, Markus*: Register über 300.000 Bankberater soll Kunden schützen, in: FAZ online vom 27.10.2012, abrufbar unter: www.faz.net/aktuell/finanzen/meine-finanzen/bessere-anlageberatung-register-ueber-300-000-bankberater-soll-kunden-schuetzen-11939668.html (zuletzt abgerufen am 14.10.2015).

*Fuchs, Andreas (Hrsg.)*: Wertpapierhandelsgesetz (WpHG), München 2009, (zitiert: *Bearbeiter*, in: Fuchs, WpHG).

*Fullenkamp, Josef/Wille, Stefan*: Die Haftung der Banken bei Swap-Geschäften der Kommunen - neue Impulse durch das „Zinswette"-Urteil des BGH vom 22.3.2011 - XI ZR 33/10, in: KommJur 2012, S. 1–5.

*Garvin, David A.*: What Does „Product Quality" Really Mean?, in: Sloan Management Review 26.1 (1984), S. 25–43.

*Gaßner, Otto/Escher, Markus*: Bankpflichten bei der Vermögensverwaltung nach Wertpapierhandelsgesetz und BGH-Rechtsprechung, in: WM 1997, S. 93–104.

*Gerson, Oliver*: Wo rohe Kräfte sinnlos walten - Regulierungswut auf dem Grauen Kapitalmarkt, in: ZWH 2014, S. 298–303.

*GfK Marktforschung im Auftrag des Bundesverbandes deutscher Banken*: Seniorenstudie 2014 - Finanzkultur der älteren Generation, abrufbar unter: https://bankenverband.de/media/files/Seniorenstudie_.pdf (zuletzt abgerufen am 14.08.2015).

*Glückert, Kirsten*: Das neue Finanzanlagenvermittlerrecht (§ 34f GewO und Finanzanlagenvermittlungsverordnung), in: GewArch 2012, S. 465–470.

*Grigoleit, Hans Christoph*: Anlegerschutz - Produktinformationen und Produktverbote -, in: ZHR 177 (2013), S. 264–309.

*Grundmann, Stefan*: Wohlverhaltenspflichten, interessenkonfliktfreie Aufklärung und MIFID II, in: WM 2012, S. 1745–1755.

*Grunewald, Barbara/Peifer, Karl-Nikolaus*: Verbraucherschutz im Zivilrecht, Heidelberg 2010, (zitiert: *Grunewald/Peifer*, Verbraucherschutz im Zivilrecht).

*Grünwald, Robert F./Lorenz, Ernst*: Das Gebot der langfristigen Datensicherheit, in: Die Bank 1/2012, S. 70–72.

*Günther, Thomas*: Der Umgang mit Wertpapierbeschwerden i.S.d. § 34d WpHG - Das Schreckgespenst in der Bankpraxis -, in: BKR 2013, S. 9–14.

*Günther, Thomas*: Hinweise zur Gestaltung des Produktinformationsblattes gem. § 31 Abs. 3a WphG (sic), in: GWR 2013, S. 55–58.

*Güthoff, Judith*: Qualität komplexer Dienstleistungen, Wiesbaden 1995, (zitiert: *Güthoff*, Qualität komplexer Dienstleistungen).

*Haase-Theobald, Cordula*: Stiftungsvermögen und Spekulation, in: KSzW 2014, S. 214–218.

*Habersack, Mathias*: Wiederauffüllung von Genusskapital auch bei Verlustvortrag?, in: NZG 2014, S. 1041–1045.

*Hackethal, Andreas/Inderst, Roman (Projektverantwortliche)*: Messung des Kundennutzens der Anlageberatung, Wissenschaftliche Studie im Auftrag des Bundesministeriums für Ernährung, Landwirtschaft und Verbraucherschutz (BMELV), Version vom 15.12.2011, (zitiert: *Hackethal/Inderst*, Messung des Kundennutzens der Anlageberatung, 2011).

*Hauschka, Christoph E.*: Compliance im Gesellschaftsrecht und die aktuellen Entwicklungen in der Diskussion, Bankrechtstag 2008, S. 103–137, Berlin 2009, (zitiert: *Hauschka*, Bankrechtstag 2008).

*Hauschka, Christoph E.*: Corporate Compliance Handbuch der Haftungsvermeidung im Unternehmen, 2. Auflage, München 2010, (zitiert: *Bearbeiter*, in: Hauschka, Corporate Compliance).

*Heidel, Thomas (Hrsg.)*: Aktienrecht und Kapitalmarktrecht, 4. Auflage, Baden-Baden 2014, (zitiert: *Bearbeiter*, in: Heidel, Aktienrecht und Kapitalmarktrecht).

*Hennrichs, Joachim/Wilbrink, Florian*: Verlustbeteiligung von Genussscheinen und Schadensersatz, in: NZG 2014, S. 1168–1170.

*Henssler, Martin*: Risiko als Vertragsgegenstand, Tübingen 1994, (zitiert: *Henssler*, Risiko als Vertragsgegenstand).

*Herresthal, Carsten*: Die Pflicht zur Aufklärung über Rückvergütungen und die Folgen ihrer Verletzung, in: ZBB 2009, S. 348–361.

*Herresthal, Carsten*: Die Grundlage und Reichweite von Aufklärungspflichten beim Eigenhandel mit Zertifikaten - zugleich eine Besprechung von BVerfG 1 BvR 2514/11, BGH XI ZR 182/10 und BGH XI ZR 178/10, in: ZBB 2012, S. 89–106.

*Herresthal, Carsten*: Die Weiterentwicklung des informationsbasierten Anlegerschutzes in der Swap-Entscheidung des BGH als unzulässige Rechtsfortbildung, in: ZIP 2013, S. 1049-1057.

*Heun-Rehn/Stefan Lars-Thoren/Lang, Sonja/Ruf, Isabelle*: Neue (Un-)Klarheit bezüglich Innenprovisionen und Rückvergütungen bei Kapitalanlagen, in: NJW 2014, S. 2909-2913.

*Heusel, Matthias*: Die Haftung für fehlerhafte Anlageberatung, in: JuS 2013, S. 109-112.

*Hippeli, Michael*: Anlegergerechte Beratung von Stiftungen, in: ZStV 2015, S. 121-126.

*Hirte, Heribert/Möllers, Thomas M.J. (Hrsg.)*: Kölner Kommentar zum WpHG, 2. Auflage, Köln 2014, (zitiert: *Bearbeiter*, in: KK-WpHG).

*Holzapfel, Bernd*: Kundenorientierte Qualitätsdimensionen der Anlageberatungsdienstleistung, Paderborn 1998, (zitiert: *Holzapfel*, Kundenorientierte Qualitätsdimensionen der Anlageberatungsdienstleistung).

*Holzborn, Timo/Israel, Alexander*: Die Neustrukturierung des Finanzmarktrechts durch das Finanzmarktrichtlinienumsetzungsgesetz (FRUG), in: NJW 2008, S. 791-796.

*Hopt, Klaus J.*: Funktion, Dogmatik und Reichweite der Aufklärungs-, Warn- und Beratungspflichten der Kreditinstitute, in: Aufklärungs- und Beratungspflichten der Kreditinstitute - Der moderne Schuldturm?, Bankrechtstag 1992, S. 1-28, Berlin/New York 1993, (zitiert: *Hopt*, Bankrechtstag 1992).

*Horn Norbert/Schimansky Herbert*: Bankrecht 1998, Köln 1998, (zitiert: *Bearbeiter*, in: Horn/Schimansky, Bankrecht 1998).

*Horn, Norbert*: Die Aufklärungs- und Beratungspflichten der Banken, in: ZBB 1997, S. 139-152.

*Horn, Norbert*: Anlageberatung im Privatkundengeschäft der Banken - Rechtsgrundlagen und Anforderungsprofil - in: WM 1999, S. 1-10.

*Horst, Peter Michael*: Kapitalanlegerschutz - Haftung bei Emission und Vertrieb von Kapitalanlagen, München 1987, (zitiert: *Horst*, Kapitalanlegerschutz).

*ITA Institut für Transparenz*: Studie des ITA Instituts für Transparenz im Auftrag des Bundesministeriums für Justiz und Verbraucherschutz (BMJV): „Evaluierung der Beratungsdokumentation im Geldanlage- und Versicherungsbereich", Version vom 18.02.2014, abrufbar unter: www.bmjv.de/SharedDocs/Downloads/DE/pdfs/20140625_Beratungsprotokolle_Studie.pdf?__blob=publicationFile (zuletzt abgerufen am 23.07.2015).

*Jooß, Alexander*: Rückvergütungen vs. Innenprovisionen, in: WM 2011, S. 1260-1266.

*Joswig, Dietrich*: Aufklärungspflichten bei der Vermittlung amerikanischer Billigaktien (Penny Stocks), in: DB 1995, S. 2253-2256.

*Kanning, Tim*: Bankkunden sind mit ihren Beratern zufriedener, in: FAZ online vom 10.01.2015, abrufbar unter: www.faz.net/aktuell/finanzen/meine-finanzen/sparen-und-geld-anlegen/bafin-weniger-beschwerden-ueber-anlageberater-bei-banken-13361874.html (zuletzt abgerufen am 25.08.2015).

*Karlen, German*: Privatkundenberatung und Behavioral Finance, Bern/Stuttgart/Wien 2004, (zitiert: *Karlen*, Privatkundenberatung und Behavioral Finance).

*Kiethe, Kurt/Hektor, Doris*: Haftung für Anlageberatung und Vermögensverwaltung, in: DStR 1996, S. 547-552.

*Klingenbrunn, Daniel*: Produktintervention zugunsten des Anlegerschutzes - Zur Systematik innerhalb des Aufsichtsrechts, dem Anlegerleitbild und zivilrechtlichen Konsequenzen -, in: WM 2015, S. 316-324.

*Knop, Carsten*: Die Kapitulation eines Bankberaters, in: FAZ vom 20.08.2013, S. 15.

*Koch, Jens*: Grenzen des informationsbasierten Anlegerschutzes - Die Gratwanderung zwischen angemessener Aufklärung und information overload, in: BKR 2012, S. 485-493.

*Koch, Jens*: Das Nebeneinander aufsichts- und zivilrechtlicher Beratungsvorgaben im Anlegerschutz - Handlungsbedarf für den Gesetzgeber?, in: ZBB 2014, S. 211-221.

*Kohlert, Daniel*: Anlageberatung und Qualität - ein Widerspruch?, Baden-Baden 2009, (zitiert: *Kohlert*, Anlageberatung und Qualität).

*Köhnlein, Lena/Nothofer, Saskia/Kleifeld, Marcel*: So gut sind Anlageberater in der Region, in: Rheinische Post vom 14.04.2015, S. B 3.

*Koller, Ingo*: Zu den Grenzen des Anlegerschutzes bei Interessenkonflikten, in: ZBB 2007, S. 197-201.

*Koller, Ingo*: Beratung und Dokumentation nach dem § 34 IIa WpHG, in: Burgard, Ulrich u.a. (Hrsg.): Festschrift für Uwe H. Schneider zum 70. Geburtstag, S. 651-667, Köln 2011, (zitiert: *Koller*, FS Schneider, 2011).

*KPMG*: Studie: „Auswirkungen regulatorischer Anforderungen", Dezember 2013, abrufbar unter: www.kpmg.com/DE/de/Documents/auswirkungen-regulatorischer-anforderungen-2013.pdf (zuletzt abgerufen am 23.07.2015).

*Krah, Eva-Susanne*: Plaudern am Bildschirm, in: Bankmagazin 01/2015, S. 48-50.

*Krakowski, Michael (Hrsg.)*: Regulierung in der Bundesrepublik Deutschland, Hamburg 1988, (zitiert: *Krakowski*, Regulierung in der Bundesrepublik Deutschland).

*Krimphove, Dieter/Kruse, Oliver (Hrsg.)*: MaComp Kommentar, München 2013, (zitiert: *Bearbeiter*, in: Krimphove/Kruse, MaComp).

*Krüger, Ulrich*: Aufklärung und Beratung bei Kapitalanlagen - Nebenpflicht statt Beratungsvertrag, in: NJW 2013, S. 1845-1850.

*Kumpan, Christoph/Hellgardt, Alexander*: Haftung der Wertpapierdienstleistungsunternehmen nach Umsetzung der EU-Richtlinie über Märkte für Finanzinstrumente (MiFID), in: DB 2006, S. 1714-1720.

*Kümpel, Siegfried*: Verbraucherschutz im Bank- und Kapitalmarktrecht, in: WM 2005, S. 1-8.

*Kümpel, Siegfried/Wittig, Arne (Hrsg.)*: Bank- und Kapitalmarktrecht, 4. Auflage, Köln 2011, (zitiert: *Bearbeiter*, in: Kümpel/Wittig, Bank- und Kapitalmarktrecht).

*Kurz, Antje-Irina*: MiFID II - Auswirkungen auf den Vertrieb von Finanzinstrumenten, in: DB 2014, S. 1182-1187.

*Landmann, Robert von/Rohmer, Gustav (Begr.)*: Gewerbeordnung Kommentar (Loseblattsammlung), München, Stand 2014, (zitiert: *Bearbeiter*, in: Landmann/Rohmer, GewO).

*Lang, Norbert*: Doppelnormen im Recht der Finanzdienstleistungen, in: ZBB 2004, S. 289-295.

*Lang, Volker*: Die Beweislastverteilung im Falle der Verletzung von Aufklärungs- und Beratungspflichten bei Wertpapierdienstleistungen, in: WM 2000, S. 450-467.

*Lang, Volker/Kühne, Andreas Otto*: Anlegerschutz und Finanzkrise - noch mehr Regeln?, in: WM 2009, S. 1301-1308.

*Langen, Werner/Dauner-Lieb, Barbara (Hrsg.)*: Nomos Kommentar BGB-Schuldrecht Band 2/2, 2. Auflage, Baden-Baden 2012, (zitiert: *Bearbeiter*, in: NK-BGB).

*Langenbucher, Katja*: Anlegerschutz: Ein Bericht zu theoretischen Prämissen und legislativen Instrumenten, in: ZHR 177 (2013), S. 679-701.

*Langenbucher, Katja/Bliesener, Dirk H./Spindler, Gerald (Hrsg.)*: Bankrechts-Kommentar, 1. Auflage, München 2013, (zitiert: *Bearbeiter*, in: Langenbucher/Bliesener/Spindler, Bankrechts-Kommentar).

*Larenz, Karl/Canaris, Claus-Wilhelm*: Lehrbuch des Schuldrechts, Band II/2, Besonderer Teil, München 1994, (zitiert: *Larenz/Canaris*, Schuldrecht BT, Band II/2).

*Laufs, Adolf/Kern, Bernd-Rüdiger (Hrsg.)*: Handbuch des Arztrechts, 4. Auflage, München 2010, (zitiert: *Bearbeiter*, in: Laufs/Kern, Hdb. des Arztrechts).

*Leitel, Kerstin*: Anleger sind bei Beratungshonorar knauserig, in: Handelsblatt online vom 03.11.2014, abrufbar unter: www.handelsblatt.com/unternehmen/

banken-versicherungen/privatebanking/honorarberatungsgesetz-anleger-sind-bei-beratungshonorar-knauserig-/10916634.html (zuletzt abgerufen am 23.07.2015).

*Leuering, Dieter/Rubner, Daniel*: Die Prospekthaftung im engeren und im weiteren Sinne, in: NJW-Spezial 2013, S. 143–144.

*Leuering, Dieter/Zetzsche, Dirk*: Die Reform des Schuldverschreibungs- und Anlageberatungsrechts - (Mehr) Verbraucherschutz im Finanzmarktrecht?, in: NJW 2009, S. 2856–2861.

*Loff, Detmar/Hahne, Klaus D.*: Vermögensverwaltung und Anlageberatung unter MiFID II, in: WM 2012, S. 1512–1520.

*Lösler, Thomas*: Compliance im Wertpapierdienstleistungskonzern, Berlin 2003, (zitiert: *Lösler*, Compliance im Wertpapierdienstleistungskonzern).

*Lösler, Thomas*: Das moderne Verständnis von Compliance im Finanzmarktrecht, in: NZG 2005, S. 104–108.

*Maier, Arne*: Die aktuelle Rechtsprechung der Landgerichte zu den Aufklärungspflichten beratender Banken beim Vertrieb von Lehman-Zertifikaten, in: VuR 2009, S. 369–372.

*Maier, Arne*: Das obligatorische Beratungsprotokoll: Anlegerschutz mit Tücken, in: VuR 2011, S. 3–12.

*Medicus, Dieter/Petersen, Jens*: Bürgerliches Recht, 24. Auflage, München 2013, (zitiert: *Medicus/Petersen*, Bürgerliches Recht).

*Michel, Marion (BaFin)*: Anlageberatung: Das Beratungsprotokoll in der Aufsichtspraxis, vom 01.09.2014, abrufbar unter: www.bafin.de/SharedDocs/Veroeffentlichungen/DE/Fachartikel/2014/fa_bj_1409_anlageberatung.html?nn=3803924#doc5502646bodyText5 (zuletzt abgerufen am 21.10.2015).

*Michel, Marion/Yoo, Chan-Jae*: Anlageberatung: Beratungsprotokoll und Mitarbeiter- und Beschwerderegister in der Aufsichtspraxis, 16.07.2013, abrufbar unter: www.bafin.de/SharedDocs/Veroeffentlichungen/DE/Fachartikel/2013/fa_bj_2013_07_beratungsprotokoll_aufsichtspraxis.html?nn=3803924#doc4065454bodyText1 (zuletzt abgerufen am 22.10.2015).

*Mock, Sebastian*: Genussrechtsinhaber in der Insolvenz des Emittenten, in: NZI 2014, S. 102–106.

*Mohr, Daniel*: Wie Anlegerschutz schadet, in: FAZ vom 31.08.2013, S. 11.

*Möllers, Thomas M.J./Kastl, Stephanie*: Das Kleinanlegerschutzgesetz, in: NZG 2015, S. 849–855.

*Möllers, Thomas M.J./Kernchen, Eva*: Information Overload am Kapitalmarkt, in: ZGR 2011, S. 1–26.

*Möllers, Thomas M.J./Poppele, Mauritz Christopher*: Paradigmenwechsel durch MiFID II: divergierende Anlegerleitbilder und neue Instrumentarien wie Qualitätskontrolle und Verbote, in: ZGR 2013, S. 437–481.

*Morlin, János*: Das Kleinanlegerschutzgesetz - Endgültiges Aus für den Grauen Kapitalmarkt?, in: AG 2015, R 23-R 24.

*Möschel, Wernhard*: Regulierung und Deregulierung - Versuch einer theoretischen Grundlegung, in: Fuchs, Andreas u.a. (Hrsg.): Festschrift für Ulrich Immenga zum 70. Geburtstag, S. 277–290, München 2004, (zitiert: *Möschel*, FS Immenga, 2004).

*Müchler, Henny*: Die neuen Kurzinformationsblätter - Haftungsrisiken im Rahmen der Anlageberatung, in: WM 2012, S. 974–983.

*Mülbert, Peter O.*: Anlegerschutz bei Zertifikaten - Beratungspflichten, Offenlegungspflichten bei Interessenkonflikten und die Änderungen durch das Finanzmarkt-Richtlinie-Umsetzungsgesetz (FRUG) -, in: WM 2007, S. 1149–1163.

*Mülbert, Peter O.*: Auswirkungen der MiFID-Rechtsakte für Vertriebsvergütungen im Effektengeschäft der Kreditinstitute, in: ZHR 172 (2008), S. 170–209.

*Mülbert, Peter O.*: Anlegerschutz und Finanzmarktregulierung - Grundlagen, in: ZHR 177 (2013), S. 160–211.

*Müller, Thorsten*: Vermögensverwaltung gemeinnütziger Stiftungen, in: ErbStB 2004, S. 212–217.

*Müller-Christmann, Bernd*: Das Gesetz zur Stärkung des Anlegerschutzes und Verbesserung der Funktionsfähigkeit des Kapitalmarktes, in: DB 2011, S. 749–754.

*Mußler, Hanno*: Tschüs, gute alte Sparkasse, in: FAZ vom 07.02.2015, S. 22.

*Neubacher, Bernd*: Banken rüsten Technik im Beratungsgeschäft auf, in: Börsen-Zeitung vom 17.08.2013, S. 3.

*o. V.*: Deutsche Bank: Abhängigkeit vom Investmentbanking steigt, in: Manager-Magazin-Online vom 02.02.2006, abrufbar unter: www.manager-magazin.de/unternehmen/artikel/a-398592.html (zuletzt abgerufen am 24.08.2015).

*o. V.*: Deutsche Bank: Privatkunden füllen Ackermanns Kassen, in: Spiegel Online vom 28.04.2011, abrufbar unter: www.spiegel.de/wirtschaft/unternehmen/deutsche-bank-privatkunden-fuellen-ackermanns-kassen-a-759410.html (zuletzt abgerufen am 24.08.2015).

*o. V.*: Mehr als 1,7 Millionen neue Zertifikate, in: FAZ vom 17.01.2012, S. 17.

*o. V.*: Studie: Deutsche haben wenig Ahnung von Wirtschaft, in: Spiegel Online vom 11.03.2013, abrufbar unter: www.spiegel.de/wirtschaft/soziales/studie-deutsche-haben-wenig-ahnung-von-wirtschaft-a-888221.html (zuletzt abgerufen am 23.07.2015).

*o. V.:* Erträge im Retail Banking sinken weiter, in: BankPraktiker 05/2013, S. 149–150.

*o. V.:* Anlageberatung löst Beschwerdeflut aus, in: Börsen-Zeitung vom 29.09.2013, S. 3.

*o. V.:* Banken speisen Kunden mit Standardprodukten ab, in: Börsen-Zeitung vom 04.12.2013, S. 3.

*o. V.:* Bafin-Chefin [sic] schlägt Ampel für Finanzprodukte vor, in: FAZ online vom 12.02.2014, abrufbar unter: www.faz.net/aktuell/finanzen/meine-finanzen/sparen-und-geld-anlegen/nachrichten/rot-gelb-gruen-bafin-chefin-schlaegt-ampel-fuer-finanzprodukte-vor-12798232.html (zuletzt abgerufen am 23.07.2015).

*o. V.:* BaFin-Chefin fordert Ampel für Finanzprodukte, in: Zeit online vom 12.02.2014, abrufbar unter: www.zeit.de/wirtschaft/geldanlage/2014-02/prokon-bafin-anlegerschutz-finanzprodukte (zuletzt abgerufen am 23.07.2015).

*o. V.:* Der Anlegerschutz ist für die BaFin zweitrangig, in: FAZ vom 25.03.2014, S. 23.

*o. V.:* Vorbereitung auf Mifid II [sic] verschlingt Milliardenbeträge, in: Börsen-Zeitung vom 08.05.2014, S. 3.

*o. V.:* Regierung sagt dem grauen Kapitalmarkt den Kampf an, in: FAZ vom 23.05.2014, S. 23.

*o. V.:* Verbraucherschützer halten am Protokoll fest, in: Börsen-Zeitung vom 04.06.2014, S. 2.

*o. V.:* Verband warnt vor Interessenkonflikt, in: Börsen-Zeitung vom 18./19.06.2014, S. 4.

*o. V.:* Viele Anlageberater schummeln, in: FAZ vom 25.06.2014, S. 36.

*o. V.:* Sparkassen setzen digital auf persönliche Berater, in: FAZ vom 23.07.2014, S. 18.

*o. V.:* Junge Anleger kaufen online, in: FAZ vom 23.09.2014, S. 25.

*o. V.:* Kunden wollen beraten werden, in: Die Sparkassen-Zeitung vom 02.10.2014, S. 1.

*o. V.:* Prokon-Anleger verlieren viel Geld, in: FAZ vom 01.12.2014, S. 22.

*o. V.:* Regulierung verschlingt 260 Arbeitstage pro Jahr, in: Börsen-Zeitung vom 20.12.2014, S. 3.

*o. V.:* Finanzaufsicht BaFin - Weniger Beschwerden von Anlegern, in: Handelsblatt online vom 06.01.2015, abrufbar unter: www.handelsblatt.com/finanzen/vorsorge/altersvorsorge-sparen/finanzaufsicht-bafin-weniger-beschwerden-von-anlegern/11192842.html (zuletzt abgerufen am 23.07.2015).

*o. V.*: „Anleger um mehr als 240 Millionen Euro betrogen", in: FAZ vom 21.01.2015, S. 32.

*o. V.*: Verbraucher schätzen Beratungsprotokoll und Produktinfoblätter, in: Börsen-Zeitung vom 06.02.2015, S. 3.

*o. V.*: Trotz Börsenbooms Deutsche verschmähen Aktien, in: FAZ online vom 12.02.2015, abrufbar unter: www.faz.net/aktuell/finanzen/aktien/deutsche-verschmaehen-trotz-boersenbooms-aktien-13424897.html (zuletzt abgerufen am 23.07.2015).

*o. V.*: Bankkunden wollen Filialen - aber nicht dafür zahlen, in: FAZ vom 27.02.2015, S. 25.

*o. V.*: BaFin sendet versöhnliche Signale in Sachen Beratungsprotokoll, in: Börsen-Zeitung vom 05.03.2015, S. 1.

*o. V.*: Zweifel am Beratungsprotokoll, in: Handelsblatt vom 09.03.2015, S. 34.

*o. V.*: Finanzplanung für Schüler - Banken und Sparkassen erteilen verstärkt Nachhilfe, in: FAZ vom 10.03.2015, S. 29.

*o. V.*: Bankberatung könnte teuer werden, in: FAZ vom 21.03.2015, S. 31.

*o. V.*: Deutsche Bank stellt 250 Filialen in Frage, in: FAZ vom 21.03.2015, S. 21.

*o. V.*: Sparkassen wollen Provisionen für sich, in: FAZ vom 25.03.2015, S. 23.

*o. V.*: Bankkunden proben den Aufstand, in: FAZ vom 01.04.2015, S. 23.

*o. V.*: Deutsche Bank schließt jede dritte Filiale, in: FAZ vom 27.04.2015, S. 17.

*o. V.*: Den Banken brechen die Erträge weg, in: FAZ vom 12.05.2015, S. 25.

*o. V.*: Bildungsministerin Wanka will neues Schulfach „Alltagswissen", in: FAZ online vom 07.06.2015, abrufbar unter: www.faz.net/aktuell/politik/inland/lehrplan-bildungsministerin-wanka-will-neues-schulfach-alltagswissen-13633393.html (zuletzt abgerufen am 23.07.2015).

*o. V.*: Quirin Bank scheitert mit Honorarberatung, in: FAZ vom 13.06.2015, S. 24.

*o. V.*: Prokon wird Wind-Genossenschaft, in: FAZ vom 03.07.2015, S. 22.

*o. V.*: Große Vermögensverwalter setzen auf Anlageroboter, in: FAZ vom 02.09.2015, S. 25.

*o. V.*: Bankenaufsicht schlägt wegen Niedrigzinsen Alarm, in: FAZ vom 19.09.2015, S. 18.

*o. V.*: Aus für das Beratungsprotokoll, in: Wirtschaftswoche online vom 20.10.2015, abrufbar unter: www.wiwo.de/finanzen/geldanlage/geldanlage-aus-fuer-das-beratungsprotokoll/12474478-all.html (zuletzt abgerufen am 21.10.2015).

*o. V.*: Beratungsprotokolle bei Banken werden abgeschafft, in: Rheinische Post vom 21.10.2015, S. B1.

o.V.: Telefonate mit der Bank bis zu sieben Jahren speichern, in: FAZ vom 21.10.2015, S. 15.

Oehler, Andreas: Risiko-Warnhinweise in Kurzinformationen für Finanzdienstleistungen. Eine empirische Analyse, in: ZBB 2015, S. 208-212.

Parasuraman, Ananthanarayanan/Zeithaml, Valarie A./Berry, Leonard L.: A Multiple-Item Scale for Measuring Consumer Perceptions of Service Quality, in: Journal of Retailing 64.1 (1988), S. 12-40.

Park, Tido (Hrsg.): Kapitalmarktstrafrecht, 3. Auflage, Baden-Baden 2013, (zitiert: Bearbeiter, in: Park, Kapitalmarktstrafrecht).

Pfeifer, Klaus-Gerhard: Einführung der Dokumentationspflicht für das Beratungsgespräch durch § 34 Abs. 2a WpHG, in: BKR 2009, S. 485-490.

Podewils, Felix: Beipackzettel für Finanzprodukte - Verbesserte Anlegerinformationen durch Informationsblätter und Key Investor Documents?, in: ZBB 2011, S. 169-179.

Podewils, Felix/Reisich, Dennis: Haftung für „Schrott"-Zertifikate? - Aufklärungs- und Beratungspflichten nach BGB und WpHG beim Erwerb von Zertifikaten, in: NJW 2009, S. 116-121.

Preuße, Thomas/Seitz, Jochen/Lesser, Thomas: Konkretisierung der Anforderungen an Produktinformationsblätter nach § 31 Abs. 3a WpHG, in: BKR 2014, S. 70-77.

Preuße, Thomas/Schmidt, Maike: Anforderungen an Informationsblätter nach § 31 Abs. 3a WpHG, in: BKR 2011, S. 265-272.

Quitt, Birte/Schmoll, Anton: Die Filiale 2015+, in: Die Bank 12/2014, S. 50-53.

Renz, Hartmut/Sartowski, Rafael: Anlageberater, Vertriebsbeauftragte und Compliance-Beauftragte - Neue Regelungen des WpHG und der WpHGMaAnzVO sowie deren praktische Umsetzung, in: CCZ 2012, S. 67-75.

Rezmer, Anke: Der digitale Anleger, in: Handelsblatt vom 19./20./21.12.2014, S. 38-39.

Richrath, Jochen: Aufklärungs- und Beratungspflichten - Grundlagen und Grenzen, in: WM 2004, S. 653-661.

Riesenhuber, Karl: Anleger und Verbraucher, in: ZBB 2014, S. 134-149.

Röh, Lars: Compliance nach der MiFID - zwischen höherer Effizienz und mehr Bürokratie, in: BB 2008, S. 398-410.

Roland Berger Strategy Consultants: Retail deposits - Prepare for a bumpy ride, September 2013, abrufbar unter: www.rolandberger.de/media/pdf/Roland_Berger_Retail_Deposits_20131031.pdf (zuletzt abgerufen am 23.07.2015).

Roth, Hans-Peter: Das neue Kleinanlegerschutzgesetz, in: GWR 2015, S. 243-246.

Roth, Markus: Der allgemeine Bankvertrag, in: WM 2003, S. 480-482.

*Rothenhöfer, Kay*: Interaktion zwischen Aufsichts- und Zivilrecht, in: Beiträge für Klaus J. Hopt aus Anlass seiner Emeritierung, S. 55–84, Berlin 2008, (zitiert: *Rothenhöfer*, in: Beiträge für Hopt, 2008).

*Rotter, Klaus*: BB-Kommentar: „Anlagevermittler und - berater sollten sich nicht auf die Entscheidung verlassen", in: BB 2008, S. 2648–2649.

*Rotter, Klaus/Placzek, Thomas*: Beck'sches Mandats Handbuch Bankrecht, 1. Auflage, München 2009, (zitiert: *Rotter/Placzek*, Bankrecht).

*Säcker, Franz Jürgen/Rixecker, Roland (Hrsg.)*: Münchener Kommentar zum Bürgerlichen Gesetzbuch, Band 2, §§ 241–432, 4. Auflage, München 2001, (zitiert: *Bearbeiter*, in: MK-BGB (4. Auflage, 2001).

*Saenger, Ingo/Aderhold, Lutz/Lenkaitis, Karlheinz/Speckmann, Gerhard (Hrsg.)*: Handels- und Gesellschaftsrecht, Praxishandbuch, 2. Auflage, Baden-Baden 2011, (zitiert: *Bearbeiter*: in: Saenger/Aderhold/Lenkaitis/Speckmann, Handels- und Gesellschaftsrecht).

*Schaeken Willemaers, Gaëtane*: Product Intervention for the Protection of Retail Investors: A European Perspective, Louvain 2013, abrufbar unter: http://papers.ssrn.com/sol3/papers.cfm?abstract_id=1989817 (zuletzt abgerufen am 07.08.2015).

*Schäfer, Frank A./Sethe, Rolf/Lang, Volker (Hrsg.)*: Handbuch der Vermögensverwaltung, 1. Auflage, München 2012, (zitiert: *Bearbeiter*, in: Schäfer/Sethe/Lang, Hdb. Vermögensverwaltung).

*Schäfer, Frank A./Müller, Jörg*: Haftung für fehlerhafte Wertpapierdienstleistungen, Köln 1999, (zitiert: Schäfer/Müller, Haftung für fehlerhafte Wertpapierdienstleistungen).

*Schiefer, Bernd*: Entwurf eines Gesetzes über Teilzeitarbeit und befristete Arbeitsverhältnisse und zur Änderung und Aufhebung arbeitsrechtlicher Bestimmungen, in: DB 2000, S. 2118–2123.

*Schimansky, Hans-Jürgen/Bunte, Herbert/Lwowski, Hermann-Josef (Hrsg.)*: Bankrechts-Handbuch, 4. Auflage, München 2011, (zitiert: *Bearbeiter*, in: Schimansky/Bunte/Lwowski, Bankrechts-Hdb.).

*Schlee, Alexander/Maywald, Ian M.*: PIB: Ein neues Risiko im Rahmen der Prospekthaftung?, in: BKR 2012, S. 320–328.

*Schmidt, Karsten (Hrsg.)*: Münchener Kommentar zum Handelsgesetzbuch, Band V, 2. Auflage, München 2009, (zitiert: *Bearbeiter*, in: MK-HGB, Band V (2. Auflage)).

*Schmidt, Karsten (Hrsg.)*: Münchener Kommentar zum Handelsgesetzbuch, Band VI, 3. Auflage, München 2014, (zitiert: *Bearbeiter*, in: MK-HGB, Band VI).

*Scholz, Doreen*: Selbst- und Fremdregulierung von Wertpapierbörsen, Hamburg 2009, (zitiert: *Scholz*, Selbst- und Fremdregulierung von Wertpapierbörsen).

*Schön, Wolfgang*: Zwingendes Recht oder informierte Entscheidung - zu einer (neuen) Grundlage unserer Zivilrechtsordnung, in: Heldrich, Andreas u.a. (Hrsg.): Festschrift für Claus-Wilhelm Canaris zum 70. Geburtstag, Band I, S. 1191-1211, München 2007, (zitiert: *Schön*, FS Canaris, 2007 (Bd. I)).

*Schönwitz, Daniel*: Haftung? Ausgeschlossen!, in: Zeit online vom 25.10.2012, abrufbar unter: www.zeit.de/2012/44/Bank-Beratungsprotokolle-Anleger-Kunden/komplettansicht (zuletzt abgerufen am 23.07.2015).

*Schorkopf, Frank*: Regulierung nach den Grundsätzen des Rechtsstaates, in: JZ 2008, S. 20-29.

*Schrödermeier, Martin*: Nachforschungspflichten einer Bank als Vermögensverwalterin zur Person ihres Kunden, in: WM 1995, S. 2053-2060.

*Schultheiß, Tilman*: Der Umfang der Beratungspflichten beim Erwerb von Anteilen an offenen Immobilienfonds, in: VuR 2014, S. 300-307.

*Schulz, Bettina*: Kaufen, was andere kaufen, in: Die Zeit vom 11.12.2014, S. 32 sowie in Zeit online vom 27.12.2014, abrufbar unter: www.zeit.de/2014/51/wertpapier-anlageberatung-banken-internet (zuletzt abgerufen am 23.07.2015).

*Schulz, Martin/Renz, Hartmut*: Der erfolgreiche Compliance-Beauftragte - Leitlinien eines branchenübergreifenden Berufsbildes, in: BB 2012, S. 2511-2517.

*Schulze-Werner, Martin*: Das neue Recht der Honorar-Finanzanlagenberater in der Gewerbeordnung (§ 34h GewO), in: GewArch 2013, 390-392.

*Schwark, Eberhard/Zimmer, Daniel*: Kapitalmarktrechts-Kommentar, 4. Auflage, München 2010, (zitiert: *Bearbeiter*, in: Schwark/Zimmer, KMRK).

*Schwintowski, Hans-Peter (Hrsg.)*: Bankrecht, 4. Auflage, Köln 2014, (zitiert: *Bearbeiter*, in: Schwintowski, Bankrecht).

*Seibel, Karsten*: Revolution der Anlageberatung, in: Die Welt online vom 27.09.2012, abrufbar unter: www.welt.de/print/die_welt/finanzen/article 109490695/Revolution-der-Anlageberatung.html?config=print (zuletzt abgerufen am 23.07.2015).

*Seibel, Karsten*: Warum Ihr Bankberater Ihre Anrufe speichert, in: Die Welt online vom 20.10.2015, abrufbar unter: www.welt.de/finanzen/article147854941/Warum-Ihr-Bankberater-Ihre-Anrufe-speichert.html (zuletzt abgerufen am 23.10.2015).

*Seibert, Holger*: Das Recht der Kapitalanlageberatung und -vermittlung, München 2014, (zitiert: *Seibert*, Recht der Kapitalanlageberatung).

*Seitz, Jochen/Juhnke, Adrian/Seibold, Sven*: PIBs, KIIDs und nun KIDs - Vorschlag der Europäischen Kommission für eine Verordnung über Basisinformationsblätter für Anlageprodukte im Rahmen der PRIPs-Initiative, in: BKR 2013, S. 1-8.

*Sethe, Rolf*: Die Zulässigkeit von Zuwendungen bei Wertpapierdienstleistungen, in: Habersack, Mathias u.a. (Hrsg.): Festschrift für Gerd Nobbe, S. 769-790, Köln 2009, (zitiert: *Sethe*, FS Nobbe, 2009).

*Seyfried, Thorsten*: Die Richtlinie über Märkte für Finanzinstrumente (MiFID) - Neuordnung der Wohlverhaltensregeln -, in: WM 2006, S. 1375-1383.

*Siedenbiedel, Christian*: Weg mit dem Papierkram!, in: FAS vom 12.10.2014, S. 35.

*Siedenbiedel, Christian*: Wann schließen die ersten Sparkassen?, in: FAS vom 01.02.2015, S. 23.

*Siol, Joachim*: Beratungs- und Aufklärungspflichten der Discount Broker, in: Horn, Norbert u.a. (Hrsg.): Festschrift für Herbert Schimansky, S. 781-792, Köln 1999, (zitiert: *Siol*, FS Schimansky, 1999).

*Spindler, Gerald*: Compliance in der multinationalen Bankengruppe, in: WM 2008, S. 905-918.

*Spindler, Gerald*: Aufklärungspflichten eines Finanzdienstleisters über eigene Gewinnmargen? - Ein „Kick-Back" zu viel, in: WM 2009, S. 1821-1828.

*Spindler, Gerald*: Aufklärungspflichten im Bankrecht nach dem „Zins-Swap-Urteil" des BGH, in: NJW 2011, S. 1920-1924.

*Spindler, Gerald/Stilz, Eberhard (Hrsg.)*: Kommentar zum Aktiengesetz - Band I; §§ 1-149, 2. Auflage, München 2010, (zitiert: *Bearbeiter*, in: Spindler/Stilz, Aktiengesetz).

*Stackmann, Nikolaus*: Böses Erwachen - die gesetzliche Haftung für fehlgeschlagene Kapitalanlagen, in: NJW 2013, S. 1985-1989.

*Stoltenberg, Silke*: BaFin verteidigt Beratungsprotokoll, in: Börsen-Zeitung vom 12.04.2014, S. 3.

*Stoltenberg, Silke*: Neuer Vorstoß gegen das Beratungsprotokoll, in: Börsen-Zeitung vom 03.06.2014, S. 3.

*Stoltenberg, Silke/Wefers, Angela*: Trügerische Hoffnung, in: Börsen-Zeitung vom 05.03.2014, S. 2.

*Strauch, Dieter*: Rechtsgrundlagen der Haftung für Rat, Auskunft und Gutachten, in: JuS 1992, S. 897-902.

*Terliesner, Stefan*: Ohne Schnörkel Geld verdienen, in: Bankmagazin 01/2015, S. 10-15.

*Teuber, Hanno*: Finanzmarkt-Richtlinie (MiFID) - Auswirkungen auf Anlageberatung und Vermögensverwaltung im Überblick, in: BKR 2006, S. 429-437.

*Theewen, Eckhard M. (Hrsg.)*: Bank- und Kapitalmarktrecht, Köln 2010, (zitiert: *Bearbeiter*, in: Theewen, Bank- und Kapitalmarktrecht).

*Tilmes, Rolf/Jacob, Ralph/Gutenberger, Jan*: Das magische Dreieck der Anlageberatung, in: Die Bank 9/2011, S. 30-35.

*Tison, Michel*: The civil law effects of MiFID in a comparative law perspective, in: v. Grundmann, Stefan u.a. (Hrsg.): Festschrift für Klaus J. Hopt zum 70. Geburtstag, S. 2621–2639, Berlin/New York 2010, (zitiert: *Tison*, FS Hopt, 2010).

*Titz, Anselm*: Beratungspflichten für Discount-Broker?, in: WM 1998, S. 2179–2184.

*TNS Infratest im Auftrag von Fidelity*: Studie: „Anlegerinteressen im Fokus", 2011, abrufbar unter: www.fondsprofessionell.de/upload/attach/270781.pdf (zuletzt abgerufen am 24.09.2015).

*TNS Infratest im Auftrag von Goldman Sachs Asset Management*: Goldman Sachs Asset Management Umfrage: Fonds und Aktien bei deutschen Anlegern trotz Niedrigzinsphase unbeliebt, Frankfurt a.M., den 04.11.2014, Pressemitteilung zur Umfrage abrufbar unter: www.goldmansachs.com/worldwide/germany/pressemitteilungen-und-kommentare/current/docs/gsam-umfrage-pressemitteilung.pdf (zuletzt abgerufen am 28.09.2015).

*Tonner, Martin/Krüger, Thomas*: Bankrecht, 1. Auflage, Baden-Baden 2014, (zitiert: *Tonner/Krüger*, Bankrecht).

*Van Randenborgh, Wolfgang*: „Zertifikate" gehören nicht in die Hand privater Anleger! - Zweifel an unvoreingenommener Anlageberatung der Banken, in: ZRP 2010, S. 76–79.

*Veil, Rüdiger*: Anlageberatung im Zeitalter der MiFID - Inhalt und Konzeption der Pflichten und Grundlagen einer zivilrechtlichen Haftung -, in: WM 2007, S. 1821–1827.

*Veldhoff, Dirk Hartmut*: Die Haftung von Kreditinstituten für die fehlerhafte Aufklärung und Beratung von Privatkunden beim Erwerb von Zertifikaten, Baden-Baden 2012, (zitiert: *Veldhoff*, Haftung von Kreditinstituten).

*Verbraucherzentrale Bundesverband e.V.*: Pressemitteilung vom 17.10.2014: „Aufbau der Marktwächter startet", abrufbar unter: www.vzbv.de/pressemitteilung/aufbau-der-marktwaechter-startet (zuletzt abgerufen am: 23.07.2015).

*Verbraucherzentrale Bundesverband e.V. (Hrsg.)*: Konsumkompetenz von Jugendlichen, Ein Überblick über Kernaussagen aus aktuellen Jugendstudien, November 2010, abrufbar unter: www.vzbv.de/sites/default/files/mediapics/konsumkompetenz_jugendliche_studie_imug_vzbv_2010.pdf, zuletzt abgerufen am 15.07.2010 (zuletzt abgerufen am 23.07.2015).

*Verbraucherzentralen/Verbraucherzentrale Bundesverband e.V.*: „Erhalten Verbraucher bedarfsgerechte Anlageprodukte?", Eine Pilotuntersuchung der Verbraucherzentralen und des Verbraucherzentrale Bundesverbands im Rahmen des Vorprojekts zum Aufbau des Finanzmarktwächters vom 31.01.2015, abrufbar unter: www.vzbv.de/meldung/schutzniveaus-im-vertrieb-von-anlageprodukten-einheitlich-regulieren (zuletzt abgerufen am 23.07.2015).

*Voß, Thorsten*: Das Anlegerschutz- und Funktionsverbesserungsgesetz - ausgewählte Aspekte des Regierungsentwurfs, in: BB 2010, S. 3099-3104.

*Walter, Thorsten/Lechner, Ulrich*: Kundenmanagement- und Kernbankensysteme, in: Die Bank 11/2014, S. 42-46.

*Wedemann, Frauke*: Schutz alter Menschen bei Anlagegeschäften, in: ZBB 2014, S. 54-69.

*Weichert, Tilman/Wenninger Thomas*: Die Neuregelung der Erkundigungs- und Aufklärungspflichten von Wertpapierdienstleistungsunternehmen gem. Art. 19 RiL 2004/39/EG (MiFID) und Finanzmarkt-Richtlinie-Umsetzungsgesetz, in: WM 2007, S. 627-636.

*Weisner, Arnd/Friedrichsen, Sönke/Heimberg, Dominik*: Neue Anforderungen an Erlaubnis und Tätigkeit der „freien" Anlageberater und -vermittler, in: DStR 2012, S. 1034-1038.

*Westermann, Harm Peter/Grunewald, Barbara/Maier-Reimer, Georg (Hrsg.)*: Erman Bürgerliches Gesetzbuch, Band I, §§ 1-758, 14. Auflage, Köln 2014, (zitiert: *Bearbeiter*, in: Erman, BGB).

*Wetzig, Marc Simon*: Die Regulierung des Grauen Kapitalmarkts durch die Novellierung des Finanzanlagenvermittler- und Vermögensanlagenrechts sowie durch das Kapitalanlagegesetzbuch, Hamburg 2014, (zitiert: *Wetzig*, Die Regulierung des Grauen Kapitalmarkts).

*Wiechers, Ulrich*: Aktuelle Rechtsprechung des XI. Zivilsenats des Bundesgerichtshofs, in: WM 2012, S. 477-486.

*Wiedemann, Herbert*: Der Kapitalanlegerschutz im deutschen Gesellschaftsrecht, in: BB 1975, S. 1591-1598.

*Wieneke, Laurenz*: Discount-Broking und Anlegerschutz, Baden-Baden 1999, (zitiert: *Wieneke*, Discount-Broking).

*Wollenhaupt, Markus/Beck, Rocco*: Das neue Kapitalanlagegesetzbuch (KAGB), in: DB 2013, S. 1950-1959.

*Zimmer, Daniel*: Vom Informationsmodell zu Behavioral Finance: Brauchen wir „Ampeln" oder Produktverbote für Finanzanlagen?, in: JZ 2014, S. 714-721.

*Zingel, Frank/Varadinek, Brigitta*: Vertrieb von Vermögensanlagen nach dem Gesetz zur Novellierung des Finanzanlagenvermittler- und Vermögensanlagenrechts, in: BKR 2012, S. 177-185.

*Zydra, Markus*: Das Ende der guten Ratschläge, in: SZ vom 23.08.2013, S. 20.

MIX

Papier aus ver-
antwortungsvollen
Quellen
Paper from
responsible sources
FSC® C141904

Druck:
Customized Business Services GmbH
im Auftrag der
KNV Zeitfracht GmbH
Ein Unternehmen der Zeitfracht - Gruppe
Ferdinand-Jühlke-Str. 7
99095 Erfurt